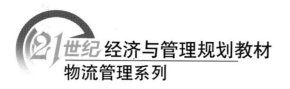

21世纪 经济与管理规划教材

物流管理系列

企业物流

BUSINESS LOGISTICS （第二版）

崔介何/编著

北京大学出版社
PEKING UNIVERSITY PRESS

图书在版编目(CIP)数据

企业物流/崔介何编著. —2 版. —北京:北京大学出版社,2008.1
(21 世纪经济与管理规划教材·物流管理系列)
ISBN 978 - 7 - 301 - 12890 - 9

Ⅰ. 企… Ⅱ. 崔… Ⅲ. 企业管理 - 物流 - 物资管理 - 高等学校 - 教材 Ⅳ. F273.4

中国版本图书馆 CIP 数据核字(2007)第 179477 号

书　　　名:企业物流(第二版)
著作责任者:崔介何　编著
策 划 编 辑:石会敏
责 任 编 辑:张　燕
标 准 书 号:ISBN 978 - 7 - 301 - 12890 - 9/F·1752
出 版 发 行:北京大学出版社
地　　　址:北京市海淀区成府路 205 号　100871
网　　　址:http://www.pup.cn
电　　　话:邮购部 62752015　发行部 62750672　编辑部 62752926
　　　　　　出版部 62754962
电 子 邮 箱:em@pup.cn
印 　刷　者:北京宏伟双华印刷有限公司
经 　销　者:新华书店
　　　　　　730 毫米×980 毫米　16 开本　28.5 印张　482 千字
　　　　　　2008 年 1 月第 1 版　2016 年 11 月第 5 次印刷
印　　　数:15001—17000 册
定　　　价:39.00 元

未经许可,不得以任何方式复制或抄袭本书之部分或全部内容。
版权所有,侵权必究
举报电话: 010 - 62752024　电子邮箱: fd@pup.pku.edu.cn

序　言

制造业是我国国民经济活动的主体产业,也是国民经济的支柱产业。据第一次全国经济普查资料显示,2004年全国共有法人企业325万家,其中制造企业133万家,占40.9%。我国财政收入的一半以上来自制造业。自20世纪90年代以来,工业制造产品在我国出口贸易产品结构中取代大量初级产品,比重已占到80%以上,创造了3/4的外汇收入。2005年国内生产总值(GDP)中制造业增加值所占的比重达32%左右。制造业已成为中国经济增长的"发动机"。1979年到2004年,我国GDP年均增长率为9.6%,而同期制造业的年均增长率达12.7%。"十一五"期间及其后的相当长的一段时期内,我国将处于工业化过程中,制造业依然是推动国民经济发展的关键性力量。制造业也是推动制造业物流等生产性服务业及其他相关产业快速发展的基础。制造业物流是社会物流需求的主体,2005年制造业物流总额占社会物流总额的比例已达74.7%。

历史告诉我们,经济发达国家的物流兴于企业,国际经典物流理论大多数也源于对企业的研究。在市场经济条件下,没有对企业一系列物流活动进行归纳和抽象,没有以企业经营运作为背景,在企业经营管理的更高层面上从不同性质的具体物流活动中提炼出共性的东西,物流的定义就不能限定住物流的内涵和本质。综观物流发展历史,没有哪个国家超越过企业物流的发展阶段。企业物流,尤其制造企业物流是物流运作的基本单位,是社会物流的基础。我国制造企业要逐渐转变传统观念,树立现代化的物流意识,认识到优化物流供应链管理是降低生产总成本、提高产品附加值、增强企业竞争力、获取新的利润源的重要手段。我国是制造大国,企业物流水平的提高直接关系到我国物流整体水平的提高。

20世纪90年代末,由于我国尚没有专门研究企业物流这一领域的专著和教材,为了完善物流专业教学体系和满足我国企业对物流知识的迫切需求,作者萌生了研究企业物流的想法。经过几年的努力,2002年1月我们出版了《企业物流》一书。该著作很快在社会产生了较大影响,被许多高等院校物流专业和相关专业选作教材。五年来作者收到了许多读者，尤其是从事物流专业教学的教师的来信和电子邮件，他们对作者的著作和文章，特别是对《企业物流》给予了很多的指教和鼓励，并希望进行再版。面对我国物流事业发展的大好时机，作者作为一名专业从事物流教学、科研的物流工作者，愿为物流事业的发展贡献一些微薄的力量。今天，在北京大学出版社的鼎力协助下，《企业物流》(第二版)终于出版了。

《企业物流》是以制造企业为主要研究对象的物流管理教材。

企业物流是企业生产与经营的组成部分，也是社会大物流的基础。中国经济要融入世界经济，中国企业要参与国内、国外两个市场的竞争，就需要增强现代物流意识，积极采用先进的物流组织和管理技术，这已成为广大企业的共识。

从物流运作的本质出发，一切物流形式都是企业行为。物流管理是企业经营管理的有机组成部分。物流理论既需要从物流实践中不断吸取营养，又要为物流实践服务。伴随着科学技术的进步和经济的不断发展，新的物流观念、物流技术、物流模式在不断发展和更新，深入探讨物流科学的发展规律，研究物流科学的本源，使其逐渐走向成熟，是我们广大物流教育工作者的责任和义务。

企业物流管理是综合性、应用性、系统性很强的科学，它是以在企业生产和经营管理范围内物品流动过程的技术与管理的发展变化规律为研究对象的。企业物流的根本任务就是在物流活动中适时、适地地采用先进的物流技术，与其生产和经营活动达到最优的结合，通过有效的物流管理使企业实现理想的经济效益。

《企业物流》在撰写的过程中得到了张旭凤、朱杰、唐长虹、刘俐、李彦萍、张晓燕等专家的支持，得到了许容平、胡晓冰、张丽娜等研究生的帮助，在编写过程中又参阅了国内外许多同行的学术研究成果，在此一并表示衷心的感谢。在作者的教学过程中，作者的研究生和本科生们对企业物流教学提出过中肯的建议，他们对物流事业的关注和热爱令作者十分感动，在此对他们的帮助和鼓励表示深深的谢意。北京大学出版社的陈莉女士一直协助作者出版相关物流著作，我对她的辛勤劳动和大力支持表示深深的敬意。

《企业物流》适用于物流专业和相关专业的研究生和本科生教学，也可供企业管理人员以及在实际部门从事物流工作的人员阅读。企业物流发展的速度很快,为了能够提供一部令大家满意的著作,我们做了很多的努力,但是由于作者水平所限,错误和缺点在所难免,恳请物流同行和广大读者批评指正。

北京物资学院教授　崔介何
于北京西坝河衔权亭
2007 年 12 月

目　　录

第一章　企业物流概述 ………………………………………………（1）
　　第一节　企业物流的内涵 …………………………………………（3）
　　第二节　现代物流理念 ……………………………………………（8）
　　第三节　企业物流的内容 …………………………………………（16）

第二章　企业物流管理综述 …………………………………………（25）
　　第一节　企业物流管理的定位 ……………………………………（27）
　　第二节　企业物流管理战略 ………………………………………（33）
　　第三节　企业物流战略管理 ………………………………………（41）

第三章　企业物流网络 ………………………………………………（55）
　　第一节　物流网络的概念 …………………………………………（57）
　　第二节　企业物流网络的布局 ……………………………………（60）
　　第三节　企业物流网络规划 ………………………………………（70）

第四章　企业采购物流 ………………………………………………（77）
　　第一节　企业采购管理概述 ………………………………………（79）
　　第二节　采购战略 …………………………………………………（87）
　　第三节　采购进货物流管理 ………………………………………（101）

第五章　企业生产物流基本原理 ……………………………………（109）
　　第一节　企业生产物流的定位 ……………………………………（111）
　　第二节　企业生产物流的组织形式 ………………………………（115）
　　第三节　基于企业生产战略与系统设计框架下的
　　　　　　生产物流分析 ……………………………………………（132）

第六章　企业生产过程与物流管理 …………………………………（155）
　　第一节　企业生产类型及物流特征 ………………………………（157）
　　第二节　不同生产模式下生产物流的管理 ………………………（162）

第三节　现代企业生产物流管理所面临的挑战 …………………（168）

第七章　企业生产物流的计划与控制 …………………………………（181）
　　　第一节　以 MRP、MRP Ⅱ、ERP 原理为指导的生产
　　　　　　　物流运营方式 ……………………………………………（183）
　　　第二节　以 JIT 思想为宗旨的生产物流运营方式 ………………（193）
　　　第三节　以 TOC 为依据的生产物流运营方式 ……………………（201）

第八章　企业仓储管理 …………………………………………………（213）
　　　第一节　企业现代仓储管理概述 …………………………………（215）
　　　第二节　仓储作业流程管理 ………………………………………（224）
　　　第三节　配送中心 …………………………………………………（234）

第九章　企业库存控制 …………………………………………………（247）
　　　第一节　企业库存的重要性与类型 ………………………………（249）
　　　第二节　库存成本 …………………………………………………（254）
　　　第三节　库存管理方法 ……………………………………………（261）
　　　第四节　库存控制方法 ……………………………………………（266）
　　　第五节　现代库存管理方法 ………………………………………（277）

第十章　企业销售物流 …………………………………………………（283）
　　　第一节　企业销售系统及销售物流 ………………………………（285）
　　　第二节　企业销售物流服务 ………………………………………（290）
　　　第三节　企业销售配送 ……………………………………………（299）

第十一章　企业运输决策 ………………………………………………（309）
　　　第一节　企业运输方式的选择 ……………………………………（311）
　　　第二节　运输线路的选择 …………………………………………（316）
　　　第三节　企业运输管理 ……………………………………………（332）

第十二章　企业逆向物流 ………………………………………………（341）
　　　第一节　逆向物流综述 ……………………………………………（343）
　　　第二节　企业废旧物回收物流 ……………………………………（352）
　　　第三节　企业废弃物流 ……………………………………………（359）

第十三章　企业物流信息系统 …………………………………………（363）
　　　第一节　企业物流信息系统综述 …………………………………（365）

第二节　物流信息系统的构成 …………………………………（373）
　　第三节　物流决策支持系统 ……………………………………（377）

第十四章　企业物流外包 ………………………………………（389）
　　第一节　企业物流业务外包 ……………………………………（391）
　　第二节　第三方物流与第三方物流的选择 ……………………（399）
　　第三节　企业物流外包和物流服务承包的形式 ………………（412）

第十五章　企业物流绩效管理 …………………………………（417）
　　第一节　企业物流绩效评价 ……………………………………（419）
　　第二节　企业物流绩效评价指标 ………………………………（423）
　　第三节　企业物流绩效管理 ……………………………………（433）

参考文献 …………………………………………………………（444）

第一章

企业物流概述

主要内容

- 企业物流的内涵
- 现代物流理念
- 企业物流的内容

物流是涉及范围非常广泛的科学。根据物流所处的范围,大体上可以分成五种不同类型的物流,即企业物流、城市物流、区域物流、国民经济物流和国际物流。根据活动涉及的领域,可分为生产领域物流、流通领域物流和消费领域物流等。

我国国家标准(GB/T18354-2001)中将企业物流定义为"企业内部的物品实体流动"。新国家标准将企业物流定义修订为"货主企业在经营活动中所发生的物活动"。企业物流是其他物流形式的基础。

在美国,从20世纪60年代到80年代这二十多年的时间里,描述企业的物流管理活动的内容包括:物资管理(Materials Management)、实物分配(Physical Distribution)、供应管理(Supply Management)、分销管理(Distribution Management)、市场营销后勤(Marketing Logistics)、后勤工程(Logistics Engineering)、后勤管理(Logistics Management)等。

美国后勤管理协会认为企业物流是"研究对原材料、半成品、产成品、服务以及相关信息从供应始点到消费终点的流动与存储进行有效计划、实施和控制,以满足客户需要的科学"。

第一节 企业物流的内涵

企业是为社会提供产品或某些服务的经济实体。一个制造企业从购进原材料开始,经过若干工序的加工,到形成产品后再销售出去的全过程,在企业经营范围内由生产或服务活动所形成的企业内部的物品实物运动,即企业物流。

一、企业是最早接受物流观念的领域

美国在发展物流的过程中,一直把物流作为企业战略的核心组成部分给予了高度的重视。20世纪50年代后,现代市场营销观念改变了美国企业经营管理的行为,促使企业意识到顾客满意是实现企业利润的唯一手段,是保证企业生存发展的唯一路径。

50年代中叶,日本在经济恢复中,十分重视学习西方科学技术。1955年,日本生产性本部向美国派出了"搬运专业考察团"(也称为"流通技术考察团"),对美国的工厂运输情况,如搬运设备、搬运方法、库存物资的堆垛方式、与厂内运输有关的工厂总体布置以及搬运技术的概况等,在国内进行了详细的报道,得到了企业的高度重视。此举动对日本此后的物流发展起到

了积极的推动作用。

1983年12月在联邦德国多特蒙得召开了第四届国际会议，其中心主题是以面向企业物流为主的"对自动化产业挑战的回答"。国外经济发达国家在企业物流的设计与组织管理上达到了相当的水平。

在中国最早接受"物流"概念的有两个领域，一个是机械工业系统，一个是物资流通部门。

在我国机械行业的"物流"是从英文的"Material handling"翻译过来的。在工厂规划与改造项目中，在决定各个相关设施（建筑物、车间等）的位置时，需要进行统计，计算相互间的"搬运量"，并由此决定它们之间的"密切度"，决定它们之间的总图位置。以分析生产过程中的物料运动及其增值过程着手，以此选定生产方式和决定相关设施，设备布局。

在我国近二十年的企业物流实践中，许多大中型企业在生产流程、物料搬运、库存控制、定置管理、物流系统化等方面都取得了十分可喜的成果。一批如青岛海尔、上海华联、广东宝供等建立在电子化、网络化、共同化、自动化基础上的企业，它们代表着当前我国企业物流的最高水平。

但就我国企业物流的总体水平而言，还存在不少问题，集中表现在：

（1）物流还未被得到足够的重视；

（2）物流管理水平落后；

（3）缺乏现代物流技术的有力支撑；

（4）物流专业人才短缺。

二、企业物流的内涵

企业物流是指在企业生产经营过程中，物品从原材料供应，经过生产加工，到产成品和销售，以及伴随生产消费过程中所产生的废弃物的回收及再利用的完整循环活动。

从系统论角度分析，企业物流是一个承受外界环境干扰作用的具有输入—转换—输出功能的自适应体系。

其内涵表现如下：

（一）企业物流系统的输入

输入是指企业生产活动所需生产资料的输入供应，即供应物流，它是企业物流过程的起始阶段。

1. 采购

采购是供应物流与社会物流的衔接点，是根据企业生产计划所要求的供应计划制订采购计划并进行原材料外购的作业。

2. 供应

供应是供应物流与生产物流的衔接点。它是根据材料供应计划、物资消耗定额、生产作业计划进行生产作业的活动组织。

3. 库存管理

库存管理是供应物流的核心部分。

库存管理的功能主要有两个方面：一方面，它要依据企业生产计划的要求和库存的控制情况，制订物资采购计划，控制库存数量和结构，并指导供应物流的合理运行；另一方面，库存管理又是供应物流的转折点，它要完成生产资料的接货、验收、保管、保养等具体功能。

(二) 企业物流系统的转换

企业物流系统的转换是指企业生产物流，也称厂区物流、车间物流等，它是企业物流的核心部分。

生产物流包括：各专业工厂或车间的半成品或成品流转的微观物流；各专业厂或车间之间以及它们与总厂之间的半成品、成品流转。工厂物流的外延部分，指厂外运输衔接部分。

1. 影响生产物流的主要因素

不同的生产过程有着不同的生产物流构成，生产物流的构成取决于下列因素：

(1) 生产的类型。不同的生产类型，它的产品品种、结构的复杂程度、工艺要求以及原材料的准备特点都影响着生产物流的构成以及相互间的比例关系。

(2) 生产规模。生产规模是指单位时间内产品的产量，通常以年产量来表示。

(3) 企业的专业化和协作水平。社会专业化和协作水平越高，企业内部生产过程就越趋简单化，物流流程就越短。

2. 组织生产物流的基本要求

生产物流是与企业生产紧密联系在一起的。

(1) 物流过程的连续性。企业生产是一道一道工序相连接往下进行的。因此，要求物料顺畅地、最快最省地走完各个工序，直至产品形成。

(2) 物流过程的平行性。一个企业通常生产多种产品，每种产品又需要多种原材料和零部件。在组织生产时，要将各种原材料、零部件分配到各个车间的各个工序上进行生产。

（3）物流过程的节奏性。物流过程的节奏性是指产品在生产的各个阶段，从投料到最后完成入库，都能保证按计划有节奏、均衡地进行，要求在相同的时间间隔内生产大致相同的数量，均衡地完成生产任务。

（4）物流过程的比例性。组成产品的物流量是不同的，存在一定的比例关系，因此形成了物流过程的比例性。

（5）物流过程的适应性。当企业产品改型换代或品种结构发生变化时，生产物流应有较强的应变能力。也就是说，生产物流过程应具备在较短的时间内由一种产品迅速转移为另一种产品的适应能力。

（三）企业物流系统的输出

销售物流是企业物流的输出系统，承担完成企业产品的输出任务，并形成对生产经营活动的反馈因子。

销售物流是企业物流的终点，同时又是宏观物流的始点。宏观物流接受它所传递的企业产品、信息以及辐射的经济能量，进行社会经济范围的信息、交易、实物流通活动，把一个个相对独立的企业系统联系起来，形成社会再生产系统。

销售物流是服务于客户的企业物流，其运行的优劣不仅直接影响到客户的生产经营活动，也会给自己带来经济利益或经济损失。销售物流主要考虑以下要素：

1. 时间要素

时间要素通常指订货周期时间，即从客户确定对某种产品有需求到其需求被满足之间的间隔。时间要素主要受以下几个变量的影响：

（1）订单传送。指从客户发出订单到卖方收到订单的时间间隔。

（2）订单处理。指处理客户订单并准备装运的时间。

（3）订货准备。订货准备涉及挑选订货并进行必要的包装，以备装运。

（4）订货装运。指从订货装上运输工具直到买方在目的地收到订货的时间间隔。

2. 可靠性要素

可靠性是指根据客户订单的要求，按照预订的提前期，安全地将订货送达客户指定的地方。

可靠性包括安全交货和正确供货。安全交货是把产品安全无误地送到客户指定的地方，不出现破损与丢失的现象；正确供货是指客户收到的物品必须与订单相符。

3. 方便性要素

方便性是指销售物流水平必须灵活。为了更好地满足客户需求,就必须确认客户的不同需求,为不同客户设计适宜的服务方法。不同客户服务需求的差异性,提供了降低客户服务成本和提高服务水平的巨大潜力。

综上所述,企业物流是由企业经营活动中的供应物流、生产物流、销售物流三个主要阶段和在生产过程中所产生的废弃物流及返品物流所组成。这是从企业物流内部的视角来观察物流活动。若从宏观角度来看,若干个企业物流的产成品的输出,相互交织成社会物流,而社会物流正是企业物流活动的条件和环境,这种企业物流和社会物流之间不间断循环,形成了完整的物流过程。

三、企业物流的特征

(一) 企业生产物流的连续性

企业的生产物流活动不但充实、完善了企业生产过程中的作业活动,而且把整个生产企业的所有孤立的作业点、作业区域有机地联系在一起,构成了一个连续不断的企业内部生产物流。

企业内部生产物流是由静态和动态相结合的结点和连接在一起的网络结构。静态的"点",表示物料处在空间位置不变的状态,如相关装卸、搬运、运输等企业的厂区配置、运输条件、生产布局等。

生产物流动态运动的方向、流量、流速等正是使企业生产有节奏、有次序、连续不断地运行的基础。

(二) 物料流转是企业生产物流的关键特征

物料流转的手段是物料搬运。在企业生产中,物料流转贯穿于生产、加工制造过程的始终。无论是在厂区之间、库区之间,还是在车间之间、工序之间、机台之间,都存在着大量、频繁的原材料、零部件、半成品和成品的流转运动。

生产物流的目标应该是提供畅通无阻的物料流转,以保证生产过程顺利、高效率地进行。

(三) 企业物流成本的二律背反性

"二律背反"主要是指企业各物流功能间或物流成本与服务水平之间的二重矛盾,即追求一方则必须舍弃另一方的一种状态,即两者之间的对立状态。

企业物流管理肩负着降低企业物流成本和提高服务水平两大任务,这是一对相互矛盾的对立关系。整个物流合理化,需要用总成本评价,这反映出企业物流成本管理的二律背反特征及企业物流是整体概念的重要性。

第二节 现代物流理念

现代物流在不断实践的过程中,形成了现代物流理念。现代物流理念的不断成熟,进一步推进了现代物流的发展。

一、"物流是市场的延伸"的理念

物流是指物品从供应地向接收地的实物流动的过程。物流的实践活动是与人类的生产、生活活动始终联系在一起的。

1922年著名营销专家弗雷德·E.克拉克(Fred E. Clark)在他所著的《市场营销的原则》一书中,将市场营销定义为商品所有权转移所发生的、包含物流在内的各种活动,从而将物流纳入到日常经营行为的研究范畴之中。涉及物资运输、储存等业务的"Physical Supply"(实物供应)这一名词在一些有关市场营销的教材书中反复出现。但应当说明,这一时期对物流的认识虽然开始得到人们的重视,但是在地位上,它被作为流通的附属机能。

1935年,美国销售学会认为:"物流是包含于销售之中的物质资料和服务于从生产地点到消费地点流通过程中,伴随的种种经济活动。"

现代物流、连锁经营、企业电子商务三者之间关系密不可分,是现代流通业的三个标志性特征。"物流是市场的延伸"的理念,新的形势赋予它新的内涵:

其一,通过为用户提供物流服务来开拓市场。

其二,将物流功能和物流设施的建设,看作潜在的市场机会。

其三,物流被看做市场竞争的手段和策略。

其四,物流被视为企业的核心竞争力之一。

二、"军事后勤"与物流服务的理念

在第二次世界大战期间,美国根据军事上的需要,在军火和军需品的战时供应中,运用后勤管理(Logistics Managment)方法,对军火的运输、补给、屯住、调配等实物运动进行全面管理,此举对战争的胜利起到了保障作用。二战后,后勤学逐步形成了单独的学科体系,并不断发展为"后勤工程"(Logistics Engineering)、"后勤分配"(Logistics of Distribution)等后勤管理的诸

领域。

后勤管理的理念和方法,被引入到工业部门和商业部门后,其定义中包括下列一些业务活动:原材料的流通、产品分配、运输、购买与库存控制、贮存、用户服务等。人们注意到,这时后勤一词已经不仅仅是军事上的含义了。

军事后勤为部队和战争服务,工业后勤为制造业的生产和经营服务,商业后勤为商业运行和顾客服务,总之,物流的核心理念是服务。

1985年下半年,物流也完成了从实物供应向后勤管理的转变。

三、物流价值与利润的理念

1962年美国著名经营学家彼得·德鲁克在《财富》杂志上发表了题为《经济的黑色大陆》一文,他将物流比作"一块未开垦的处女地",强调应高度重视流通以及流通过程中的物流管理、物流的价值和利润的观念在实业界引起了巨大的反响。

1973年席卷全球的石油危机以后,石油价格在全世界范围内扶摇而上。石油消费量占20%—30%的运输业处于十分困难的境地,运输费和包装费分别上升了20%和30%。由此还连锁导致了其他原材料价格的猛涨和人工费用支出的不断增加。西方靠廉价原材料、燃料、动力而获取高额利润的传统方式面临挑战。在物流方面采用强有力的管理措施,以大幅度地降低流通费用,使在一定程度上弥补由于原材料、燃料、人工费用上涨而失去的利润成为可能。

1976年,道格拉斯·M.兰伯特(Douglas M. Lambert)对在库评价的会计方法进行了卓有成效的研究,并撰写了《在库会计方法论的开发:在库维持费用研究》一文,指出在整个物流活动发生的费用中,在库费用是最大的一部分。

美国经营学家彼·特拉卡指出,物流是"降低成本的最后边界"。根据发达国家的经验,随着市场竞争的加剧,在原材料、设备和劳动力成本压缩的空间趋于饱和后,对成本的控制将转向物流领域。

日本早稻田大学教授西泽修在《主要社会的物流战》一书中有如下阐述:"现在的物流费用犹如冰山,大部分潜在海底,可见费用只是露在海面的一小部分。"物流被公认为"第三利润源泉"。

四、物流系统化的理念

物流系统是指在特定的社会经济大环境里由所需位移的物资和包装设备、搬运装卸设备、运输工具、仓储设施、人员和通讯联系等若干相互制约的动态要素所构成的具有特定功能的有机整体。

20世纪50—60年代,物流活动是纯粹建立在功能基础上的后勤工作,对物流系统化根本没有考虑。即使是早期把计算机应用到定量化技术时,人们的注意力仍集中在改善特定的物流功能的表现上,诸如订货处理、预测、存货控制、运输等。在这个阶段,真正意义上的物流管理意识还没有出现,降低成本不是以降低物流总成本为目标,而是分别停留在降低运输成本和保管成本等个别环节上。

在物流运行中存在着"二律背反"性,也称"效益背反"性,它是指物流功能间或物流成本与物流服务水平之间存在着的二重矛盾,即追求一方就必须舍弃另一方的对立状态。研究物流成本的二律背反关系,实质上是研究企业物流的经营管理问题,即将管理目标定位于降低物流成本的投入并取得了较大的经营效益。整个物流合理化需要用总成本评价,这反映了物流是整体概念的重要性。

物流功能系统化管理的主要特征为:通过物流管理部门的设立,其管理对象已不仅是现场的作业活动,而是站在企业整体的立场上整合。

物流系统是由物流作业系统和物流信息支持系统构成的(见图1-1)。

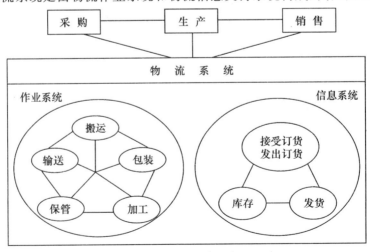

图1-1 物流系统示意图

物流作业系统的功能是在运输、保管、搬运、包装、流通加工等作业中使用种种先进技术，并使生产据点、物流据点、配送路线、运输手段等网络化，以提高物流活动的效率。而物流信息支持系统的功能是在保证订货、进货、库存、出货、配送等信息畅通的基础上，使通讯据点、通讯线路、通讯手段网络化，以提高物流作业系统的效率。

从系统化的观点出发，物流管理是通过整个过程中物资流与资金流、信息流的协调，满足用户的需求和充分实现用户的商品购买价值。

五、精益物流的理念

精益物流是起源于日本丰田汽车公司的一种物流管理思想，其核心是追求消灭包括库存在内的一切浪费，并围绕此目标发展的一系列具体方法。它是从精益生产的理念中蜕变而来的，是精益思想在物流管理中的应用。

精益物流是指"在物流系统优化的基础上，剔除物流过程中的无效和不增值作业，用尽量少的投入满足客户需求，实现客户的最大价值，并获得高效率、高效益的物流（GB/T 18354-2001）"。

1985年美国麻省理工学院的 Daniel T. Jones 教授等筹资 500 万美元，用了近五年的时间对九十多家汽车厂进行对比分析，于 1992 年出版了《改造世界的机器》一书，把丰田生产方式定名为精益生产，并对其管理思想的特点与内涵进行了详细的描述。四年之后，该书的作者出版了它的续篇《精益思想》，进一步从理论的高度归纳了精益生产中所包含的新的管理思维，并将精益方式扩大到制造业以外的所有领域，尤其是第三产业，把精益生产方法外延到企业活动的各个方面，不再局限于生产领域，从而促使管理人员重新思考企业流程，消灭浪费，创造价值。

精益思想的理论诞生后，物流管理学家则从物流管理的角度对此进行了大量的借鉴工作，并与供应链管理的思想密切融合起来，提出了精益物流的新概念。

精益物流的内涵是运用精益思想对企业物流活动进行管理，其基本原则是：

（1）从顾客的角度而不是从企业或职能部门的角度来研究什么可以产生价值；

（2）按整个价值流确定供应、生产和配送产品中所有必需的步骤和活动；

（3）创造无中断、无绕道、无等待、无回流的增值活动流；

(4) 及时创造仅由顾客拉动的价值;

(5) 不断消除浪费,追求完善。

精益物流的目标可概括为:企业在提供满意的顾客服务水平的同时,把浪费降到最低程度。

六、物流联盟与合作的理念

许多物流联盟是以提供有效的物流作业系统、把买方与卖方联系起来为目的,围绕着特定的服务厂商的能力建立起来的。

20世纪80年代至90年代,美国为了物流复兴,在"80年代中,基于物流的联盟已成为最可观的合作",发展物流联盟和合作关系的思想已成为物流实践的基础。在过去的几十年时间里,业务关系的特点是建立在权利的基础上的对手间的谈判。而今,合作最基本的形式是发展有效的组织间的联合作业,形成多种形式的业务伙伴关系。

一方面促使企业从外部资源寻求物流服务以提高效率,降低成本;另一方面促使两个或两个以上的物流供应商与物流需求商组织联合起来。

90年代后,企业后勤开始向专业化方向发展,出现了第三方物流,以至第四方物流等。

(一) 第三方物流

自20世纪80年代以来,欧美国家的物流已不再作为工商企业直接管理的活动,常从外部物流专业公司中采购物流服务。1988年美国物流管理委员会的一项顾客服务调查中首次提到"第三方物流提供者",这种新思维被纳入到顾客服务职能中。

对于第三方物流的概念,国内外有多种理解方式。比较普遍的理解是企业全部或部分物流的外部提供者。第三方是相对于第一方供应方和第二方需求方而言的。

中华人民共和国国家标准(GB/T 18354-2001)物流术语中给出的第三方物流的概念是"由供方与需方以外的物流企业提供物流服务的业务模式"。第三方就是指提供物流交易双方的部分或全部物流功能的外部服务提供者。

物流业发展到一定阶段必然会出现第三方物流的发展,而且第三方物流的占有率与物流产业的水平之间有着非常规律的相关关系。

(二) 企业物流外包

企业业务外包即"企业为了获得比单纯利用内部资源更多的竞争优势,

将其非核心业务交由合作企业完成"的运作模式。在供应链管理环境下,企业将主要精力放在其关键业务上,即充分发挥企业的核心竞争力,同时与全球范围内的合适企业建立合作伙伴关系,将企业中的非核心业务交给合作伙伴来完成。

由于物流服务种类的多样性和企业物流外包的多样性,物流服务提供者的类型是多种多样的。早在1992年对全球500家最大制造商物流主管的调查表明,有37%的企业采用第三方物流服务。1997年,主要的英国零售商已控制了94%的工程配送(从配送中心到商店),其中将近47%的配送是外包的。在美国的一些主要市场上,第三方物流的利用率已经达到73%,还有16%的企业研究未来第三方物流的利用。据中国仓储协会的调查:在2000年前我国工业企业的物流活动中,全部委托第三方代理的占被调查企业的52%,有45.3%的企业正在寻找新的物流代理商。由此可以看出:物流外包已成为各个国家企业物流管理的主流模式。

(三) 物流一体化

企业内物流一体化管理是根据商品的市场销售动向决定商品的生产和采购,从而保证生产、采购和销售的一致性。企业内物流系统一体化管理受到关注是源于市场的不透明化。随着消费者需求的多样化和个性化,市场的需求动向越来越难以把握。如果企业生产的产品比预想的销售状况要好,马上就会出现缺货;反之,如果企业生产的产品数量超过预期的销售量,部分产品就会积压在仓库里。解决这个问题,需要正确把握每一种商品的市场销售动向,尽可能根据销售动向来安排生产和采购,改变过去那种按预测进行生产和采购的方法。企业内物流系统一体化管理正是建立在这样一种思考之上的物流管理方式。

物流是被看做使企业与顾客和供应商相联系的能力,这个能力的强弱直接影响着企业的发展。当来自顾客的订单、产品需求信息,通过销售活动、预测以及其他各种形式传遍整个企业,然后将这种信息提炼成具体的制造计划和采购计划,被启动的增值存货流最终将制成品的所有权转给顾客。从企业内部作业观察,将所有涉及物流的功能和工作结合起来,就形成了内部物流一体化。

七、供应链管理的理念

虽然内部物流一体化是企业取得成功的必要条件,但它并不足以保证厂商实现其经营目标。要在今天的竞争中达到充分有效,厂商必须将其物流活动扩大到顾客和供应商相结合方面,这种通过外部物流一体化的延伸被称作为供应链管理。供应链一体化是在全球制造(Global Manufacturing)出现以后,在企业经营集团化和国际化的趋势下提出并形成的,它是物流理论的延伸。传统或狭义的物流管理主要涉及实物资源的组织、企业内部最优化的流动。但从供应链的角度上看,只有组织企业内部的合作是不够的。

（一）供应链

中华人民共和国国家标准物流术语中将供应链的概念定义为"生产及流通过程中,涉及将产品或服务提供给最终用户活动的上游与下游企业,所形成的网链结构（GB/T 18354-2001）"。

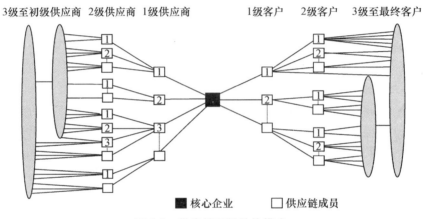

图1-2 供应链网链结构模式

从以上的概念和图1-2所示,我们可以观察到供应链具有以下特征:

1. 供应链的每个节点都是供应链的必不可少的参与者

从范围上观察,供应链把对成本有影响的和在产品满足顾客需求的过程中起作用的每一方都考虑在内:从供应商、制造商、分销商、零售商、物流服务商,直到最终用户。供应链上的节点企业间是供需协调、物流同步的关系。

2. 供应链是一条物流链、信息链、资金链、增值链

供应链不仅仅是一条连接从供应商直到最终用户的物流链、信息链、资金链,而且是一条增值链,使所有供应链的参与者受益。物流在供应链上因加工、包装、运输、配送等过程增加了其价值,给相关企业带来了收益。

3. 供应链是由若干供应链集成的网链结构

一个企业可以是一条供应链的成员,同时又是另一条供应链的成员,众

多的供应链形成交叉结构。供应链往往由多个、多类型、甚至多国企业构成。

(二)供应链管理

中华人民共和国国家标准(GB/T 18354-2001)物流术语中将供应链管理的概念定义为："利用计算机网络技术全面规划供应链中的商流、物流、信息流、资金流等,并进行计划、组织、协调与控制"。

供应链管理的基本理念是在满足期望的服务水平的同时,使得系统在成本最小的目标下把供应商、制造商、分销商、仓库、零售商和顾客有效地结合成一体来生产商品,并将正确数量的商品在正确的时间送达到正确的地点。

要获得供应链理论所要求的这种企业内外的广泛合作,需要一种与传统组织观念不一样的创新的组织定位,从而形成一套科学的、相对独立的科学体系——物流、商流、信息流的统一体系。在产品的生产和流通过程中所涉及的原材料供应商、生产企业、批发商、零售商和最终用户间,通过业务伙伴之间的密切合作,以实现以合理的成本为用户提供优质的服务并实现最大的时间和空间价值。

八、物流全球化的理念

随着全球化的发展,世界大市场的概念在今天已成为现实,经济全球化对企业的作业方式产生巨大影响。企业从世界市场获取原材料,在世界各地的工厂组织生产,然后将产品运送到世界各地的用户手中。这种在不同国家建立生产基地,并将这些全球化产品销往国际市场的作业方式,必然导致物流的全球化。全球化物流是企业全球战略的支持与保证,是在世界范围内的物流的联盟与合作。

九、绿色物流的理念

绿色物流是指在物流过程中抑制物流对环境造成危害的同时,实现对物流环境的净化,使物流资源得到最充分的利用。

环境共生型的物流管理就是要改变原来经济发展与物流、消费生活与物流的单向作用关系,在抑制物流对环境造成危害的同时,形成一种能促进经济发展和人类健康发展的物流系统,即向绿色物流、循环型物流转变。

第三节 企业物流的内容

一、企业物流的分类

企业按其业务性质不同可分为两类,即生产企业和流通企业。因此,企业物流也可以相应分为生产企业物流和流通企业物流。

(一)生产企业物流

生产企业物流是以购进生产所需要的原材料、设备为始点,经过劳动加工,形成新的产品,然后供应给社会需要部门为止的全过程。这一过程要经过原材料及设备采购供应阶段、生产阶段、销售阶段,这三个阶段便产生了生产企业纵向上的三段物流形式。

1. 原材料及设备采购供应阶段的物流

这是企业为组织生产所需要的各种物资供应而进行的物流活动。它包括组织物资生产者将物资送达本企业的企业外部物流和本企业仓库将物资送达生产线的企业内部物流。

图1-3为工业企业原材料及设备采购供应阶段的物流情况。

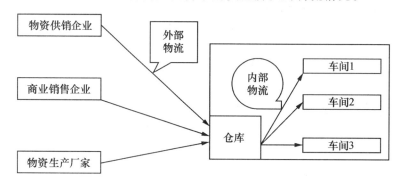

图1-3 原材料及设备采购供应阶段的物流

2. 生产阶段的物流

生产阶段的物流是指企业按生产流程的要求,组织和安排物资在各生产环节之间进行的内部物流。

图1-4为机械加工企业生产阶段的物流情况。

生产阶段的物流主要包括:物流的速度,即物资停顿的时间尽可能地缩短,周转尽可能地加快;物流的质量,即物资损耗少,搬运效率高;物流的运

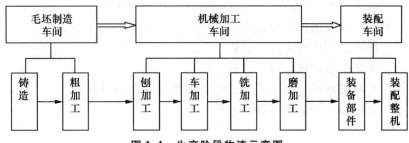

图 1-4 生产阶段物流示意图

量,即物资的运距短,无效劳动少等方面的内容。

3. 销售阶段的物流

销售阶段的物流是企业为实现产品销售,组织产品送达用户或市场供应点的外部物流。

商品生产的目的在于销售,能否顺利实现销售,是关系到企业经营成果的大问题。

销售物流对工业企业物流经济效果的影响很大,应当成为企业物流研究和改进的重点。

4. 返品的回收物流

所谓返品的回收物流,是指由于产品本身的质量问题或用户因各种原因的拒收,而使产品返回原工厂或发生结点而形成的物流,其流程如图 1-5 所示。

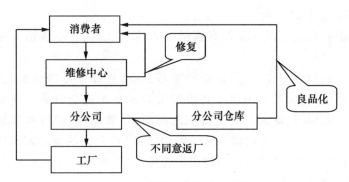

图 1-5 返品回收物流示意图

5. 废旧物资物流

废旧物资物流主要是指对生产过程中的废旧物品,经过收集、分类、加工、处理、运输等环节,直到转化为新的生产要素的全部流动过程。

生产过程的废旧物资流大体可分为以下几个方面：
（1）生产企业的工艺性废料；
（2）生产过程中产生的废品；
（3）生产中损坏和报废的机械设备；
（4）生产维修后更换下来的各种废旧零件和废旧材料；
（5）原材料和设备的各种包装物。

（二）流通企业物流

流通企业物流是指从事商品流通的企业和专职从事实物流通的企业的物流。

1. 批发企业的物流

批发企业的物流是指以批发据点为核心，由批发经营活动所派生的物流活动。这一物流活动对于批发的投入是组织大量物流活动的运行，产出是组织总量相同物流对象的运出。在批发点中的转换是包装形态及包装批量的转换。随着工厂直送和零售商的日益强大，批发业的发展空间将受到制约。过去批发业物流系统就像一个调节阀，一方通过从制造业订购大批量的商品，另一方是化大为小，小批量将商品送到零售商的商店，以满足零售商的需求。由于现在零售商普遍存在储存空间不足的问题，零售商更希望减少商品的流通加工功能，因而往往要求批发商把他们订购的商品贴好标签，分类进行商品的商业包装，并配送到零售商指定的地点，有时候甚至直接上货架的工作也要批发商来完成。

2. 零售企业的物流

零售企业物流是指以零售商店据点为核心，以实现零售销售为主体的物流活动。

零售企业的类型有：一般多品种零售企业、连锁型零售企业、直销企业等。缺货率过高，反映了中国零售市场运营水平不高的现状。商品缺货的瓶颈环节主要包括：缺乏补货支持信息系统，导致漏订、晚订和非最优批量订货；零售商与供应商之间缺乏诚信和沟通；供售双方的商品配送质量不能得到保障；单品过多，货架过少，门店后仓过小，影响周转等。

3. 仓储企业的物流

仓储企业是以储存业务为主要赢利手段的企业。仓储企业的物流是以接运、入库、保管保养、发运或运输为流动过程的物流活动，其中储存保管是其主要的物流功能。

4. 配送中心的物流

配送中心是集储存、流通加工、分货、拣选、运输等为一体的综合性物流过程。

配送中心是在市场经济条件下,以加速商品流通和创造规模效益为核心,以商品代理和配送为主要功能,集商流、物流、信息流于一体的现代综合流通部门。

5. "第三方物流"企业的物流

"第三方物流"通常也称为契约物流或物流联盟,是从生产到销售的整个物流过程中进行服务的"第三方",它本身不拥有商品,而是通过签订合作协定或结成合作联盟,在特定的时间段内按照特定的价格向客户提供个性化的物流代理服务。它是以现代信息技术为基础,实现信息和实物的快速、准确的协调传递,提高仓库管理、装卸运输、采购订货以及配送发运的自动化水平。

二、企业物流的功能

(一)包装活动

包装包括产品的出厂包装,生产过程中制品、半成品的包装以及在物流过程中换装、分装、再包装等活动。

包装大体可分为商业包装与工业包装。工业包装纯属物流的范围。它是为了便于物资的运输、保管,提高装卸效率、装载率而进行的。商业包装是把商品分装成方便顾客购买和易于消费的商品单位,其目的是向消费者显示出商品的内容,这属于销售学研究的内容。

(二)装卸活动

装卸活动包括物资在运输、保管、包装、流通加工等物流活动中进行衔接的各种机械或人工装卸活动。在全部物流活动中只有装卸活动伴随物流活动的始终。

(三)运输活动

运输活动是将物品进行空间的移动,依靠运输克服生产地与需要地之间的空间距离,创造商品的空间效用。

运输是物流的核心,以至于在许多场合,它被作为整个物流的代名词。

运输活动包括供应和销售中的用车、船、飞机等方式的输送,生产中管道、传送带等方式的输送。

对运输活动的管理要求选择技术经济效果最好的输送方式及联运方

式,合理地确定输送路线,以实现运输的安全、迅速、准时、价廉的要求。

（四）储存活动

储存活动也称为保管活动,是为了克服生产和消费在时间上的距离而形成的。

物品通过保管产生了商品的时间效用。

保管活动是借助各种仓库,完成物资的堆码、保管、保养、维护等工作,以使物品的使用价值下降到最小的程度。

保管的管理要求合理确定仓库的库存量,建立各种物资的保管制度,确定保管流程,改进保管设施和保管技术等。保管活动也是物流的核心,与运输活动具有同等重要的地位。

（五）配送活动

配送的定义为"在经济合理区域范围内,根据用户要求,对物品进行拣选、加工、包装、分割、组配等作业,并按时送达指定地点的物流活动"（GB/T 18354-2001）。配送是按用户的订货要求,在物流据点进行分货、配货工作,并将配好的货物送交收货人的物流活动。

配送活动以配送中心为始点,而配送中心本身具备储存的功能。

分货和配货工作是为满足用户要求而进行的,因而必要的情况下要对货物进行流通加工。

配送的最终实现离不开运输,这也是人们把面向城市内和区域范围内的运输称之为"配送"的原因。

（六）物流情报活动

在物流活动中大量信息的产生、传送、处理活动为合理地组织物流活动建立了可能性。物流情报对上述各种物流活动的相互联系起着协调作用。物流情报包括与上述各种活动有关的计划、预测、动态信息以及相关联的费用情况、生产信息、市场信息等。

对物流情报的管理,要求建立情报系统和情报渠道,正确选定情报科目和情报收集、汇总、统计、使用方法,以保证指导物流活动的可靠性和及时性。现代情报采用电子计算机处理手段,为达到物流的系统化、合理化、高效率化提供了技术条件。

三、企业物流的目标

美国著名物流学者唐纳德·鲍尔索克斯（Donald J. Bowersox）在他的名著《物流管理》中指出:"物流的总体目标是要在尽可能最低的总成本条件下

实现既定的顾客服务水平。"企业物流的合理化也正是围绕着企业的总目标,贯穿于企业的生产和活动的全过程,通过各种措施降低物流费用的体现。

（一）企业战略

企业战略就是企业长期发展的目标或方向。一般来讲,企业的战略目标是追求利润最大化、企业的生存和发展、投资回报、社会效益或市场份额。而物流战略的目标主要是降低成本、增加资本利用率、客户差异化服务。物流战略是企业总体战略的组成部分。

（二）快速反应

快速反应是关系到一个企业能否及时满足顾客的服务需求的能力。

信息技术的提高为企业创造了在最短的时间内完成物流作业并尽快交付的条件。

快速反应的能力把作业的重点从预测转移到以装运和供应方式对顾客的要求做出反应上来。

快速反应包括:使用电话、传真、电子商务订货以减少订单处理的时间；使用求货求车系统,快速制订配车计划从而及时完成配送作业等。

（三）最小变异

变异是指破坏物流系统表现的任何想象不到的事件。

它可以产生任何一个领域的物流作业,如顾客收到订货的期望时间被延迟,制造中发生意想不到的损坏以及货物到达顾客所在地时发现受损,或者把货物交付到不正确的地点等,所有这一切都使物流作业时间遭到破坏。

物流系统的所有作业领域都可能遭到潜在的变异,减少变异的可能性直接关系到企业的内部物流作业和外部物流作业。在充分发挥信息作用的前提下,采取积极的物流控制手段可以把这些风险减少到最低限度,作为经济上的结果可以提高物流的生产率。因此,整个物流的基本目标是要使变异减少到最低限度。

（四）最低库存

最低库存的目标涉及企业资金负担和物资周转速度的问题。在企业物流系统中,存货占用的资金是企业物流作业最大的经济负担。

在保证供应前提下提高周转率,意味着库存占用的资金得到了有效的利用。

保持最低库存的目标是把库存减少到与顾客服务目标相一致的最低水平,以实现最低的物流总成本。

"零库存"是企业物流的理想目标,但伴随着"零库存"目标的接近与实现,物流作业的其他缺陷也会显露出来。所以企业物流设计必须把资金占用和库存周转速度当成重点来控制和管理。

(五)物流质量

企业物流的目标之一是要持续不断地提高物流质量。

全面质量管理要求企业物流无论是对产品质量,还是对物流服务质量,都要求做得更好。如果一个产品变得有缺陷,或者对各种服务承诺没有履行,那么物流费用就会增加,因为物流费用一旦支出,便无法收回,甚至还要重新支出。

物流本身必须履行所需要的质量标准,包括流转质量和业务质量标准,如对物流数量、质量、时间、地点的正确性评价。随着物流全球化、信息技术化、物流自动化的水平的提高,物流管理所面临的是"零缺陷"的物流质量的高要求,这种企业物流在质量上的挑战强化了物流的作业目标。

(六)产品生命周期的不同物流目标

产品生命周期由引入、成长、饱和成熟和完全衰退四个阶段组成,在不同阶段,企业应在物流方面做出怎样的对策?

在新产品引入阶段,要有高度的产品可得性和物流的灵活性。在制订新产品的物流支持计划时,必须要考虑到顾客随时可以获得产品的及时性和企业迅速而准确的供货能力。在此关键期间,如果存货短缺或配送不稳定,就可能抵消营销战略所取得的成果。因此,在此阶段看物流费用是较高的。新产品引入阶段物流是在充分提供物流服务与回避过多支持和费用负担之间的平衡。

在产品生命周期的成长阶段,产品取得了一定程度的市场认可,销售量剧增,物流活动的重点从不惜代价提供所需服务转变为平衡的服务和成本绩效。处于成长周期的企业具有最大的机会去设计物流作业并获取物流利润。此阶段销售利润渠道是按不断增长的销量来出售产品,只要顾客愿意照价付款,几乎任何水准的物流服务都可能实现。

饱和成熟阶段具有激烈竞争的特点,物流活动会变得具有高度的选择性,而竞争对手之间会调整自己的基本服务承诺,以提供独特的服务,取得顾客的青睐。为了能在产品周期的承受阶段调整多重销售渠道,许多企业采用建立配送仓库网络的方法,以满足来自许多不同渠道的各种服务需求。在这种多渠道的物流条件下,递送任何一个地点的产品流量都比较小,并需要为特殊顾客提供特殊服务,可见,成熟阶段的竞争状况增加了物流活动的复杂性和作业要求的灵活性。

当一种产品进入完全衰退阶段时,企业所面临的抉择是在低价出售产品或继续有限配送等可选择方案之间进行平衡。于是企业一方面将物流活动定位于继续相应的递送活动,另一方面要最大限度地降低物流风险。两者中,后者相对显得更重要。

综上所述,产品的生命周期为基本的物流战略提出了不同的目标,在不同的阶段,需要根据市场竞争状况进行适当的调整。

本章思考题

一、名词解释

企业物流;二律背反性;物流系统;精益物流;物流联盟;物流企业;企业业务外包;第三方物流;供应链;供应链管理;绿色物流。

二、回答问题

1. 如何认识企业物流的内涵?
2. 企业物流具有哪些特征?
3. 如何理解现代物流观念?你能否分别举例加以说明?
4. 企业如何利用物流对市场进行延伸?
5. 精益物流的内涵和基本原则是什么?:
6. 运用系统理论阐述企业物流的内涵。
7. 供应链具有哪些特征?供应链管理的基本理念是什么?
8. 制造企业物流都包括哪些主要的内容?请加以分析说明。
9. 流通企业物流都有哪些形式?各种形式的运行特征是什么?
10. 简述企业物流的功能。
11. 什么是企业物流的总作业目标?请分别举例说明具体目标。

21世纪经济与管理规划教材

物流管理系列

第二章

企业物流管理综述

主要内容

- 企业物流管理的定位
- 企业物流管理战略
- 企业物流战略管理

国家标准物流术语(GB/T 18354-2001)中对物流管理的解释为"为了以最低的物流成本达到用户所满意的服务水平,对物流活动进行的计划、组织、协调与控制"。

美国物流管理协会在 1985 年为物流管理(Logistics Management)下了一个迄今为止仍被认为是经典的定义:物流管理"是以满足客户需求为目的,以高效和经济的手段来组织原料、在制品、制成品以及相关信息从供应到消费的运动和储存的计划、执行和控制的过程"。

战略是企业生存和发展的保证,没有战略的企业是不会长久发展的企业。现代物流管理系统处于复杂多变的环境,物流管理需要运筹与决策,要为提高供应链的竞争力提供有力保证,因此企业物流管理战略在企业管理战略中有重要的意义和作用。

第一节 企业物流管理的定位

一、物流管理的产生和发展

管理科学从宏观、中观和微观三个不同层次进行划分,可划分为理论管理学、基础管理学和应用管理学。企业管理、企业物流管理都是属于微观层次的应用管理学。

20 世纪初,在泰罗的"科学管理"学说的指导下,企业产生了三大最基本的职能管理,即市场管理、运营管理和财务管理,物流管理并没有被列在其中。企业物流习惯上被分成三段:采购物流、制造物流和销售物流,所以相应的管理业务被归入企业的采购部门、制造部门和市场营销部门,企业还没有一个独立的物流业务部门。

直到 20 世纪 40 年代系统论产生,人们才开始用系统的观点来解决不适当的库存问题。

20 世纪 60 年代,物料管理被认为是对企业的原材料的采购、运输、原材料和在制品的库存管理。

20 世纪 80 年代后,企业的输入、输出以及市场和制造功能被集成起来,企业物流管理才真正地受到重视。

在企业物流管理的各个不同发展阶段,企业物流在管理功能、思考目标、改善重点、组织体系、信息系统、管理结果方面存在很大差异,其详细内容如表 2-1 所示。

表 2-1　不同物流发展阶段的企业物流

项目	物流启蒙阶段	实体分配阶段	物流整合阶段	供应链管理阶段
管理功能	运输、仓库等功能分别单独管理	作为系统，企业统一管理	不仅仅追求功能的效率，而作为企业竞争的动力	核心竞争力的一种，管理范围扩大到企业与企业之间
思考目标	部分最适合	部门最适合	企业内最适合	企业群最适合
改善重点	个别功能	生产性向上	物流整合、确定竞争优势	竞争与合作、追求协同效应
组织体系	生产、销售的附属管理	物流部门	后勤部门	企业战略部门
信息系统	个别成本、功能计划	销售物流系统、成本管理	从采购到废弃的整合系统	价值链系统整合
管理结果	个别成本、预算管理	物流成本	物流总成本、客户服务水平	总系统成本、客户创造

二、企业物流管理的内涵

现代企业物流管理的根本任务是：通过使物流功能达到最佳组合，在保证物流服务水平的前提下，实现物流成本的最低化。

（一）企业物流管理创造价值的种类

1. 形式效用

形式效用是指通过生产或加工过程增加产品的经济价值。例如，当原材料以某种方式组合成新产品时，形式效用便产生了。在当今经济环境下，一定的物流活动也能提供形式效用，如流通加工。

2. 空间效用

"物"从供给者到需求者之间有一段空间差，即和需求者之间往往处于不同的场所，由于改变这一场所的差别，创造的价值称做"空间效用"。物流突破了市场的有形界限，通过运输，从生产地移动到需求地，从而增加了商品的经济价值。

3. 时间效用

物品从供给者到需要者之间有一段时间差，由于改变这一时间差而创造的价值，称做"时间效用"。通过在特定时间的某一需求点拥有产品或者服务，使产品或者服务增加时间效用或经济价值。产品或者服务不仅必须在消费需求的市场可以得到，而且必须当消费者需要时才可得到。物流管理通过适当的存货、维护与产品和服务设定产生了时间效用。

4. 占有效用

占有效用是指通过产品或服务促销方面的基本营销活动产生的价值。人们将促销定义为通过直接或间接地接触消费者来增加其拥有商品或得到服务的愿望的行为。过去物流占用效用并不是很明显。在现代物流的配送活动中,已增加的诸如代收货款等新的经营模式等,正在更多地体现为占有效用。

(二)企业物流管理创造效用的方法

1. 创造时间效用的方式

第一种方式是通过缩短物流时间,创造时间效用。这种方式可产生减少物流损失、降低物流消耗、增加库存周转、节约资金使用等。

第二种方式是通过弥补时间差创造时间效用。由于生产与消费间存在着时间差,且这一时间差商品本身又不会自动弥合,物流管理将供给与需求之间的时间差进行合理的调整,从而商品才能取得自身的最高的价值,才能获得十分理想的效益。

第三种方式是延长时间差创造时间效用。尽管物流管理遵循通过缩短物流时间、减少时间差来创造价值的基本规律,但是,在某些具体物流活动中也存在人为的、能动的延长时间差来创造价值的情况,如配合待机销售的物流以及投机买卖便是通过有意识地延长物流时间,有意识增加时间差来创造效用的。

2. 创造空间效用的方式

第一种方式是通过集中的、大规模的生产以提高生产效率,通过物流将产品从集中生产的低价位区转移到分散于各处的高价位区,有时可以获得很高的利益。

第二种方式是通过从分散生产场所流入集中需求场所创造空间效用。

第三种方式是通过从甲地生产流入乙地需求创造空间效用。

3. 创造形(式)态效用的方式

物流也可以创造形态价值。流通加工是物流领域常用的手段,现代物流的一个重要现代特点就是根据自己的优势从事一定的补充性的加工活动。这种加工活动不是创造商品主要实体,形成商品主要功能和使用价值,而是带有完善、补充、增加使用价值性质的加工活动,这种活动必然会形成劳动对象的附加价值,也同时创造形态效用。

4. 创造占有效用的方式

随着第三方物流的发展,配销形式中的代受货款、代理采购、金融融资等一系列的新型服务方式的出现,物流也在不同程度上改变了占有价值。另外,经济活动中的时间价值与空间价值的实现是占有价值实现的前提条件。

(三) 企业物流管理框架

物流是一个由一系列活动组成的具有网状结构的系统或过程,目的是使物资和人员在一个企业,进而在整个供应链内以一种有序、经济、便捷的方式进行流动。只有通过这种不断流动,物流在战略上的潜在价值才能够得以实现。要确认一个物流系统的组成部分,分析、制定一种机制,使它们能够有效协调地运行,从而为顾客创造购买价值,为企业实现战略价值。构成企业物流管理的活动因企业而异,取决于企业特殊的组织结构、管理层对物流范畴的不同理解,以及单项活动对企业运作所起的不同作用。通过跟踪产品从生产地到消费地的流动过程,我们可以找出其中发生的重要活动。

企业物流管理通常包含 10 个关键部分,分别被组织在 4 个重要层次上,如图 2-1 所示。

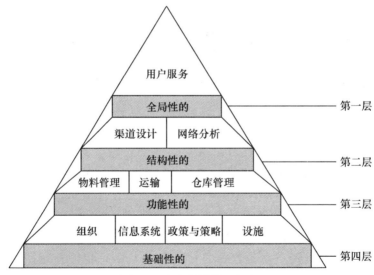

图 2-1 企业物流管理框架

三、企业物流管理的内容

企业物流管理的内容非常丰富，从实现过程的角度，它几乎囊括了企业经营和生产的全过程。下面我们从不同的角度，介绍企业物流管理的内容。

（一）对物流活动诸要素的管理内容

（1）运输管理。主要内容包括：运输方式及服务方式的选择；运输路线的选择；车辆调度与组织等。

（2）储存管理。主要内容包括：原料、半成品和成品的储存策略；储存统计、库存控制、养护等。

（3）装卸搬运管理。主要内容包括：装卸搬运系统的设计、设备规划与配置和作业组织等。

（4）包装管理。主要内容包括：包装容器和包装材料的选择与设计；包装技术和方法的改进；包装系列化、标准化、自动化等。

（5）流通加工管理。主要内容包括：加工场所的选定；加工机械的配置；加工技术与方法的研究和改进；加工作业流程的制定与优化。

（6）配送管理。主要内容包括：配送中心选址及优化布局；配送机械的合理配置与调度；配送作业流程的制定与优化。

（7）物流信息管理。主要指对反映物流活动内容的信息、物流要求的信息、物流作用的信息和物流特点的信息所进行的搜集、加工、处理、存储和传输等。信息管理在物流管理中的作用越来越重要。

（8）客户服务管理。主要指对于物流活动相关服务的组织和监督，例如调查和分析顾客对物流活动的反映，决定顾客所需要的服务水平、服务项目等。

（二）对物流系统诸要素的管理内容

从物流系统的角度看，物流管理的内容有：

（1）人的管理。人的管理包括：物流从业人员的选拔和录用；物流专业人才的培训与提高；物流教育和物流人才培养规划与措施的制定等。

（2）物的管理。物指的是物流活动的客体，即物质资料实体。物的管理涉及物流活动诸要素，即物的运输、储存、包装、流通加工等。

（3）财的管理。主要指物流管理中有关降低物流成本、提高经济效益等方面的内容，它是物流管理的出发点，也是物流管理的归宿。主要内容有：物流成本的计算与控制；物流经济效益指标体系的建立；资金的筹措与运用；提高经济效益的方法等。

(4) 设备管理。指与物流设备管理有关的各项内容。主要有：各种物流设备的选型与优化配置；各种设备的合理使用和更新改造；各种设备的研制、开发与引进等等。

(5) 方法管理。主要内容有：各种物流技术的研究、推广普及；物流科学研究工作的组织与开展；新技术的推广普及；现代管理方法的应用等。

(6) 信息管理。信息是物流系统的神经中枢，只有做到有效地处理并及时传输物流信息，才能对系统内部的人、财、物、设备和方法等五个要素进行有效的管理。

(三) 物流活动中的具体职能管理

物流活动从职能上划分，主要包括物流计划管理、物流质量管理、物流技术管理、物流经济管理等。

(1) 物流计划管理。是指对物质生产、分配、交换、流通整个过程的计划管理。具体体现在物流系统内各种计划的编制、执行、修正及监督的全过程。物流计划管理是物流管理工作的首要职能。

(2) 物流质量管理。包括物流服务质量、物流工作质量、物流工程质量等的管理。物流质量管理是物流管理工作的中心问题。

(3) 物流技术管理。包括物流硬技术和物流软技术的管理。物流技术管理是指对物流活动中的技术问题进行科学研究、技术服务的管理。物流技术在发展过程中形成了物流硬技术和物流软技术这样互相关联、互相区别的两大技术领域。

物流硬技术是指物流管理发展初期起主导作用的一门技术。它是指组织物资实物运动所涉及的各种机械设备、运输工具、仓库建筑、站场设施以及服务于物流的电子计算机、通讯网络设备等。如物流设施的规划、建设、维修、运用；物流设备的购置、安装、使用、维修和更新；提高设备的利用效率，日常工具管理工作等。

物流软技术是指为组成高效率的物流系统而使用的应用技术。具体地说，是指各种物流设备的最合理的调配和使用。物流软技术能够在不改变物流硬技术即装备的情况下，充分地发挥现有设备的能力，获取较好的经济效果。对物流软技术进行管理，主要是物流各种专业技术的开发、推广和引进，物流作业流程的制定，技术情报和技术文件的管理，物流技术人员的培训等。物流技术管理是物流管理工作的依托。

(4) 物流经济管理。包括物流费用的计算和控制，物流劳务价格的确定和管理，物流活动的经济核算、分析等。成本费用的管理是物流经济管理的核心。

第二节 企业物流管理战略

一、制定企业物流管理战略的原因

(一) 企业物流管理战略是企业核心战略之一

企业物流管理战略是企业核心战略之一。企业之所以要制定物流战略,主要有以下两个方面的原因:

一方面,任何一个可以有效实施的企业战略都不可避免地需要在微观层面和宏观层面寻找一个动态的均衡点,而由于物流管理活动涉及企业的所有核心部门,因此它在本质上就具有维持动态均衡的作用。

另一方面,一个好战略的精髓在于寻找一套行之有效的企业运行机制,而通过对这套运行机制的实施和维持,企业能够获得独特的竞争优势。如果企业通过科学分析和认真实施,在物流管理活动方面确立了优势,就可以使企业的成本大大降低,销售额提高,从而使企业具有竞争力。由于物流管理活动具有平淡、琐碎、难以实施的特点,如果把各种琐碎的、数量众多的物流活动整合到一起,形成一个完整的、有效物流管理的整体,并进行创造性的、精确的、系统的管理,就可以在战略层面保持企业的核心竞争力和发展能力。

(二) 企业制定物流管理战略的意义

企业制定物流战略的意义主要体现在三个方面:降低成本、提高利润水平和改进服务。

1. 降低成本

物流管理可以大幅度降低企业的经营成本,对创造企业良好的经营运行环境,解决企业的困难有重要作用。战略实施的目标是将与运输和储存等相关的物流可变成本降到最低。通常评价各个备选方案,如在不同的仓库选址中做出选择,或者在不同的运输方式、运输线路上做出选择,形成最佳方案。但应该注意的是,在选择的过程中,要保持客户服务水平不变。

2. 提高利润水平

物流管理是企业生产运行的保证,同时又可以降低生产的经营成本。物流管理可以通过物流服务水平的提高而提高销售收入,从而直接获得利润。要使物流系统的投资最小化,要考虑是自建仓库还是直接将产品送达顾客或者租用公用仓库;是将物流业务外包还是自营;是大力提高客户服务水平,扩大销售额,还是保持现有服务水平不变,降低物流活动成本等。利润最大化是首要目标。

3. 改进服务

物流管理可以提供良好的服务,这种服务有利于参与市场竞争,有利于树立企业和品牌的形象,有利于和服务对象结成长期的、稳定的、战略性合作伙伴关系。物流管理是企业发展的重要支撑力量。企业收入取决于所提供的物流服务水平,尽管提高物流服务水平将大幅度提高成本,但收入的增长可能会超过成本的上升。要使战略有效,应该制定与竞争对手截然不同的服务战略。

(三)企业物流管理战略的影响要素

当建立一个新企业或企业开发一个新产品时,需要确定企业物流战略和物流网络的规划。然而,大多数情况下,企业物流系统已经存在,经常需要做的工作是不断改善和优化现有网络。影响企业物流管理战略的要素包括五个方面,即需求、客户服务、产品特征、物流成本和定价策略。一般可通过这几个方面的分析,改善和优化现有物流系统。

1. 需求

需求的水平与需求的地理分布极大地影响着物流网络的结构。需求模式的巨大波动则可能要求在需求增长较快的地区建造新的仓库或工厂,而在市场增长缓慢或萎缩的地区,则可能反而要关闭设施。每年几个百分点的异常增长,往往就足以说明需要对网络重新进行规划。

2. 客户服务

客户服务的内容很广,包括库存可得率、送货速度、订单履行的速度和准确性。随着客户服务水平的提高,与这些因素相关的成本会以更快的速率增长。因此,分拨成本受客户服务水平的影响很大,尤其是当客户服务水平已经很高时。由于竞争的压力、政策的修改或主观确定的服务目标已不同于制定企业物流管理战略最初所依据的目标等原因,物流服务水平发生了改变,这时企业通常就需要重新制定企业物流管理战略。

3. 产品特征

影响企业物流管理战略的最重要的产品特征就是产品本身的属性,如重量、体积、价值、易腐性、易燃性和可替代性。这些属性的不同组合会对仓储、库存、运输、物料搬运和订单处理提出一定的要求。

4. 物流成本

企业实物供给、实物分拨过程中产生的成本往往决定着物流系统重新规划的频率。如果其他因素都相同，那么生产高价值产品的企业由于物流成本只占总成本的很小比重，企业很可能并不关心物流管理战略是否优化。然而，对于物流成本很高的企业，物流管理战略将是其关注的重点。由于物流成本很高，即使再次重构物流系统只带来稍许改进，也会带来物流成本的大幅度下降。

5. 定价策略

商品采购或销售的定价政策发生变化，也会影响企业物流管理战略，这主要是因为定价政策决定了买方/卖方是否承担某些物流活动的责任。供应商定价由出厂价格改为运到价格，一般意味着采购企业无须负责提供或安排内向物流。同样，定价策略也影响着商品所有权的转移和分拨渠道内运输责任的划分。

当上述某一个或几个方面发生变化时，企业就应该考虑重新规划物流系统。

二、企业物流管理战略的分层

（一）管理结构层

物流管理战略中结构层次的管理包括两个组成部分——物流渠道设计和设施网络规划。

1. 物流渠道设计

渠道设计所要解决的是企业需要从事哪些具体的管理活动，由谁来负责实施这些活动。企业是直接向客户提供服务还是将营销、售卖、送货等活动中的部分或全部交给分销商去做？这是企业必须要思考和回答的问题。

有几个因素共同影响着物流渠道的设计，它们分别是：客户需求、渠道的经济性、渠道所能够发挥出的力量、渠道中参与者的作用。不但要明白这些因素目前的运行状态，还要对将来的变化做出判断和估计。直接提供服务还是使用分销商要视企业的市场份额和规模的大小而定，而最终决定渠道的结构设计的是它背后的经济性和战略意义。

由于物流渠道结构一旦确定，就很难轻易改变，因此必须在制定的时候进行仔细的分析和研究。但是，如果客户的要求变了，或是竞争对手调整了竞争战略，就需要对物流渠道进行重新评估以保护或扩大自己的市场份额。

2. 设施网络规划

设施网络规划问题的解决将能够为以下问题提供答案：

（1）物流活动过程中需要多少物流设施？应该怎么布局？每个设施要

发挥怎样的作用?

(2) 每一个物流设施的服务对象和产品链是什么?

(3) 如何控制每一个物流设施的库存水平以达到特定的服务水平?

(4) 如何安排运输以满足客户服务要求?

(5) 如何安排逆向物流活动?

(6) 是否将一部分或全部活动交给第三方物流服务提供商去完成?

设施网络设计应该与物流渠道设计有机结合起来,以实现向客户提供价值的最大化。在整个物流系统中,各个环节之间的协调与相互渗透将起到越来越重要的作用。

物流活动网络设计还要与厂商的生产和物流活动充分融合。"完全按照订单生产"的战略就要求对采购物流和销售物流做统一的规划,这样才能达到期望的运行目标。同时,生产与分销的协调与融合必然要使成本和服务水平利益分析复杂化,正是由于对生产和分销进行统一的分析和规划是很复杂的。过去,很多厂商都将生产和分销分别考虑、分别决策。现在有很多分析控制手段和工具可以使这种分析变得简单易行。厂商一定要对生产和分销综合考虑,这样做才能有效降低成本,提高投资回报率。

一个既定的客户服务水平可以通过不同的物流活动组合实现,关键是要找到并实施一个既能实现客户服务水平又可以不忽略如成本、风险和柔性等问题的方法。这个复杂的过程包含以下几个步骤:首先,确定几个物流系统解决方案;其次,对每一个方案分别考虑其在成本、服务水平、收益性、风险和柔性方面的优劣;最后,从整体考虑选出最优方案。现在,我们可以借助以计算机为基础的模型工具帮我们处理大量参数及它们之间的复杂关系。

在制定物流网络战略过程中,有一个常见的错误,就是满足于现行的物流管理系统。尽管现行的物流系统运行是很好的,但仍不应该放弃对现行的仓库布局、库存管理、运输系统、管理程序、人员组织结构等提出质疑和挑战。而每一个候选方案都必须经得起以下问题的反复质询:这个方案能否使我们的客户服务管理更容易?管理成本更低?行动更迅速?反应更快?更具有竞争力?

(二) 战略执行层

物流战略执行层对物流战略中执行具体功能的部分进行管理,主要包括物料管理、仓库管理、运输管理等三个方面。内容主要有:

(1) 运输工具的使用与调度;

（2）采购与供应、库存控制的方法与策略；

（3）仓库的作业管理等。

其中，物料管理主要是指补货过程，包括预测、库存管理、生产计划和采购。在这个层面上，厂商必须回答如何提高各个职能部门的工作绩效。对于运输部门来讲，应该分析如何选择承运人、如何使承运人之间的分配达到合理化，是否采用联运，如何安排装卸计划使之更有效率，如何确定运输路线，如何对车队或承运人进行绩效评估等问题。同样，对仓储部门来讲，应该考虑的主要是仓库设施的分布、物资保管手段的选择、仓储工作的效率及安全性和日常管理的规章制度等问题。

企业通常会请一些专家学者对本企业的职能部门进行考察和评估，这是一种非常有用的方法。另外，采用对标的方法也可以使企业找到与先进企业的差距和改进方向。在采用对标方法时，有两点需要注意：其一，由于每个公司的资源来源不同，其营销方式、对服务的要求不同，因此成本和服务水平也是不同的；其二，加强对目标企业的整个物流活动过程和系统的分析和研究，不应把注意力只集中在各个职能部门的工作模式上。

（三）战略实施层

物流战略实施层是具体作业的实施。主要包括信息系统、规章制度、设备与仪器的维护、人员组织结构。其中，信息系统与人员组织对于物流系统的有效运转具有关键的作用。

1. 物流信息系统

只有信息系统才能确保"将物流活动系统化"顺利实施。没有一套完善的信息系统，企业不可能有效地控制成本、提供卓越的客户服务、成为本行业物流活动控制能力的领跑者。先进的物流信息系统包括以下四个方面：

（1）及时准确的信息收集系统。

（2）物流程序的重新思考系统。物流系统需要仔细认真的设计才能保证其运行效率。要经常对物流系统中的关键几步进行重新思考和定位，特别是要对订单处理系统和补货系统的结合点进行特别关注。

（3）先进的应用软件。

（4）先进的决策支持系统。这包括分析研究每个网络结构的成本和客户服务水平之间相互影响的作用，选择总成本最小的运行网络等。还包括可以对生产计划和安排做出最优化分析的分析工具、运输路线分析模型，以及可以对库存控制做出评估的分析软件等。

2. 组织结构

要使物流系统成功地运作,一个相互融合、运行高效的组织结构是不可或缺的。但是,融合的组织机构并不意味着将全部物流活动集中在一个部门来进行管理,而是要对以下几个问题进行认真仔细的设计:

(1) 没有一种组织结构是所有企业都适用的。将各种物流活动分配到各个执行部门,在进行任务分配的时候,需要考虑到企业自身的竞争因素、客户需求、企业文化和经营理念。

(2) 在确定各个职能部门的作用和责任的基础上,要关注各个职能部门的协调与合作。在确定各部门关系的时候,应该遵从这样一条原则:在稳定的环境下,部门之间的关系应该有利于部门效率的提升,每个部门应该拥有更大的管理自由度,以实现部门运作最优化和工作效率最大化。

(3) 为了确保物流系统各子系统之间能够充分融合和整个系统的运行效率,企业必须制定合理的绩效考核办法。

三、企业物流管理战略目标

企业的战略目标对企业经营战略的制定和实施有直接的指导作用。企业的战略目标是在企业宗旨和战略分析结果的基础上形成的。

(一) 企业战略目标

企业战略目标分为长期目标和短期目标。

1. 长期目标

长期目标是指企业在追求其宗旨的过程中希望达到的结果,而其时间跨度一般要超过企业当前的财务年度。一个企业的目标取决于其任务的特殊性质,但一般来说,有以下几类:

(1) 赢利能力;

(2) 对用户、顾客或其他群众提供的服务;

(3) 职工需要与福利;

(4) 社会责任。

长期目标必须有助于企业任务的实现。它们必须清晰无误、简明扼要。如有必要,则必须定量化,而且应当足够详尽,以便企业的每一个成员都能清楚地理解企业的意图。企业不同领域的目标可以相互制约,但它们彼此之间必须保持内在的一致性。目标应当是动态的,若环境发生变化,它们也需要被重新评价。

2. 短期目标

短期目标是管理者用来达到长期目标的绩效目标,其时间跨度常常不到一年。短期目标应该建立在对企业长期目标的深入评估基础上,这种评估应该确定各目标之间轻重缓急的顺序和应该优先考虑的领域。只有确定这些优先领域,短期目标才能更好地为长期目标服务。企业内部各部门、各单位以及企业单位内部各部分的长期和短期目标应当以整个企业的总体目标为基础。企业任一层级的长期和短期目标必须与比它高一层级的长期和短期目标相协调并服从于后者。这样,一个目标体系才能够保证企业的所有目标之间相互一致。

(二) 常用的物流战略制定方法

在确定了企业的战略目标之后,下一步的工作就是制定企业的战略方案。

1. 自上而下的方法

这种方法是先由企业总部的高层管理人员制定企业的总体战略,然后由下属各部门根据自身的实际情况将企业的总体战略具体化,形成系统的战略方案。

这一方式最显著的特点就是,企业的高层管理人员能够牢牢地把握住整个企业的经营方向,并能对下属各部门的各项行动实施有效的控制。它要求企业的高层管理人员制定战略时必须深思熟虑,战略方案务必完善,并且还要对下属各部门提供详尽的指导。

这一方法由于束缚力较强,往往会影响各部门的积极性,不利于中下层管理人员创造性的发挥。

2. 自下而上的方法

这是一种先民主后集中的方法。在制定战略时,企业最高管理层对下属部门不做具体硬性的规定,而要求各部门积极提交战略方案,最高领导层在各部门提交的战略方案基础上,加以协调和平衡,对各部门的战略方案在进行必要的修改后加以确认。

这种方式的优点是,能充分发挥各个部门和各级管理人员的积极性和创造性,集思广益。同时,由于制定出的战略方案有着广泛的群众基础,在战略的实施过程中也容易得到贯彻和落实。

此方法的不足之处在于,各个部门的战略方案较难以协调,往往会影响企业整个战略计划的系统性和完整性。

3. 上下结合的方法

这种方法是在战略的制定过程中,企业最高领导层和下属各部门的管理人员共同参与,通过上下各层管理人员的沟通和磋商,制定出适宜的战略。

这种方法的主要优点是,可以产生较良好的协调效果,制定出的战略更具有操作性。

4. 战略小组的方法

这种方法是指企业的负责人与其他的高层管理人员组成一个战略制定小组,共同处理企业所面临的问题。在战略制定小组中,一般由 CEO 任组长,其他的人员构成由小组的工作内容决定,通常是吸收与所需要解决的问题关系最密切的人员参加。

这种战略制定方法目的性强、效率高,特别适合于产品开发战略、市场营销战略等特殊战略和处理紧急事件。

(三) 企业物流战略规划的内容

规划是为可预测的环境而制定的。没有规划,企业就不能有效地预见问题与解决问题。一个企业必须具有确定公司目标的战略规划,确定企业的总目标与方针。

1. 企业物流战略规划的含义

战略规划是对企业的目标,有关资源的获取、利用和处理的规划。企业物流战略规划要确定存货点设置、运输、存货管理、客户服务和信息系统以及它们之间的联系方式。它是用以应对可预期的需求变化的进攻性工具,是当今快速变化的物流环境下,企业要具有长远的竞争力和生命力的战略规划。

2. 物流网络规划

物流网络规划是战略规划实际应用的主要领域之一。一个战略性的物流网络是要在给定的时间内满足一系列特定的需求,使该网络能够在恰当的时间与地点为客户提供恰当数量的产品,并使整个过程的物流成本最低。

战略性物流网络规划的目标就是寻求产品最经济的物流途径,并同时维持或提高客户服务的质量,实现利润最大化和服务最优化之间的平衡。战略物流网络设计通常回答了以下九个问题:

(1) 应该建立多少物流中心?

(2) 物流中心应该落址于何处?

(3) 在每个物流中心应有多少存货?

（4）每个物流中心应为哪些客户服务？
（5）客户怎样从物流中心订货？
（6）物流中心如何从供应商处订货？
（7）对每一客户应多久发送一次货物？
（8）服务质量应为何种水平？
（9）应利用何种运输方式？

3. 应急规划

有效的物流战略要求一个企业必须具备较强的适应环境的能力。要获得这种能力，就要有相应的应变计划作为保障。要看到各种可能条件在一定时间内所可能发生的突如其来的变化。应急规划是对理想的物流管理具有重大应用意义的管理工具，但是却经常被忽视。应急规划用以应对在物流需求中出现的战术规划未预料到的事件，通常涉及诸如"如果……怎么办"之类的问题。一个未雨绸缪的企业会事先决定采取什么样的措施，以应付在环境或需求方面预期出现的意外变化。通常企业的员工在应对影响物流的许多紧急情况时都会寻求使用应急规划。但应当注意到，应急规划不同于一般的意外或危急处理，应急规划的宗旨是尽量减少完成行动规划所需的时间。

第三节　企业物流战略管理

企业战略即对企业总目标的说明，说明什么是企业的总体经营战略、企业为什么做这种选择、实现此战略将会给企业带来什么样的重大发展机遇。企业战略还包括总体战略目标和实现总体战略的方针政策。

一、企业战略资源的配置

资源配置是战略实施的重要内容。在企业的战略实施过程中，必须对所属资源进行优化配置。

企业战略资源是指企业用于战略行动及其计划推行的人力、物力、财力等的总和。具体来讲，战略资源包括：采购与供应实力，生产能力和产品实力，财务实力，人力资源实力，技术开发买力，经营管理实力，时间、信息等无形资源的把握能力。

企业战略资源的分配是指按战略资源配置的原则，对企业所属战略资源进行的具体分配。企业在推进战略过程中所需要的战略转换往往就是通过资源分配的变化来实现的。企业战略资源的分配一般可以分为人力资源的分配和资金的分配。

(一) 人力资源的分配

人力资源的分配一般有三个内容:

(1) 为各个战略岗位配备管理和技术人才,特别是关键岗位上关键人物的选择;

(2) 为战略实施建立人才及技能的储备,不断为战略实施输送有效的人才;

(3) 在战略实施过程中,注意整个队伍综合力量的搭配和权衡。

(二) 资金的分配

企业中一般采取预算的方法来分配资金资源。而预算是一种通过财务指标或数量指标来显示企业目标的方法。预算通常采取以下几种方式:

(1) 零基预算。它是指一切从零开始的预算。它不是根据上年度的预算编制,而是将一切经营活动都从成本—效益分析开始,以防止预算无效。

(2) 规划预算。它是按照规划项目而非职能来分配资源。规划预算的期限较长,常与项目规划期同步,以便直接考察一项规划对资源的需求和成效。

(3) 灵活预算。它允许费用随产出指标而变动,因而有较好的弹性。

(三) 企业物流管理组织结构

企业组织结构是实施战略的一项重要工具。一个好的企业战略还需要通过与其相适应的组织结构去完成。企业物流管理组织结构主要有三种形式:

1. 直线型组织

这是一种按基本职能组织物流管理部门的组织形式,是一种正式的组织结构。在这种组织结构中,物流管理的各个要素不再作为其他的职能部门如财务、市场、制造部门的从属职能而存在,而是处于并列的地位,如图2-2所示。当物流活动对于一个企业的经营较为重要时,企业一般会采取这种模式。

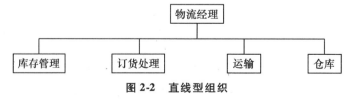

图 2-2 直线型组织

物流经理对所有的物流活动负责,对企业物流总成本的控制负责。在解决企业的经济冲突时,物流经理可以和其他各部门经理平等磋商,共同为企业的总体目标服务。

2. 参谋型组织

这也是一种按照职能不同设定的组织,但由于物流活动往往贯穿于企业组织的各种职能之中,它只把有关物流活动的参谋组织单独抽出来,基本的物流活动还在原来的部门中进行,物流管理者起一个"参谋"的作用,负责物流与其他几个职能部门的协调合作。其典型的组织形式如图2-3所示。

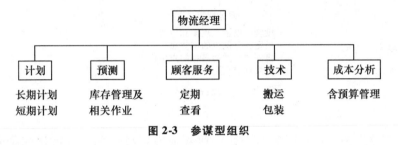

图2-3 参谋型组织

这种组织形式常常被那些刚开始实施综合物流管理的企业采用。参谋组织主要是从计划、预测、顾客服务、技术、成本分析五个方面对物流经理进行有效决策提供参谋和建议。

参谋型组织的好处在于能够在较短的时期内,使企业经营顺利地采用新的物流管理手段。

3. 运用型组织

物流组织的主要目标是对不同的物流活动实施控制,使它们之间保持协调一致。要达到目标,可以设立专门正式的物流组织,也可能利用原有的组织。通过各种手段,靠合作的方式来达成负责物流活动的人员之间的协调,或是外聘专家,对本企业的物流活动进行规划调整,推进企业物流合理化。

运用型组织属于一种非正式物流组织,因此它的运作常常需要建立一些激励机制,或是成立一个协调委员会来促进合作。

二、企业物流战略规划的主要内容

企业物流战略规划主要有四个方面的问题:客户服务目标、选址战略、库存战略和运输战略,如图2-4所示。除了设定所需的客户服务目标以外(客户服务目标取决于其他三方面的战略设计),物流规划可以用物流决策三角形表示。这些领域是互相联系的,应该作为整体进行规划,虽然如此,分别进行规划的例子也并不少见。

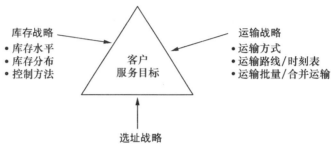

图 2-4 物流战略规划的内容

（一）客户服务目标

企业提供的客户服务水平比任何其他因素对系统设计的影响都要大。服务水平较低,可以在较少的存储地点集中存货,利用较廉价的运输方式。服务水平高,则恰恰相反。但当服务水平接近上限时,物流成本的上升比服务水平上升更快。因此,物流战略规划的首要任务是确定适当的客户服务水平。

（二）选址战略

储存点及供货点的地理分布构成物流规划的基本框架。其内容主要包括,确定设施的数量、地理位置、规模,并分配各设施所服务的市场范围,这样就确定了产品到市场之间的线路。好的设施选址应考虑所有的产品移动过程及相关成本,包括从工厂、供货商或港口经中途储存点,然后到达客户所在地的产品移动过程及成本。通过不同的渠道来满足客户需求,如直接由工厂供货,由供货商或港口供货,或由经选定的储存点供货等,则会影响总的分拨成本。

寻求成本最低的需求分配方案或利润最高的需求分配方案是选址战略的核心所在。

（三）库存战略

库存战略指管理库存的方式。将库存分配到储存点与通过补货自发拉动库存,代表着两种战略。其他方面的决策内容还包括,产品系列中的不同品种分别选在工厂、地区性仓库或基层仓库存放,以及运用各种方法来管理永久性存货的库存水平。由于企业采用的具体政策将影响设施选址决策，所以必须在物流战略规划中予以考虑。

（四）运输战略

运输战略包括运输方式、运输批量和运输时间以及路线的选择。这些决策受仓库与客户以及仓库与工厂之间距离的影响，反过来又会影响仓库选址决策。库存水平也会通过影响运输批量影响运输决策。

客户服务目标、设施选址战略、库存战略和运输战略是规划的主要内容，因为这些决策都会影响企业的赢利能力、现金流和投资回报率。其中每个决策都与其他决策互相联系，规划时必须对彼此之间存在的背反关系予以考虑。

三、物流战略制定的原则

（一）总成本战略原则

物流系统本身的范畴和物流系统设计的核心都是关于效益背反的分析，并由此引出总成本的概念。成本背反就是指各种物流活动成本的变化模式常常表现出互相冲突的特征。解决冲突的办法是，平衡各项活动以使其达到整体最优。在图2-5的例子中，在选择运输服务的过程中，运输服务的直接成本与由承运人的不同运输服务水平对物流渠道中库存水平的影响而带来的间接成本之间就互相冲突。最优的经济方案就在总成本最低的点，即图2-5中虚线所指的点。

费率最低或速度最快的运输服务并不一定是最佳选择，只要在各项物流活动之间存在成本冲突，就需要进行协调管理。

事实上，总成本或总系统的概念并没有明晰的界限。在某种程度上，整个经济活动中的所有活动都与企业的物流问题有一定的经济关联，但对与任意一项决策有关的所有不同的成本背反关系都进行评估是徒劳无益的。因此，管理人员有责任判断哪些因素是相关的，应该纳入分析之中，并由此确定总成本分析是仅仅包括我们所界定的物流职能内部的因素，还是扩展到企业控制的其他因素，甚至扩展到企业不能直接控制的一些外部因素。

（二）分拨战略原则

不要对所有产品提供同样水平的客户服务，这是物流规划的一条基本原则。一般的企业分拨多种产品，因此要面对各种产品不同的客户服务要求、不同的产品特征、不同的销售水平，也就意味着企业要在同一产品系列内采用多种分拨战略。管理者利用这一原则，对产品进行粗略分类，比如按

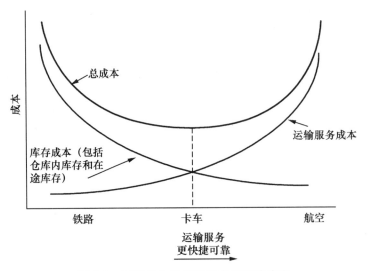

图 2-5　运输成本和库存成本之间的冲突

销量分为高、中、低三组,并分别确定不同的库存水平。这一原则偶尔也应用于库存地点的选择。

要区分哪些产品经仓库运送,哪些产品直接运到客户手中。由于运输费率的结构对整车运输有利,所以应按运输批量区分产品。订购大量产品的客户可以直接供货,其他的则由仓库供货。对于那些由仓库供货的产品,应按存储地点进行分组。销售快的产品应存放在位于物流渠道最前沿的基层仓库中,销量中等的产品应存放在数量较少的地区性仓库中,销售慢的产品则应存放在工厂等中心存储点。每个存储点都包含不同的产品组合。

(三) 混合战略原则

混合战略概念与多样化分拨战略相类似,混合战略的成本会比纯粹的或单一战略的成本更低。虽然单一战略可以获得规模经济效益,简化管理,但如果不同品种产品的体积、重量、订单的规模、销量和客户服务要求差异巨大,就会出现不经济。混合战略使企业针对不同产品分别确立最优战略,这样往往比在所有产品组之间取平均后制定的单一的、全球性战略成本要低,如图 2-6 所示。

(四) 延迟化战略原则

延迟化战略是一种为适应大规模定制生产而采用的战略,通过这种战略企业能够实现产品多样化,适应顾客化的需求。延迟的原则可以概括为分拨过程中运输的时间和最终产品的加工时间应推迟到收到客户订单之

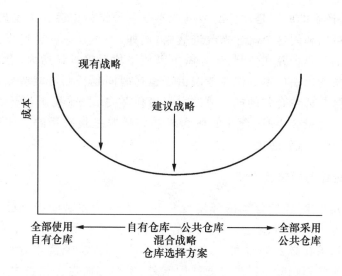

图 2-6 单一仓储战略和混合仓储战略的总成本曲线

后。这一思想避免了企业根据预测在需求没有实际产生的时候运输产品（时间延迟）以及根据对最终产品形式的预测生产不同形式的产品（形式延迟）。

当企业生产具有以下属性时，应采用延迟化战略获得效益。

实现延迟化战略的关键技术是模块化：模块化产品、模块化工艺过程、模块化分销网络设计。在用户需求多样化的今天，如果想满足用户的需求，就必须采用产品多样化策略。但是，产品多样化必然带来库存产品的增加。在过去的物流管理系统中，分销中心的任务是仓储和分销，当增加产品品种时，库存也随之增加，这对企业来说是一笔很大的投资，物流成本增加可能会削弱产品多样化策略的优势。为此，人们提出了延迟化战略。在延迟化战略中，地区性顾客化产品是到达用户所在地之后以模块化方式组装的，分销中心没有必要储备所有的顾客化产品，只储备产品的通用组件，库存成本就大为降低，这样一来，分销中心的功能也发生了转变。为实现延迟化战略，物流系统中的运输方式也必须跟着发生变化，如采用比较有代表性的交接运输（Cross Docking）方式。交接运输是将仓库或分销中心接到的货物不作为存货，而是为紧接着的下一次货物发送做准备的一种分销系统，这种物流方式就是模块化分销网络设计。

（五）批量化战略原则

战略规划中将小运输批量合并成大运输批量（合并运输）的经济效果非

常明显,其产生的原因是现行的运输成本—费率结构中存在大量规模经济。管理人员可以利用这个概念来改进战略,例如,到达仓库的客户订单可以和稍后到达的订单合并在一起,这样做可以使平均运输批量增大,进而降低平均的单位货物运输成本。但应考虑由于运送时间延长而可能造成的客户服务水平下降与订单合并的成本节约之间的利害关系的平衡。

通常当运量较小时,合并的概念对制定战略是最有用的。即运输批量越小,合并的收益就越大。

四、企业创新物流战略

近十几年来,不断延续的环境变化和新型营销体制的确立已使企业物流在战略上不断求新、求变。首先,企业物流需求不断向高度化方向发展,这表现为追求在必要的时间配送必要的数量。其次,经营环境和新型营销体制对战略的影响除了需求方面的因素外,供给方面也有相当大的作用,这主要表现在从事物流经营的企业之间竞争日益激烈。在这一背景下,企业该如何根据自身的经营特点适时、有效地开展物流战略,成为企业谋求长远发展的重大课题。从总体上看,企业物流的革新都是紧紧围绕产、销、物而开展的,其表现出来的战略主要有以下几方面:

(一)即时物流战略

自20世纪80年代中期以后,企业的经营管理逐步向精细化、柔性化方向发展,其中即时制(Just-in-time)得到了广泛的重视和运用。它的基本思想是"在必要的时间,对必要的产品,从事必要数量的生产或经营",因而不存在生产、经营过程中产生浪费和造成成本上升的库存,即所谓的零库存。即时制管理是即时生产、即时物流的整合体。即时化的物流战略又表现为以下两个方面:

1. 即时采购

即时采购是一种先进的采购模式或商品调达模式,其基本思想是在恰当的时间、恰当的地点,以恰当的数量、恰当的质量,由上游厂商向下游企业提供恰当的产品。要做到即时采购,很重要的一个方面是如何确立与上游供应商的关系。在传统的采购活动中,企业与供应商只是一种简单的买卖关系,所以,供应商的数量也较多。而在即时采购条件下,由于要求供应商的经营行为能充分对应下游企业的生产,做到同步。一方面,只有建立稳固的长期交易关系,才能保证质量上的一致性;另一方面,只有强化对供应商作业系统管理的指导,才能逐步降低采购成本。因此,在即时采购条件下,企业与少数供应商结成固定关系,甚至是单源供应。但是,在实际运作中,为了防止因为单源供应而产生竞争力弱化,或因意外原因产生生产停滞,一般都是采用数个供应商作为采购源,以加强供应商之间的竞争和能力的不断提高。通常在即时采购中企业对供应商绩效的监控是通过供应商行为能力的划分来实施的,而这种能力已不仅仅是合约的履行能力,还包括为使即时生产顺利而拥有的工程设计能力、价值工程能力和部件设计的创发能力。

2. 即时销售

在构筑企业自身的物流系统、确立即时销售过程中,生产企业与零售企业出现了不同的发展趋势。对于生产企业而言,推行即时销售一个最明显的措施是实行厂商物流中心的集约化,即将原来分散在各分公司或中小型物流中心的库存集中到大型物流中心,通过数字化拣货或计算机等现代技术实现进货、保管、在库管理、发货管理等物流活动的效率化、省力化和智能化,原来的中小批发商或销售部以转为厂商销售公司的形式专职从事销售促进、零售支持或订货等商流业务,从而提高销售对市场的反应能力以及对生产的促进作用。当然,还应当看到的是,即时销售体制的建立除了通常所说的物流系统的构建外,信息系统的构筑也是必不可少的。如今,很多企业一方面通过现代信息系统提高企业内部的销售物流效率(如POS系统、数字库存管理系统等);另一方面,也积极利用EDI等在生产企业与批发企业或零售企业之间实现订、发货自动化,真正做到销售的在线化、正确化和即时化。

(二) 协同化物流战略

协同化物流战略也称为一体化物流战略。协同化物流是打破单个企业的绩效界限,通过相互协调和统一,创造出最适宜的物流运行模式。在如今流通形式多样化的情况下,各经济主体都在构筑自己富有效率的物流体系,因而反映到流通渠道中,必然会积极推动有利于自身的物流活动和流通形式,这无疑会产生经济主体间的利益冲突。除此之外,不同规模的企业也会因为单个企业物流管理的封闭性而产生非经济性。随着消费者消费个性化、多样化的发展,客观上要求企业在商品生产、经营和配送上必须充分适应消费者不断变化的需求,这无疑大大推动了多品种、少批量、多频度的配送,而且这种趋势会越来越强烈。在这种即时化物流的背景下,一些中小型的企业面临着经营成本上升和竞争的巨大压力:一方面,由于自身规模较小,不具备商品即时配送的能力,也没有相应的物流系统;另一方面,由于经验少、发展时间短等各种原因，难以适应如今多频度、少量配送的要求。即使有些企业具有这些能力，限于经济上的考虑，也要等到商品配送总和达到企业配送规模经济要求时开展，这又有悖于即时化物流的宗旨。面对上述问题，作为企业物流战略发展的新方向，旨在弥合流通渠道中企业间对立或企业规模与实际需求对应矛盾的协同化或一体化物流应运而生。目前协同化的物流战略主要有三种形式。

1. 横向协同物流战略

横向物流协同是指同产业或不同产业的企业之间就物流管理达成协调、统一运营的机制。

同产业物流协同是产业内不同企业之间为了有效地开展物流服务，降低多样化和及时配送产生的高额物流成本，而相互之间形成的一种通过物流中心的集中处理实现低成本物流的系统。从实践上来看，它往往有两种形式：一是在承认并保留各企业原有的配送中心的前提下，实行商品的集中配送和处理；二是各企业放弃自建配送中心，通过共同配送中心的建立，来实现物流管理的效率性和集中化。

不同产业之间的协同物流是将不同产业企业生产经营的商品集中起来，通过物流或配送中心达成企业间物流管理的协调与规模效益性。一般来讲，不同产业横向协同物流处理的商品范围比较广，而且从企业内部管理的角度看，更容易被接受，这主要是因为同产业协同物流由于相同类型企业的商品活动是集中进行的，因而各企业经营的情况以及商品流转的信息等易为竞争者所获得，从而不利于企业经营战略的施展。相反，不同产业企业间的协同物流，由于相互之间分属于不同的产业，不存在直接的竞争替代性，因而既能保证物流集中处理的规模经济性，又能有效地维护各企业的利益以及经营战略的有效实施。正因为如此，如今国际上不同产业间的协同物流相对发展较快，这也是发展横向协同物流中我们不得不关注的趋势。

2. 纵向协同物流战略

纵向协同物流战略是流通渠道不同阶段企业相互协调、统一运营的机制，形成合作性、共同化的物流管理系统。这种协同作业所追求的目标不仅是物流活动的效率性，即通过集中作业实现物流费用的递减，而且还包括物流活动的效果性，即商品能迅速、有效地从上游企业向下游企业转移，提高商品物流服务水准。

纵向协同物流的形式主要有批发商与生产商之间的物流协作和零售商和批发商之间的物流协作等形式。批发商与厂商间的物流协作有两种形式:一是在厂商力量较强的产业,为了强化批发物流机能或实现批发中心的效率化,厂商自身代行批发功能,或利用自己的信息网络,对批发企业多频度、小单位配送服务给予支援;二是在厂商以中小企业为主、批发商力量较强的产业,由批发商集中处理多个生产商的物流活动。零售商与批发商的协作则表现为:一是大型零售业建立自己的物流中心,批发商经销的商品都必须经由该中心,再向零售企业的各店铺进行配送。此外,与零售商交易的批发商数目尽可能减少,因此要求批发商从原来从事专业商品的经营转向多种类经营,零售企业物流中心订货、收货等手续得到简化;二是对于大型以外的中型零售企业来讲,它们不是自己建立物流中心,而是由批发商建立某零售商专用型的物流中心,并借此代行零售物流。

3. 通过第三方物流实现协同化

第三方物流是通过把企业的物流业务外包给专门的物流管理部门来承担的服务水准更高,且成本相当或更低廉的物流服务的方法。可以通过第三方物流协调企业之间的物流活动。它提供了一种集成物流作业,使供应链的小批量库存补给变得更经济,而且还能创造出比供方和需方采用自我物流服务系统运作更快捷、更安全的运作模式。从第三方物流协作的对象看,它既可以依托下游的零售商业企业,成为众多零售店铺的配送、加工中心,也可以依托上游的生产企业,成为生产企业,特别是中小型生产企业的物流代理。

(三) 供应链物流一体化战略

供应链物流组织成员企业多、跨越幅度大,所处的市场竞争环境复杂多变,因而供应链物流战略在供应链管理战略中有着举足轻重的意义和作用。供应链管理的战略思想就是要通过成员间的有效合作,建立低成本、高效率、响应性好、敏捷度高的经营机制,从而获得竞争优势。这种战略思想的实现需要供应链物流系统从供应链战略的高度去规划与运筹,并把供应链管理战略通过物流战略的贯彻实施得以落实。

供应链管理改变了企业的竞争方式,将企业之间的竞争转变为供应链之间的竞争,尤其是在业务外包思想的指导下,强调核心企业通过和供应链中上下游企业之间建立战略伙伴关系,以强强联合的方式,使每个企业都发挥各自的优势,在价值增值链上达到共赢的效果,这种竞争方式将改变企业的组织结构、管理机制,是一种新的企业运作模式。实行供应链物流战略管理能关注未来企业物流的发展,提前对未来进行谋划,并能正确处理企业短期利益与长期利益的关系。

(四) 高度化物流战略

1. 全球化物流战略

当今,企业经营规模不断扩大,国际化经营不断延伸,出现了一大批立足于全球生产、全球经营和全球销售的大型全球化企业。这些企业的出现不仅使世界上都在经营、消费相同品牌的产品,而且产品的核心部件和主体部分也趋向于标准化。在这种状况下,全球型企业要想取得竞争优势,获取超额利润,就必须在全球范围内配置资源,通过采购、生产、营销等方面的全球化实现资源的最佳利用,获得最大的规模效益。但是,在此过程中,有两点是必须加以关注的:一是全球市场的异质性或多样性决定了企业"从外到内"的思维方式,即企业不仅要考虑通过规模经济的实现来降低成本,而且更要考虑积极发挥范围经济,既满足多样化的要求,又能有效降低费用;二是当一个企业服务全球市场时,物流系统会变得更昂贵、更复杂,结果导致前置时间延长和库存水平上升。因此,企业在实施全球化物流时必须处理好集中化与分散化物流的关系,否则将无法确立全球化的竞争优势。

从当今全球化物流的实践看,出现了三种形式的发展趋势:

第一,作为全球化的生产企业,在世界范围内寻找原材料、零部件来源,并选择一个适应全球分销的物流中心以及关键供应物资的集散仓库,在获得原材料以及分配新产品时使用当地现有的物流网络,并推广其先进的物流技术与方法。

第二,生产企业与专业第三方物流企业的同步全球化,即随着生产企业的全球化,将以前所形成的完善的第三方物流网络也带入到全球市场。

第三,国际运输企业之间的结盟。为了充分应对全球化的经营,国际运输企业之间开始形成了一种覆盖多种航线,相互之间以资源、经营的互补为纽带,面向长远利益的战略联盟。这不仅使全球物流能更便捷地进行,而且使全球范围内的物流设施得到了极大的利用,有效地降低了运输成本。

2. 互联网(虚拟)物流战略

现代信息技术的发展,特别是互联网迅速向市场渗透,正在促使企业的商务方式发生改变。由于互联网具有标准公开、使用方便、成本低廉和标准图形用户界面等特点,这使得利用互联网的物流管理具有成本低、实时动态性和顾客推动的特征。互联网物流战略表现在:一方面,通过互联网这种现代信息工具,进行网上采购和销售,简化了传统物流烦琐的环节和手续,使企业对消费者需要的把握更加准确和全面,从而推动产品生产的计划安排和最终实现基于顾客订货的生产方式,以便减少流通渠道各个环节的库存,避免出现产品过时或无效的现象;另一方面,企业利用互联网可以大幅度降低交流沟通成本和顾客支持成本,增强进一步开发现有市场的新销售渠道的能力。这里应当提出的是,互联网物流的兴起并不是彻底否定了此前的物流体系和物流网络,相反,它们是相互依存的,这是因为虚拟化企业之间的合作必然在实践中产生大量的实体商品的配送和处理,而这些管理活动必须以发达的物流网络为基础才能够实现,或者说互联网物流是建立在发达的实体物流网络基础之上的。现在一些优秀的企业都在探索将这两者的优势有机地结合在一起。

3. 绿色物流战略

从经济可持续发展的角度看,伴随着大量生产、大量消费而产生的大量废弃物,对社会产生了严重的消极影响,这不仅表现在废弃物处理的困难,而且还表现在容易引发社会资源的枯竭和自然环境的恶化。所以,如何保证经济的可持续发展是所有企业在经营管理中必须考虑的重大问题,对于企业物流管理而言也是如此。具体来讲,要实现上述目标,从物流管理的角度看,不仅要在系统设计或物流网络的组织上充分考虑企业的经济利益和经营战略的需要,同时也要考虑商品消费后的循环物流,这包括及时、便捷地将废弃物从消费地转移到处理中心。除此之外,还应当考虑如何减少企业现有的物流系统对环境所产生的负面影响。显然,要解决上述问题,需要企业在物流安排上有一个完善、全面的规划,诸如配送计划、物流标准化、运输方式等,特别是在制定物流管理体系时,企业不能仅仅考虑自身的物流效率,还必须与其他企业协同起来,从综合管理的角度,集中合理地管理调达、生产和配送活动。

本章思考题

一、名词解释

物流管理;物流硬技术;物流软技术;企业物流管理;企业战略资源;企业物流管理组织;物流战略定位;物流费用。

二、回答问题

1. 查阅参考书,试回答不同阶段的企业物流管理在管理功能、思考目标、改善重点、组织体系、信息系统、管理结果方面存在哪些差异?
2. 简述企业物流管理创造价值的种类和创造效用的方法。
3. 简述企业物流管理的框架结构。
4. 从物流活动诸要素的管理角度,企业物流管理的内容包括哪些?

5. 从物流系统诸要素的管理角度,企业物流管理的内容包括哪些?
6. 从物流活动中具体职能管理的角度,企业物流管理的内容包括哪些?
7. 举例说明为什么企业要制定物流管理战略。
8. 企业物流管理战略是如何分层的?各管理层的管理内容包括哪些?
9. 企业物流管理组织结构主要有哪三种形式?
10. 谈谈企业物流战略规划的主要内容。
11. 请分析、说明物流战略制定的五大原则。
12. 如何理解物流战略制定的总成本战略?
13. 企业怎样实现即时物流战略?
14. 协同化物流战略实现的途径有哪些?
15. 何谓高度化物流战略?简述高度化物流战略的发展趋势。

21世纪经济与管理规划教材

物流管理系列

第三章

企业物流网络

主要内容

- 物流网络的概念
- 企业物流网络的布局
- 企业物流网络规划

第一节　物流网络的概念

美国著名物流学者唐纳德·J. 鲍尔索克斯在《物流管理》一书中阐述物流工作时特别增加了网络设计的内容,并指出"网络设计便是物流管理部门的一个最基本的责任"。通过对企业物流系统的分析,由若干个物流节点和运输线路组成的网络叫物流网络。由于节点和线路的连接方式不同,因此构成了不同的物流形式。

一、物流节点

物流节点是指物资在流通过程中所经过的暂时停留的位置和场所。物流节点也是线路活动的起点或终点。

物流节点是从物流的角度提出来的,主要进行物资的包装、装卸、存储保管、配送等物流活动,不发生物资的供销业务。在我国现有的物资管理体制下,很多情况是物资的供应机构本身就包括了仓库,所以有时对物流节点和商业节点并不加区分,统称为供应节点。

在各个物流系统中,节点都起着若干作用,但随整个系统目标的不同以及节点在网络中地位的不同,节点的主要作用往往不同。其主要作用可分成以下几类。

（一）物流集货中心

物流集货中心是将零星货物集中成批量货物的物流中心。这类中心所进的货物多系包装程度低,甚至完全不包装的小批量货物。这些货物经中心简单加工或较复杂的加工,如进行批量包装,对初级产品进行分级、分选,简单的成型等。物流集货中心使原来分散的小批量、规格质量混杂而不易进行批量运输和销售的货物,形成批量运输的起点,从而实现大批量、高效率、低成本的运输,并有利于运输后的配送和销售。

（二）物流分货中心

物流分货中心是指专门或主要从事分货业务的物流结点。其主要功能是将大批量运到的货物分成批量较小的货物。这种中心运进的货物大多是大规模包装、集装或散装的,采用大批量低成本运输方式运送的货物。其运出的则是分装加工的货物,如按销售批量要求进行销售批量加工而成为较小包装的货物,并使之形成小的销售起点或小的批发起点,再载运出去。

（三）配送中心

配送中心是指专门从事配送业务的物流结点。这是物流中心中数量较多的一种。配送中心的主要业务包括集货、储存、分货、配货及配装送货等。

（四）物流转运中心

物流转运中心是指承担货物中转运输的物流中心，也称转运中心或转运站、货运站等。这类中心可以承担汽车与汽车、汽车与火车、汽车与船舶、汽车与飞机、火车与船舶等不同运输方式之间的转运任务。物流转运中心也是某种运输方式的起点，所以也称终端。转运中心通常是大型物流中心，可以是两种运输方式的转运，同一运输两程以上的中转运输，也可以是多种运输方式的转运。在运输业这类中心称为货运站，这种运输组织方式称为联运。

（五）物流储运中心

物流储运中心是指主要从事储存业务活动的物流中心，多数为专业的仓储公司。物流储运中心的目的在于对生产、销售、供给等活动进行调节。这类仓库随着对物流市场的适应性、战略性而调整，其业务大多同样具备集货、储存、分货、送货的功能，但以储存功能为主。

（六）物流加工中心

物流加工中心是指以流通加工为主要功能的物流结点。这类物流中心有以下两种主要形式：

（1）设在靠近生产区，以实现物流为主要目的的加工中心。经过这类中心加工的货物，可以顺利地、低成本地进入运输、储存等物流环节。

（2）设在靠近消费区，以促进销售、强化服务为主要目的的加工中心。经过这类中心加工的货物，可以更好地适应用户的具体要求，有利于销售。

二、物流网络的类型

（一）企业物流网络的一般形式

物流的过程，如果按其运动的程度即相对位移大小观察，它是由许多运动过程和许多相对停顿过程组成的。一般情况下，两种不同形式的运动过程或相同形式的两次运动过程中都要有暂时的停顿，而一次暂时停顿也往往连接两次不同的运动。物流过程便是由这种多次的运动—停顿—运动—停顿所组成。

通过对企业物流系统的分析，企业物流网络的一般形式如图 3-1 所示。

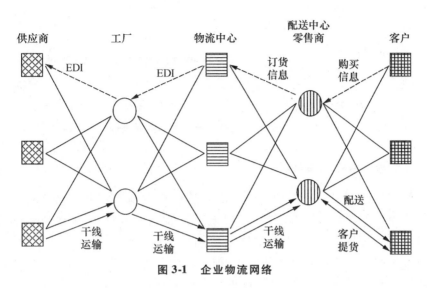

图 3-1 企业物流网络

(二) 单一物流节点条件下的物流网络

单一物流节点是指物流节点或位于供货节点与货品需求节点的中间,或就近供货节点,或就近货品需求节点。单一物流节点条件下的物流网络有对称、偏出、偏进和逆向等类型,如图 3-2 所示。

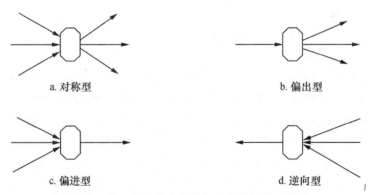

图 3-2 单一物流节点条件下的物流网络的类型

(三) 多个物流节点条件下的物流网络

当单一物流节点不足以应付供货要求或货品需求且需更多节点时,则形成多个物流节点的物流网络。多个物流节点条件下的物流网络有集、散不分离和集、散分离等类型,如图 3-3 所示。

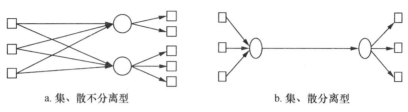

a. 集、散不分离型　　　　　　　　b. 集、散分离型

图 3-3　多个物流节点的物流网络的类型

三、物流网络布局与规划

物流网络布局与规划就是确定产品从供货点到需求点流动的结构，包括决定使用什么样的设施（如果需要使用）、设施的数量、设施的位置、分派给各设施的货品和客户、设施之间应使用什么样的运输服务以及如何进行服务等。网络结构可以有多种形式，根据流经网络的产品不同，企业的物流网络的层次可更多些或更少些，也可能有完全不同的结构。也就是说，一个企业的产品可以有不止一个物流网络设计方案。

这种网络设计的问题既包括空间问题，也包括时间问题。空间或地理设计问题指决定各种设施（如工厂、仓库和零售点）的平面地理位置。确定各种设施的数量、规模和位置时，则要在以地理特征表示的客户服务要求和成本之间寻求平衡。

网络规划的时间性或时期问题是一个为满足客户服务目标而保持产品可得率的问题。通过缩短生产/采购订单的反应时间或者通过在接近客户的地方保有库存，可以保证一定水平的产品可得率。这里首要的考虑因素是客户得到产品的时间。在满足客户服务目标的同时平衡资金成本、订单处理成本和运输成本，将决定产品流经物流网络的方式。以时间为基础的决策也会影响设施的选址。

对高层管理者来讲，网络结构问题非常重要。重新设计物流网络往往能降低成本，也会有助于改善客户服务，提高企业竞争力。

第二节　企业物流网络的布局

一、企业物流节点布局

（一）企业物流节点布局的含义

企业物流节点的布局是指以企业物流系统和社会的经济效益为目标，

用系统学的理论和系统工程的方法,综合考虑企业的物资的供需状况、运输条件、自然环境等因素,对物流节点的设置位置、规模、供货范围等进行的研究和设计。企业物流节点是组织物流活动的基础条件。由于受物资资源的分布、需求状况、运输条件和自然环境等因素的影响,企业在选点、节点规模和服务范围等方面的不同使得物流网络布局方案不同,其物流系统的运营效率和经济效益也是不相同的,有时差别甚至很大。那么,在已有的客观条件下,企业如何设置物流节点,才能使物流费用最少、社会经济效益最佳、对用户的服务质量最好呢?这就是企业物流节点的合理布局问题。

企业物流节点布局主要讨论如下几方面的问题:

(1) 设计区域内应设置物流节点的数目;

(2) 节点的地理位置;

(3) 各节点的规模(吞吐能力);

(4) 各节点的进货与供货关系,即从哪些供应商进货,又向哪些用户供货;

(5) 设计区域内中转供货与直达供货的比例。

企业进行节点布局研究时,一般先通过详细的系统调查,收集资料并进行系统分析,确定一些可能设置节点的备选地址,建立模型,然后对模型优化求解,最后进行方案评价并确定最佳布局方案。

(二) 企业物流节点布局的目标

企业物流节点布局通常是以系统总成本最低为目标。在建立数学模型时主要应考虑以下几项费用:

(1) 节点建设投资。节点建设投资包括建筑物、设备和土地征用等费用。此项费用一般与节点的位置和规模有关。节点的规模一般用吞吐能力表示。

(2) 节点内部的固定费用。节点设置以后的人员工资、固定资产折旧以及行政支出等与经营状态无关的费用,我们称之为节点内部的固定费用。它与节点的位置无关。

(3) 节点经营费用。节点经营费用是节点在经营过程中发生的费用,如进出库费、保管维护费等。它是与经营状态直接相关的费用,即与节点的中转量大小有关。

(4) 运杂费。运杂费是物资运输过程中所发生的费用,主要包括运价、途中换乘转装以及苫垫物资等发生的费用。显然,它与运输路线,即与节点位置有关。

为了使问题简化,一般将上述各类费用分成两个大类:固定费用和可变费用。如投资、固定管理费等属于固定费用,经营费用和运杂费则为可变费用。

企业物流节点布局模型的目标是企业物流系统总成本最低,约束条件主要有:

(1) 资源点向外提供的资源量不超过其生产能力;

(2) 运达用户的物资等于它的需求;

(3) 各节点中转物资的数量不超过节点的设置规模(吞吐能力);

(4) 用户采取直达方式进货时,其每笔调运量不低于订发货起点的限制;

(5) 用户中转进货的物资应尽量集中在一个节点上,以便提高转运效率。

(三) 企业备选地址的选择原则

企业节点布局的最优方案,是在选定备选地址的基础上建立起数学模型,然后进行优化计算求得的。因此,备选地址选得是否恰当,对最优方案和计算求解的过程以及运算成本有着直接的影响。如果备选地址选得过多,会使模型变得过于复杂,计算工作量大,成本也高;相反,如果备选地址选得太少,则可能使所得方案偏离最优解太远,达不到合理布局的目的。由此可见,选择备选地址,对于物流节点布局的合理与否是一个关键性的步骤。进行备选地址选择时应考虑以下几项原则:

(1) 有利于物资运输合理化。物流节点是物资运输的起点和终点,节点布局是否合理将直接影响运输效益的提高,因此从运输系统考虑,节点应设置在交通方便的地方,一般应在交通干线上。

(2) 方便用户。节点尽量靠近用户一些,特别应在用户比较集中的地方设置节点。

(3) 有利于节省基建投资。节点的基建费用是布局节点所考虑的主要费用之一,为降低基本建设费用,应在地形比较有利的位置上设置节点。

(4) 能适应国民经济一定时期发展的需要。国民经济的不断发展必然产生生产力布局的变更,生产结构和运输条件也会发生变化。这些变化无疑会对物流系统的效益产生新的要求和影响。设置节点时,除了要考虑现存的情况外,还应对区域内生产发展水平和建设规划进行预测,以使节点布局方案对今后一定时期内国民经济的发展有较好的适应潜力。

二、一元节点布局

一元节点布局,是指在计划区域内设置节点的数目为一的物流节点布局问题。在流通领域中,一元节点布局问题实际并不多,较多的则是多元节点布局问题。不过,对于多元节点布局,为了使模型简化,计算工作量减少,有时将它变换成一元节点布局问题来处理。

(一) 一元节点布局的图解法

图解法是早期的一种古典方法,它是韦伯(Weber)提出来的,所以也叫韦伯图解法。该方法利用二维坐标图进行直接分析,先在图上以资源点和需求点为中心画出等成本线,然后由等成本线画出总成本等位线。总成本等位线必收敛于总成本最小的点,则此点为节点最佳设置点。

由于一元节点布局问题在计划区域内只设置一个节点,则节点规模可根据需求预测确定。因此,节点规模是已知的,与节点规模有关的节点设置成本和仓储费用也是固定不变的,而且与节点位置无关。绘制成本曲线时可不考虑此两项费用,只考虑运杂费。

现举例说明韦伯图解法的求解过程。

某计划区域内有一资源点 A 和两需求点 B_1、B_2,需设置节点 A 点的资源量为 3 500 单位。B_1 的需求量为 1 000 单位,B_2 的需求量为 2 500 单位。假定运输费率已知,且与运输距离成非线性关系。

先分别以 A、B_1、B_2 为中心画出运输成本等位线(运输成本为运输费率与运输量之乘积),如图 3-4 中虚线所示。虚线旁的数字为等位线上的运输成本。根据图中的三束等位线,对平面上的任意点一一求出运输总成本。如点 x,由 A 点至 x 点的运输成本为 42,点 x 至 B_1、B_2 的运输成本分别为 12 和 32。由此知 x 点的总运输成本为 86。这时,再由各点的总成本绘出总成本等位线,如图 3-4 中实线所示。在图中可以看到,本例中总成本等位线收敛于 A 点,即最佳节点位置正好与资源点 A 重合。

图解法对费用函数为非线性情况的处理是方便的,这时成本曲线的密度为非均匀的。更大的好处在于,它不仅可以找出最优解,而且还能给出最优解附近的各种总成本等位线。这对决策者尤为重要。因为他们在进行最后决策时,由于考虑其他某些因素,如土地成本、公共设施等,有时不得不放弃数学上的最优解,选择稍次于最优解的满意方案。

韦伯图解法最大的缺点是处理大规模问题比较困难。在资源点和需求点较多的情况下运用此方法,计算工作繁复。

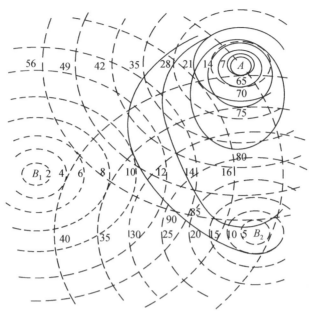

图 3-4 韦伯图解法

（二）一元节点布局的重心法

重心法是一种模拟方法，这种方法将物流系统中的需求点和资源点看成是分布在某一平面范围内的物体系统，各点的需求量和资源量分别看成是物体的重量，物体系统的重心作为物流节点的最佳设置点，利用求物体系统重心的方法来确定物流节点的位置。

现仅讨论用重心法在设计区域内只设置一个节点的简单情况。

在某计划区内，有 n 个资源点和需求点，各点的资源量或需求量为 W_j，$(j=1,2,\cdots,n)$，它们各自的坐标是 (x_j,y_j) $(j=1,2,\cdots,n)$。需设置一个节点，设节点的坐标为 (x,y)，节点至资源点或需求点的运费率为 C_i。

根据求平面中物体系统重心的方法，有：

$$\begin{cases} x \cdot \sum_{j=1}^{n} C_j W_j = \sum_{j=1}^{n} C_j W_j X_j \\ y \cdot \sum_{j=1}^{n} C_j W_j = \sum_{j=1}^{n} C_j W_j Y_j \end{cases}$$

整理后得到：

$$\begin{cases} x = \dfrac{\sum\limits_{j=1}^{n} C_j W_j X_j}{\sum\limits_{j=1}^{n} C_j W_j} \\ y = \dfrac{\sum\limits_{j=1}^{n} C_j W_j Y_j}{\sum\limits_{j=1}^{n} C_j W_j} \end{cases} \quad (3\text{-}1)$$

代入数字,实际求得 x、y 的值即为所求物流节点位置的坐标,记为 (x,y)。

重心法的优点是简单。但这种方法的缺点是不能求出精确的最佳节点位置(当然这种精确位置有时可能是没有实用价值的),因为这一方法将纵向和横向的距离视为互相独立的量,与实际是不相符的。

(三) 微分法

微分法是为克服重心法的上述缺点而提出来的,但它要利用重心法的结果作为初始解,并通过迭代获得精确解。

仍以重心法讨论的系统为例,设总运输费用为 F,则

$$F = \sum_{j=1}^{n} C_j W_j [(x-x_j)^2 + (y-y_j)^2]^{\frac{1}{2}}$$

使总运输费用 F 最小的节点位置,其坐标 (x,y) 必满足

$$\begin{cases} \dfrac{\partial F}{\partial x} = \dfrac{\sum\limits_{j=1}^{n} C_j W_j (x-x_j)}{[(x-x_j)^2 + (y-y_j)^2]^{\frac{1}{2}}} = 0 \\ \dfrac{\partial F}{\partial y} = \dfrac{\sum\limits_{j=1}^{n} C_j W_j (y-y_j)}{[(x-x_j)^2 + (y-y_j)^2]^{\frac{1}{2}}} = 0 \end{cases} \quad (3\text{-}2)$$

式(3-2)为一元节点布局的微分模型。由式(3-2)解得:

$$\begin{cases} x = \dfrac{\sum C_j W_j x_j / [(x-x_j)^2 + (y-y_j)^2]^{\frac{1}{2}}}{\sum C_j W_j / [(x-x_j)^2 + (y-y_j)^2]^{\frac{1}{2}}} \\ y = \dfrac{\sum C_j W_j y_j / [(x-x_j)^2 + (y-y_j)^2]^{\frac{1}{2}}}{\sum C_j W_j / [(x-x_j)^2 + (y-y_j)^2]^{\frac{1}{2}}} \end{cases} \quad (3\text{-}3)$$

式(3-2)右边仍含有未知数 x、y,此时最佳节点位置坐标 (x,y) 还不能解

出。为此,采用一种迭代方法求解。

迭代法求解必须事先给出一个初始值,通常的方法是由重心法求得系统的重心坐标,以重心坐标作为初始值。重心坐标可由式(3-1)求得。记重心坐标为(x^0,y^0)。将(x^0,y^0)代入式(3-3)反复进行,直至两次迭代结果相同时为止。这时即获得节点最佳位置坐标(x,y)。

三、多元节点布局

在现实的物流系统中,大量存在的节点布局问题是多元的,即在设计区域内需设置多个物流节点。多元节点布局问题中的节点数目有时有限制,有时没有限制。我们只讨论节点数目无限制的情况,对于有节点数目限制的问题,只需在模型中增加一个节点数目的限制约束。

多元节点布局问题通常有如图3-5所示的系统结构。图中有m个资源点$A_i(i=1,2,\cdots,m)$,各点的资源量为a_i;有n个需求点$B_j(j=1,2,\cdots,n)$,各点的需求量为b_j;有q个可能设置节点的备选地址$D_k(k=1,2,\cdots,q)$,需求点可以从设置的节点中转进货,也可以从资源点直达进货。假定各备选地址设置节点的基建投资、仓储费用和运输费率均为已知,以总成本最低为目标确定节点布局的最佳方案。

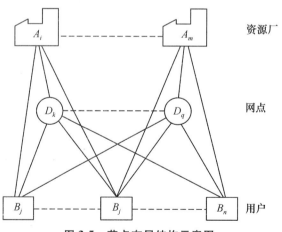

图 3-5 节点布局结构示意图

下面分别以单品种节点和多品种节点的物流系统为对象,讨论多元节点布局的数学模型。

(一)多元单品种物流节点布局的数学模型

多元单品种物流节点布局问题只考虑一种产品。对图3-5所示的系统结构，设 F 为节点布局方案的总成本，根据节点布局的概念，应使总成本最低，于是有目标函数：

$$\min F = \sum_{i=1}^{m}\sum_{k=1}^{q} C_{ik}X_{ik} + \sum_{k=1}^{q}\sum_{j=1}^{n} C_{kj}Y_{kj} + \sum_{i=1}^{m}\sum_{j=1}^{n} C_{ij}Z_{ij} + \sum_{k=1}^{q}\left(F_k W_k + C_K \sum_{i=1}^{m} X_{ik}\right)$$

式中，X_{ik}——备选节点 k 从资源厂 i 进货的数量；

Y_{kj}——用户 j 从备选节点 k 中转进货的数量；

Z_{ij}——用户 j 从资源厂 i 直达进货的数量；

W_k——备选节点 k 是否被选中的决策变量；

C_{ik}——备选节点 k 从资源厂 i 进货的单位物资进货费；

C_{kj}——备选节点 k 向用户 j 供货的单位物资发送费；

C_{ij}——用户 j 从资源厂 i 直达进货的单位物资进货费；

F_k——备选节点 k 选中后的基建投资；

C_k——备选节点 k 中转单位物资的仓库管理费。

同运输问题一样，各资源厂调出的物资总量不大于该厂的生产能力；各用户调进的物资总量不小于它的需求量，即：

$$\sum_{k=1}^{q} X_{ik} + \sum_{j=1}^{n} Z_{ij} \leqslant a_i \quad (i = 1,2,\cdots,m)$$

$$\sum_{k=1}^{q} Y_{kj} + \sum_{i=1}^{m} Z_{ij} \geqslant b_j \quad (j = 1,2,\cdots,n)$$

对任一物流节点，由于它既不生产物资，也不消耗物资，因此每个物流节点调进物资的总量应等于调出物资的总量，即：

$$\sum_{i=1}^{m} X_{ik} = \sum_{j=1}^{n} Y_{kj} \quad (k = 1,2,\cdots,q)$$

另外我们还知道，节点布局模型经优化求解后的结果，可能有的备选地址被选中，而另外一些被淘汰。被淘汰的备选节点，经它中转的物资数量应为零。这一要求可由下面的约束方程予以满足。

$$\sum_{i=1}^{m} X_{ik} - MW_k \leqslant 0$$

$$W_k = \begin{cases} 1 & k \text{ 点被选中} \\ 0 & k \text{ 点被淘汰} \end{cases}$$

式中 M 是一个相当大的正数。由于 X_{ik} 是物资调运量，不可能小于零，

故当 W_k 为零时，$X_{ik}=0$ 成立；当 W_k 为 1 时，M 是一相当大的正数，MW_k 足够大，X_{ik} 为一有限值，所以不等式成立。

综上所述，可以得到多元单品种物流节点布局的数学模型：

$$\min F = \sum_{i=1}^{m}\sum_{k=1}^{q} C_{ik}X_{ik} + \sum_{k=1}^{q}\sum_{j=1}^{n} C_{kj}Y_{kj} + \sum_{i=1}^{m}\sum_{j=1}^{n} C_{ij}Z_{ij}$$

$$+ \sum_{k=1}^{q}\left(F_k W_k + C_k \sum_{i=1}^{m} X_{ik}\right)$$

$$\sum_{k=1}^{q} X_{ik} + \sum_{j=1}^{n} Z_{ij} \leq a_i \quad (i=1,2,\cdots,m)$$

$$\sum_{k=1}^{q} Y_{kj} + \sum_{i=1}^{m} Z_{ij} \geq b_j \quad (j=1,2,\cdots,n) \quad (3\text{-}4)$$

$$\sum_{i=1}^{m} X_{ik} = \sum_{j=1}^{n} Y_{kj} \quad (k=1,2,\cdots,q)$$

$$\sum_{i=1}^{m} X_{ik} - MW_k \leq 0$$

$$\begin{cases} 1 & k \text{ 点被选中} \\ 0 & k \text{ 点被淘汰} \end{cases}$$

$$X_{ik}, Y_{kj}, Z_{ij} \geq 0$$

这是一个混合整数规划模型，解这个模型求得 X_{ik}、Y_{kj}、Z_{ij} 和 W_k 的值。X_{ik} 表示节点 k 的进货来源；$\sum_{i=1}^{m} X_{ik}$ 决定了该节点的规模；Y_{kj} 表示节点 k 与用户的供求关系与供货量，相应地也就知道了该节点的供货范围；$\sum_{i=1}^{m} Z_{ij}$ 表示直达供货部分；$\sum_{k=1}^{q} w_k$ 为计划区域内应布局节点的数目。

（二）多元多品种物流节点布局的数学模型

对于多品种物流节点布局问题，从理论上讲只需在单品种问题中增加多品种的因素就行了。但从实际情况看，由于各个品种都要按照各自的优化方案选择中转点，因此同一用户可能会需要同类不同品种的物资，他们将分别从几个不同的节点进货，这势必造成使某些需求量不多的物资的运输工具的利用率降低、运输成本增大的现象。在这种情况下，无论是用户自己派车提货，还是由物资供应部门组织配送，其效果都是不佳的，对实行物资的计划管理也是一种不利的因素。为此，我们将各用户所需同类不同品种物资的进货相对集中,希望从某一节点进货的数量应有一个最低的限额。

若某计划区域内需设置 p 种物资的流通节点,引入表示品种的下标 l ($l=1,2,\cdots,p$)。考虑用户 j 从某节点 k 进货的最低下限,根据用户的需求情况设为 E_j。由此对模型(3-4)进行修正,有多元多品种节点布局的数学模型如下:

$$\min F = \sum_{l=1}^{p}\sum_{i=1}^{m}\sum_{k=1}^{q} C_{lik}X_{lik} + \sum_{l=1}^{p}\sum_{k=1}^{q}\sum_{j=1}^{n} C_{lkj}Y_{lkj}$$

$$+ \sum_{l=1}^{p}\sum_{i=1}^{m}\sum_{j=1}^{n} C_{lij}Z_{lij} + \sum_{k=1}^{q}\left(F_k W_k + C_k \sum_{i=1}^{m}\sum_{l=1}^{p} X_{lik}\right)$$

$$\sum_{k=1}^{q} X_{lik} + \sum_{j=1}^{n} Z_{lij} \leq a_{li} \quad (i=1,2,\cdots,m)$$

$$\sum_{k=1}^{q} Y_{lkj} + \sum_{i=1}^{m} Z_{lij} \geq b_{lj} \quad (j=1,2,\cdots,n) \tag{3-5}$$

$$\sum_{i=1}^{m} X_{lik} = \sum_{j=1}^{n} Y_{lkj}$$

$$\sum_{i=1}^{m} X_{lik} - MW_k \leq 0$$

$$\sum_{i=1}^{m} Y_{lij} - E_j I_{kj} \geq 0$$

$$\sum_{i=1}^{p} Y_{lkj} - MI_{kj} \leq 0$$

$$W_k = \begin{cases} 1 & k \text{ 被选中} \\ 0 & k \text{ 被淘汰} \end{cases}$$

$$I_{kj} = \begin{cases} 1 & \text{节点 } k \text{ 与用户 } j \text{ 有供需关系} \\ 0 & \text{节点 } k \text{ 与用户 } j \text{ 无供需关系} \end{cases}$$

$$X_{lik}, Y_{lkj}, Z_{lij} \geq 0$$

同模型(3-4)一样,模型(3-5)也是一个混合整数规划模型。解此模型得 $X_{lik}, Y_{lkj}, Z_{lij}$ 以及 0-1 整数变量 W_k, I_{kj} 的值。$\sum\sum X_{lik}$ 或 $\sum\sum Y_{lkj}$ 决定了节点 k 的规模,$\sum W_k$ 为计划区域内设置节点的数目,由 I_{kj} 确定节点 k 与用户 j 之间是否存在供需关系。容易看出,当 W_k 等于 0 时,因 X_{lik} 和 Y_{lkj} 均为零,故 I_{kj} 必为 0;当 W_k 等于 1 时,I_{kj} 可为 0 或 1。I_{kj} 为 0 时表示节点 k 与用户 j 无供需关系;为 1 时表示有供需关系,并且物资供货量不小于 E_j。

对于0-1混合整数规划模型的求解,最有效的方法是分支定界法,这种方法已有现成的计算机程序可以借用。有关分支定界法的具体内容本书不再赘述,请参看运筹学的有关书籍。

上面讨论的两类多元节点布局模型,是对实际问题大大简化之后得出来的,诸如节点规模的限制。设置成本和仓库费用的非线性等,模型(3-4)和模型(3-5)中均未考虑。实际的节点布局问题要比它们复杂得多。问题是,即使是经过简化以后得出来的模型,特别是式(3-5)所示的多品种模型,在物资品种、备选节点和源汇数目较多的情况下,模型求解也是十分费事的,或者计算工作量大而成本高,或者根本不可能。因此,用混合整数规划模型解决多元节点布局问题,只适于简单的情况,对于复杂的实际问题,通常只能做理论上的分析,解决实际问题则较少。

第三节 企业物流网络规划

一、物流网络规划概述

(一) 物流系统网络化的含义

物流系统的网络化是指将物流经营管理、物流业务、物流资源和物流信息等要素按照网络的方式在一定的市场区域进行规划、设计、实施,以实现物流系统快速反应和总成本最优等要求的过程。从图论的角度,整个物流系统是由线与点以及它们之间的相互连接所构成,由此形成的物流网络就成为物流活动的载体。

物流系统的网络化发展要求,使意欲建立物流系统的企业必须对网络的结构问题加以认真规划。新建的企业需要建立物流网络系统,老企业由于业务的增长与形势的变化,也需要不断地考虑网络结构问题,对原有的物流网络系统进行重新设计,加强并完善其功能和结构。对物流网络进行规划,就是要确定产品从供货点到需求点流动的结构,包括仓库的数量、位置、规模,客户需求的分布以及由此决定的供应点(仓库、生产厂)的分布,在各地设置的仓库的数量,使用的运输服务的类型,能够提供的客户服务水平,等等。根据流经网络的产品的不同,网络结构可以有多种形式、多种层次。一个企业的产品也可以有不止一个物流网络设计方案。

物流网络的设计主要建立在四个规划领域的基础之上,它们分别是客户服务水平、选址决策、库存决策和运输管理。具体而言,物流客户服务包括产品的可得性、客户从订货到收到货物的时间、货物到达时的状况以及订单履行的准确性，等等；选址决策则涉及各种设施的位置，包括生产厂、仓库、中转站以及零售服务设施，等等；库存决策包括设定库存水平和对库存的补充进行计划；运输管理则需考虑运输方式、运输批量、线路选择、车辆时间安排和运费等问题。这四个领域在经济上是相互关联、相互影响的，因此必须从整体出发进行规划以获得最大的利益。

从另一个角度来看，物流网络的规划问题包括两个方面：空间规划和时间规划。空间规划问题指对各种设施的数量、规模、平面地理位置的规划和设计。在进行空间设计时特别需要企业在客户服务的要求和各项成本之间寻求平衡。这些成本包括：生产/采购成本；库存持有成本；设施成本（存储、搬运和固定成本）和运输成本。网络规划的时间性问题是一个为满足客户服务目标而保持产品可得率的问题，比如通过缩短生产/采购的订单反应时间或者通过在接近客户的地方保有库存，从而保证一定水平的产品可得率。在网络的时间规划这个问题中，首先要考虑的因素是客户得到产品的时间，但也同样需要在满足客户服务目标的同时平衡资金成本、订单处理成本和运输成本。以时间为基础的决策反过来也会影响设施的选址，可见空间和时间规划是相互影响、相互制约的，在网络规划时必须进行全盘考虑。

在应用网络模型对物流系统进行规划时通常会遇到一些复杂的问题。如运输线路和时间安排的复杂性；需求预测的不确定性；适宜的成本方程的确认和改进；库存和运输决策间的相互依赖关系；客户服务水平和物流决策间的关系；需求和成本方程在一定时间内呈动态变化的本质特征；整个规划问题规模庞大。

由此可见，确定最佳的物流网络结构是一项非常复杂的工作。在整个物流网络中，不仅有数目庞大的供应商和客户，而且还有数以百计的生产厂和仓库的位置，以及多种运输方式的组合，需要从中做出选择。然而，尽管这项工作极其复杂并具有挑战性，企业还是会定期地对其网络进行分析，以降低成本、提高客户服务水平。

（二）企业物流网络的基本组成

企业物流网络主要是由供应商、产品、生产厂、仓库/分拨中心、运输服务和客户组成的。

1. 供应商

供应商和它们的位置是网络中的重要元素,与之相关的内容是不同产品的可得性、提前期、质量和价格等。供应商的位置同时也决定了从供应商到工厂所采用的运输方式。对于一种特定的产品,供应商的最高数目会有所限制。

2. 产品

在供应链中移动的各种产品也是网络中的重要元素之一。每种产品都有其特定的物理特性,包括重量、规格、体积、性能等。同样,每种产品也会有特定的价值和需求。

3. 生产厂

生产厂是产品或商品进行生产、组装或采购的地点。每家生产厂都会位于一定的位置,并且具有不同的特定产品的生产能力,但总生产能力总是限制在一定的水平内。

4. 仓库/分拨中心

在供应商所在地和生产设施之间、生产设施和最终的需求地点之间,通常会有几个仓库或分拨中心,并具有递进式的结构。在不同的仓库中,对产品进行处理所需的资源也各不相同,仓库在容量、存储的产品类型以及处理能力等方面也都会受到限制。

5. 运输服务

运输决策包括运输方式的选择、运输批量以及对产品在起运地使用不同的运输方式进行发送的安排,而每一种运输方式会在运输能力和可得性等方面有所不同。运输决策还需要考虑运输时间、运输时间的可变程度、运输成本和运输工具的数量。

6. 客户

客户需求是网络中的一项重要元素,企业必须从客户具体位置、需求发生时间、所需产品的数量和类型等各方面了解客户需求。客户服务水平通常用产品的可得性和获得产品的时间来衡量,运输时间和运输距离都是客户服务中的重要元素。订单处理时间以及实际运输时间决定了客户从订货到收货的时间。

(三)影响企业物流网络规划的因素

为了使物流运作的各个方面得以协调,发挥物流系统的整体效益,在构建一个物流网络之前,首先应当考虑到影响物流系统绩效的内在和外在因素,从而做出合理的规划方案。影响物流网络规划的因素通常包括:

1. 物流服务需求

建立物流网络的最终目的是提供某种物流功能,以满足物流服务的需求。物流服务是在物流网络的规划与设计的基础上进行的。由于竞争对手、物流服务市场都在不断地发生变化,为了适应新的环境、优化企业发展战略,企业必须建立功能完善的物流网络,以确保企业能够开发市场,发展前景良好的物流服务需求项目。

2. 行业竞争力

为了成为有效的市场参与者,企业应对竞争对手的物流竞争力加以详细的分析,从而掌握行业的基本服务水平。在此基础上,寻求自己的物流市场定位,以发展自己的核心竞争力,建立合理的物流网络。

3. 地区市场差异

物流网络中的物流设施结构直接与所在地区的特征有关。在不同的地区,人口密度、消费习惯、交通状况、基础设施配置、经济发展水平等都会有所差异,而这些特征又会对物流设施设置的决策产生影响。

4. 物流技术的发展

在技术领域中对物流网络最具影响力的是信息、运输、包装、装卸搬运、管理技术等。计算机信息和网络等技术对物流的发展具有革命性的影响,它实现了异地信息的及时、快速、准确交换,使得企业可以更快捷、方便地掌握物流动态,因而不但可以用来改进物流网络的实时管理控制及决策,而且可以为实现物流作业一体化、提高物流效率奠定技术基础。

二、企业物流网络规划的目标

企业物流网络规划的目标是定位物流服务市场、提供物流发展策略、部署设施设备、构筑管理系统。在进行物流网络规划时,规划者所面临的一个重要问题就是必须在服务绩效与成本之间取得平衡。在决策的过程中,有四种目标可作为物流网络规划的依据。

(一) 总成本最小化

总成本最小化就是寻求最低固定成本及变动成本的组合。在这种模式下,纯粹以经济观点来规划物流网络系统,总成本最低点即为规划决策点之所在。

(二) 客户服务水平最优化

在这一模式中,决策的考虑依据由物流成本转移至客户服务水平的提升。但是在现实因素的限制下,企业不可能不考虑自身的经济效益而无限制地提升客户服务水平。因此,一般是以在适当成本下提供最高水平的服务为理想的选择。

(三) 利润合理化

在物流管理系统中各物流子系统皆以追求合理利润为目标。所谓利润合理化,是投入和产出比的合理而产生的利润。通过对物流设备配置和物流活动组织进行调整改进,实现物流系统整体优化的过程。

(四) 竞争优势最大化

该模式属于以建立竞争优势、与竞争对手争夺主要客户为最高目标的网络设计模式,也就是说,管理人员应随时寻求最有利的市场机会,同时对客户的潜力给予评估,并将这些评估结果作为建立最大竞争优势的基础。虽然这些策略会使成本有所增加,从而降低了短期利润,但从长远的角度看,这种策略对竞争地位的提升将会有很大的帮助。

三、企业物流网络规划的过程

(一) 备选方案的提出

在收集资料和信息的基础工作后,进一步对资料进行汇集、整理、分析,并通过模型进行处理之后,网络规划者就可以根据这些结果提出物流设施的设置地址和各操作方法的备选方案。在备选方案的提出进程中,应着重对以下两个方面做好规划。

1. 网络运作方式设计

在网络规划中最主要的方面就是网络运营方式的设计。网络运作方式设计涉及线路和节点两部分,它将在总体水平上处理有关库存和运输的问题,以及确定产品流经网络的路径。网络运作方式设计应包括的主要内容有:各类产品在各层级和各存储点的存储量是多少?各层级之间采用哪种运输方式最佳?应该采用推动式,还是拉动式库存策略?各级存储点之间使用哪种信息传递方式最好?回答这些具体问题的过程就是对网络进行整体规划的过程。通过改变某些因素,如预测销售的方法、运输方式、库存控制政策和订单履行方式,网络规划者们还可以估计出所设计的方案满足客户需求的程度。

2. 运输规划

运输规划是物流网络规划中的另一个重要方面。尽管运输方式的规划已经包含在渠道规划的程序之中,但自有车辆的运输路线和时间安排决策并不包括在内。与此相关的问题包括行车路线的制定、时刻表的制定、停靠各站点的顺序以及集运等。如果在多个供应商、生产厂或仓库服务于多个客户的情况下,企业有多个货源地可以服务于多个目的地,那么规划者面临的问题就是要指定各目的地的供货地,同时要找到供货地、目的地之间的最佳路径。如果各供货地能够满足的需求数量有限,则问题会更加复杂,这些问题的解决有赖于适当地利用数学分析的方法。

（二）比较相关方案

对备选网络规划方案的经济分析可以通过比较各方案的实施费用来进行,包括添置新的仓库设施、设备费用、有关整改的费用等。此外,还必须有下列信息,如人员安置、生产状况、存货重新安置、税收等情况。通过以上评估应得到一个与基准投资收益率相比的投资收益,并做出哪个备选方案最为稳定的敏感性分析。之后,将有关客户服务因素及实施难易度等进行定性分析,综合考虑备选方案。

对备选方案进行比较要在考虑网络结构设计的目标的前提下,还要分析渠道环境,支持零售渠道据点,降低物流作业错误率,提升物流服务竞争力,集货以产生规模经济效益和迅速掌握营销分配信息等问题。

（三）选定规划方案并制订执行计划

通过上面的一系列分析,企业会得出最后的结论,制定出一个最令人满意的物流网络规划方案。在选择最终方案时,需要从整体上进行平衡和分析,既考虑宏观又兼顾微观,最终加以确定。对于一定区域来说,服务于该区域的现代化物流节点应该与其他物流节点协调配合,以形成有机的整体。

选定了特定方案后,接下来的工作就是要制订具体的执行计划。为了使操作计划得到有效的运作,还应制定各主要实施步骤的时间进度表,包括从现在的物流网络系统向未来的物流网络系统转换的执行时间表。企业应以时间进度表为依据,订立总规划日程计划,确定规划、评估、设置及营运各阶段的日程及产出,并有效控制计划日程与进度。

本章思考题

一、名词解释

物流节点；物流网络布局规划；一元节点布局；一元节点布局的图解法；一元节点布局的重心法；多元节点布局。

二、回答问题

1. 在物流系统中,根据节点的主要作用不同,可分成哪几类？
2. 谈谈企业物流网络的一般形式。

3. 何谓企业物流节点的布局？企业物流节点布局主要讨论哪几方面的问题？

4. 简述企业备选地址的选择原则。

5. 简述企业物流网络的基本组成。

6. 影响企业物流网络规划的因素都有哪些？

7. 企业物流网络规划的目的是什么？有哪四种目标可作为物流网络规划的依据？

第四章

企业采购物流

主要内容

- 企业采购管理概述
- 采购战略
- 采购进货物流管理

现代企业面临一个需求多样化与个性化相结合的市场时代，于是生产过程对物料的多样化、质量的需求就体现在物料采购与供应环节中。一方面，企业为保证正常生产的顺利进行，需要通过采购而获得资源；另一方面，由于采购活动也会发生各种采购费用，因此对采购过程进行计划、组织、指挥、协调、控制等活动。

第一节 企业采购管理概述

一、采购的内涵

（一）采购的含义

传统意义上采购仅是指一个组织从目标市场取得满足质量、数量和价格要求的相应资源的过程，即包括确定采购需求、选定供应商、谈妥价格、确定交货及相关条件、签订合同并按要求收货付款。在这个过程中，一是要实现将资源的所有权从供应者手中转移到用户手中，二是要实现将资源的物质实体从供应者手中转移到用户手中。前者是一个商流过程，后者是一个物流过程。因此，采购实际上是商流与物流统一的过程。

采购的对象即"资源"，包括生产资料，也包括生活资料；包括物资资源，也包括非物资资源。能够提供这些资源的供应商就形成了资源市场。

随着贸易全球化的进程以及信息技术和计算机网络的飞速发展，采购的环境也发生了巨大变化。广义的"采购"的内涵由传统的强调"采购是指买方应该具有一定支付能力从而使资源的所有权从卖方转移到买方并最终归买方的过程"，扩展到现代的强调"采购就是买方从外部目标市场（供应商）获得的使运营、维护和管理公司的所有活动处于最有利位置的所有货物、服务、能力和知识的过程"（荷兰采购协会主席 Arjan J. van Weele 教授）。现代采购的含义不仅仅指交易过程，而且要涵盖包括诸如供应商之间的业务关系、对等贸易协定、从外部机构雇用临时人员、缔结广告合同等活动。

由于不同行业、不同企业所处的环境不同，对采购的理解也有所不同，但基于供应链思想对于采购概念的认识可以分为以下几个方面：

第一，采购是到有形的市场里直接购物，强调购买的一次性作用。

第二，采购是从众多供应商中通过寻价而购买，强调与提供货物的供应商的关系。

第三，采购尤其要关注采购成本、所购物品的规格以及由此而产生的后期费用,强调的是通过一个合理的总成本优势而获得资源。

第四,采购是与供应商之间合作从而提高质量、缩短交货期以降低供应风险的过程,强调的是供应商管理。

第五,采购的最终目的在于使企业自身具有竞争力的同时也使供应商增加价值,强调的是外部资源如何转化为竞争力的供应链协作关系,因此现代采购决策的本质是采购竞争力。

(二)采购的流程

企业采购流程通常是指有制造需求的厂家选择和购买生产所需的各种原材料、零部件等物料的全过程。在这个过程中,作为购买方,首先要寻找相应的供货商,调查其产品在数量、质量、价格、信誉等方面是否满足购买要求。其次,在选定了供应商后,要以订单方式传递详细的购买计划和需求信息给供应商,并商定结款方式,以便供应商能够准确地按照客户的性能指标进行生产和供货。最后,要定期对采购物料的管理工作进行评价,寻求提高效率的采购流程创新模式。

上述采购流程可以用一个简单的图形来表示,如图 4-1 所示。

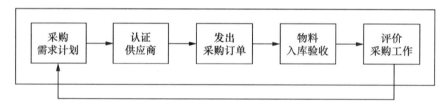

图 4-1　采购流程简图

一个完善的采购流程应满足所需物料在价格与质量、数量、区域之间的综合平衡,即物料价格在供应商中的合理性,物料质量在制造所允许的极限范围内,物料数量能保证制造的连续性,物料的采购区域经济性等要求。

而当前对采购流程具有重大趋势性影响的因素主要表现在三个方面:第一,经济全球化的影响——随着全球经济一体化的发展趋势日益明显,跨国公司全球战略的逐步推行,全球采购已成为其重要的组成部分。第二,新经济的异军突起,电子采购方式(B2B、B2C)正成为众多企业延伸自己的采购营销业务的手段。第三,合作竞争的思想促使大量的采购行为向"横向一体化"(例如企业与供货商、企业与经销商)延伸、扩展。这些因素构成了采购流程重组的动因。

(三)采购的模式

最常见的企业采购的工作方式是每个月的月末,企业各个单位申报下月的采购申请计划,然后由采购管理部门把各个单位的采购申请计划汇总,形成一个统一的采购计划。根据这个采购计划,分别派人出差,到各个供应商去订货。然后策划组织采购物流,经验收入库,存放于企业的仓库中,满足下个月对各个单位的物资供应。这种采购以各个单位的采购申请计划为依据,以填充库存为目的,管理比较简单,容易产生库存量大、资金积压多、库存风险大等问题。

为了满足需求同时又考虑控制库存成本,企业一般使用订货点采购模式。但随着企业生产方式以及生产流程的变革,新的采购模式也正在不同类型的企业中得以贯彻执行,它们是 MRP 采购模式、JIT 采购模式、VMI 采购模式、电子采购模式。

1. 订货点采购模式

订货点采购,是由采购人员根据各个品种需求量和订货提前期的大小,确定每个品种的订货点、订货批量或订货周期、最高库存水准等。然后建立起一种库存检查机制,当发现到达订货点时,就检查库存、发出订货,订货批量的大小由规定的标准确定。

订货点采购包括两大类采购方法:一类是定量订货法采购,另一类是定期订货法采购。

定量订货法采购,是预先确定一个订货点和一个订货批量,然后随时检查库存,当库存下降到订货点时,就发出订货,订货批量的大小每次都相同,都等于规定的订货批量。

定期订货法采购,是预先确定一个订货周期和一个最高库存水准,然后以规定的订货周期为周期,周期性地检查库存,发出订货,订货批量的大小每次都不一定相同,订货量的大小都等于当时的实际库存量与规定的最高库存水准的差额。

这种采购模式都是以需求分析为依据,以填充库存为目的,采用一些科学方法,兼顾满足需求和库存成本控制,原理比较科学,操作比较简单。但是由于市场的随机因素多,该方法同样具有库存量大、市场反应不灵敏的缺陷。

2. MRP 采购模式

MRP(Material Requirement Planning)采购即物料需求计划采购,主要应用于生产企业。它是由企业采购人员采用 MRP 应用软件,制订采购计划而进行采购的。

MRP 采购的原理,是根据主产品的生产计划(MPS)、主产品的结构

（BOM）以及主产品及其零部件的库存量，逐步计算求出主产品的各个零部件、原材料所应该投产时间、投产数量，或者订货时间、订货数量，也就是制订出所有零部件、原材料的生产计划和采购计划。然后按照这个采购计划进行采购。

MRP 采购，也是以需求分析为依据，以满足库存为目的。由于计划比较精细、严格，所以它的市场反应灵敏度及库存水平都比以上方法有所进步。

3. JIT 采购模式

JIT 采购又称准时化采购，是一种完全以满足需求为依据的采购方法。需求方根据自己的需要，对供应商下达订货指令，要求供应商在指定的时间、将指定的品种、按指定的数量送到指定的地点。

JIT 采购的特点主要表现在以下几个方面：

（1）与传统采购面向库存不同，准时化采购是一种直接面向需求的采购模式；

（2）准时化采购的送货是直接送达需求点上的；

（3）用户需要什么品种、质量，需要多少，什么时候需要，送到什么地点等都要符合客户需要。

JIT 采购做到了灵敏地响应用户的需求，又使得用户的库存量最小。由于用户不需要设库存，所以实现了零库存生产。这是一种比较科学、比较理想的采购模式。

4. VMI 采购模式

VMI（Vendor-managed Inventory）采购即供应商掌握用户库存，其基本思想是在供应链机制下，采购不再由采购者操作，而是由供应商操作。VMI 采购是用户只需要把自己的需求信息向供应商连续及时传递，由供应商自己根据用户的需求信息，预测用户未来的需求量，并根据这个预测需求量制订自己的生产计划和送货计划，用户的库存量的大小由供应商自主决策的采购模式。它也是一种科学的、理想的采购模式。VMI 采购最大的受益者是用户，它已经摆脱了烦琐的采购事务，从采购事务中解脱出来了，甚至连库存负担、运输进货等负担都已经由供应商承担，而服务率还特别高。供应商能够及时掌握市场需求信息，灵敏地响应市场需求变化，减少库存风险，提高经济效益。但是供应链采购对企业信息系统、供应商的业务运作要求较高。

5. 电子采购模式

电子采购是指在电子商务环境下的采购模式，通常指企业或政府通过因特网平台(包括其本身或第三方运营的网络和应用环境)对其业务范围内的产品和服务进行购买业务处理。它改变了通常用人工进行的采购处理方式,取而代之的是一套高效、规范化的解决方案,使原来必须在物质世界里完成的工作现在可以诉诸网络。它的基本原理,是由采购人员通过在网上寻找供应商、寻找所需采购的对象、在网上洽谈贸易、网上订货甚至在网上支付货款,最终实现送货或进货作业,完成全部采购活动。

电子采购的优点主要体现在以下几方面:

第一,大幅降低采购费用。电子采购通过重组采购过程,降低了采购货物和服务的成本。电子采购可以按需求提出采购要求,使符合条件的供货商通过互联网沟通信息,消除了诸多中间环节,降低了采购费用。

第二,缩短采购周期。传统采购中,需求双方信息闭塞,一般需要一定的时间来进行市场调查。电子采购系统使双方能够更快速地得到信息,从而将企业的原有周期缩短。

第三,扩大采购范围,提高采购质量。通过系统的专业数据库,可以突破本地域、本行业的限制,在全国甚至全世界范围内寻找最合适的供应商,从而保证产品质量、价格、服务以及物流之间实现最佳组合,及时满足本企业或政府的需求。

第四,促进企业现代化。用电子商务的手段改造企业内及企业间的沟通环节,以电子采购为突破口,全面改造企业的价值链。例如,惠普提出的"价值协同网链"(Value Collaboration Network,VCN)的发展理念,致力于在供应商、客户、合作伙伴等价值链成员之间建立起协同业务关系,提升了产品与服务的效能与企业核心竞争能力,帮助制造业客户建立以客户为导向的扩展型业务系统。

二、采购管理的目标

作为制造企业而言,为销售而生产、为生产而采购是一个环环相扣的物料输入输出的动态过程,依顺序构成采购流程、生产流程、销售流程。从物流的角度看,最初的采购流程运行得成功与否将直接影响到企业生产、销售最终产品的最终获利情况。换言之,企业采购流程的"龙头"作用不可轻视。

采购管理的重点主要体现在以下几方面:

(1)要保障供应,保障企业正常生产,降低缺货风险。

(2)要保证所采购供应的物资质量。

(3)要尽量降低物资采购的成本。

(4) 要利用"采购"这个与资源市场的关系和信息接口,与供应商建立一种相互支持、相互配合的良好供应关系,供企业进行管理决策。

就物资采购管理的目标而言,一般用"5R"来表示:

(1) 适当的时间(Right Time)。指采购时间应该具有科学性,不宜太早或太晚,树立"零库存"观念,适时采购、及时交货。

(2) 适当的数量(Right Quantity)。指采购的数量以需求量为指导,尽量避免"过与不及"。采购量太多,一旦产品需求降低或产品改型换代,将会造成呆料或废料;若采购量太少,则可能会因增加采购次数而增加采购费用。

(3) 适当的质量(Right Quality)。指能以满足企业生产需要的质量为准则。质量太好,购入成本相对会偏高,或者质量功能浪费;质量太低,又会因达不到使用目的而造成新的浪费。

(4) 适当的价格(Right Price)。指以准确的市场价格为准则。

(5) 适当的供应商(Right Supplier)。指选择一定数量的符合企业要求的合格供应商,并与其建立平等互惠的买卖机会,维持长期的合作关系等。

三、采购管理的新思维

(一) 传统采购与基于供应链环境下的采购

1. 传统采购的特点

由于在大型制造业企业中,物料和服务的采购费用通常占产品成本的55%以上,所以,过去的采购中,作为采购方的企业对直接原材料、零部件的采购主要是集中于如何和供应商进行商业交易的活动上,重点是比较交易过程中的供应商的价格,通过供应商的多头竞争,从中选择价格最低的作为合作者。双方往往就质量和交货性能比较容易达成一致,而最费时的工作之一是价格谈判。整个采购流程的周期通常从几周到几个月,取决于采购控制系统、产品类型与价格、企业的响应、供应商的位置、电子通讯系统等。

传统流程的特点表现在:

第一,信息的私有化,不共享。采购、供应双方都尽量隐瞒自己的信息,不能有效地进行信息共享。

第二,供需关系是临时的或短期的合作关系。这种合作关系造成了竞争多于合作,导致了采购过程之中的不确定性。

第三,响应用户需求能力迟钝。由于供应和采购双方在信息的沟通方面缺乏及时的信息反馈,在市场需求发生变化的情况下,采购方不能改变供应方已有的订货合同,缺乏应付需求变化的能力。

第四,对于质量和交货期进行事后把关。采购方很难参与供应商的生产过程和有关质量控制活动。

2. 基于供应链环境下的采购

现在,许多企业已经采取供应链管理来改进它们与供应商之间的关系,这种强调协同的理念进行的采购被称为基于供应链环境下的采购。同传统的采购相比,基于供应链环境下的采购的最大区别是采购的目的由"为库存采购"转化到"为订单采购"。采购过程中的外部资源管理等内容通过帮助供货商完善成本结构、完善供货质量、降低成本、提高效率而建立最佳供货商组合,逐步实现供应价值链的最优化,这一策略将有助于双方共享节约,缩短产品开发周期和提高效率,改进质量和交货性能,并为进一步扩大合作、提供增值服务创造机会。一位采购经理说:"我们渐渐摈弃传统的拼命压价的采购方式,不再千方百计地逼迫供应商让步,或寻找多个供应商并采取分而治之的方式。现在我们转而采用一种新的方式,常常自问:'我如何利用供应商的技能来增强自己在最终市场的竞争力?'"

随着计算机网络和信息技术的发展,通过互联网的 B2B 在线采购已经成为一个快速降低采购成本的解决办法。在线竞价通常能取得 5%—40% 的总节约,典型的采购成本下降范围是 15%—20%。物料采购成本的显著减少,直接带来了企业产品成本的下降,提高了企业的市场竞争能力。

(二) 协同采购

1. 企业内部协同采购

由于采购的内容包括正确的物料、合适的数量、正确的交付(交付时间和交付地点)、合适的货源和合适的价格,而这些信息的获得需要来自于销售和市场部门、设计部门、生产部门、采购部门的信息,因此,企业要进行高效的采购行为,就需要企业内部各部门的协同合作。此外,随着新产品急剧增加,需要采购的新零部件的数量也大大增加。为达到物料数据的一致性协同,各部门需要及时维护相关数据,如物料单、供应商数据、采购价格数据等。内部协同工作将保证企业长期动态地保持业务流程的稳定性。

2. 企业外部协同采购

企业外部协同采购是指企业和供应商在共享库存、需求等方面的信息基础上,企业根据供应链的供应情况实时地调整自己的采购计划和执行交付的过程。同时,供应商根据企业实时的库存、计划等信息实时调整自己的计划,可以在不牺牲服务水平的基础上降低库存。

3. "为库存采购"转化到"为订单采购"

在传统的采购模式中,采购的目的是补充库存,即为库存采购。在供应链管理的环境下,采购活动是以订单驱动方式进行的,制造订单的需求是在用户的需求订单的驱动下产生的。这种为订单采购的方式使得供应链系统得以准时响应用户的需求,同时降低了库存成本。

4. 采购过程中的外部资源管理

有效的外部资源管理就是制造商在采购活动中,建立一种新的、有不同层次的供应商网络,并通过逐步减少供应商的数量,致力于与供应商建立一种长期的、互惠互利的合作关系。一方面,通过提供信息反馈和教育培训,促进供应商质量改善和质量保证;另一方面,参与供应商的产品设计和产品质量控制过程,并协调供应商的计划。

(三)全球统一采购

随着世界经济的发展及信息技术的应用,整个采购过程打破和淡化了时间、空间的限制,从跨国间的咨询、报价、样品传送,到订单下达、关税上报等环节变得越来越简单和易操作,从而使整个世界日益成为一个紧密联系的经济体。在这个共同经济体中,企业间相互依赖、相互影响、相互制约的特征日益明显。而从当今全球化物流的实践看,也出现了三种发展趋势:

第一,作为全球化的生产企业,在世界范围内寻找原材料、零部件来源,并选择一个适应全球分销的物流中心以及关键供应物资的集散仓库,在获得原材料以及分配新产品时使用当地现有的物流网络,并推广其先进的物流技术与方法。

第二,生产企业与专业第三方物流企业的同步全球化,即随着生产企业全球化的进程,将以前所形成的完善的第三方物流网络也带入到全球市场。例如,日资背景的伊藤洋华堂在进入中国市场后,其在日本的物流配送伙伴伊藤忠株式会社也跟随而至,并承担了其配送活动。

第三,为了充分应对全球化的经营,国际运输企业之间开始形成了一种覆盖多种航线,相互之间以资源、经营的互补为纽带,面向长远利益的战略联盟,这不仅使全球物流更能便捷地进行,而且使全球范围内的物流设施得到了极大的利用,有效地降低了运输成本。

所以,采购国际化不仅是大势所趋,而且随着信息技术、物流技术的发展,将成为带动全球经济的一个重要利益点。而基于全球化战略下的统一采购,是指制造商们通过联合多家公司的购买力量,将触角伸向国际市场并得到更有竞争力的采购合同。这种采购模式是降低采购成本、提高整体竞争力的最有效方式。

（四）从运用战略成本核算角度控制采购流程

1. 估计供应商的产品或服务成本

可以通过参观供应商的设施，观察并适当提问，获得许多有用的数据，以估计供应商的成本。

首先，必须了解产品的用料、制造该产品的操作人员数量，以及所有直接用于生产过程的设备的总投资额。其次，组队参观供应商的设施，并且确定每人承担的角色以及参观重点。估计供应商成本并了解哪些地方最占成本之后，你就可以跟供应商一起降低比重最大的成本，从而降低本企业的材料成本，提高底线收益。但是如果试图与供应商建立长期的关系，就要始终争取双赢的局面。

2. 计算竞争对手的产品和服务成本

对竞争对手的业务、投资、成本、现金流做出细致的研究，并且分析它们的长处和弱点。通过查阅含有主要销售数据和市场等的信息获得对市场的了解。

3. 设定本企业的标的成本并发现产品和流程中可改进的领域

成本核算要求企业发现需要改进的领域，分析实现这些目标（投资和时间）所需付出的努力，并计算实现这些改进给企业带来的价值。

4. 确定做出这些流程和产品改变并持续改进对企业的价值

从现金流角度考察企业做出的任何改变对财务状况的长期影响及对企业价值的贡献程度。企业可以了解到战略规划效果在财务上的反映。企业只有在战略上走在成本控制的前列，降低成本，了解竞争对手情况，并在扩大乃至缩小规模方面做出明智的决策，才能赢得持久的繁荣。

第二节 采购战略

采购战略是企业所采用的带有指导性、全局性、长远性的基本运作方案。一个完整的采购战略，应当包括采购品种、供应商、采购方式、订货谈判、进货方式等几个方面的战略。

一、采购品种战略

采购品种战略，主要是根据品种的市场性质和需求性质来选择合适的采购战略。通常是品种决定了采购的方式并由此产生了采购策略。

采购品种分析工作包括三个方面：

一是用户需求分析，就是企业各个品种用户对于品种需求情况的分析，了解品种在生产中的重要程度，能否代用，需求的数量、质量要求等。

二是市场供应分析，主要了解品种在市场上的紧缺情况、市场前景情况等。例如，是紧缺品还是供大于求的品种，是重要品还是非重要品，是高价品还是低价品，是处于成长期还是处于衰退甚至淘汰期的品种，等等。不同的品种，其采购的侧重点就有所区别。

三是品种性质分析，主要弄清品种的物理化学性质、用途、价值、装运特性等，为制定采购战略提供依据。

（一）按照品种不同分类的采购品种战略

1. 按采购品种的供应风险和重要性划分

如图 4-2 和图 4-3 所示，采购品种按供应风险可以分成常规品、紧缺品两大类。每一类又可以按重要性各分成重要品和非重要品。

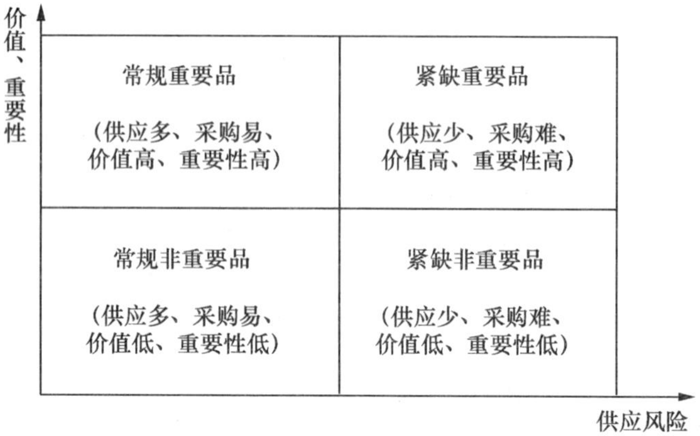

	常规	紧缺
价值、重要性高	常规重要品 （供应多、采购易、价值高、重要性高）	紧缺重要品 （供应少、采购难、价值高、重要性高）
价值、重要性低	常规非重要品 （供应多、采购易、价值低、重要性低）	紧缺非重要品 （供应少、采购难、价值低、重要性低）

图 4-2　按品种性质划分体系

$$\left.\begin{array}{l}\text{常规品采购战略}\left\{\begin{array}{l}\text{重要品采购}\\ \text{非重要品采购}\end{array}\right.\\ \text{紧缺品采购战略}\left\{\begin{array}{l}\text{重要品采购}\\ \text{非重要品采购}\end{array}\right.\end{array}\right.$$

图 4-3　按重要性划分体系

2. 按采购品种的多少和采购方式划分

如图 4-4 和图 4-5 所示，采购品种按品种多少可以分成单一品种、多品种两大类。每一类又可以按采购需求方式分成定量订货和定期订货两类。

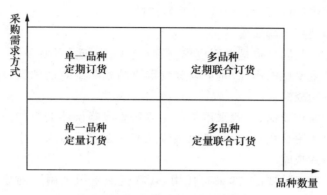

图 4-4　按品种多少划分体系

单一品种采购战略 { 定量订货 / 定期订货

多品种联合采购战略 { 定量联合 / 定期联合

图 4-5　按采购方式划分体系

3. 按采购品种价格划分

如图 4-6 所示，采购品种价格可以分成不变价格、折扣价格、区段价格三大类。

按品种价格分类 { 不变价格采购战略 / 折扣价格采购战略 / 区段价格采购战略

图 4-6　按采购品种价格划分体系

（二）采购品种战略决策

1. 按照品种的供应风险和重要性划分

（1）常规品采购战略

所谓常规品种就是大路品种。它们共同的特点是供大于求，供应商多，品种数量多，采购容易。常规品种按品种重要性的不同又可以分成重要品和非重要品。这里所谓重要性，是指价值高、竞争性强等。对于这两类性质的品种，应当分别采用不同的采购战略：

对于常规重要品，一般采用集中竞价采购战略。在订货点采购中，可以采用定期订货法采购战略。

对于常规非重要品，可以采用一般化、系统化、程序化的采购战略。在

订货点采购中,可以采用定量订货采购战略。

(2) 紧缺品采购战略

紧缺品的共同特点是供不应求,供应商少,供应品种数量少。这一类品种根据品种重要性的不同,也可以分成重要品和非重要品两类,应当分别采用不同的采购战略。

对于紧缺重要品,一般采用与供应商建立战略伙伴关系的战略,当然视情况也可以采用代用、自治和确保供应战略。在订货点采购中,可以采用定期订货法采购战略。

对于紧缺非重要品,如果有代用品,就应该采用代用采购战略;如果能够自制,就应该采用自制战略;如果既没有代用又不可能自制(或自制不合算),则可以采取确保供应战略(例如高价格、高库存或者与供应商建立某种契约、联盟关系)。在订货点采购中可以采用定量订货或定期订货采购战略。

2. 按照采购品种的多少和采购方式划分

(1) 单一品种采购战略,指某一品种大批量的订购战略。由于采购商务工作方式不同,可以分为定量订购(即以经济订货批量为基础的订货采购)战略和定期订购(即以经济订货周期为基础的定期订货采购)战略。

(2) 多品种联合采购战略,指同类多品种、同地多品种联合订购战略。该种方式可以降低订货成本,提高订货效率,降低运输成本,提高运输效率。

联合采购战略可分为定量联合订购策略和定期联合订购策略。定量联合订购策略,是以各品种经济订货批量为基础的定量订货采购战略。联合订购中的主品用经济订货批量,副品视运输包装单元情况可以用其经济订货批量。定期联合订购策略,是以各品种经济订货周期为基础的定期订货采购战略。联合订购中的各品种的订货周期都化为某个标准周期的简单倍数,然后以标准周期为单位进行周期运行,在不同的运行周期中实现不同品种的联合订购。

3. 按照采购品种价格划分

采购战略按价格变化特性可以分为不变价格采购战略、价格折扣采购战略和区段价格采购战略。折扣价格采购要比较折扣前后的总成本,包括购买成本、订货成本和保管成本。可以用节约比较法,也可使用成本比较法。区段价格采购战略是多个折扣区段价格的采购战略,可以采用多区段成本比较法。

二、供应商战略

供应商战略是考虑与供应商的关系程度以及发展程度来制定不同的战略。通常,站在采购方的立场看待采购方与供应商的关系,就形成了供应商的采购管理战略决策;而站在供应商立场看待采购方与供应商的关系,就形成了供应商的客户关系管理战略决策。所以供应商战略决策可以涵盖一个问题的两个方面。

(一)供应商的分类

从采购方角度出发,供应商分类是指采购企业依据采购物品的金额、采购商品的重要性以及供应商对采购方的重视程度和信赖的因素,在供应市场上将供应商划分成若干个群体,其目的在于根据细分供应商的不同情况实行不同的供应商关系策略。企业可以按照以下几种方法进行供应商分类:

1. 按与供应商的采购业务关系的重要程度分类

按照采购业务关系的重要程度,可将供应商分成四类,如图4-7所示。

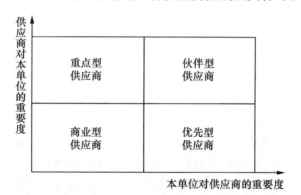

图4-7 按照与供应商采购业务关系的重要程度分类

(1)商业型供应商。对于那些与采购单位的采购业务关系不是很重要的供应商,可以很方便地选择和更换,那么这些与采购业务对应的供应商就是普通的"商业型供应商"。

(2)优先型供应商。如果采购单位认为对于某个供应商的采购业务对本单位来说并不十分重要,但是供应商认为本单位的采购业务对于他们来说非常重要,则在这种情况下,显然该项采购业务对于采购单位无疑非常有利,这样的供应商就是采购单位的"优先型供应商"。

(3)重点型供应商。如果供应商认为采购单位的采购业务对他们来说无关紧要,但采购单位却认为对该供应商的采购业务对本单位是十分重要的,这样的供应商是需要注意改进提高的"重点型供应商"。

(4) 伙伴型供应商。如果采购单位认为供应商有很强的产品开发能力等,对其的采购业务对本单位很重要,而且供应商也认为采购单位的采购业务对于他们来说也非常重要,那么这样的供应商就是"伙伴型供应商"。

2. 按 80/20 规则分类

供应商 80/20 规则分类法的基础是物品采购的 80/20 规则,其基本思想是针对不同的采购物品应采取不同的策略,同时采购工作精力也应各有侧重,相应地,对于不同物品的供应商也应采取不同的策略。供应商分类 80/20 规则,如图 4-8 所示。

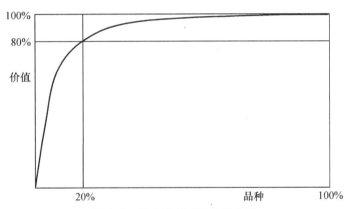

图 4-8 供应商 80/20 分类规则

从图 4-8 可以看出,通常数量为 20% 的物品(重点采购物品)占采购物品 80% 的价值,而其余数量为 80% 的物品(普通采购物品)则占有采购物品 20% 的价值。相应地,可以将供应商依据 80/20 规则进行分类,划分为重点供应商和普通供应商,即占 80% 价值的 20% 的供应商为重点供应商,而其余只占 20% 价值的 80% 的供应商为普通供应商。对于重点供应商,应投入 80% 的时间和精力进行管理与改进,因为这些供应商提供的物品为企业的战略物品或需集中采购的物品。对于普通供应商,则只需要投入 20% 的时间和精力管理,因为这类供应商所提供的物品的运作对企业的成本质量和生产的影响较小。

按 80/20 规则进行供应商分类时,应注意几个问题:(1) 80/20 规则分类的供应商并不是一成不变的,是有一定的时间限度的,随着生产结构和产品线调整,需要重新进行分类;(2) 对重点供应商和普通供应商应采取不同的策略。

3. 按与供应商交易关系的稳定性分类

（1）短期目标型。这种类型的最主要特征是双方之间希望彼此能保持较长时期的买卖关系，获得稳定的供应，但是双方所做的努力只停留在短期的交易合同上，各自关注的是如何谈判，如何提高自己的谈判技巧，而不是如何改善自己的工作，使双方都获利。供应一方能够提供标准化的产品或服务，保证每一笔交易的信誉。当买卖完成时，双方关系也就终止了。双方只有业务人员和采购人员有关系，其他部门人员一般不参与双方之间的业务活动。

（2）长期目标型。长期目标型是指，与供应商保持长期的关系，供需双方有可能为了共同利益对改进各自的工作感兴趣，并在此基础上建立起合作关系。长期目标型的特征是从长远利益出发，相互配合，不断改进产品质量与服务水平，共同降低成本，提高供应链的竞争力。

（3）渗透型。这种关系类型是在长期目标型基础上发展起来的。渗透型的管理思想是把对方公司看成自己公司的延伸，是自己的一部分。为了能够参与对方的业务活动，有时会在产权关系上采取适当的措施，如互相投资、参股等，以保证双方利益的一致性。在组织上保证双方派员加入对方的有关业务活动，发现需要改进的地方，双方均可以提出相应的改进要求。

（4）联盟型。联盟型是指把供应链上的成员整合起来，像一个企业一样，但各成员又是完全独立的，决策权属于自己。由于成员增加，往往需要一个处于供应链上核心地位的企业出面协调成员之间的关系，它常常被称为"核心企业"。在这种关系中，要求每个企业在充分了解供应链的目标、要求，以便在充分掌握信息的条件下，自觉做出有利于供应链整体利益的决策。

（二）对供应商的评价和选择

1. 供应商评价和选择的目标

（1）获得符合企业总体质量和数量要求的产品和服务。

（2）确保供应商能够提供最优质的服务、产品以及最及时的供应。

（3）力争以最低的成本获得最优的产品和服务。

（4）维护和发展良好的、长期稳定的供应商合作关系。

（5）淘汰不合格的供应商，开发有潜质的供应商，不断推陈出新。

2. 供应商评价和选择的操作步骤

供应商评价和选择的程序为图 4-9 所示的七个步骤。在实际操作时，企业必须确定每个步骤的开始时间。每一个步骤对企业来说都是动态的，是一次改善业务的过程。

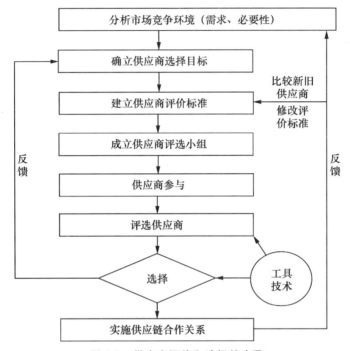

图 4-9 供应商评价和选择的步骤

（1）分析市场竞争环境。分析市场竞争环境的目的在于找到产品市场开发供应链合作关系。企业必须回答：现在的产品需求是什么？产品的类型和特征是什么？以此来确认客户的需求，确认是否有建立供应链合作关系的必要。如果已建立供应链合作关系，则应根据需求的变化确认供应链合作关系变化的必要性，同时对现有供应商的现状进行分析和总结。

（2）建立供应商选择的目标。企业确定供应商评价程序的实施并建立实质性的目标。供应商评价和选择是企业自身的一次业务流程重构过程。

（3）建立供应商评价标准。供应商评价指标体系是企业对供应商进行综合评价的依据和标准。不同行业、企业，不同产品需求和环境下的供应商评价应是一样的，都涉及以下几个可能影响供应链合作关系的方面：供应商业绩、设备管理、人力资源开发、质量控制、成本控制、技术开发、客户满意度、交货协议。

（4）成立供应商评选小组。企业应成立一个专门的小组来控制和实施供应商评价。这个小组的组员以来自采购、质量、生产、工程等与供应链合作关系密切的部门为主。这些组员既要有团队合作精神,还应具备一定的专业技能。

(5)供应商参与。一旦企业决定实施供应商评选,评选小组应与初步选定的供应商取得联系,来确认他们是否愿意与企业建立供应链合作关系,是否有获得更高业绩水平的愿望。企业应尽可能早地让供应商参与到评选的设计过程中。然而,企业的力量和资源毕竟是有限的,只能与少数关键的供应商保持紧密的合作关系,所以参与的供应商应该是尽量少。

(6)评选供应商。评选供应商的一个主要工作是调查、收集有关供应商生产运作等各方面的信息。在收集供应商信息的基础上,就可以利用一定的工具和技术方法进行供应商的评选了。

(7)实施供应链合作关系。在实施供应链合作关系的过程中,市场需求将不断变化。企业可以根据实际情况的需要及时修改供应商评价标准,或重新开始供应商评价选择。在重新选择供应商的时候,应给予新、旧供应商以足够的时间来适应。

3. 选择供应商的方法

选择供应商要根据供应单位的数量、对供应单位的了解程度、采购物品的特点、采购的规模以及采购的时间性要求等具体确定。下面列举几种常见的选择方法。

(1)直观判断法。直观判断法是指通过调查、征询意见、综合分析和判断来选择供应商的一种方法,这是一种主观性较强的判断方法,主要是倾听和采纳有经验的采购人员的意见,或者直接由采购人员凭经验做出判断。直观判断法的质量取决于对供应商资料掌握的是否正确、齐全和决策者的分析判断能力与经验。

(2)评分法。评分法是指依据供应商评价的各项指标,按供应商的优劣档次,分别对各供应商进行评分,得分高者为最佳供应商。

例如,某采购单位列出了对供应商评选的10个项目:① 产品质量;② 技术服务能力;③ 交货速度;④ 能否对用户的需求做出快速反应;⑤ 供应商的信誉;⑥ 产品价格;⑦ 延期付款期限;⑧ 销售人员的才能和品德;⑨ 人际关系;⑩ 产品说明书及使用手册的优劣。每个项目的评分标准分为五个档次并赋予不同的分值,即极差(0分)、差(1分)、较好(2分)、良好(3分)、优秀(4分),满分为40分,然后在表上为供应商评分,根据最后的评分情况,在各个供应商之间进行比较,最后确定供应单位,并据此要求选定的供应商对存在的不足之处进行改进。表 4-1 为对一供应商进行评分的情况。表中的供应商得分为 32 分,为满分 40 分(理想供应商)的 80%,各项平均得分为 3.2 分。

表 4-1 供应商评分表

序号	项目	极差 0分	差 1分	较好 2分	良好 3分	优秀 4分
1	产品质量					√
2	技术服务能力					√
3	交货速度			√		
4	能否对用户的需求做出快速反应				√	
5	供应商的信誉				√	
6	产品价格				√	
7	延期付款期限					√
8	销售人员的才能和品德					√
9	人际关系				√	
10	产品说明书及使用手册的优劣			√		

(3) 采购成本比较法。对于采购商品质量与交付时间均满足要求的供应单位,通常是进行采购成本比较,即分析不同价格和采购中各项费用的支出,以选择采购成本较低的供应商的一种方法。采购成本一般包括售价、采购费用、交易费用、运输费用等各项支出的总和。

例 4-1:某单位计划期需要采购某种物资 200 吨,甲、乙两个供应商供应的物资质量均符合企业的要求,信誉也比较好。距企业比较近的甲供应商的报价为 320 元/吨,运费为 5 元/吨,订购费用(采购中的固定费用)支出为 200 元;距企业比较远的乙供应商的报价为 300 元/吨,运费为 30 元/吨,订购费用(采购中的固定费用)支出为 500 元。

根据以上资料,可以计算得出从甲、乙两个供应商采购所需支付的成本:

甲供应商:200 吨 × 320 元/吨 + 200 吨 × 5 元/吨 + 200 元 = 65 200 元;

乙供应商:200 吨 × 300 元/吨 + 200 吨 × 30 元/吨 + 500 元 = 66 500 元;

甲供应商的采购成本比乙供应商的采购成本低 1 300 元(66 500 元 − 65 200 元),在交货时间与质量都能满足企业需求的情况下,甲供应商为合适的供应商。

三、采购方式战略

采购方式是采购主体获取资源或物品、工程、服务的途径、形式与方法。当采购品种战略及供应商战略确定后,采购方式的选择就显得格外重要。它决定着企业能否有效地组织、控制物品资源,以保证其正常生产和经营以及较大利润空间的实现。采购方式的选择主要取决于企业制度、资源状况、环境优劣、专业水准、资金情况、储运水平等。

（一）采购方式

1. 集中采购与分散采购

这是根据企业内部的采购权限而划分的主要采购方式。

（1）集中采购。集中采购是指企业在核心管理层建立专门的采购机构,统一组织企业所需物品的采购进货业务。随着连锁店、特许经营等的出现,集中采购体现了经营主体的权力。

集中采购的意义在于四个方面：一是有利于获得采购规模效益,降低进货成本和物流成本,争取经营主动权；二是有利于发挥业务职能特长,提高采购工作效率和采购主动权；三是易于稳定本企业与供应商之间的关系,得到供应商在技术开发、货款结算、售后服务等诸多方面的支持与合作；四是通常采取公开招标、集体决策的方式,可以有效制止腐败。

（2）分散采购。与集中采购相对应,分散采购是由企业下属各单位,如子公司、分厂、车间或分店实施的满足自身生产经营需要的采购。这是集团将权力下放的采购活动。

分散采购是集中采购的完善和补充,有利于采购环节与存货、供料等环节的协调配合,有利于增强基层工作责任心,使基层工作富有弹性或成效。

2. 现货采购与远期合同采购

这是根据生产企业或其他经济组织对物品的交割时间来划分的采购方式。

（1）现货采购。现货采购指采购方与物品或资源持有者协商后,即时交割的采购方式。

现货采购的特点在于：一是即时交割,资金的占有权、使用权即时由需方交给供方,体现了一个企业或经济组织实物所有权与另一企业或经济组织资金所有权的对等转移；二是灵活、方便、手续简单,易于组织管理；三是无信誉风险；四是对现货市场的依赖性大（市场的资源充足,随行就市,价格波动）。

(2)远期合同采购。通过合同约定,实现物品的供应和资金的结算,并通过法律和供需双方信誉与能力来保证约定交割的实现。这一方式只有在具有良好的经济关系、法律保障和企业具有一定的信誉和能力的情况下才能得以实施。

远期合同采购其特点在于:时效长;价格稳定;交易成本及物流成本相对较低;交易过程透明有序,易于把握,便于民主科学决策和管理。

3. 直接采购与间接采购

(1)直接采购。直接采购是指采购主体自己直接向物品制造厂家采购的方式。目前,绝大多数企业均使用此类采购方式,实现自身生产需要。

直接采购环节少,时间短,手续简便,意图表达准确,信息反馈快,易于供需双方交流、支持、合作及售后服务与改进。同时,在实施 ISO 9000 质量标准体系中,便于对供应商资信认证,完成企业质量管理体系建设。

(2)间接采购。间接采购是指通过中间商实施采购行为的方式,也称委托采购或中介采购,主要包括委托流通企业采购、调拨采购等。

委托流通企业采购是依靠有资源渠道的贸易公司、物资公司等流通企业实施,或依靠专门的采购中介组织执行。

调拨采购是计划经济时代常用的间接采购方式,由上级机关组织完成。目前,除非物资紧急调拨或执行救灾任务、军事任务,否则一般均不采用此方式。

间接采购可充分发挥工商企业各自的核心能力;减少流动资金占用,增加资金周转率;分散采购风险,减少物品非正常损失;减少交易费用和时间,从而降低采购成本。

4. 招标采购

招标采购指采购方作为招标方,事先提出采购的条件和要求,邀请众多企业参加投标,然后由采购方按照规定的程序和标准一次性地从中择优选择交易对象,并与提出最有利条件的投标方签订协议等过程。整个过程要求公开、公平、公正和择优。

通过招标竞价方式,对于采供双方而言,增加了透明度,真正体现了市场竞争优胜劣汰的原则,从而可以达到保证物料采购质量、降低产品总成本、提高经济效益的目的。

5. 电子采购

电子采购是以计算机技术、网络技术为基础,以电子商务软件为依据,以互联网为纽带,以 EDI 电子商务支付工具及电子商务安全系统为保障的即时信息交换与在线交易的采购活动。

电子采购的优势主要体现在以下几个方面：

（1）提高了通信速度。过去要几天才能到达的商务信件，现在通过互联网几分钟甚至几秒钟就能收到。

（2）加强了信息交流。网上信息具有更新速度快、内容全面丰富的特点，可使企业客户掌握他们需要的最新信息。任何企业都可以将其信息放在互联网上供客户查询。

（3）降低了成本。网上采购可以降低通信、管理费用和人员费用，从而大幅降低成本。

（4）改善供应商与客户的关系。客户可以通过网站跟踪订货情况，供应商还可以通过网站及时收集市场的反馈信息，满足客户的需要。

（5）服务时间长。可以提供每年365天、每天24小时的全天候服务。

（6）增强了企业的竞争力。企业无论大小都可通过在网站上设置的页面，面对相同的市场，处于平等的竞争条件下。

（二）采购方式的选择

各种采购方式的选择，主要依据它们各自的适用条件和适用范畴。

1. 集中采购与分散采购的选择

集中采购的适用条件是：大宗或批量物品；价值高或总价多的物品；关键零部件、原材料或其他战略资源；保密程度高、产权约束多的物品。其适用范围是：集团范围实施的采购活动；跨国公司的采购；连锁经营、特许经营企业的采购。

而分散采购的适用条件是：小批量、单件、价值低，总支出在产品经营费用中占的比重小的物品；市场资源有保证，易于送达，物流费用较低的物品；分散后，各基层有这方面的采购与检测能力的物品。其适用范围是：二级单位如子公司、分厂、车间；离主厂区或集团供应基地较远，其供应成本低于集中采购时的成本；异国、异地供应的情况；产品开发研制、试验或少量变型产品所需的物品。

2. 现货采购与远期合同采购的选择

现货采购的适用条件：企业所需资源或物品充足；所需资源或物品能及时送达；需方有充足的现金流用于支付货款；现货质量有保证，且采购人员有识货的手段和经验；一般情况下，在所需资源或物品已形成市场时，才具备交易条件。对企业生产和经营临时需要，企业新产品开发或研制需要，设备维护、保养或修理需要，设备更新改造需要，企业生产用辅料、通用件、标准件、易损件、普通原材料及其他常备资源等适于用现货采购方式。

远期合同采购的适用条件：具有法律保障且经济秩序良好的社会环境；适用大宗或批量采购；供需双方具有交易信誉和能力；具有双方认可的质量标准、验收方法和其他认同的履约条件。适用范围：企业生产和经营长期的需要，以主料和关键件为主、国家战略收购、大宗农副产品收购、国防需要等及其储备等。

3. 直接采购与间接采购的选择

直接采购的适用条件：需方的采购量足够大且供方能够接受；需方自身有相应的采购、储运、渠道、机构与设施等；采购行为费用低于间接采购费用。一般用于生产性原材料、元器件等主要物品采购及其他辅料、低值易耗品的采购。

间接采购的适用条件：当地或较近的区域有能够承担采购任务的流通企业或中介组织；直接采购的费用和时间大于间接采购的费用和时间。间接采购的适用范围：核心业务规模大、赢利水平高的企业；规模过小，缺乏进行直接采购的能力、资格和渠道的企业；没有适合采购需要的机构、人员、仓储设施的企业。

4. 对于招标采购的选择

在整个招标采购过程中，评标是关键，而确定评标考核指标体系又是整个评标的关键。它被世界普遍认为最能体现现代民主竞争精神，能最有效地促进竞争、节约资金，实现采购的高效率及其他目标，被国际社会、政府确定为优先采用的采购方式。

首先，评考指标体系设置的科学、合理与否，将在很大程度上直接影响招标采购活动的顺利进行。因此，评考指标体系的确定，不能仅仅局限于投标者的资格条件、经验、规模、服务和财务能力等，还应注重对投标者在价格优惠比率、经济实力与履约能力、质量、服务承诺及保证措施等方面进行评价。

其次，评标考核指标体系中各个指标权重的确定对评标具有牵一发而动全身的作用。某一指标权重的高低势必会影响另一指标权重的分量，从而将直接影响其在总分中的份额乃至评标的公正合理程度。因此，作为采购商，应根据所采购物料的性质、价格、数量等因素，在各指标体系中给予一定的权重。

招标采购的适用条件：有完善的招标法律保障及道德和信誉保证，并已形成有效的监督机制；有良好的经济环境秩序及基础，有足够的供货渠道和能力;有社会认同的技术规范和标准做依据,并有检测度量方法;有良好的专业技术及业务能力的招投标、评标机构队伍以及评标专家库;有足够公开的环境和媒体传播。

5. 对于网上采购的选择

标准的企业网上采购不同于个人网上采购,它需要认证、数据交换、即时结算、保证信誉与供应等。核心是需要有硬件、软件、网上安全保障、电子商务法律、EDI、网上支付结算、实物配送、网络人才等条件支持。一个完整的电子商务系统应该是企业内部网与互联网的集成,若企业未建立内部网,但有一个对外发布信息的互联网网站,即 Web 站点的设计,也可实现某些简单的电子商务。

网上采购的选择与电子目录、电子市场密切相关。电子目录是一种网页,它提供了供应商销售和供应的产品和服务的信息,并且它也支持在线订购和支付。电子目录的管理者有三种,分别为供应商—卖方目录、采购商—买方目录和目录合成器—第三方目录。主要的电子市场有两种:其一,垂直电子市场,即针对某一特定的行业提供在线采购产品或服务。比如针对建筑业,针对基础设施用品行业。其二,水平电子市场,即向在不同细分市场中的一系列组织机构提供在线产品和服务。

拍卖是人们最熟悉的一种传统市场组织形式,也是 B2C、C2C 电子商务中最常用的市场组织形式。电子拍卖:一种结构化的电子市场,卖方将其产品或服务放于电子市场用于销售,与多个买方通过网络交易。但是,在 B2B 电子商务中,更常常组织反向拍卖——拍买。电子反向拍卖(拍买):一种结构化的电子市场,买方将投标邀请放于电子市场,与多个供应商进行交易,以获得最好的价格与条件。

第三节 采购进货物流管理

采购进货是将采购订货成交的物资由供应商仓库运输转移到采购者仓库之中的过程。采购进货物流管理关系到采购成果价值的最终实现,关系到企业的经营成本和采购物资的质量优劣。

一、采购进货物流的基本原则

采购进货是一个环节多、涉及面宽、环境复杂、途中风险大的工作。在选择进货物流时一般有以下几个原则:

（一）采购进货物流方式选择原则

要根据进货难度和风险大小的具体情况选择合适的进货方式。

(1) 对于进货难度和风险大的采购进货物流，首选是委托第三方物流公司进货方式，其次选供应商送货方式。一般最好不选用户自提进货方式。委托第三方物流公司进货，可以充分利用第三方物流公司的专业化优势、资源优势、技术优势提高进货效率，提高进货质量，降低进货成本，又可以减轻供应商的工作量和进货风险，对各方都有利。

(2) 对于进货难度小和风险小的采购进货物流，首选是供应商送货进货方式，其次可以选采购商自提进货方式。

（二）安全第一原则

采购进货物流管理中，始终要把安全问题贯穿始终。要高度注意货物安全、运输安全、人身安全，并具体落实到包装、装卸、运输、储存各个具体环节中去。

（三）成本效益统一原则

在采购进货物流管理中应遵守追求成本和效益统一的原则。由于采购进货物流中客观上存在多个环节、多个利益主体，因此在各个环节中都会发生相应的成本费用。某进货方案的变动，可能导致某个环节费用的降低，同时也可能导致另一个环节费用的增加。所以考虑成本，不能够只孤立地考虑某一个环节、某一个利益主体，而是要综合考虑各个环节。

二、采购进货物流方式

（一）自提进货

自提进货，就是在供应商的仓库里交货，交货后的进货过程由采购者独家负责管理。这种进货方式主要关注以下活动：

1. 货物检验

货物检验包括对货物的品种、规格、数量、质量的检验工作。一旦疏忽、失误，采购者将可能承担巨大的经济损失。

2. 包装、装卸、搬运等环节

这些作业活动原则上都是由采购者负责，但是可以争取供应商协助。包装方式、包装质量、装卸搬运方式、装卸搬运质量的好坏，不仅直接影响货品安全和货品损坏的程度，而且还直接影响下一个运输环节的安全和运输质量的好坏。

3. 运输环节

（1）运输方式选择。运输方式有公路、铁路、水路、航空、管道、联运等几种。自提，一般用汽车运输或船运。选择运输方式要注意满足运输时间和运输安全的要求条件。汽车运输要注意选好车辆，车辆的载重量、技术条件等都要符合装运要求。

（2）运输路径的选择。要选择以最短路径为主要目标的合理路线，节省运费、节约时间。

（3）运输时间。运输时间要满足供货时间上的要求。不但运输方式的选择要满足运输时间的要求，而且在运输途中，要注意时间控制。

（4）运输安全。这是要始终贯穿在整个运输过程的首要问题。要注意交通安全、货物安全、人员安全等问题。

4. 中转环节

中转环节包括不同运输方式之间的转接、不同运输路段的转接。中转环节要注意的问题很多，例如货物清点、装卸搬运方式选择、装卸搬运安全等。中转环节增加了很多物流工作量、物流时间和物流费用，造成了货物安全风险，所以应尽量不中转、少中转。

（二）供应商送货

供应商送货使采购商省去了进货管理环节。采购商把整个进货管理的任务以及进货途中的风险都转移给了供应商，只负责入库验收环节。

（三）委托和外包进货

委托外包，就是把进货管理的任务和进货途中的风险都外包给第三方物流公司。它有利于发挥第三方物流公司的自主处理、联合处理和系统化处理的优势，有利于降低采购方的物流运作成本。

委托和外包进货主要抓好二次三方的交接管理和合同签订管理控制工作。第一次交接是供应商和第三方物流公司的交接；第二次交接是第三方物流公司与采购商保管员之间的交接。交接工作主要是货物的清点、检验。三方相互之间的合同中要分清权利、义务和责任；合同条款要详细、清楚；要检查各方履行合同的程度并根据合同来处理有关的事务或纠纷。

三、物资进货接运入库

采购的物资大部分都要经过铁路、公路、水运等交通运输部门转送到采购企业。接运工作是企业进行物资入库时与交通运输部门或供货单位直接发生交接的一项工作。它的主要任务是及时、准确地向运输部门提取入库物资。接运工作的手续要清楚，责任要分明，要避免把一些在运输过程中或运输前就已发生的物资损害或其他差错带入仓库，从而造成责任难分和保管工作中的困难。

由于接运工作是直接与交通运输部门相接触，因此仓库必须熟悉交通部门及有关货运的要求和规定。物资接运主要有以下几种方式：

（1）车站、码头提货。这是指企业仓库本身派出人员到车站、码头、航空港、邮局等去提取入库物资。

（2）仓库内专用线接货。在企业仓库本身具有铁路专用线的前提下，大宗货物的进库一般采取这种接货形式。

（3）仓库自行提货。这是企业仓库受主管单位的委托，直接到生产单位和供应单位去提取物资的接运方式。由于仓库自提受到仓库自身能力的限制，故一般限于物资数量较少、提货路途较近的情况。

（4）库内接货。这种接运是指供货单位直接把物资送达企业仓库中的方式。

上述几种接运方式，虽然在物资交接的地点、形式、运输方式等方面有很大区别，但是从物流角度抽象起来看，都是物资由供货单位运往仓库所发生的位移。搞好物资的接运，应对其品名、规格、标志进行检查，如有疑点，当场做出记录。同时，在接运过程中应尽可能缩短物资装卸、搬运距离，减少作业次数，缩短作业时间。

四、物资进货的验收

物资进货的验收是物资在入库前，仓库按照一定的程序和手续，对数量和质量进行检查，以验证它是否符合订货合同规定的一项工作。凡要入库的物资，均需经过仓库的严格检查，合格后方能正式入库。

（一）进货验收的准备

在验收的实际行为发生以前，为了能使验收工作准确无误、及时快速，必须做好验收前的准备工作。通常准备工作包括：

（1）收集和熟悉有关采购订货的资料，以便对验收对象的要求全面掌握；

（2）准备和校验相应的验收工具，以便保证验收数量的准确性和质量的可靠性；

（3）确定进货的物资存放地点及保管方法，以便使验收后的物资能及时进库保管存放，避免其间发生不利于储存的任何情况；

(4）准备装卸搬运机械和堆码苫垫的工具和材料，以便使验收、入库等物流作业紧密地衔接起来，减少物资停顿的时间。

（二）核对资料

凡是入库储存的物资必须具备下列资料：

（1）供应商提供的残品产品质量证明书、合格证、装箱单、磅码单、发货明细表等；

（2）承运部门提供的运单及有关说明文件；

（3）主管部门或存货单位提供的入库通知单、采购订货合同等。

在上述文件中，入库通知单是仓库据以接收物资的凭证。从内容上它通常包括物资来源、物资名称、品种、规格、数量、单价等内容。其他文件是物资质量或数量的说明书。

（三）物资的实物检验

物资的实物检验包括数量检验和质量检验两项主要内容。

1. 数量检验

数量检验是保证物资数量准确的一项措施。数量检验一般在质量检验以前一次完成。数量检验的方法分为检斤、检尺和点数。检斤是对以重量计算的物资，如钢材、化工原料等进行的称重计量。仓库在进行计重检斤时，应采取与供货单位一致的计量方法和单位。检尺是对用长度与重量进行理论换算的物资进行数量检验的方法。点数是对成件、成包装供货的物资采用的清点数目的办法。

2. 质量检验

质量检验是对物资的包装状况、实物外观和内在质量进行的检验。包装状况的检验是对有包装的物资的外包装状况的检查。一般来说，物资的外包装整齐、完损无缺，其内在质量则基本完好。物资外观质量的检验是指对无包装的裸体物资直接检查其外部质量。外观质量检验可辨别物资的腐蚀、损坏、变质、变形等现象。内在质量检验对技术性能、设备要求高，主要包括物资的物理性能和化学成分两个方面的检验，是物资检验中最为复杂的一项工作。

（四）做出验收记录

物资经验收后，应立即对验收的结果做出记录。验收记录的内容，除包括物资名称、规格、供货单位等以外，还包括应收数量、实收数量、验收完毕日期等。如遇有数量短缺、包装破损、物资残损等问题，均要检查分析原因，给出合理的处理意见。

五、办理进货手续

物资验收完毕，若不马上发放、投入使用，就需办理登账、立卡、建档等一系列入库手续。

1. 登账

仓库对每一品种规格、不同质量的物资都应建立收发存明细账，即保管账。它是详细反映库存物资进、出、存情况的账目。在登销账目时，必须以正式收发凭证为依据。

2. 立卡

料卡是一种实物标签。它反映库存物资的名称、规格、型号、级别、单价、进出动态和实际数量。料卡一般直接挂在货位上以便于管理。

3. 建立物资档案

物资档案是保存的历年来的物资技术资料及其出、入库的有关资料，如各种凭证、技术说明和其他证件，验收记录及技术检验记录等。物资档案也是物流情报的来源之一。

六、进货物流的一条龙作业

一条龙作业是进货管理物流作业的一次落地式处理方式，即把装卸、搬运、计量、检验、入库、堆码顺序联合处理，一次落地到位，这样可以大大减少物流工作量，减少货物损坏，节省时间，提高效率。

本章思考题

一、名词解释

订货点采购；MRP 采购；JIT 采购；VMI 采购；采购战略；单一品种采购战略；多品种联合采购战略；集中采购；分散采购；直接采购；间接采购；招标采购。

二、回答问题

1. 比较传统意义上的采购和基于供应链思想下的采购概念的区别。
2. 何谓企业采购流程？企业采购流程是怎样构成的？
3. 何谓 JIT 采购？JIT 采购的特点主要表现在哪些方面？
4. 何谓电子采购？电子采购的优点主要体现在哪些方面？
5. 就物资采购管理的目标而言，"5R"的含义是什么？
6. 如何理解协同采购？

7. 如何运用战略成本核算方式控制采购流程？
8. 按采购品种的多少和采购方式，采购体系是如何划分的？
9. 按与供应商的采购业务关系的重要程度，供应商是如何分类的？
10. 谈谈供应商的评价和选择程序。
11. 如何对采购方式进行选择？
12. 谈谈采购进货的物流方式。
13. 如何认识物资入库接运工作？接运主要有哪些方式？
14. 何谓物资验收？谈谈物资进货验收的工作程序。

第五章

企业生产物流基本原理

主要内容

- 企业生产物流的定位
- 企业生产物流的组织形式
- 基于企业生产战略与系统设计框架下的生产物流分析

企业生产物流是企业物流的关键环节,认识并研究生产物流的基本原理,将有利于企业物流优化,有利于推动企业竞争力。

第一节 企业生产物流的定位

一、生产物流的含义

流程是一个或一系列有规律的行动,这些行动以确定的方式发生或执行,导致特定结果的出现。流程具有三个要素:活动本身、活动的方式和活动的承担者。这三要素的关系是,活动的承担者是主体,活动是内容,活动的承担者和活动的内容决定活动的方式。三要素互动的结果是实现活动的目的。对于业务流程而言,其活动主体是组织。业务流程的三要素是组织、业务活动和业务活动实现方式。三要素互动的结果是满足顾客的需求。任何企业的业务流程都是由三要素组成的,企业的业务流程的差异源于三要素的差异。

"工艺是龙头,物流是支柱",所以生产物流是指企业在生产工艺中的物流活动(即物料不断地离开上一工序,进入下一工序,不断发生搬上搬下、向前运动、暂时停滞等活动)。这种物流活动是与整个生产工艺过程伴生的,实际上已构成了生产工艺过程的一部分。其过程大体为:原材料、燃料、外构成件等物料从企业仓库或物料的"入口",进入到生产线,再进一步随生产加工过程并借助一定的运输装置,在一个一个环节的"流"的过程中,本身被加工,并随着时间进程不断改变自己的实物形态(如加工、装配、储存、搬运、等待状态)和场所位置(各车间、工段、工作地、仓库),直到生产加工终结,再"流"至成品仓库。

综上所述,企业生产物流是指伴随企业内部生产过程的物流活动。即按照工厂布局、产品生产过程和工艺流程的要求,实现原材料、配件、半成品等物料在工厂内部供应库与车间、车间与车间、工序与工序、车间与成品库之间流转的物流活动。

二、生产物流的基本特征

制造企业的生产过程实质上是每一个生产加工过程"串"起来时出现的物流活动,因此,一个合理的生产物流过程应该具有以下基本特征,才能保证生产过程始终处于最佳状态。

（一）连续性、流畅性

连续性、流畅性指物料总是处于不停的流动之中，包括空间上的连续性和时间上的流畅性。空间上的连续性要求生产过程各个环节在空间布置上合理紧凑，使物料的流程尽可能短，没有迂回往返现象。时间上的流畅性要求物料在生产过程的各个环节的运动，自始至终处于连续流畅状态，没有或很少有不必要的停顿与等待现象。

（二）平行性

平行性指物料在生产过程中应实行平行交叉流动。平行指相同的在制品同时在数道相同的工作地（机床）上加工流动；交叉指一批在制品在上道工序还未加工完时，将已完成的部分在制品转到下道工序加工。平行、交叉流动可以大大缩短产品的生产周期。

（三）比例性、协调性

比例性、协调性指生产过程的各个工艺阶段之间、各工序之间在生产能力上要保持一定的比例以适应产品制造的要求。比例关系表现在各生产环节的工人数、设备数、生产面积、生产速率和开动班次等因素之间相互协调和适应，所以，比例是相对的、动态的。

（四）均衡性、节奏性

均衡性、节奏性指产品从投料到最后完工都能按预定的计划（一定的节拍、批次）均衡地进行，能够在相等的时间间隔内（如月、旬、周、日）完成大体相等的工作量或稳定递增的生产工作量。很少有时松时紧、突击加班的现象。

（五）准时性

准时性指生产的各阶段、各工序都按后续阶段和工序的需要生产，即在需要的时候，按需要的数量，生产所需要的零部件。只有保证准时性，才有可能推动上述连续性、平行性、比例性、均衡性。

（六）柔性、适应性

柔性、适应性指加工制造的灵活性、可变性和可调节性，即在短时间内以最少的资源从一种产品的生产转换为另一种产品的生产，从而适应市场的多样化、个性化要求。

三、生产物流的类型

通常情况下，企业生产的产品产量越大，产品的品种数则越少，生产的专业化程度也越高，而物流过程的稳定性和重复性也就越大。所以生产物流类型与决定生产类型的产品产量、品种和专业化程度有着内在的联系。因此，可以把划分生产物流的类型与划分生产类型看成是一个问题的两种说法。

（一）从生产专业化的角度划分

根据生产专业化程度，可以把物料生产过程划分为单件、大量、成批三种类型。划分标准见表 5-1：

表 5-1　划分工作地生产类型的参考数据

生产类型	工序数目	工序占用工作地系数
大量生产	1—2	0.5 以上
大批生产	2—10	0.1—0.5
中批生产	10—20	0.05—0.1
小批生产	20—40	0.025—0.05
单件生产	40 以上	0.025 以下

1. 单件生产（项目型）

单件生产是指生产品种繁多，但每种仅生产一台，生产重复度低。

2. 大量生产（连续或离散型）

大量生产是指生产品种单一，产量大，生产重复度高。

3. 成批生产（连续或离散型）

成批生产介于单件生产和大量生产之间，是指生产品种不单一，每种都有一定批量，生产有一定的重复性。通常又可划分为大批生产、中批生产、小批生产。

（二）从物料流向的角度划分

根据物料在生产工艺过程中的特点，可以把生产物流划分为项目、连续、离散三种类型。

1. 项目型生产物流（固定式生产）

项目型生产物流指当生产系统需要的物料进入生产场地后，几乎处于停止的"凝固"状态，或者说在生产过程中物料流动性不强。

物流凝固分两种状态：一种是物料进入生产场地后就被凝固在场地中，和生产场地一起形成最终产品，如住宅、厂房、公路、铁路、机场、大坝等；另一种是在物料流入生产场地后，"滞留"时间很长形成最终产品后再流出，如大型的水电设备、冶金设备、轮船、飞机等。管理的重点是按照项目的生命周期对每阶段所需的物料在质量、费用以及时间进度等方面进行严格的计划和控制。

2. 连续型生产物流（流程式生产）

连续型生产物流指物料均匀、连续地进行，不能中断。生产出的产品和使用的设备、工艺流程都是固定且标准化的,工序之间几乎没有在制品储存。管理的重点是保证连续供应物料和确保每一生产环节的正常运行。由于工艺相对稳定,有条件采用自动化装置实现对生产过程的实时监控。

3. 离散型生产物流(加工装配式生产)

离散型生产物流指在产品是由许多零部件构成的情况下,各个零部件的加工过程彼此独立。制成的零件通过部件装配和总装配最后成为产品,整个产品的生产工艺是离散的,各个生产环节之间要求有一定的在制品储备。管理的重点是在保证及时供料和零部件、部件的加工质量基础上,准确控制零部件的生产进度,缩短生命周期,既要减少在制品积压,又要保证生产的成套性。

(三) 从物料流经的区域和功能角度划分

根据物料流经的区域和功能,可以把生产物流划分为工厂间物流、工序间物流两部分。

1. 工厂间物流

工厂间物流是指大型企业各专业厂之间的运输流或独立工厂与材料、配件供应厂之间的物流。

2. 工序间物流

工序间物流也称工位间物流、车间物流,指生产过程中车间内部和车间、仓库之间各工序、工位上的物流。其内容包括:接受原材料、零部件后的储存活动,加工过程中间的在制品储存活动,成品出厂前的储存活动,仓库向生产车间运送原材料、零部件的搬运活动,各种物料在车间、工序之间的搬运活动等。

机械制造业的典型调查资料表明:按工艺过程,零件在机床上全部切削时间只占生产过程全部时间的 10% 左右,在其余 90% 左右的时间内,原材料、零部件、半成品或制成品处于等待、装卸、搬运、包装等物流过程,即工序间物流活动时间占产品生产过程总时间约 90%。为了尽量压缩工序间物流在生产过程中的时间,从管理的角度考虑,重点是进行合理仓库布局,确定合理的库存量,配置设备与人员,建立搬运作业流程、储存制度和适当的搬运路线,正确选定储存、搬运项目的信息收集、汇总、统计、使用方法,实现"适时、适量、高效、低耗"的生产目标。

由于工序间物流实际上主要与两种物流状态——储存和移动有关,所以对于仓储与搬运这两个物流环节而言,首先要讲究合理性原则,然后才是具体形式的选择问题。

合理性原则体现在仓储环节时,首先,要以工艺流程和生产作业排序的要求确定仓库的形式、规模和位置,位置布置的目标是要适应物料移动中道路通畅、安全的要求以及有利于厂内外物流作业,尽可能在方便作业的前提下缩短作业距离;其次,要有利于作业时间的有效利用,避免重复作业,减少窝工,防止物流阻塞;最后,在符合安全规范的前提下充分利用面积和空间。

合理性原则体现在车间物料的搬运环节时,首先,搬运路线要按直线设置,避免交叉、往复、混杂、多余路线;其次,搬运设备机械化、省力化、标准化;再次,物料集中堆放便于减少搬运次数,搬运采用集装、托盘、拖运方式以提高作业效率;最后,减少等待和空载,提高作业者和搬运设备利用率。

第二节 企业生产物流的组织形式

从物料投入到成品出产的生产物流过程,通常包括工艺过程、检验过程、运输过程、等待停歇过程等。为了提高生产效率,一般从空间、时间、人员三个角度组织生产物流活动。

一、生产物流的空间组织

生产物流的空间组织是相对于企业生产区域而言的,目标是如何缩短物料在工艺流程中的移动距离。一般有三种专业化组织形式,即工艺专业化、对象专业化、成组工艺等。

1. 按工艺专业化形式组织生产物流

工艺专业化形式也叫工艺原则或功能性生产物流体系。其特点是把同类的生产设备集中在一起,对企业欲生产的各种产品进行相同工艺的加工。即加工对象多样化但加工工艺、方法相同,如图 5-1 所示。

该组织形式的优点是:对产品品种的变化和加工顺序的变化适应能力强;生产系统的可靠性较高;工艺及设备管理较方便。缺点是物料在加工过程中物流次数及路线复杂,难以协调。

在企业生产规模不大、生产专业化程度低、产品品种不稳定的单件小批生产条件下,则适宜按工艺专业化组织生产物流。

2. 按对象专业化形式组织生产物流

对象专业化形式也叫产品专业化原则或流水线。其特点是把生产设备、辅助设备按生产对象的加工路线组织起来,即加工对象单一但加工工艺、方法却多样化,如图 5-2 所示。

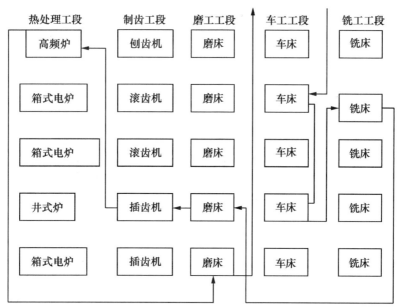

图 5-1　工艺专业化工段示意图

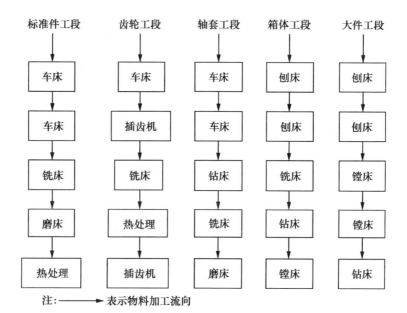

图 5-2　对象专业化工段示意图

该组织形式的优点是:可减少运输次数,缩短运输路线;协作关系简单,从而简化了生产管理;在制品少,生产周期短。缺点是对品种的变化适应性差;生产系统的可靠性较低;工艺及设备管理较复杂。

在企业专业方向已经确定,产品品种比较稳定,生产类型属于大量、大批生产,设备比较齐全并能有充分负荷的条件下,适宜按产品专业化组织生产物流。

3. 按成组工艺形式组织生产物流

成组工艺形式是结合了上述两种形式的特点,按成组技术原理,把具有相似性的零件分成一个成组生产单元,并根据其加工路线组织设备。其主要优点是可以大大地简化零件的加工流程,减少物流迂回路线,在满足品种变化的基础上有一定的批量生产,具有柔性和适应性。

上面三种组织生产物流形式各有特色,而如何选择则主要取决于生产系统中产品品种数多少和产量大小。一般的规律见 P-Q 分析图,如图 5-3 所示。

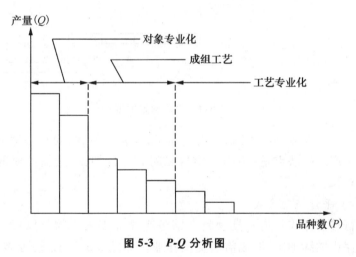

图 5-3 P-Q 分析图

二、生产物流的时间组织

生产物流的时间组织是指一批物料在生产过程中各生产单位、各道工序之间在时间上的衔接和结合方式。要合理组织生产物流,不但要缩短物料流程的距离,而且还要加快物料流程的速度,减少物料的批等待,实现物流的节奏性、连续性。

通常,一批物料有三种典型的移动组织方式,即顺序移动、平行移动、平行顺序移动。

(一) 顺序移动方式

顺序移动方式是指一批物料在上道工序全部加工完毕后才整批地转移到下道工序继续加工,如图 5-4 所示:横轴表示加工周期,纵轴表示加工工序。采用顺序移动方式,一批物料的加工周期为:

$$T_{顺} = n \sum_{i=1}^{m} t_i$$

式中,$T_{顺}$——顺序移动方式下一批物料的生产周期;

n——物料批量;

m——物料的工序数;

t_i——每道工序的单件时间。

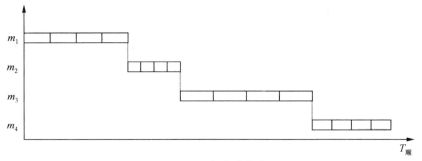

图 5-4 顺序移动方式

该方式的优点是:一批物料连续加工,设备不停顿,物料整批转工序,便于组织生产。但缺点是:不同的物料之间有等待加工、运输的时间,因而生产周期较长。

(二) 平行移动方式

平行移动方式是指一批物料在前道工序加工一个物料以后,立即送到后道工序去继续加工,形成前后交叉作业。如图 5-5 所示:横轴表示加工周期,纵轴表示加工工序。采用平行移动方式,一批物料的加工周期为:

$$T_{平} = \sum_{i=1}^{m} t_i + (n-1) t_L$$

式中,$T_{平}$——平行移动方式下一批物料的生产周期;

n——物料批量;

m——物料的工序数;

t_L——物料中最长的单件工序时间。

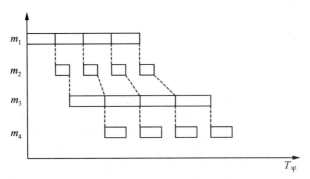

图 5-5 平行移动方式

该种方式的优点是不会出现物料成批等待现象,因而整批物料的生产周期最短。缺点是当物料在各道工序加工时间不相等时,会出现人力和设备的停工现象。只有当各道工序加工时间相等时,各工作地才可连续充分负荷地进行生产。另外,运输频繁会加大运输量。

(三) 平行顺序移动方式

平行顺序移动方式是指每批物料在每一道工序上连续加工没有停顿,并且物料在各道工序的加工尽可能做到平行。既考虑了相邻工序上加工时间尽量重合,又保持了该批物料在工序上的顺序加工。如图 5-6 所示:横轴表示加工周期,纵轴表示加工工序。采用平行顺序移动方式,一批物料的加工周期为:

$$T_{平顺} = n\sum_{i=1}^{m} t_i - (n-1)\sum_{j=1}^{m-1} \min(t_j, t_{j+1})$$

式中,$T_{平顺}$——平行顺序移动方式下一批物料的生产周期;

n——物料批量;

m——物料的工序数;

t_i——每道工序的单件时间,t_j 和 t_{j+1} 代表相临两工序。

虽然其生产周期要比平行移动方式长,但可以保证设备充分负荷。其特点是:

(1) 当 $t_i \leq t_{i+1}$ 时,物料按平行移动方式转移,即当上一道工序的加工时间小于或等于下一道工序的加工时间时,上一道工序加工完每一件物料后,应立即转到下一道工序去加工;

(2) 当 $t_i > t_{i+1}$ 时,以 i 工序最后一件物料的完工时间为基准,往前推移 $(n-1) \cdot t_{i+1}$ 作为物料在 $(i+1)$ 工序的开始加工时间,即当上一道工序的加工时间大于下一道工序的加工时间时,要使上一道工序加工完最后一件物料,恰好供应下一道工序开始加工该批物料的最后一件物料。

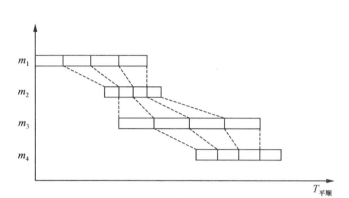

图 5-6 平行顺序移动方式

该种方式吸取了前两种移动方式的优点,消除了间歇停顿现象,能使工作地充分负荷。工序周期较短,但安排进度时比较复杂。

上述三种移动方式各有利弊。在安排物料进度计划时,需要考虑物料的大小、物料加工时间的长短、批量的大小以及生产物流的空间组织形式。一般来讲,批量小、物料小或重量轻而加工时间短的物料,适宜采用顺序移动方式;对生产中的缺件、急件,则可以采用平行或平行顺序移动方式。如表 5-2 所示。

表 5-2　选择生产物流的时间组织方式需考虑的因素

物料移动方式	物料尺寸	物料加工时间	物料批量大小	物料空间组织形式
顺序移动	小	短	小	工艺专业化
平行移动	大	长	大	对象专业化
平行顺序移动	小	长	大	对象专业化

对于不同类型的企业,生产物流的时间组织形式是灵活多变的。

(1) 针对固定式生产企业(项目型生产物流),由于加工对象(物料)固定,因而生产物流的加工工序在时间上的组织方式主要表现在工人的顺序移动上。

(2) 针对流程式生产企业(连续型生产物流),通常都是把整批的物料投入加工后,整批地按加工顺序进行工序间的移动,同一批物料不可能同时在多道工序上加工,因而生产物流是按顺序移动方式组织进行。

(3) 针对加工装配型企业(离散型生产物流),一批要加工的物料(零件或部件)在各工序之间加工的过程难免会有批等待现象。所以,生产物流的时间组织目标在于:在保证设备充分负荷的前提下,加速物料在各工序之间的流通速度。通常采用平行顺序移动方式。

三、企业设施规划与设计

（一）企业设施规划与设计的要求

制造系统就是若干硬件的统一集合体，包括工人、生产设备、物料搬运设备和其他辅助设备。制造系统必须在生产信息——生产方法和生产工艺的支持下，处理生产对象——原材料，生产出具有某些功能的有用产品，从而创造效益来满足市场需求。

制造系统的结构形成了工厂的静态空间结构——布局，它影响着生产过程，因此，工厂布局的最优化实质上是制造系统结构的最优化。

制造系统要完成由原材料到产品的转变过程，其目标在于使生产效率达到最高的程度，在转变过程中，原材料经过运输、贮存、加工、装配形成产品，产品又经过贮存、运输，最终到达用户手中，形成了生产过程的物流。

由于贮存和运输并不改变原材料的形态和结构，不增加产品形态效益，因此，现代生产管理理论都提倡减少企业内部生产物流量，缩短贮存时间，提高系统生产效率。具体途径包括：

（1）通过最优的工厂布局，建立一条顺畅的物流线路，或者采用加工中心，实现工序集中，减少运输次数，缩短物流距离；

（2）成组搬运，直接减少搬运次数；

（3）确定最优的运输路线和运输速度，建成一条连续、便捷的运输路线，减少运输中的停顿、路线交叉和倒流现象。

设施规划与设计从"工厂设计"发展而来，重点探讨各类工业设施、服务设施的规划与设计概念、理论及方法，也是企业物流系统规划的基本理论与基本方法。传统的设施规划与设计以企业生产系统的空间静态结构（布局）为研究对象，从企业动态结构——物流状况分析出发，探讨企业平面布置设计目标、设计原则，着重研究设计方法与设计程序，使企业人力、财力、物力和物流、人流、信息流得到最合理、最经济、最有效的配置和安排，从根本上提高企业的生产效率，达到以最少的投入获得最大效益的目的。

一个设施是一个有机的整体，由相互关联的子系统组成，因此必须以设施系统自身的目标作为整个规划设计活动的中心。设施规划总的目标是使人力、财力、物力和人流、物流、信息流得到最合理、最经济、最有效的配置和安排，即要确保规划的企业能以相应的投入获取最大的效益。不论是新设施的规划还是旧设施的再规划，典型的目标是：

（1）简化加工过程；

(2) 有效地利用设备、空间、能源和人力资源；

(3) 最大限度地减少物料搬运；

(4) 缩短生产周期；

(5) 力求投资最低；

(6) 为职工提供方便、舒适、安全和职业卫生的条件。

上述目标之间往往存在相互冲突的情况，必须要用恰当的指标对每一个方案进行综合评价，达到总体目标的最优化。

(二) 企业设施规划与设计的范围

设施规划与设计的范围非常广泛。例如，在工业设施的规划设计过程中，涉及土木建筑、机械、电气、化工等多种工程专业。从工业工程的角度考察，设施规划由场址选择与设施设计两个部分组成，设施设计又分为布置设计、物料搬运系统设计、建筑设计、公用工程设计及信息系统设计五个相互关联的部分，如图 5-7 所示。

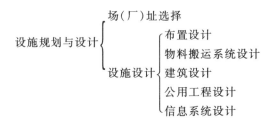

图 5-7　设施规划与设计组成

1. 场址选择

任何一个生产或服务系统都不能脱离环境而单独存在。外界环境对生产或服务系统输入原材料、劳动力、能源、科技和社会因素。同时，生产或服务系统又对外界环境输出其产品、服务、废弃物等。因此，生产系统或服务系统不断受外界环境影响而改变其活动，生产或服务系统的活动结果又不断改变其周围环境。为此，生产或服务系统所在的地区和具体的位置对系统的运营是非常重要的。

场址选择就是对可供选择的地区和具体位置的有关影响因素进行分析和评价，达到场址最优化。

2. 布置设计

生产系统是由建筑物、机器设备、运输通道等组成。各种系统内各组成部分相互之间的位置关系又直接决定了系统的运营效率，对系统的各组成部分进行位置布置是设施规划与设计的中心内容。布置设计就是通过对系统物流、人流、信息流进行分析,对建筑物、机器、设备、运输通道和场地做出有机的组合与合理配置,达到系统内部布置最优化。

3. 物料搬运系统设计

现代生产管理理论都非常注重物料搬运系统。物料搬运系统设计就是对物料搬运路线、运量、搬运方法和设备、储存场地等做出合理安排。

在物料搬运系统设计中,物料搬运系统分析是一种重要的设计分析方法,其分析方法、分析程序与系统布置设计非常相似。

4. 建筑设计

设施规划与设计中,需根据建筑物和构筑物的功能和空间的需要,按照安全、经济、适用、美观的要求,进行建筑和结构设计。建筑设计需要土木建筑各项专业知识。

5. 公用工程设计

生产或服务系统中的附属系统包括热力、煤气、电力、照明、给排水、采暖通风及空调等系统,通过对这类公用设施进行系统、协调的设计,可为整个系统的高效运营提供可靠的保障。

6. 信息系统设计

对于工矿企业来说,各生产环节生产状况的信息反馈直接影响生产调度、管理,反映出企业管理的现代化水平。随着计算机技术的应用,信息系统的复杂程度也大幅提高。信息系统设计也就成为设施设计中的一个组成部分。

(三) 系统布置设计(SLP)模式

设施规划与设计主要研究范围包括:场址选择、工厂平面布置、物料搬运、仓储、能源管理及办公室布置等。在制造业中,工厂布置主要是确定工厂的生产部门、辅助服务部门和管理部门的位置,合理和有效的工厂布置对提高企业的生产效益、降低成本起着重要的作用。最具代表性的工厂布置方法是 R. 缪瑟(R. Muther)提出的"系统布置设计"(SLP)法,该方法提出了作业单位相互关系密级表示法,使布置设计由定性阶段发展到定量阶段。

1. 工厂布置的基本设计原则

在根据当地规划要求和工厂生产需要确定适当的厂址位置的前提下,应按下列原则进行工厂布置。

(1) 工厂总平面布置设计原则

① 满足生产要求，工艺流程合理。工厂总体布局应满足生产要求，符合工艺过程，减少物流量，同时重视各部门之间的关系密切程度。具体布置模式有两种：

第一，按功能划分厂区，即将工厂的各部门按生产性质、卫生、防火与运输要求的相似性，将工厂划分为若干功能区段。如中大型机械工厂的厂区划分为加工装配区、备料（热加工）区、动力区、仓库设施区及厂前区等。这种布置模式的优点是各区域功能明确，相互干扰少，环境条件好；但是这种布置模式难以完全满足工艺流程和物流合理化的要求。

第二，采用系统布置设计模式，即按各部门之间物流与非物流相互关系的密切程度进行系统布置，因此可以避免物料搬运路线的往返交叉，节省搬运时间与费用，最终达到增加经济效益的目的。

② 适应工厂内外运输要求，线路短捷顺直。工厂总平面布置要与工厂内部运输方式相适应。根据生产产品产量特点，可以采用铁路运输、公路运输、带式运输或管道运输等，根据选定的运输方式、运输设备及技术要求等，合理地确定运输线路及与之有关的部门的位置。

厂内道路承担着物料运输、人流输送、消防通行的任务，还具有划分厂区的功能，道路系统的布局对厂区绿化美化、排水设施布置、工程管线铺设也有重大影响。

工厂内部运输方式、道路布局等应与厂外运输方式相适应，这也是工厂总平面布置应给予重视的问题。

③ 合理用地。工业企业建设中，在确保生产和安全的前提下，应尽量合理地节约建设用地。在工厂总平面布置时可以采取如下措施：

第一，根据运输、防火、安全、卫生、绿化等要求，合理确定通道宽度以及各部门建筑物之间的距离，力求总体布局紧凑合理。

第二，在满足生产工艺要求的前提下，将联系密切的生产厂房进行合并，建成联合厂房。此外，可以采用多层建筑或适宜的建筑物外形。

第三，适当预留发展用地。

④ 充分注意防火、防爆、防振与防噪声。

⑤ 利用气候等的自然条件，减小环境污染。进行工厂总平面布置前，必须了解当地全年各季节风向的分布、变化转换规律，利用风向变化规律避免空气污染。另外，建筑物的朝向也是工厂总平面布置时应注意的问题，特别是对日照、采光和自然通风要求较高的建筑物，更应注意这个问题。

此外还应充分利用地形、地貌、地质条件,考虑建筑群体的空间组织和造型,注意美学效果;考虑建筑施工的便利条件。

(2)车间布置设计原则

① 确定设备布置形式。根据车间的生产纲领,分析产品—产量关系,确定生产类型是大量生产、成批生产还是单件生产,由此决定车间设备布置形式是采用流水线式,或者是成组单元式还是机群式。

② 满足工艺流程要求。车间布置应保证工艺流程顺畅、物料搬运方便,减少或避免往返交叉物流现象。

③ 实行定置管理,确保工作环境整洁、安全。车间布置时,除对主要生产设备安排适当位置外,还需对其他所有组成部分,包括在制品暂存地、废品废料存放地、检验试验用地、工人工作地、通道、辅助部门(如办公室、生活卫生设施)等安排出合理的位置,确保工作环境整洁及生产安全。

④ 选择适当的建筑形式。根据工艺流程要求及产品特点,配备适当等级的起重运输设备,进一步确定建筑物高度、跨度、柱距及外形。

此外,还应注意采光、照明、通风、采暖、防尘、防噪声,并应使布置具备适当的柔性,以适应生产的变化。

2. 系统布置设计基本要素

如图 5-8 所示,为了完成工厂总平面布置和车间布置,我们需从产品 P 及产量 Q 出发,首先对产品组成进行分析,确定各零部件生产类型,制定出各个零部件的加工、装配工艺流程,根据工艺流程的各阶段的特点,划分出生产车间,并根据生产需要,设置必要的职能管理部门及附属的生产与生活服务部门,整个工厂就是由生产车间、职能管理部门、附属生产及生活服务部门和为使生产连续进行而设置的仓储部门这几类作业单位所构成。然后,由设施布置设计人员来完成工厂总平面布置及车间布置。

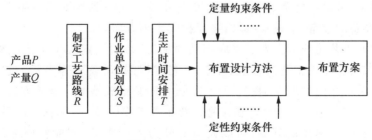

图 5-8　工厂设计过程

在图 5-8 所示工厂设计过程中，基本给定条件（要素）为产品 P 及产量 Q，涉及了除平面布置设计以外的如制定加工、装配工艺过程等多种专业技术问题，要求多种专业技术人员配合协作来完成。

为了突出平面布置设计，我们把平面布置前各段工作的结果作为给定要素来处理，包括工艺路线 R、作业单位划分 S 及生产时间安排 T，这样就形成了单纯的工厂布置模型，如图 5-9 所示。

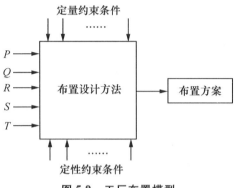

图 5-9　工厂布置模型

在缪瑟提出的系统布置设计（SLP）中，正是把产品 P、产量 Q、工艺路线 R、辅助服务部门 S 及生产时间安排 T 作为给定的基本要素（原始资料），作为布置设计工作的基本出发点。

（1）产品 P。产品 P 是指待布置工厂将生产的商品、原材料或者加工的零件和成品等。这些资料由生产纲领和产品设计提供，包括项目、品种类型、材料、产品特征等。产品这一要素影响着生产系统的组成及其各作业单位间相互关系、生产设备的类型、物料搬运方式等方面。

（2）产量 Q。产量 Q 指所生产的产品的数量，也由生产纲领和产品设计方案决定，可以用件数、重量、体积等来表示。这一要素影响着生产系统的规模、设备的数量、运输量、建筑物面积大小等方面。

（3）工艺路线 R。为了完成产品的加工，必须制定加工工艺流程，形成生产路线，可以用工艺过程表（卡）、工艺过程图、设备表等表示。它影响着各作业单位之间的联系、物料搬运路线、仓库及堆放地的位置等方面。

（4）作业单位划分 S。在实施系统布置工作以前，必须就生产系统的组成情况有一个总体的规划，可以大体上分为生产车间、职能管理部门、辅助生产部门、生活服务部门及仓储部门等。我们可以把除生产车间以外的所有作业单位统称为辅助服务部门，包括工具、维修、动力、收货、发运、铁路专用路线、办公室、食堂等,由这些作业单位构成生产系统的生产支持系统部分,在某种意义上加强了生产能力。有时,辅助服务部门的占地总面积接近甚至大于生产车间所占面积,所以布置设计时应给予足够的重视。

(5) 生产时间安排 T。时间要素是指在什么时候、用多少时间生产出产品,包括各工序的操作时间、更换批量的次数。在工艺过程设计中,根据时间因素,确定生产所需各类设备的数量、占地面积的大小和操作人员数量,来平衡各工序的生产时间。

3. 系统布置设计阶段结构

任何一种系统设计过程都是反复迭代、逐步细化的寻求最优解的过程,工厂布置设计更是这样。设计步骤的正确与否往往是工厂布置设计能否成功的关键,系统布置设计就是一种人们广为应用的成功的设计方法。

系统布置设计是一种逻辑性强、条理清楚的布置设计方法,分为确定位置、总体区划、详细布置及安装四个阶段,在总体区划和详细布置两个阶段采用相同的 SLP 设计程序。

阶段 I 确定位置

在新建、扩建或改建工厂或车间时,首先应确定出新厂房坐落的地区位置。在这个阶段中,要首先明确拟建工厂的产品及其计划生产能力,参考同类工厂确定拟建工厂的规模,从待选的新地区或旧有厂房中确定出可供利用的厂址。

阶段 II 总体区划

总体区划又叫区域划分,就是在已确定的厂址上规划出一个总体布局。在阶段 II,应首先明确各生产车间、职能管理部门、辅助服务部门及仓储部门等作业单位的工作任务与功能,确定其总体占地面积及外形尺寸,在确定了各作业单位之间的相互关系后,把基本物流模式和区域划分结合起来进行布置。

阶段 III 详细布置

详细布置一般是指一个作业单位内部机器及设备的布置。在详细布置阶段,要根据每台设备、生产单元及公用、服务单元的相互关系确定出各自的位置。

阶段 IV 安装

在完成详细布置设计以后,经上级批准后,可以进行施工设计,需绘制大量的详细施工安装图和编制搬迁、施工安装计划,必须按计划进行土建施工,以及机器、设备及辅助装置的搬迁、安装施工工作。

在系统布置设计过程中，上述四个阶段按如图5-10所示顺序交叉进行。在确定位置阶段就必须大体确定各主要部门的外形尺寸，以便确定工厂总体形状和占地面积；在总体区划阶段就有必要对某些影响重大的作业单位进行较详细的布置。整个设计过程中，随着阶段的进展，数据资料逐步齐全，从而能发现前期设计中存在的问题，通过调整修正，逐步细化完善设计。

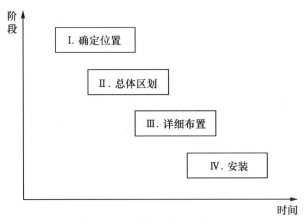

图5-10　系统布置设计阶段

在系统布置设计四个阶段中，阶段Ⅰ与阶段Ⅳ应由其他专业技术人员负责，系统布置设计人员应积极参与。阶段Ⅱ和阶段Ⅲ由系统布置设计人员来完成，因此，我们常说工厂布置包括工厂总平面布置（总体区划）及车间布置或车间平面布置（详细布置）两项内容。

4. 系统布置设计模式（程序）

依照系统布置设计思想，阶段Ⅱ和阶段Ⅲ采用相同的设计步骤——系统布置设计（SLP）程序，如图5-11所示。

在SLP程序中，一般经过下列步骤：

（1）准备原始资料。在系统布置设计开始时，首先必须明确给出基本要素——产品P、产量Q、工艺路线R、作业单位划分S及生产时间安排T等这些原始资料，同时也需要对作业单位的划分情况进行分析，通过分解与合并，得到最佳的作业单位划分状况。所有这些均作为系统布置设计的原始资料。

（2）物流分析与作业单位相互关系分析。针对某些以生产流程为主的工厂，物料移动是工艺过程的主要部分时，如一般的机械制造厂，物流分析是布置设计中最重要的方面；对某些辅助服务部门或某些物流量小的工厂

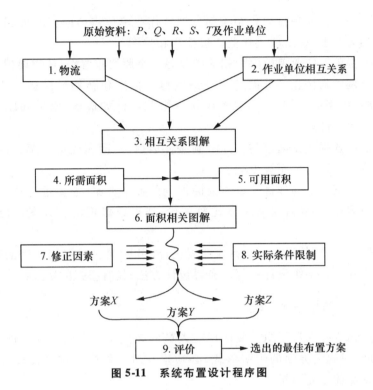

图 5-11 系统布置设计程序图

来说,各作业单位之间的相互关系(非物流联系)对布置设计就显得更重要了;介于上述两者之间的情况,则需要综合考虑作业单位之间物流与非物流的相互关系。

物流分析的结果可以用物流强度等级及物流相关表来表示。非物流的作业单位间的相互关系可以用量化的关系密级及相互关系表来表示。在需要综合考虑作业单位间物流与非物流的相互关系时,可以采用简单加权的方法将物流相关表及作业单位间相互关系表综合成综合相互关系表。

(3)绘制作业单位位置相关图。根据物流相关表与作业单位相互关系表,考虑每对作业单位间相互关系等级的高或低,决定两作业单位相对位置的远或近,得出各作业单位之间的相对位置关系,有些资料上也称之为拓扑关系。这时并未考虑各作业单位具体的占地面积,从而得到的仅是作业单位相对位置,称为位置相关图。

(4)作业单位占地面积计算。各作业单位所需占地面积与设备、人员、通道及辅助装置等有关,计算出的面积应与可用面积相适应。

(5) 绘制作业单位面积相关图。把各作业单位占地面积附加到作业单位位置相关图上，就形成了作业单位面积相关图。

(6) 修正。作业单位面积相关图只是一个原始布置图，还需要根据其他因素进行调整与修正。此时需要考虑的修正因素包括物料搬运方式、操作方式、储存周期等，同时还需要考虑实际限制条件如成本、安全和职工倾向等方面是否允许。

考虑了各种修正因素与实际限制条件以后，对面积图进行调整，得出数个有价值的可行工厂布置方案。

(7) 方案评价与择优。针对前面得到的数个方案，需要进行技术、费用及其他因素评价，通过对各方案比较评价，选出或修正设计方案，得到布置方案图。

依照上述说明可以看出，系统布置设计（SLP）是一种采用严密的系统分析手段及规范的系统设计步骤的布置设计方法，具有很强的实践性。

三、生产物流的人员组织

生产物流的人员组织主要体现在人员的岗位设计方面。要实现生产物流在空间、时间两方面的组织形式，必须重新对工作岗位进行再设计，以保证生产物流优化而通畅。

人力资源管理理论提倡岗位设计应该把技术因素与人的行为、心理因素结合起来考虑。

（一）生产物流人员组织的原则

根据生产物流的特征，岗位设计的基本原则应是"因物料流向设岗"而不是"因人、因设备、因组织设岗"，由此要考虑以下几个问题：

(1) 岗位设置数目是否符合最短物流路径原则（目标是尽可能少的岗位设置、尽可能多的工作任务）？

(2) 所有岗位是否实现了各工艺之间的有效配合（目标是保证生产总目标、总任务的实现）？

(3) 每一个岗位是否在物流过程中发挥了积极的作用（目标是岗位之间的关系应协调统一）？

(4) 物流过程中的所有岗位是否体现了经济、科学、合理的系统原则（目标是物流优化）？

（二）生产物流人员组织的内容

根据人的行为、心理特征，岗位设计还要符合工作者个人的工作动机需求。由此要从三方面入手：

(1) 扩大工作范围，丰富工作内容，合理安排工作任务。目的在于使岗位工作范围及责任增加，改变人员对工作的单调感和乏味感，获得身心成熟发展，从而有利于提高生产效率，促进岗位工作任务的完成。可以从横向和纵向两个途径扩大工作范围。

横向途径有：将分工很细的作业单位合并，由一个人负责一道工序改为由几个人共同负责几道工序；尽量使员工进行不同工序、设备的操作，即多项操作代替单项操作；采用包干负责制，由一个人或一个小组负责一项完整的工作，使其看到工作的意义。

纵向途径有：生产人员承担一部分管理人员的职能，如参与生产计划的制订，自行决定生产目标、作业程序、操作方法，检验衡量工作质量和数量，并进行工作核算。不但承担一部分生产任务，而且还可参与产品试验、设计、工艺管理等技术工作。

(2) 工作满负荷。目的在于制定合理的生产定额，从而确定岗位数目和人员需求。

(3) 优化生产环境。目的在于改善生产环境中的各种不利于生产效率的因素，建立人—机—环境的最优系统。

(三) 生产物流人员组织的要求

岗位设计体现到生产物流的三种空间组织形式上，对人员又有不同的要求。

(1) 针对按工艺专业化形式组织的生产物流，要求员工不仅专业化水平很高，而且具有较多的技能和技艺，即一专多能，一人多岗。

(2) 针对按对象专业化形式组织的生产物流，要求员工在工作中具有较强的工作流协调能力，能自主平衡各工序之间的瓶颈，保证物流的均衡性、比例性、适时性要求。

(3) 针对按成组工艺形式组织的生产物流，要求向员工授权，即从管理和技术两个途径，保证给每个人都配备技术资料、工具、工作职责和权利，改变不利于物流合理性的工作习惯，加强新技术的学习和使用。

第三节 基于企业生产战略与系统设计框架下的生产物流分析

一、企业生产战略对生产物流的影响

就企业而言,生产物流是生产系统的动态表现。站在生产物流的角度客观地看,物料(原材料、辅助材料、零配件、在制品、成品)从投入到形成产品所经历的各个生产阶段或工序无不与企业生产战略和生产系统设计等方面有着紧密、不可分割的联系。

(一) 生产战略的含义

生产战略是企业根据所选定的目标市场和产品特点来构造其生产系统时所遵循的指导思想,以及这种指导思想下的一系列决策规划、内容和程序。

作为决策结果,生产战略是关于生产系统如何成为企业立足市场,并获得竞争优势的战略性计划;作为一系列决策过程,生产战略为实现生产系统在企业中的有效性规定了明确的决策内容、程序、原则和模式。所以,广义而言,生产战略是生产的宗旨、目标政策;狭义而论,生产战略是实现宗旨、目标的宽泛的计划和方法。

(二) 几种生产战略下的生产物流观

一般而言,企业常用的生产战略有五种:自制或购买、低成本和大批量、多品种和小批量、高质量、快速响应—敏捷制造。

1. 自制或购买

任何一个企业,关键性战略决策都集中在自制与购买决策上。自制与购买决策不仅在很大程度上决定了企业的生产率和竞争力,而且也决定了企业物流决策的侧重点。

如果决定购买,则需考虑供应商的选择以及产品种类、数量的选择,各种运输路线的选择等问题;于是供应物流相对于生产物流就成为企业物流决策的重点。

如果决定自己制造某种产品,则需要建造相应的设施,采购所需要的设备,配备相应的工人、技术人员和管理人员。具体而言,如果在产品级自制,则需建制造厂,同时进行产品及其工艺流程设计。如果在产品装配阶段自制,则需建装配厂,同时设计装配流程,进行装配线平衡。要建厂就会有选

址、设施布置、工艺流程设计、工作地和生产线安排等与生产物流有关的活动。产品从原料投入到形成实体的生产物流过程实际上就是由上述几个因素综合决定的。显然,不同的流程设计将体现不同的生产物流观,不同的选址和布置方案会带来不一样的生产物流。理论上最优生产物流的选择原则,是根据该产品生产物流的基本特征及其最小成本而定。

2. 低成本和大批量

以早期福特汽车公司生产 T 型车为代表的低成本和大批量战略,给整个制造业带来了革命性的变化,也改变了人类的经济生活方式。在有市场需求的前提下,企业如果决定运用低成本和大批量战略,则需要采用高效专用设备和设施(生产流水线);选择标准化产品;在组织生产的过程中,要提高设备利用率,提高劳动生产率;要对生产物料进行严密控制。因此,生产物流问题实际上就是具体的生产工艺过程(包括等待、加工、运输、装配等环节)。在这种战略下,对生产物流进行严格的计划与控制,一直是企业界孜孜不倦探讨的问题。比较成功的做法有以美国为代表的 MRPⅡ 系统。

3. 多品种和小批量

该战略的运用是基于这样一种背景:一方面,当今世界科技进步加快,从知识到技术到产品所需的时间越来越短,反映在产品的价值上,独占性技术(知识)构成了产品的主要价值;另一方面,随着竞争及电子信息技术不断向产品渗透和融入,产品结构日趋复杂,生命周期越来越短,反映到消费者需求观念上,纷纷呈现出对产品需求的多样化和个性化的特征。因此,企业只有不断地抓住机遇(指市场及技术的机遇),快速开发富含独占性技术的新产品,采用多品种和小批量战略才能获取高额利润,在多变的市场环境中求得生存和发展。但是在多品种和小批量生产中,由于产品种类多样性、生产过程变动性、生产设备复杂化、生产计划和作业困难性、生产实施及其控制动态性等特点,使得生产效率难以提高。更进一步说,多品种和小批量战略,将要求生产物流系统在平衡、协调生产过程中,在各种零部件的生产次序、装配次序方面,在计划与控制原材料生产量、在制品占用量、成品库存量之间的关系等方面,较传统的大批量生产物流系统有所变革。以日本丰田公司为代表的 JIT 生产管理体系很好地保证了这种战略对生产物流的内在要求。

4. 高质量

无论是采取低成本、大批量策略还是多品种、小批量策略,都必须保证质量。质量是影响企业竞争力的主要因素。高质量战略要求企业对生产物流进行全面质量管理,制定一系列质量管理办法,如 PDCA 循环,从生产过程中操作者的技术熟练水平、设备、原材料、操作方法、检测手段和生产环境等方面来保证产品质量。常用的质量管理统计方法有:直方图、数据分层法、控制图、排列图、因果分析图、散布图、统计分析表等七种工具,不同的方法对生产物流的监控目的和效果会不同,由此引出的质量管理结论也就有所差异。显然,按照 ISO 9000 系列规范的生产物流体系将是企业全球化发展的重要支柱。

5. 快速响应—敏捷制造

在市场持续、高速变化的 21 世纪,企业将面临新知识、新概念的不断涌现和新产品、新工艺的迅速更迭的市场挑战。如果不具备对变化市场的快速响应能力(能针对市场的变化迅速进行必要的调整——包括组织上和技术上的调整),以及不断通过技术创新和产品更新来开拓市场、引导市场的能力,即使规模再大,也会在顷刻之间倒闭破产。快速响应—敏捷制造(所谓"敏捷",就是指在不可预见的多变的环境中的生存能力)就是为了适应这种竞争环境的要求而提出的一种新战略。它要求企业通过提高自身"敏捷性"来增强自己驾驭未来市场和竞争环境的能力。更进一步说,这种战略要求企业能最充分、有效地利用各种信息和现代技术,能通过并行工程和仿真技术的利用,通过对全生产物流过程的仿真模拟来实现第一个产品就是最优产品的目标,从而彻底取消原型和样机的试生产物流过程。显然,采用这种战略,生产物流过程将完全受在计算机技术基础上迅猛发展的产品制造、信息集成和通讯技术所构造的信息技术系统的控制,对从物料的投入到形成实体的生产物流的需求完全取决于最终市场对产品的需求。另外,为减少成本,生产物流过程(制造体系)将转移到最终市场附近。于是"顾客化大量生产"或"大批量定制生产"将成为可能,而这就是目前制造业理论界正大力提倡的全球化敏捷制造,或全球化敏捷生产体系,它将是 21 世纪企业的主要模式。理想中的"敏捷性"将使企业能以更快的速度、更好的质量、更低的成本和更优质的服务来赢得市场竞争。

二、以生产物流为核心的企业生产系统设计

生产系统的设计包括六方面的内容:厂房选址、车间设施布置、产品设计、工艺过程设计、生产流程设计、岗位及工作设计。每个方面在设计时多少都要考虑"物流路径"合理化问题,而与生产物流优化直接密切相关的内容主要体现在车间设施布置、生产流程设计、工艺过程设计等环节上。因

此,如果是围绕生产物流优化为中心思想进行设计,将有利于实现物流顺畅、生产高效的目标。

(一) 车间设施布置环节中的物流路径问题

1. 车间设施布置的含义

车间设施布置指在确定了企业车间内部生产单位组成和生产单位所采用的专业化形式之后,合理安排车间各个生产作业单元和辅助设施的相对位置与面积以及生产设备的布置。目标在于协调生产,减少不合理生产物流,提高企业生产运作效率。

2. 车间设施布置设计的原则

(1) 要有系统性考虑,尤其是在企业生产单位的构成与产品结构、工艺过程的匹配,生产单位的专业化与产品生产规模的匹配等问题上(详见第一节中生产物流的空间组织形式)。

(2) 要有利于物流路线最短化、物流成本最小化。有统计资料表明,在物料形成产品的总生产时间中,真正的加工时间只占10%—20%,其余时间都消耗在物料运输、等待时间上,如在库时间、设备调整准备时间。所以车间设施布置设计要充分考虑物流路线的合理性,尽量减少物流的迂回与倒流;并使物料搬运量最小以节省搬运费用,实现"把规定的物料,按规定的数量,在规定的时间,按规定的顺序,完好无损地送到规定的地点,安放在规定的位置上"。

具体物料搬运设计应考虑在保证安全的前提下,遵循以下原则:① 尽量简化搬运作业,减少搬运环节;② 尽量采用单元搬运;③ 尽可能搬运到靠近下一使用地点;④ 搬运前应安排下一工序;⑤ 搬运路线尽可能为直线,以缩短距离;⑥ 尽可能合理安排机械化或自动化搬运;⑦ 尽量采用高度与空间及重力搬运以节约能源;⑧ 安排好控制物料搬运的信息系统;⑨ 尽量避免停止或贮存物料,以节省资金。

(3) 考虑各种事故状态下的应急安全措施,并为今后发展和布置变更留有余地。

3. 基于不同物料流向而设计的车间设施布置的类型

常见物料流向可以分为水平的和垂直的。当生产作业在一个车间里时,就按水平方式设计;当生产作业在多个楼层周转时,就按垂直方式设计。典型的布置设计有以下几种类型。

(1) 固定式布置。固定式布置是指让工人移动而不是让物料移动,即工作地按加工产品(如飞机、船舶、桥梁、钻井)的要求固定布置,生产工人和设备都随加工产品所在的某一位置而转移。设计的重点在于协调物流,充分利用空间。适用于单件小批或项目型生产。

(2) 按产品加工要求布置(也称产品制)。指将不同类的机器、设施按产品的加工顺序和路线要求布置成流水生产线或装配线形式。一般是直线型,但也可以采取 L 型、O 型、S 型、U 型。这种布置的设计难点在于要考虑生产线及装配线平衡问题,也就是说,要使每一生产单元的操作时间大致相等,否则,整个生产线的产出速度将局限在费时最长的生产单元。这种布置适用于大批量流水线生产。

(3) 按工艺过程布置(也称生产过程制)。指将具有相同功能的同类机器设备集中在一起,完成相同工艺的加工任务。见图 5-1 所示。这种布置的设计难点在于要考虑使物流路线尽可能短,运输量尽可能小。也就是说,要在各个不同的生产单元中使本来无序的物料流程稍加有序。这种布置适用于产品具有加工需求的多品种批量生产。

(4) 按成组制造单元布置(也称混合制)。首先根据一定的标准将结构和工艺相似的零件组成一个零件组,确定出零件组的典型工艺流程,再根据典型工艺流程的加工内容选择设备和工人——由此形成"成组生产单元"(见图 5-2 所示,该图中有三个制造单元,类似三条流水线形式)。这种布置的特点在于结合了按工艺过程布置和按产品布置的优点,在保证生产更具有柔性的基础上又能保证一定的产量和效率,并能减少迂回物流,缩短生产周期。这种布置适用于多品种中小批量生产。

在实际生产中,一般都是针对不同的零件品种数和生产批量综合运用上述几种布置形式。

(二) 生产流程设计环节

1. 生产流程设计的含义

生产流程设计是指制造系统中物流结构化因素(生产技术、设施、能力)的有机组合,即按照一定工艺顺序,从生产材料准备、零部件配套,到零部件生产、生产总装,再到制造加工出产品的一个完整的产品制造加工过程。所以,生产流程设计就是在设施布置的基础上,考虑生产技术条件、生产能力大小而形成的生产物流的加工、移动的方式组合。

2. 配合设施布置环节的生产流程设计的类型

(1) 项目导向型流程(Project Focus)。项目导向型流程即以项目为中心目标进行流程设计。该流程要求以项目为中心,围绕项目的生命周期,分阶段目标和相应的秩序依次安排"工序"流程,能并行作业的工序尽量安排在一起。该流程设计的"利"表现在以单件形式生产从而针对性强,劳动力技能要求高,目标柔性强,设备利用率高;"弊"表现在项目唯一性,每次生产流程都要变化(几乎没有固定的流程),需要多功能的通用设备,通常资本投资很大,生产规划和控制较难。

(2)产品导向型流程(Product Focus)。产品导向型流程即以产品生产要求为中心目标进行流程设计。该流程要求各种设备的布局和监督必须以生产的产品为中心,组织成连续性的流水线形式(离散型加工装配的产品生产设计为装配流水线形式),即按产品组织生产,目的是提高生产率。数量多、品种少的大批量生产类型采用此种流程。该流程设计的"利"表现在单位可变成本低,劳动力技能降低,但是更加专业化,生产规划和控制更容易,设备利用率高(70%—90%);"弊"表现在产品灵活性差,需要更加专业化的设备,通常资本投资更多。

(3)工艺导向型流程(Process Focus)。工艺导向型流程即以物料加工路线为中心目标进行流程设计。该流程要求设备与人力按工艺内容组织成一个生产单位,每一个生产单位只完成相同或相似工艺内容的加工任务,即按工艺组织生产。数量少、品种多的单件或中小批量生产类型采用此种流程。该流程设计的"利"表现在更大的产品灵活性,设备用途更多,先期投资较少;"弊"表现在需要更多地培训良好的工人,生产规划和控制更困难,设备利用率低(5%—25%)。

上述三种生产流程的特征比较如表5-3所示。

表5-3 不同生产流程特征比较

特征标记	项目导向型流程	产品导向型流程	工艺导向型流程
产品:			
订货类型	单件、单项定制	批量较大	成批生产
产品流程	无	流水型	跳跃型
产品变化程度	很高	低	高
市场类型	单一化生产	大批量生产	顾客化生产
产量	单件	高	中等
工作者:			
技能要求	高	低	高
任务类型	没有固定形式	重复性	没有固定形式
工资	高	低	高

（续表）

特征标记	项目导向型流程	产品导向型流程	工艺导向型流程
资本： 　投资 　库存 　设备	 低 中等 通用设备	 高 低 专用设备	 中等 高 通用设备
目标： 　柔性 　成本 　质量 　按期交货程度	 高 高 变化多 低	 低 低 均匀一致 高	 中等 中等 变化多 中等
计划与控制： 　生产控制 　质量控制 　库存控制	 困难 困难 困难	 相对容易 相对容易 相对容易	 相对困难 相对困难 相对困难

（三）工艺过程设计环节

1. 工艺过程设计的含义

工艺过程设计是指按产品设计要求，安排或规划出由原材料加工出产品所需要的一系列加工步骤和设备、工装需求的过程。它把产品的结构数据转换为面向制造的指令性数据，其任务是确定产品的制造工艺及其相应的后勤支持过程。其结果在于：一方面反馈给产品设计，用以改进产品设计；另一方面作为生产实施的依据。所以它是生产技术准备工作的第一步，也是连接产品设计与产品制造的桥梁。

2. 工艺过程设计的内容及程序

由于工艺过程设计是为被加工零件选择合理的加工方法和加工顺序，以便能按设计要求生产出合格的成品零件，所以其主要内容包括：

（1）选择加工方法及采用的机床、刀具、夹具和其他工装设备等；

（2）安排合理的加工顺序；

（3）选择基准，确定加工余量和毛坯，计算工序尺寸和公差；

（4）选用合理的切削用量；

（5）计算时间定额和加工成本；

（6）编制包含上述所有资料的工艺文件。

工艺过程设计的程序包括：

（1）产品图纸的工艺分析和审查。这是保证产品结构工艺性的重要措施。包括产品结构、工艺标准、零件尺寸、产品材料等方面的审查。

(2) 拟定工艺方案。这是工艺计划的总纲。包括确定产品制造过程中的加工方法、安排工艺路线、明确工艺装备选用的系数,等等。

(3) 编制工艺规程。这是具体指导员工进行加工制造操作的主要依据文件。它对组织生产、保证产品质量、提高生产率、降低成本、缩短生产周期及改善劳动条件等都有直接的影响。包括确定物料加工方法和顺序、产品装配与零部件加工的技术条件、工艺装备,选择设备及设备的调整方法、切削范围,等等。

(4) 工艺装备的设计与制造。这是贯彻工艺流程、保证加工质量、提高生产效率的基础。

上述内容也可用流程图的形式表示,如图 5-12 所示。

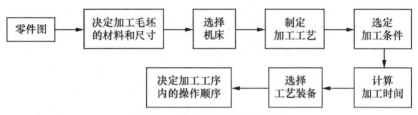

图 5-12　工艺过程设计流程图

通常,产品都要经过如上的工艺过程设计。对于不同的企业,因其规模企业性质等的不同,工艺过程设计的具体顺序可能有所不同,但内容大同小异。实际上从物流角度看,在工艺设计过程中产生的许多重要的工艺文件,对指导企业制造系统和物料供应系统的调度有着直接的影响。比如,产品工艺的过程信息、变化信息、质量信息都将全部体现在生产物流系统的结构上,从而影响到生产物流系统在工艺设备、物流路线、工艺连接性、稳定性和变化特性等方面。所以工艺过程设计的好坏是保证生产物流得以顺畅实现的关键。

三、基于优化生产物流目标的系统设计方法

(一) 设施布置设计的方法

设施布置设计最早使用摆样法,即使用微缩模型按工艺要求在沙盘上摆样布置。运用图表方式进行布置设计是对摆样法的改进。但随着设备增加、工艺复杂、技术进步,运用一定的数学原理计算合理的布置位置以及利用计算机软件辅助布置正日益成为现代大型企业生产系统设计的首选

方法。

1. 图解法简介

（1）物料运量图

这是一种按照生产过程中物料的流向及生产单位之间运输量来布置车间及各种设施相对位置的常用布置方法。

① 基本步骤

第一，根据原材料、在制品在生产过程中的流向，初步布置各个生产车间和设施的相对位置，绘制初步物流图。

第二，在此基础上统计各车间之间的物料流量，制定物料运量表。

第三，按运量大小进行初试布置，将车间之间运输量大的安排在相邻位置，并根据其他因素进行改进和调整。

② 案例

某企业根据生产工艺流程和生产系统图绘制了物料流向图，统计了物料运量表，如图5-13、表5-4所示。

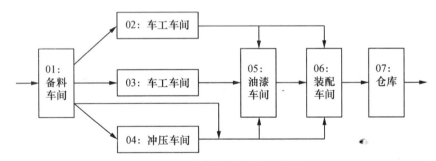

图 5-13　物料流向平面示意图

表 5-4　物料运量表

	01	02	03	04	05	06	07	总计
01		12	6	9	1	4		32
02					7	2		9
03				3	4			7
04					3	1		4
05			3	1		3		7
06	1						5	6
07								0
总计	1	18	7	9	15	10	5	65

根据运量最大而靠近布置的原则,从图中可以直观地看出:首先,01 与 02、02 与 05、01 与 04 运量很大,应该靠近布置;其次,01 与 03、06 与 07 也应尽量靠近。经过优化调整后,按比例进行平面布置(假设是个 4×2 的格局)如图 5-14、图 5-15 所示。

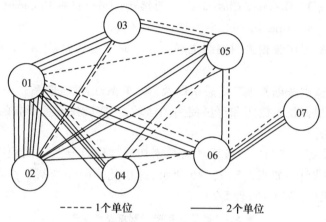

------ 1个单位   ——— 2个单位

图 5-14 运量相关图

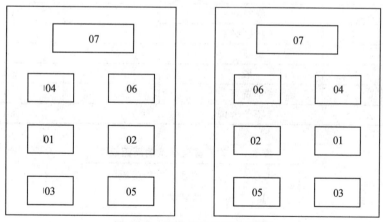

图 5-15 优化后的平面布置图

(2)作业相关图

这是一种根据企业各部门之间活动关系的密切程度来布置其相互位置的有效方法。由于车间之间的流量实际上不可能得到,而某些定性因素却对布置起了决定性作用。这就是通过考察"业务活动关系密切程度"来布置的出发点。

① 基本步骤

第一,确定部门间活动关系的密切程度,绘制作业相关图,再列出导致不同程度关系的原因。活动关系有 6 个等级:A—Absolutely Necessary,临近绝对必要(6分);E—Especially Necessary,临近特别必要(5分);I—Important,临近重要(4分);O—Ordinary Closeness,一般接近(3分);U—Unimportant,临近不重要(2分);X—Undesirable,不能临近(0分)。

第二,根据作业相关图编制主联系簇。原则是从关系"A"出现最多的部门开始。

第三,依次考虑其他"A"关系以及"X"关系,加到主联系簇中去。

第四,根据联系簇图和可供使用的区域,用实验法安置所有的部门。

② 案例

某企业对各部门的业务活动关系密切程度以及导致不同程度关系的原因做了一次调查,如表 5-5、表 5-6 所示,并在此基础上绘制了作业相关图和作业相关表(见图 5-16、表 5-7)。

表 5-5 活动关系密切程度及权重表

代号	活动关系密切程度	线代号	权重
A	绝对必要		16
E	特别必要		8
I	重要		4
O	一般		2
U	不重要		0
X	不予考虑		-80

表 5-6 关系重要程度的原因表

代号	关系重要程度原因
1	顾客类型
2	管理的方便程度
3	共用人员
4	必要的联系
5	共用地方
6	心理因素

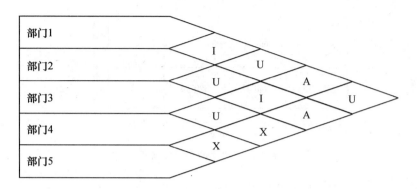

图 5-16 作业相关图

表 5-7 作业相关表

	部门 2	部门 3	部门 4	部门 5	面积(平方米)
部门 1	I 6	U —	A 4	U —	100
部门 2		U —	I 1	A 16	400
部门 3			U —	X 1	300
部门 4				X 1	100
部门 5					100

问题的求解：

首先，绘制初始相关图及忽略空间和楼房限制的初始平面布置图（见图 5-17、图 5-18）。

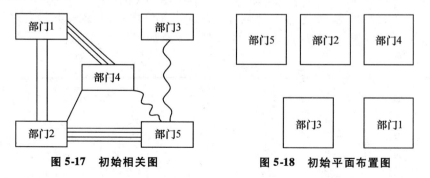

图 5-17 初始相关图　　　　图 5-18 初始平面布置图

再考虑面积和建筑规模进行调整后得出优化的平面布置图（见图 5-19）。

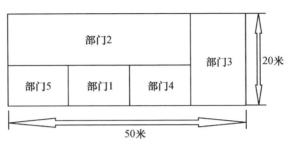

图 5-19 优化的平面布置图

（3）从—至表（From-To）

这是一种通过画矩阵表列出机器或设施之间的相对位置，以对角线元素为基准计算工作地之间的相对距离，从而找出整个生产单元物料总运量最小的布置方案。车间内部的设备之间常用此法布置。

① 基本步骤

第一，选择典型零件，制定典型零件的工艺路线并确定所用机床设备。

第二，制定设备布置的初始方案，统计出设备之间的移动距离。

第三，制定出零件在设备之间的移动次数和单位运量成本。

第四，用实验法确定最满意的布置方法。

② 案例

某加工车间有六台设备，已知其生产的零件品种及加工路线，并据此统计了零件在设备之间的每月移动次数，给出了单位距离运输成本。现用从—至表法确定该车间的最佳布置方案。

根据零件在设备之间的每月移动次数矩阵和单位距离运输成本矩阵，可以算出单位距离每月运输成本矩阵，再沿对角线把对称的成本元素相加，得到两台设备间的每月总运输成本表，如表5-8、表5-9、表5-10、表5-11 所示。在表5-11 基础上，按总运输成本从大到小降序排列，就得到设备之间的紧密相邻程度，据此布置设备。最后布置方案如图5-20所示。

表5-8 设备每月平均移动次数矩阵表

从—至	设备1	设备2	设备3	设备4	设备5	设备6
设备1		207	408	51	32	170
设备2	206		42	180	51	5
设备3	390	104		85	6	10
设备4	6	411	52		31	58
设备5	116	61	90	305		40
设备6	32	85	73	104	380	

表 5-9　单位距离运输成本矩阵表

从—至	设备1	设备2	设备3	设备4	设备5	设备6
设备1		0.10	0.10	0.11	0.10	0.11
设备2	0.13		0.11	0.10	0.10	0.10
设备3	0.10	0.10		0.10	0.10	0.11
设备4	0.13	0.10	0.10		0.10	0.11
设备5	0.10	0.12	0.11	0.15		0.10
设备6	0.10	0.10	0.11	0.10	0.10	

表 5-10　单位距离每月运输成本表

从—至	设备1	设备2	设备3	设备4	设备5	设备6
设备1		20.7	40.8	5.6	3.2	18.7
设备2	26.8		4.62	18	5.1	0.5
设备3	39	10.4		8.5	0.6	1.1
设备4	0.78	41.1	5.2		3.1	6.4
设备5	11.6	7.32	9.9	45.8		4
设备6	3.2	8.5	8	10.4	38	

表 5-11　单位距离每月总运输成本表

从—至	设备1	设备2	设备3	设备4	设备5	设备6
设备1		47.5③	79.8①	6.38	14.8	21.9
设备2			15	59.1②	12.4	9
设备3				13.7	10.5	9.8
设备4					45.8④	16.8
设备5						42⑤
设备6						

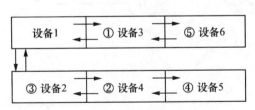

图 5-20　六台设备的最后布置示意图

上述物料运量图、作业相关图、从一至表等图表主要是针对工艺导向型生产流程的布置方法。实践中,当生产单元数不太多时,上述三种方法就能解决布置问题。一旦加工工艺复杂,生产单元数成倍增长,就得借助计算机软件进行仿真来辅助布置了。

(4) 分支定界网络图

这是一种针对产品导向型生产物流流程,在节拍、物料零部件装配工艺确定的前提下,寻求工作地数量最少的布置方法。在考虑装配流水线平衡时常用此法。即通过布置生产物流中的操作单元于各工作地,从而达到生产物流装配线的平衡。

① 基本步骤

第一,用流程图表示每一装配操作单元(工序)的先后关系及时间。

第二,确定出生产节拍。连续生产两件相同制品的时间间隔即节拍。

第三,计算满足节拍要求的最少工作地理论值。结果要用不少于原值的最小整数来表示。

第四,具体分配编组安排工作地。要满足以下条件:保证各工序之间的先后顺序;每个工作地分配到各操作单元的时间之和不能多于节拍;各工作地的作业时间应尽量接近或等于节拍;应该使工作地数目尽量少。

第五,评价平衡方案。即计算效率系数或损失系数。

② 案例

已知节拍10分钟,装配某产品共需46分钟。装配顺序如图5-21所示。各操作单元的时间为:A—6分钟;B—2分钟;C—5分钟;D—7分钟;E—1分钟;F—2分钟;G—6分钟;H—3分钟;I—5分钟;J—5分钟;K—4分钟。试进行装配线平衡。

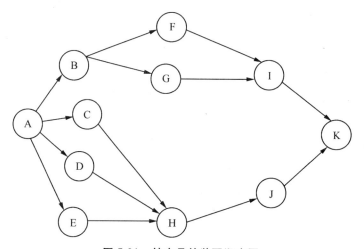

图 5-21 某产品的装配顺序图

问题的求解:先预估工作地为[46/10] = [4.6] = 5个,再分配程序(如

图 5-22 所示)。

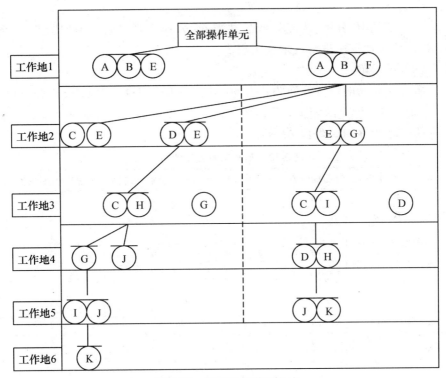

图 5-22 某产品的装配程序

在图 5-22 中,虚线左面的平衡结果是 6 个工作地,效率是 $(46/6) \times 10 = 77\%$;虚线右面的平衡结果是 5 个工作地,效率是 $(46/5) \times 10 = 92\%$。

(5) 位置加权法

这是一种根据装配产品操作单元的先后次序,从全部操作单元中求得每个操作单元的位置权数,从大到小排序,并依次给工作地安排操作单元的装配流水线平衡办法。它实际上是分支定界法的一种简化办法。同样,该方法通过布置操作单元于各工作地,从而达到生产装配线的平衡。

① 基本步骤

第一,计算各操作单元的位置权数。位置权数 = 本操作单元及其以后有关操作单元的时间之和。

第二,编制操作单元位置权数降序明细表。

第三,分配操作单元于工作地。要满足三个条件:将位置权数大的优先分配给工作地;满足工艺顺序要求;每个工作地分配到各操作单元的时间之和不能多于节拍。

② 案例

已知节拍 10 分钟,装配某产品共需 46 分钟。装配顺序仍如图 5-21 所示,试用位置加权法进行装配线平衡。

问题的求解:

各操作单元的位置权数为:A—46;B—19;C—17;D—19;E—13;F—11;G—15;H—12;I—9;J—9;K—4。

工作地布置如表 5-12 所示。

表 5-12　某产品的工作地布置

工作地	操作单元	位置权数	操作单元时间	工作地累计时间	节拍中的闲置时间
1	A	46	6	6	4
	B	19	2	8	2
	E	13	1	9	1
2	D	19	7	7	3
	F	11	2	9	1
3	C	17	5	5	5
	H	12	3	8	2
4	G	15	6	6	4
5	I	9	5	5	5
	J	9	5	10	0
6	K	4	4	4	6

分支定界网络图与位置加权法是从布局的角度减少装配生产线上时间的浪费,以保证生产物流的连续性、节奏性。

2. 数学模型法简介

(1) 重心法

这是一种根据现有设备布局,调整重心,考虑新增设备位置的布置方法。即根据现有设施在市场中的相对位置、运输费用和运输量情况,寻找一个分配成本最小的最优的地址建厂、建店。

① 基本步骤

将所有地址放在一个坐标系中来考虑,求重心的横坐标值 C_x 和纵坐标值 C_y。其中,d_{ix} 为 i 的 x 轴坐标,d_{iy} 为 i 的 y 轴坐标,w_i 为运往 i 地或运出 i 地的产品数量。

$$C_x = \frac{\sum_{i=1} d_{ix} w_i}{\sum_{i=1} w_i}, \quad C_y = \frac{\sum_{i=1} d_{iy} w_i}{\sum_{i=1} w_i}$$

② 判断原则

由于每个月的运输量和距离影响成本,并且假定成本与距离以及运货量是直接成正比的,所以理想的厂址应该是能使中心点与现有的点之间的距离和运量的乘积最小化。

③ 案例

某公司在 A、B、C、D 四个城市设有分店,现打算寻找一个中心地址建一个仓库,以满足分店的商品需求。分布如图 5-23 所示。各分店的商品需求(每月运送的货量)为:A,2 000 车;B,1 000 车;C,1 000 车;D,2 000 车。在坐标上的位置是:A(30,120);B(90,110);C(130,130);D(60,40)。

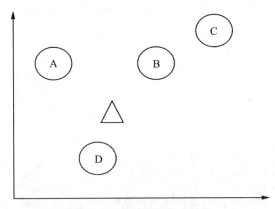

图 5-23 现有分店的坐标图

问题的求解:根据坐标显示,$d_{1x} = 30, d_{1y} = 120, W_1 = 2\,000; d_{2x} = 90, d_{2y} = 110, W_2 = 1\,000; d_{3x} = 130, d_{3y} = 130, W_3 = 1\,000, d_{4x} = 60, d_{4y} = 40, W_4 = 2\,000$。代入公式计算得出,新的仓库地址应在该坐标(66.7,93.3)的位置。

(2) 线形规划法

线性规划法即在一定的条件约束下,使总的物料搬运成本最低。采用线性规划的方法可以求出 N 个不同的零件在 M 台不同的设备(或工作中心)上加工而设备成单行布置的近似最优方案。其数学模型如下:

$$\sum_{i=1}^{m-1} \sum_{j=1}^{m-1} a_{ij} b_{ij} X_{ij} = \text{Min}$$

$$X_{ij} \geq 0, \quad (i = 1,2,\cdots,m; \quad j = 1,2,\cdots,m)$$

其中，a_{ij} 表示任两台设备间零件移动次数，X_{ij} 表示两台设备间的移动距离，b_{ij} 表示单次移动费用。模型的目标是总的物料搬运成本最低。一般而言，此模型的求解较为困难，在此不再介绍。

3. 计算机软件辅助布置简介

这是一种运用相应的软件解决大量设施布置中的难题的方法。

随着设施数量的增加，从一至表和线形规划等方法往往无法有效利用，而通过计算机软件就能解决一些比较复杂的布置问题。CRAFT（Computerized Relative Allocation of Facilities Technique）工具就是这样一种利用计算机辅助设备布置的技术。其基本原理是：在分析物料流程流量的基础上，以物料的总运输费用最低为原则，应用启发式算法，逐次对初始的布置方案进行改进，以寻求最优的布置方案。但是所得到的答案并不是唯一的最优解，却是不易再做改进的次优解。因为最终解取决于所给定的初始布置方案。所以，最好以若干个不同的初始布置方案来求得几个最终解，然后再从中择优。

CRAFT 的运算流程如图 5-24 所示。

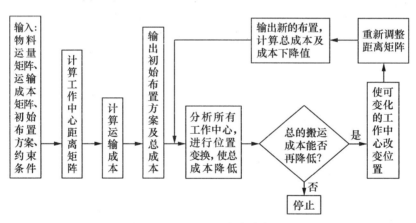

图 5-24　CRAFT 程序流程图

（二）工艺过程设计的方法

实际上，工艺过程设计工作贯穿于整个企业的生产物流活动中，物料流向取决于工艺流程是显而易见的。

由于工艺设计所涉及的因素繁杂，如企业的生产类型、产品结构、工艺准备、生产技术发展等，甚至受到管理体制的制约。而且任何一个因素变化，均可能导致工艺设计方案的变化。换言之，工艺过程设计必须具有很强的动态适应性。另外,随着现代制造系统正逐渐从刚性(高效率、大批量生产模式)向柔性(高效率、多品种、小批量生产模式)转变,将计算机技术贯穿于产品策划、设计、工艺规划、制造与管理的全过程就成为企业生产现代化的必备手段。

但是,长期以来,传统的工艺过程设计都是采用手工方式,这种方式存在以下几个方面的问题:(1)设计效率低下,存在大量的重复劳动。由于每个工艺规程都要靠手工编写,光是花费在书写工艺表格上的时间就占30%左右。(2)不便于将工艺专家的经验和知识集中起来加以充分利用。(3)不便于计算机对工艺技术文件进行统一的管理和维护。

显然,传统的手工设计方式已不能满足上述要求。目前,利用计算机来进行零件加工工艺过程的制定,正成为企业改进工艺过程设计的一个强有力的手段。

1. 计算机辅助工艺过程设计的内容

计算机辅助工艺过程设计(Computer Aided Process Planning,CAPP)是通过向计算机输入被加工零件的几何信息(形状、尺寸等)和工艺信息(材料、热处理、批量等),由计算机自动输出零件的工艺路线和工序内容等工艺文件的过程。简言之,CAPP指工艺过程设计的计算机化。它可以大大减轻工艺工程师的繁重劳动、提高工艺设计质量、缩短生产准备周期、提高生产率、减少制造成本等,无论是对单件小批多品种生产还是对大批量生产都有重要意义。

CAPP的主要内容有:① 产品零件信息输入;② 毛坯选择及毛坯图生成;③ 定位夹紧方案选择;④ 加工方法选择;⑤ 加工顺序安排;⑥ 加工设备和工艺装备确定;⑦ 工艺参数计算;⑧ 工艺信息(文件)输出。

2. 计算机辅助工艺过程设计的方法

(1)检索式,指系统可以对企业已有产品零部件的工艺进行归纳、整理,得到优化、标准的典型工艺。如基于典型工艺的检索,系统提供典型工艺管理功能,从而可以在使用系统过程中不断积累企业的典型工艺。这样在设计新工艺时,通过检索典型工艺,并对其做少量修改,即可快速生成新工艺。另外还有基于产品树检索、基于零部件名称检索等。

(2)派生式(Variant),亦称变异式、修订式、样件式等。

(3)生成式(Generative),亦称创成式、交互式。指系统能够按照机加工、锻造、焊接、热处理、铸造和装配工艺,分别提供多种工具,帮助工艺设计人员快速进行工艺设计和计算(如自动读取零部件的设计信息;自动获取工艺卡的关联信息,并维护关联信息的修改一致性,通过建立关联关系,实现工艺卡栏目的自动计算等),快速选择所需资源(如机加工余量确定、下料尺寸确定、锻件毛坯图生成及毛坯重量自动计算、浇道截面形状及规格确定、冒口设计等)。

(三) 生产流程设计的方法

在设计生产流程时,除了要考虑产品的市场需求特征(品种、产量)、不同的生产类型等因素外,还要考虑生产战略、生产柔性、产品质量、接触顾客的程度等因素。

生产流程设计过程,如表 5-13 所示。

表 5-13　生产流程设计过程

输入	生产流程设计	输出
1. 产品/服务信息: 产品/服务要求 价格/数量 竞争环境 用户要求 所期望的产品特点	1. 选择生产流程: 要与生产战略相适应	1. 生产技术流程: 工艺设计方案 工艺流程之间的联系
2. 生产系统信息: 资源供给 生产经济分析 制造技术 优势与劣势	2. 自制、外购研究: 自制、外购决策 供应商的信誉和能力 配套采购决策	2. 布置方案: 厂房设计方案 设备、设施布置方案
3. 生产战略: 战略定位 竞争武器 工厂设置 资源配置	3. 生产流程研究: 主要技术路线 标准化和系列化设计 产品设计的可加工性	3. 人力资源: 技术水平要求 人员数量 培训计划 管理制度
	4. 设备研究: 自动化水平 机器之间的连接方式 设备选择 工艺装配	
	5. 布局研究: 厂址选择与厂房设计 设备与设施布置	

本章思考题

一、名词解释

企业生产物流；生产物流的空间组织；生产物流的时间组织；车间设施布置；生产流程设计。

二、回答问题

1. 简述生产物流的基本特征。
2. 请从生产专业化的角度分析生产物流的类型。
3. 请从物料流向的角度分析生产物流的类型。
4. 请从物料流经的区域和功能角度分析生产物流的类型。
5. 如何对生产物流进行空间组织？
6. 如何对生产物流进行时间组织？
7. 谈谈你对企业设施规划与设计的要求的认识。
8. 请从工厂总平面布置设计和车间布置设计的角度谈谈工厂布置的基本设计原则。
9. 以缪瑟的系统布置设计思想（SLP）出发，分析生产系统布置设计的基本要素。
10. 请根据 SLP 设计程序图分析其实现步骤。
11. 请从自制或购买、低成本和大批量、多品种和小批量、高质量、敏捷制造等几个角度，谈谈如何树立生产战略下的生产物流观。
12. 基于不同物料流向设计的车间设施布置有哪些类型？
13. 比较项目导向型流程、产品导向型流程和工艺导向型流程的不同生产流程特征。
14. 简述基于优化生产物流目标的设施布置设计的方法。
15. 简述基于优化生产物流目标的工艺过程设计方法。

第六章

企业生产过程与物流管理

主要内容

- 企业生产类型及物流特征
- 不同生产模式下生产物流的管理
- 现代企业生产物流管理所面临的挑战

从物流的角度看,生产类型有差异,其物流就表现出不同的特征。本章将分析不同生产模式下的物流管理,并探讨适应于先进制造技术(CIMS)的生产物流模式以及基于网络环境下的生产物流模式。

第一节 企业生产类型及物流特征

生产系统中的物流,通常根据物流连续性特征从低到高,根据产品需求特征从品种多、产量少到品种少、产量多,而把生产过程划分成五种类型,可以用产品—工艺矩阵图(Product-Process Matrix,PPM)表示,如图6-1所示。依对角线排列依次是:项目型、单件小批型、多品种小批量型、单一品种大批量型、多品种大批量型。一般而言,沿对角线来选择和配置生产物流过程比较符合技术经济效益。

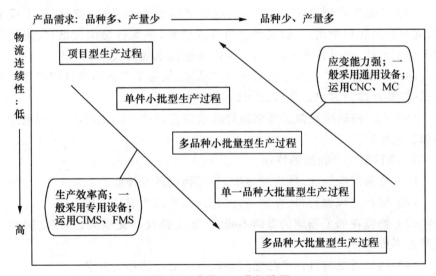

图 6-1 产品—工艺矩阵图

一、项目型生产过程及其生产物流特征

1. 项目型生产过程的含义

项目型生产过程是指具有项目特征(有具体的开始和结束时间、有严格定义的最终目标、有成本和时间计划、能够产生具体结果、只发生一次)的生产物流系统,可以细分为两种类型:一种是只有物料流入,几乎无物料流出的"纯项目型"生产物流系统,其典型的生产活动如建筑工程与安装工程,典

型企业如建筑企业,典型产品如住宅、厂房、公路、铁路、机场、大坝等;另一种是在物料流入生产场地后,滞留相当长一段时间再流出的"准项目型"生产物流系统,其典型的生产活动如大型专用设备、大型高价值产品的设计与制造,典型企业如重型机械厂、造船厂、飞机制造厂等,典型产品如大型的水电设备、冶金设备、轮船、飞机等。

2. 项目型生产过程的特点

基于对以上两种系统的描述,其共同的生产特点是:

(1) 物料凝固。当生产系统需要的物料进入生产场地后凝固在场地中,与生产场地一起形成最终产品,整个生产过程中物料流动性不强。

(2) 物料投入大,即种类多、吨位大;产品造价高,生产过程的库存控制、质量控制、成本控制较难,生产效率低,产品成本高;订货生产,企业的生产由客户拉动。

(3) 产品生产周期长。从设计、施工准备到物料采购、储运、施工或生产,直至交付客户使用,一般要经过数月或数年,不太容易如大批量、流程型生产类型那样,通过计算生产节拍、节奏来按流水线方式组织生产。

(4) 一次性生产。对于任何一件产品来说,由于造价高并且用户要求具体,一般是在接到客户订货后,组织一次性生产。

(5) 生产的适应性强。能够较好地适应客户的个性化需求,应用通用设备和工艺生产。

3. 项目型生产物流的特征

(1) 物料采购量大,供应商多变,外部物流较难控制。

(2) 生产过程原材料、在制品占用大,几乎无产成品占用。

(3) 物流在加工场地的方向不确定、加工路线变化极大,工序之间的物流联系不规律。

(4) 物料需求与具体产品之间存在一一对应的相关需求。

二、单件小批量型生产过程及其生产物流特征

1. 单件小批量型生产过程的含义

单件小批量型生产过程是指需要生产的产品品种多,但每一品种生产的数量甚少,生产重复度低的生产物流系统。

2. 单件小批量型生产过程的特点

生产过程中,工人以师傅带徒弟的方式培养,个人具有高超技术;生产的组织分散;产品设计和零件制造分散;设备使用通用机器。其典型企业是

以制造汽车为生的法国巴黎 Panhard-Levassor(P&L)机床公司。

3. 单件小批量型生产物流的特征

(1) 生产的重复程度低,从而物料需求与具体产品制造之间存在一一对应的相关需求。

(2) 由于单件生产,产品设计和工艺设计存在低重复性,从而物料的消耗定额不容易或不适宜准确制定。

(3) 生产品种的多样性,使得制造过程中采购物料所需的供应商多变,外部物流较难控制。

三、多品种小批量型生产过程及其生产物流特征

1. 多品种小批量型生产过程的含义

多品种小批量型生产过程是指生产的产品品种繁多,并且每一品种有一定的生产数量,生产的重复度中等的生产物流系统。

2. 多品种小批量型生产过程的特点

品种数量多但产量有限;产品设计系列化,零部件制造标准化、通用化;工艺过程采用成组技术;运用 FMS(柔性制造系统)使生产系统能适应不同的产品或零件的加工要求,并能减少加工不同零部件之间的换模时间。

3. 多品种小批量型生产物流的特征

由于企业必须按用户需求以销定产,使企业物流配送管理工作复杂化,因此,协调采购、生产、销售物流并最大限度地降低物流费用是该生产物流系统最大的目标。其生产物流特征表现在:

(1) 物料生产的重复度介于单件生产和大量生产之间,一般是制定生产频率,采用混流生产。

(2) 以 MRP(物料需求计划)实现物料的外部独立需求与内部相关需求之间的平衡。以 JIT(准时生产制)实现客户个性化特征对生产过程中物料、零部件、成品的拉动需求。

(3) 由于产品设计和工艺设计采用并行工程处理,物料的消耗定额容易准确制定,从而产品成本容易降低。

(4) 由于生产品种的多样性,对制造过程中物料的供应商有较强的选择要求,从而外部物流的协调较难控制。

四、单一品种大批量型生产过程及其生产物流特征

1. 单一品种大批量型生产过程的含义

单一品种大批量型生产过程是指生产的产品品种数相对单一,而产量却相当大,生产的重复度非常高且大批量配送的生产物流系统。

2. 单一品种大批量型生产过程的特点

品种数量单一但产量相当大;产品设计和零件制造标准化、通用化、集中化;具有很强的零件互换性和装配的简单化,使生产效率极大地提高,生产成本低,产品质量稳定。

3. 单一品种大批量型生产物流的特征

由于企业面临的主要问题是如何增加产品数量,因此从物流的角度看,各种物料的计划、采购、验收、保管、发放、节约使用和综合利用贯穿了生产管理过程。其生产物流特征表现在:

(1) 由于物料被加工的重复度高,从而物料需求的外部独立性和内部相关性易于计划和控制。

(2) 由于产品设计和工艺设计相对标准和稳定,从而物料的消耗定额容易并适宜准确制定。

(3) 生产品种的单一性,使得制造过程中物料采购的供应商固定,外部物流相对而言较容易控制。

(4) 为达到物流自动化和效率化,强调在采购、生产、销售物流各功能的系统化方面,引入运输、保管、配送、装卸、包装等物流作业中各种先进技术的有机配合。

五、多品种大批量型生产过程及其生产物流特征

1. 多品种大批量型生产过程的含义

多品种大批量型生产过程也叫大批量定制生产(Mass Customization,MC),它是一种以大批量生产的成本和时间,提供满足客户特定需求的产品和服务的新的生产物流系统。其基本思想是:将定制产品的生产,通过产品重组和过程重组转化为或部分转化为大批量生产问题。对客户而言,所得到的产品是定制的、个性化的;对生产厂家而言,该产品是采用大批量生产方式制造的成熟产品。这种生产方式目前在国外得到了较快的发展,并作为一种有效的竞争手段逐渐被企业采纳。事实上,制造的全球化和专业化分工是促使大批量定制生产在全球范围逐步实施的动力。

2. 多品种大批量型生产过程的特点

鉴于大批量定制生产的核心是在系统思想指导下，通过对企业的产品结构和制造过程重组，充分合理地使用企业内外部资源，以大批量生产的效率快速向客户提供多种定制产品，既能满足客户个性化需求而又不牺牲企业效益，所以该生产过程的特点是：

（1）在生产方面，要增加订单生产中库存生产的比例，可以将客户订单分离点（Customer Order Decoupling Point，CODP）①尽可能向生产过程的下游移动，减少为满足客户订单中的特殊需求而在设计、制造及装配等环节中增加的各种费用。

（2）在时间维优化方面，关键是有效地推迟客户订单分离点。企业不是采用零碎的方法，而是必须对其产品设计、制造和传递产品的过程和整个供应链的配置进行重新思考。通过采用这种集成的方法，企业能够以最高的效率运转，能够以最小的库存满足客户的订单要求。

（3）在空间维优化方面，关键是有效地扩大相似零件、部件和产品的优化范围，并充分识别、整理和利用这些零件、部件和产品中存在的相似性。

3. 多品种大批量型生产物流的特征

按照客户不同层次的需求，可以将大批量定制生产粗略分成三种模式，即面向订单设计（Engineering to Order，ETO）、面向订单制造（Making to Order，MTO）、面向订单装配（Assembly to Order，ATO）。可以看到，三种模式都是以订单为前提，所以生产物流的特征表现在：

（1）由于要按照大批量生产模式生产出标准化的基型产品，并在此基础上按客户订单的实际要求对基型产品进行重新配置和变型，所以物料被加工成基型产品的重复度高，而对装配流水线则有更高的柔性要求，从而实现大批量生产和传统定制生产的有机结合。

（2）物料在采购、设计、加工、装配、销售等流程要满足个性化定制要求，这就促使物流必须有一个坚实的基础——订单信息化、工艺过程管理计算机化与物流配送网络化。而实现这个基础包括一些关键技术支持，如现代产品设计技术（CAD，CAM）、产品数据管理技术（PDM）、产品建模技术、编码技术、产品与过程的标准化技术、面向 MC 的供应链管理技术、柔性制造系统等。

（3）产品设计的"可定制性"与零部件制造过程中由于"标准化、通用

---

① 是指企业生产过程中由基于预测的库存生产转向响应客户需求的定制生产的转换点。

化、集中化"带来的"可操作性"的矛盾,往往与物料的性质与选购、生产技术手段的柔性与敏捷性有很大关联。因此,创建可定制的产品与服务非常关键。

(4) 库存不再是生产物流的终结点,以快速响应客户需求为目标的物流配送与合理化库存将真正体现出基于时间竞争的物流速度效益。单个企业物流将发展成为供应链系统物流、全球供应链系统物流。

(5) 生产品种的多样性和规模化制造,要求物料的供应商、零部件的制造商以及成品的销售商之间的选择是全球化、电子化、网络化。这会促使生产与服务紧密结合,使得基于标准服务的定制化产品和基于定制服务的产品标准化,从交货点开始就提升整个企业供应链的价值。

第二节 不同生产模式下生产物流的管理

生产模式是一种制造哲理的体现,它支持制造业企业的发展战略,并具体表现为生产过程中管理方式的集成,体现在与一定的社会生产力发展水平相适应的企业体制、经营、管理、生产组织和技术系统的形态和运作方式的总和。生产模式不同,生产物流管理的侧重点也不同。

回顾制造业的发展过程,企业生产模式仅仅经历三个主要阶段:作坊式手工生产(单件生产)、大批量生产(福特流水线式生产)、多品种小批量生产(精益生产),如图 6-2 所示。

一、作坊式手工生产模式

(一) 背景

作坊式手工生产模式(Craft Production,CP),也叫单件生产模式。这种模式产生于 16 世纪的欧洲,随着技术的发展大致可分为三个阶段:

阶段一的特征是按每个用户的要求进行单件生产,即按照每个用户的要求,每件产品单独制作,产品的零部件完全没有互换性,制作产品依靠的是操作者自己高度娴熟的技艺。

阶段二是第二次社会的大分工,即手工业与农业相分离,形成了专职工匠,手工业者完全依靠制造谋生,制造工具的目的不是为了自己使用,而是为了同他人交换。

阶段三是以瓦特蒸汽机的发明为标志,形成近代制造体系,但使用的是手动操作的机床。从业者在产品设计、机械加工和装配方面都有高的技艺,

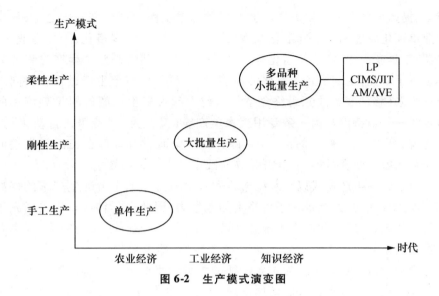

图 6-2　生产模式演变图

大多数从学徒开始,最后成为制作整台机器的技师或作坊业主。

（二）管理要点

单件生产模式下的生产物流管理一般是凭借个人的劳动经验和师傅定的行规进行管理,因此个人的经验智慧和技术水平起了决定性的作用。

二、大批量生产模式

（一）背景

大批量生产模式(Mass Production,MP)产生于19世纪末至20世纪60年代。第一次世界大战结束后,市场对产品数量的需求剧增,以美国企业为代表的大批量生产模式逐步取代了以欧洲企业为代表的手工单件生产模式。美国人泰勒、甘特、福特等在推动手工单件生产模式向大批量生产模式转化中起了重要作用。

1903年被称为制造工程学科奠基人的费雷德里克·泰勒首先研究了刀具寿命和切削速度的关系,在工厂进行时间研究,制定工序标准,并在1911年的《科学管理原理》中提出了以劳动分工和计件工资制为基础的科学管理方法。亨利·甘特用一张事先准备好的图表(甘特图)对生产过程进行计划和控制,使得管理部门可以看到计划执行的进展情况,并可以采取一切必要行动使计划能按时或在预期的许可范围内完成。

1913年,亨利·福特认为大量的专用设备、专业化的大批量生产是降低

成本、提高竞争力的主要方式。他在泰勒的单工序动作研究基础之上，提出作业单纯化原理和产品标准化原理（产品系列化，零件规格化，工厂专业化，机器、工具专业化，作业专门化等），并进一步对如何提高整个生产过程的效率进行了研究，规定了各个工序的标准时间定额，使整个生产过程在时间上协调起来（移动装配法），最终创造性地建立起大量生产廉价的T型汽车的流水线——福特汽车第一条专用流水生产线（又称为"底特律式自动化"），标志着大批量生产模式的诞生。与此同时，全面质量管理在美国等先进的工业化国家开始尝试推广，并开始在实践中产生一定的效益。

由于这种生产模式以流水线形式和规模效应带动了劳动生产率的提高和成本的降低，并由此带来了价格上的竞争力，因此，在当时，它代表了先进的管理思想与方法，并成为各国企业效仿的目标。这一过程的完成，标志着人类实现了制造业生产模式的第一次大转换，即由单件生产模式发展成为以标准化、通用化、集中化为主要特征的大批量生产模式。这种模式推动了工业化的进程和世界经济的高速发展，为社会提供了大量的物质产品，促进了市场经济的形成。

（二）管理要点

大批量生产模式下的生产物流管理是建立在科学管理的基础上的，即事先必须制定科学标准——物料消耗定额，然后编制各级生产进度计划对生产物流进行控制，并利用库存制度（库存管理模型）对物料的采购及分配过程进行相应的调节。生产中对库存控制的管理与优化是基于外界风险因素而建立的，所以强调一种风险管理，即面对生产中的不确定因素（主要包括设备与供应的不确定因素），应保持适当的库存，用以缓冲各个生产环节之间的矛盾、避免风险，从而保证生产连续进行。物流管理的目标在于追求物流子系统（供应物流、生产物流、销售物流）的最优化。

三、多品种小批量生产模式

（一）背景

多品种小批量生产模式（Lean Production，LP）也叫精益生产模式。这种模式产生于20世纪70年代。第二次世界大战结束后，虽然以大批量生产方式获利颇丰的美国汽车工业已处于发展的顶点，但是以日本丰田公司为代表的汽车业却开始酝酿一场制造史上的革命。

相对于一战前的市场，当时环境发生了巨大变化：一方面，交通、通讯技术的发展，各国对贸易限制的减少，使得市场沿地域合并，生产竞争全球化；

另一方面,制造业面临一个被消费者偏好分化、变化迅速且无法预测的买方市场。这表现为消费者的价值观念发生了根本的变化,需求日趋主体化、个性化和多样化。市场出现了以下几个特征:产品品种日益增多,产品成本结构发生变化(直接劳动成本降低,间接劳动成本和原材料、外购件成本增加),产品生命周期明显缩短,产品交货期缩短。企业为了赢得竞争必须按客户的不同要求进行新产品开发和生产。而传统的大量生产方式由于产品的单一化,以及因过分要求提高生产率而形成的配置企业内部资源和社会资源的刚性系统,很难适应变化迅速的市场环境,不能实现制造资源的动态优化整合等,显示出衰落的迹象。

丰田汽车公司在考察、分析美国汽车制造业的生产模式后认为,丰田应结合自己的国情,考虑一种更能适应市场需求的生产组织策略。公司副总裁大野耐一先生指出:第一,虽然此时的先进制造技术和系统(数控、机器人、可编程序控制器、自动物料搬运装置、工厂局域网、基于成组技术的柔性制造系统等)迅速发展,但它们只是着眼于提高制造的效率,减少生产准备时间,却忽略了可能增加的库存而带来的成本增加。第二,造成生产率低下和增加成本的根源在于制造过程中的一切浪费。他从美国的超级市场受到启迪,形成了看板系统的构想,提出了准时生产制,并最终形成了多品种小批量、高质量和低消耗的生产模式。而1973年的石油危机给日本的汽车工业带来了前所未有的机遇,并由此拉开了丰田汽车公司与世界其他汽车制造企业之间的距离。与此同时,单品种大批量的流水生产模式的弱点日渐明显,最终走向了衰落。至此,多品种小批量生产逐渐取代大批量生产。

20世纪80年代美国人研究丰田生产模式后得出结论:丰田的指导思想是通过生产过程整体优化,改进技术,理顺物流,杜绝超量生产,消除无效劳动与浪费,有效利用资源,降低成本,改善质量,达到用最少的投入实现最大产出的目的,是一种真正为制造业所瞩目的提高企业竞争力的精益生产模式。

(二) 管理要点

精益生产下的生产物流管理有两种模式:推进式和拉动式。

1. 推进式模式

(1) 原理

该模式是以在美国计算机信息技术的强大发展和美国制造业大批量生产基础上提出的MRPⅡ(制造资源计划)技术为核心的生产物流管理模式,但它的长处却在多品种小批量生产类型的加工装配企业得到了最有效的发挥。该模式的基本思想是：生产的目标应是围绕着物料转化组织制造资源，即在计算机、通讯技术控制下制定和调节产品需求预测、主生产计划、物料需求计划、能力需求计划、物料采购计划、生产成本核算等环节。信息流往返于每道工序、车间，而生产物流要严格按照反工艺顺序确定的物料需要数量、需要时间（物料清单所表示的提前期），从前道工序推进到后道工序或下游车间，而不管后道工序或下游车间当时是否需要。信息流与生产物流完全分离。信息流控制的目的是要保证按生产作业计划要求按时完成物料加工任务，如图 6-3 所示。

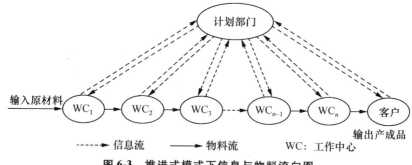

图 6-3　推进式模式下信息与物料流向图

（2）推进式模式物流管理的特色

① 在管理标准化和制度方面，重点处理突发事件。

② 在管理手段上，大量运用计算机管理。

③ 在生产物流方式上，以零件为中心，强调严格执行计划，维持一定量的在制品库存。

④ 在生产物流计划编制和控制上，以零件需求为依据，计算机编制主生产计划、物料需求计划、生产作业计划。执行中以计划为中心，工作的重点在管理部门。

⑤ 在对待在制品库存的态度上，认为风险是外界的必然，因此必要的库存是合理的。为了防止计划与实际的差异所带来的库存短缺现象，编制物料需求计划时，往往采用较大的安全库存和留有余地的固定提前期，而实际生产时间又往往低于提前期，于是不可避免地会产生在制品库存。一方面，这些安全储存量可以用于调节生产和需求之间、不同工序之间的平衡；另一方面，过高的存储也会降低物料在制造系统中的流动速度，使生产周期加长。

2. 拉动式模式

（1）原理

该模式是以日本制造业提出的 JIT（准时制）技术为核心的生产物流管理模式，也称"现场一个流"生产方式，表现为物流始终处于不停滞、不堆积、不超越、按节拍地贯穿于从原材料、毛坯的投入到成品的全过程。其基本思想是强调物流同步管理：第一，在必要的时间将必要数量的物料送到必要的地点。理想状态是整个企业按同一节拍有比例性、节奏性、连续性和协调性，根据后道工序的需要投入和产出，不制造工序不需要的过量制品（零件、部件、组件、产品），工序件在制品向"零"挑战。第二，必要的生产工具、工位器具要按位置摆放挂牌明示，以保持现场无杂物。第三，从最终市场需求出发，每道工序、每个车间都按照当时的需要由看板向前道工序、上游车间下达生产指令，前道工序、上游车间只生产后道工序、下游车间需要的数量。信息流与物流完全结合在一起，但信息流（生产指令）与（生产）物流方向相反。信息流控制的目的是要保证按后道工序要求准时完成物料加工任务，如图 6-4 所示。

图 6-4　拉动式模式下信息与物料流向图

（2）拉动式模式物流管理的特色

① 在管理标准化和制度方面，重点采用标准化作业。

② 在管理手段上，把计算机管理与看板管理相结合。

③ 在生产物流方式上，以零件为中心，要求前一道工序加工完的零件立即进入后一道工序，强调物流平衡而没有在制品库存，从而保证物流与市场需求同步。

④ 在生产物流计划编制和控制上，以零件为中心，计算机编制物料生产计划，并运用看板系统执行和控制，以实施为中心，工作的重点在制造现场。

⑤ 在对待库存的态度上（与传统的大批量生产方相比较），认为基于整个生产系统而言，风险不仅来自于外界的必然，更重要的是来自于内部的在制品库存。正是库存掩盖了生产系统中的各种缺陷，所以应将生产中的一切库存视为浪费，要消灭一切浪费。库存管理思想表现为：一方面强调供应对生产的保证，但另一方面强调对零库存的要求，以不断暴露生产中基本环

节的矛盾并加以改进,不断降低库存,以消灭库存产生的浪费为终极目标。

第三节 现代企业生产物流管理所面临的挑战

一、现代企业生产的环境变化

（一）市场环境的变化

20 世纪 70 年代以前,构成产品的技术相对比较简单,产品的生命周期很长,市场竞争主要围绕如何提高劳动生产率进行,于是构筑在产品部件化、部件标准化及加工工序规范化、单一化的基础上的大规模刚性生产线应运而生。其特点是应用泰勒的管理思想,把工人固定在以一定节奏运动的生产线旁,从事几项简单的、极易熟练的加工工序,从而极大地提高了劳动生产率。

20 世纪 70 年代中后期到 80 年代,由于越来越快的技术进步和人们对个性化产品的需求,产品生产形式向多品种、少批量逐步过渡。市场竞争向企业提出了提高柔性和进一步降低成本的要求。

到了 20 世纪 90 年代,技术进步和产品更新的速度进一步加快,产品的生命周期进一步缩短,市场竞争主要围绕新产品的开发而展开。因为价值法则显示:一个新产品的价格总是高于其他产品价格,只有不断推出有独占性技术的新产品,才能不断获取高额利润。于是,过去大批量生产的刚性生产线落伍了,一种敏捷制造的思想成为制造业的梦想。

随着 21 世纪的来临,以下几个方面将成为制造业赢得竞争的关键:

1. 显著缩短产品开发周期,加快新产品上市时间

从美国制造业策略的变化可以看出,美国制造业的策略从 20 世纪 50 年代的"规模效益第一",经过 70 年代和 80 年代的"价格竞争第一"和"质量竞争第一",发展到 90 年代的"市场速度第一"（即产品上市快、生产周期短、交货及时),时间因素被提到了首要位置。为此,企业的时间竞争能力成为核心竞争能力的基石。这要求企业的生产过程更加精良,产品开发、生产、销售、维护过程更加简化,生产工序更加简单,从而降低物流成本,提高劳动生产率。

2. 提高柔性,响应"瞬息万变、无法预测"的市场

这不仅体现在要具备技术上的柔性,还要具备管理上的柔性,以及人员和组织上的柔性。为此,企业要具备综合创新能力,不仅有产品设计和生产

工艺上的创新,而且还要包括制造观念的更新、组织的重构、经营的重组。目标是产品有特色、生产有柔性、竞争有策略。

3. 分布、并行、集成并存

这表现在企业的分布性更强、分布范围更广,是全球范围的分布;企业生产的并行化程度更高,许多作业可以跨地区、跨部门分布式并行实施;企业间的集成化程度更高,不仅包括信息、技术的集成,而且包括管理、人员和环境的集成。互联网为虚拟公司或动态联盟的实现提供了一定的基础。

(二) 计算机与信息技术环境的变化

计算机与信息技术的进步正在对制造业企业的发展产生巨大的影响。由于信息技术、网络技术为企业构筑了新的"神经系统",所以制造业企业的发展表现出高技术化、组织结构扁平化及合作关系网络化等特征。

(1) 计算机出现以来,与其相关的新技术不断涌现,制造业走上了自动化发展的道路。先后出现了计算机辅助技术以及计算机辅助管理系统,制造过程作为一个系统,从局部集成向高度的全面集成发展。网络化技术与信息技术的发展,又促进了异地设计、异地制造、并行设计的发展,自动化程度日益提高。

(2) 企业从接受订货开始,信息不断地生成、传递、转化、交换及存储,信息的处理向少纸化或无纸化方向发展,从而节省了人力、物力和时间。用计算机网络作为信息载体,可以迅速地将信息直接送达有关人员,减少了中间环节,从而促进了企业结构从多层次的金字塔式向少层次的扁平式发展,极大地提高了生产效率。

(3) 网络化制造作为一种新的生产模式正在为国内外所重视。网络化制造的主要含义是:面对市场机遇,针对某一特定产品,利用以互联网为标志的信息高速公路,灵活而迅速地组织社会制造资源,把分散在不同地区的现有生产设备资源、智力资源和各种核心能力,迅速地组合成一种没有围墙的、超越空间约束的、靠电子手段联系的、统一指挥的经营实体,以便快速推出高质量、低成本的新产品。

(4) 通过分散网络化制造的实施,企业的组织结构将从金字塔式的多层次模式向分布式网络化的扁平模式转化,建立起联盟式的制造体系,称作网络联盟企业。它将是一种新的生产组织形式,以适应制造的全球化的发展趋势,也是实现敏捷制造的一种重要手段。

跨入 21 世纪后,制造业企业面对的关键技术主要有:

(1) 集成化技术。在过去制造系统中仅强调信息的集成,这是不够的。

现在更强调技术、人和管理的集成。在开发制造系统时强调"多集成"的概念,即信息集成、智能集成、串并行工作机制集成及人员集成,这更适合未来制造系统的需求。

(2) 人工智能化技术。不仅要实现产品生命周期(包括产品设计、制造、发货、支持、用户到产品报废等)各个环节的智能化,以及生产设备的智能化,也要实现人与制造系统的融合及人在其中智能的充分发挥。

(3) 分布式并行处理智能协同求解技术。该技术实现制造系统中各种问题的协同求解,获得系统的全面最优解,实现系统的最优决策。

(4) 多学科多功能综合产品设计技术。机电产品的开发设计不仅用到机械科学的理论与知识(力学、材料、工艺等),而且还用到电磁学、光学、控制理论等;不仅要考虑技术因素,还必须考虑到经济、心理、环境、卫生及社会等方面的因素。机电产品的开发要进行多目标全性能的优化设计,以追求机电产品的动静态热特性、效率、精度、使用寿命、可靠性、制造成本与制造周期的最佳组合。研究重点是:并行工程及 CAD/CAPP/CAM/CAE 一体化设计技术;面向制造/装配/市场销售的并行设计技术;产品效益及风险的并行评估技术等。

(5) 虚拟现实与多媒体技术。虚拟现实(Virtual Reality,VR)是人造的计算机环境,使人处在这种环境中有身临其境的感觉,并强调人的介入与操作。VR 技术在 21 世纪制造业中将有广泛的应用,可以用于培训、制造系统仿真、实现基于制造仿真的设计与制造、集成设计与制造、实现集成人的设计等,美国已于 1992 年借助于 VR 技术成功地修复了哈勃太空望远镜。多媒体技术采用多种介质来储存、表达、处理多种信息,融文字、语音、图像、动画于一体,给人一种真实感。

(6) 人—机—环境系统技术。是指将人、机器和环境作为一个系统来研究,发挥系统的最佳效益。研究的重点是:人机环境的体系结构及集成技术、人在系统中的作用及发挥、人机柔性交互技术、人机智能接口技术、清洁制造等。

二、现代先进生产模式下的生产物流管理展望

为了确保企业拥有较强的响应市场急剧变化的能力,针对目前多品种小批量生产占主导地位的形势,一种基于柔性自动化(Flexibility Automation,FA)或可编程自动化(Programmable Automation,PA)的技术,以计算机集成制造(Computer-Integrated Manufacturing System,CIMS)、敏捷制造(Agile

Manufacturing，AM)、高效快速重组生产(Lean-Agile-Flexible，LAF)等系统为代表的现代先进生产模式,已成为 20 世纪 90 年代以来制造业开始变革的趋势。

(一)基于计算机集成制造系统环境下的物流管理的变革

1. CIMS 简介

这是随着计算机技术在制造领域中的广泛应用而产生的一种新的制造模式之一。它最初缘于 1974 年美国人约瑟夫·哈林顿(Joseph Harrington)博士提出的当制造领域各个环节都采用了计算机系统后如何进一步集成为一个一体化系统的思想。此后,随着 90 年代信息技术、网络技术、控制技术、系统技术等的发展和进步,计算机集成便成为可以实现的模式。

CIMS 包括:

——计算机辅助设计(CAD):有力地加速了新产品的设计与开发;

——计算机辅助编制工艺规程(CAPP):有效地促进了工艺标准化和工艺优化;

——计算机数控技术(NC):不仅能迅速适应产品品种的频繁变化,而且能保证极高的加工精度;

——计算机辅助编制数控程序:大大地提高了数控程序的编制质量和效率;

——物流控制技术:可靠地保证生产所需要的物料及时的运输和储存;

——计算机辅助质量控制技术:切实保障产品在生产全过程中的质量要求;

——计算机辅助生产计划和控制技术:按照订单交货期、物料需求和生产能力平衡,保证以最小库存量制定作业计划并组织均衡生产;

——柔性制造系统和柔性制造单元:在 CIMS 环境下,柔性制造系统和柔性制造单元是底层(设备层)的基本形式,不具备这种形式,便无法实现制造系统的计算机集成。

正是上述卓有成效的计算机辅助技术,使得现代多品种小批量的机械制造企业,在面对严峻的生存环境的挑战下,能够顺应买方市场千变万化的需求,及时开发并生产出不同买方所需要的各种新产品。如果没有这些现代制造技术,而仍然沿用传统的非计算机化的制造技术,那就很难设想企业将如何应付上述的严峻局面。由于一些大型的世界级企业纷纷建立起 CIMS,并取得了成效,因此,这种模式正在成为一些有条件(硬件、软件、组织结构大而分散)的企业学习和采用的目标。

2. CIMS 环境下的物流特征

作为制造技术的支撑,生产物流应该适合于 CIMS 的生产运营方式,其特征如图 6-5 所示。

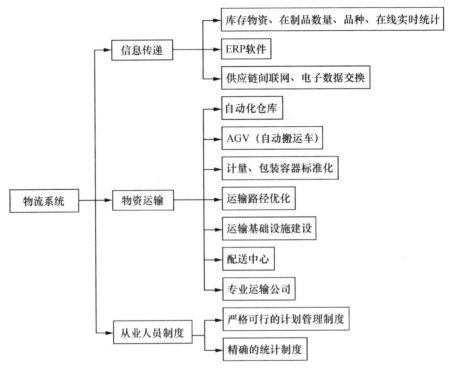

图 6-5 CIMS 环境下的物流特征

虽然这种模式下的物流管理被贯以可编程自动化为手段,建立起以计算机网络、营销管理与决策支持系统、库存管理系统为代表的信息技术,但实现它还需要解决企业各级人员在观念认识上的分歧、企业业务流程的重组问题、技术投资规模与风险等问题。

首先,对于企业物流运营的有关基本思想和运营方式的认识要有所改变。

未来企业之间(存在着供货与收货关系的企业之间)不应该仅仅是一种卖与买的关系,还应该是一种互利互惠的合作伙伴关系。当生产供应链中的所有企业都追求精益生产的时候,也就对各个企业的合作提出了更高的要求。基于低库存量的可靠生产离不开协作供应商的良好物流配合,产品制造商对于供货的要求已从数量与价格上更多地转向了可靠、及时的服务,以此保证生产供应链的顺利连接进行。而未来企业内部的生产模式强调的是人——技术及经营的集成，而不单是信息和物流的集成。所以，从事企业物流工作的员工对于 CIMS 本身的目的，以及由于 CIMS 环境对企业业务流程重构所引起的物流技术的基本原则、方法及约束要求的变革，要有正确的认识，同时还要建立严格的计划管理制度和正确的数据信息基础。

其次，对于企业物流运营的基础设施要进行适当的规划。

物流是实实在在的物质的流动。因此，企业内外部的交通建设、运输工具、装卸工具、容器标准等基础设施的建设，应该是一个动态的物流优化规划过程。例如，高速铁路、高速公路的建设应该由政府交通部门根据物流量的变化和增减，调整运输政策，利用财政方面的政策，进行规划建设。对于各种运输方式，需要分别对其流通路线、流通量、服务对象进行统计分析，并根据现有的数据，借助于有关的预测模型，进行预测分析，以达到整体物流系统优化的目的，并实现技术的可持续发展。对于微观技术的具体实施，应该着力推进各种包装规格、运输工具、装卸工具、集装箱体的标准化工作，以利于企业间国际合作。在具体进行厂址选择、车间规划与布局时，必须考虑到物流的迅捷通畅。

最后，要加强信息集成，CIMS 环境下技术共享。

为了使物流适应于 CIMS 环境的需求，就缺少不了信息的集成和共享。通过物流与信息流的配合，能够建立和支撑起遍及生产—供应—需求链的商务处理能力和响应能力。

传统的商务信息交流，通常通过信件、电报、电话、传真等进行，不仅由于信息的格式不一致，信息难以集成、共享，信息不能为供货商所直接利用处理，而且生产方也难以及时获得有关信息。而通过网络技术，企业与物料供给部门（需求链的各个参与方，包括专业的运输方）可以通过标准的数据格式，如电子数据交换（EDI）、电子商务（Electronic Business），建立起贸易伙伴间的应用接口，从而将需求、供给信息在网络上进行发布，经由查询、匹配、优化，信息的提交与处理可以在短时间得以完成，实现资源的节省，为生产节约成本，缩短上市时间，提高企业的竞争力。

（二）基于互联网网络环境下的物流管理的变革

1. 互联网经济时代企业间关系的调整

近年来，随着电子数据交换、技术数据交换和互联网技术的发展，企业间及企业与顾客间开始并可能共享对方所拥有的资源，并使国家之间、企业之间的贸易经济边界逐渐消失。许多企业可以通过互联网进入其伙伴内部的信息系统。例如，A公司由于其外联网延伸到主要供应商和分销商，一方面使其分销商可以在线采购本企业的产品，每年可为分销商节约采购资金；另一方面，A公司也可以根据分销商的销售情况安排自己的生产计划，节约自己的生产管理成本。这一实际上的变化，已使企业的管理范围不仅包括其自身资源，还要延伸到其供应商、客户甚至竞争者。所以，企业间的核心问题是突破一系列观念，重塑企业间关系。

(1) 工业时代企业间的关系

在工业时代，由于信息封闭、资源独占，企业间往往是对抗性关系。因此，企业往往会选择较多的供应商，使供应商之间形成竞争关系。另外，由于生产经营过程通常的序列化，使其管理过程一般也顺序化进行。序列化的生产经营过程使得相关人员及各环节割裂开来，每一个职能部门、环节都有其特定任务，对于其他环节或职能部门运转所需的条件缺乏正确的认识。因此，会经常出现前后环节或部门之间互相矛盾、指责的状况。

(2) 网络经济时代企业间的关系

在网络经济时代，由于信息的开放、网络的便捷，企业间更需要的是相互沟通、交流，以及共用数据库等其他资源。普遍采用的视窗工作方式，使得工作在空间或时间上的接近不再是至关重要的问题。这样，工作可以由顺序化向并行化发展。这不仅意味着各环节、各职能部门可以同时运转，而且意味着它们之间可以方便地在设计、制造、工业工程等方面进行有效的协作，共同设计产品和工艺流程。例如，在德国大众的生产物流和采购管理系统中，只要网上发出或收到一个订单，其财会、生产计划和采购等部门就可以立即知道，它们可以根据该订单对本领域的影响立即做出反应，并进行相应的协同式工作。这种方式，可以基于统一的数据资料库，并在组织机构中建立特定的响应程序，采用项目管理的方法进行。显然，通过这种方式可以大大缩短生产周期，提高工作的协同性，提高工作的效率和效益。

此外，新产品投放市场的速度成为企业竞争中取得优势的关键。每一个企业在某些方面确立自己独特的优势，培育自身的核心技术和核心能力，同其他企业共同形成一种强有力的竞争优势，成为世界级企业运作的思路。于是一种由两个以上的企业成员组成的、在有限的时间和范围内进行合作的、相互信任、相互依存的临时性组织——虚拟公司（又称为动态联盟企业）应运而生。这是一种没有围墙的、超越时空约束的、靠信息传输手段联系并统一指挥的经营实体。它面对分布在不同地区甚至不同国度的产品进行设计、开发、制造、质量保障、分配、服务等，其管理方式、方法和程序将是完全新颖的,尚有待人们去不断探索和完善。

案例 6-1

美国—俄罗斯虚拟企业网

美国—俄罗斯虚拟企业网(Russian-American Virtual Enterprise Network,RA-VEN)是美国国际制造企业研究所承担的美国国家科学基金研究项目,目的是开发一个跨国虚拟企业网的原型,使美国制造厂商能够利用俄罗斯制造业的能力。从更大的意义上讲,RA-VEN 将对作为全球制造基础框架一部分的美俄虚拟企业的建立与发展起到示范作用。其特点如下:

(1) RA-VEN 是一个动态网,美国、俄罗斯制造商为生产某种产品(往往是特殊产品),希望共享它们的核心能力而一起合作,任务完成,重新建立合作关系。

(2) RA-VEN 也是一个在线系统,使用 Internet 或拨号服务方式,为联合设计和/或制造产品提供支持。RA-VEN 的基本框架如图 6-6 所示。

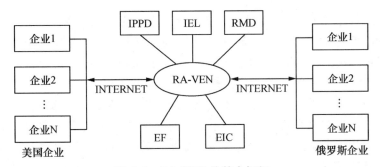

图 6-6　RA-VEN 的基本框架

RA-VEN 网上有五个功能模块,即集成的产品和工艺开发(Integrated Product & Process Development,IPPD)、集成的企业后勤(Integrated Enterprise Logistics,IEL)、关系型制造数据库(Relational Manufacturing Database,RMD)、企业论坛(Enterprise Forum,EF)和企业信息中心(Enterprise Information Center,EIC)。

五个模块的功能简述如下:

(1) 集成的产品和工艺开发(IPPD)。IPPD 的作用是提示参与虚拟企业的公司对一系列的问题做出响应,这些问题包括制造过程涉及的零件的几何类型、材料要求、材料处理、成本计算参数等,这将使 RA-VEN 能够决定零件应该在哪个企业制造。进而,当应答信息产生,并且产品制造出来后,RA-VEN 能够获得更多的资源,这些资源使 RA-VEN 能够为未来的成员企业进一步改善产品和工艺开发。

(2) 集成的企业后勤(IEL)。初期的 IEL 由三部分组成:一是企业 MRP;二是项目计划;三是 NC 接口。

(3) 关系型制造数据库(RMB)。该数据库包括与 RA-VEN 有关的制造资源和文件,如机床、控制系统、夹具、材料、零部件、编制好的 NC 程序、接口、刀具、工艺计划和项目计划。

(4) 企业论坛(EF)。RA-VEN 企业论坛运作方式类似于在线公告牌。EF 为客户和供应商提供了讨论与 RA-VEN 有关、与 RA-VEN 对特定企业支持有关的问题的场所。对于网络,它对优化生产还起到在线介绍中心和在线支持的作用。

(5) 企业信息中心(EIC)。制造商可以用 RA-VEN 信息中心来查找如何使用 RA-VEN 和如何计价的信息,以及关于特定企业的信息。

2. 企业生产模式的改变及物流管理趋势

信息技术的发展对 21 世纪的企业生产模式提出了新的挑战。首先,未来企业的信息流、物流、资金流等经营活动是通过网络、通过电子商务来快速顺畅传递的。网络是指挥企业运转的大脑和神经中枢,将促进企业在产品设计、生产、销售等各个环节的整合,将上游和下游的环节形成一个整体。正是这种整合使得企业中许多不必要的流程和人员得以精简,从而使企业组织结构以契约关系扁平化,进而带动生产模式的灵活多样化以及物流管理的一体化。理论上,企业的生产模式将向敏捷制造系统以及高效快速重组生产系统发展。

(1) 敏捷制造(Agile Manufacturing, AM)系统

竞争要求企业能将原有的刚性生产模式改成敏捷化的,比如,企业能迅速进行重组,以对市场机遇做出敏捷反应,生产出用户所需要的产品;当发现单独不能做出敏捷反应时,能通过高速信息公路的企业工厂子网和其他企业进行合作,从组织跨企业的多功能开发组到动态联盟,来对机遇做出快速响应。基于这样的思路,由美国通用汽车公司(GM)等和里海(Leigh)大学的雅柯卡(Iacocca)研究所于 1991 年首次提出来的一种新的制造哲理——"敏捷制造",奠定了美国制造业在《美国 21 世纪制造战略报告》中的重要里程碑。

该报告强调,敏捷性(Agility)是一种能力——能使企业在无法预测、持

续变化的市场环境中保持并不断提高自己的竞争能力。而实现敏捷性的三大要素是"集成、高速和各层工作人员的自信心和责任心"。报告认为在未来的新生产模式下,决定产品成本、产品利润和竞争能力的主要因素是开发、生产该产品所需的知识的价值,而不是材料、设备或劳动力。因此,影响美国企业生存、发展的共性问题是:(1)由于快速变化的竞争环境使得美国企业自我调整、适应的速度跟不上;(2)实现重振美国制造业雄风的目标,不能依靠对现有大规模生产模式和系统的逐步改进和完善(该结论也得到两百多位来自工业界、政府机构和社会各界人士的认可和赞成),而是必须通过综合运用近年来在计算机技术基础上迅猛发展的产品制造、信息集成和通讯技术来构造一个全新的竞争系统。在这个系统中,最基本的目标是把产品生产所需的所有资源——人、资金和设备(包括企业内部的和分布在全球各地合作企业的),通过计算机和通讯技术联系在一起进行集中管理,实现它们的优化利用。这就是以动态联盟为基础的敏捷竞争模式。

应该说敏捷制造系统是美国众多学者、企业家、政府官员在美国面临的竞争压力下,正确总结和预测经济发展客观规律的产物。其核心思想是:当市场发生变化,企业遇有特殊订购市场和产品需求时,原有的基本合作伙伴不一定能满足新产品开发生产的要求,这时,企业会组织一个由特殊订购供应商和销售渠道组成的短期或一次性供应链,形成"虚拟企业",把供应和协作单位看成是企业的一个组成部分,运用"同步工程"(Simultaneous Engineering,SE)组织生产,用最短的时间将新产品打入市场,时刻保持产品的高质量、多样化和灵活性。

可以看到,运行并实现敏捷制造将有赖于一个跨企业、跨行业、跨地域的信息技术网络结构组织(称之为"异构分布环境下多功能小组内和多功能小组间的异地合作",如设计、加工、物流供应,等等)。其重要工具是一个支持集成化产品过程设计的设计模型和工作流控制系统。它包含了如集成化产品的数据模型定义和过程模型定义;包含了产品开发过程中的产品数据管理(版本控制)、动态资源管理和开发过程管理(工作流管理);包含了必要的安全措施和分布系统的集中管理,等等。涉及以下相关技术:

- 先进的现代化企业管理技术;
- 并行工程及其支撑技术;
- 拟实制造技术;
- 分布对象(CORBA)和代理(Agent)技术;
- 面向企业商务运行的企业资源计划、管理的技术;

- 工作流及其管理技术；
- 电子数据交换（EDI）技术；
- 电子商务及其相关技术；
- 企业集成框架技术；
- 相关标准化技术。

这种模式下的生产物流管理要解决的主要问题就是要加快产品的制造过程，其目的就是要使产品更快地推向市场，使企业具有更好的响应市场变化的能力，因此必然更注重企业之间的供应链管理系统，靠建立在电子商务平台上的迅速重构，以支持动态联盟的系统工作和资源优化为目标，对各个企业的资源进行统一的管理和调度。另外，为更大地提高企业的敏捷性，必须提高企业各个活动环节（供应、生产、销售、服务）的敏捷性，即敏捷的人用敏捷的设备，通过敏捷的物流过程制造敏捷的产品。该模式已成为目前世界制造业企业物流规划的热点。

（2）高效快速重组生产（Lean-Agile-Flexible，LAF）系统

这是中国学者于1995年提出一种新的基于大批量生产模式、精益生产模式、柔性制造系统基础上的集成生产模式。其基本思想的出发点是：基于有效地利用大批量生产方式，解决单件小批量生产，特别是如何基于相同生产流程和变型的零部件库，从刚性生产设施制造出各具特色的符合不同用户要求的产品，实现制造低成本个性化和制成品客户化。这种模式与美国人的"大批量定制"生产模式的出发点是一致的。

该模式认为，基于时间的制造战略目标的努力应在多个方面展开，所依赖的手段应建立在以创新为主、投资与创新并用的基础之上。其基本特征可以归纳为以下五个方面：

其一，高效、快速重组生产系统本身是一个变动和发展的概念。与最先进的制造技术相比，在初始阶段，所使用的制造技术水平较低，组织资源和人力资源的开发亦不充分，资源集成的效果不很理想。随着学习与实践，企业资源的质量逐渐提高，资金与经验的积累使其有可能采用更先进的技术与装备，资源集成的手段也得以增强，高效快速重组生产系统就发展到了一个新的较高阶段。

其二，强调组织创新和人员积极性的发挥。制造资源的有效集成比仅依靠先进制造（硬）技术更重要，而制造资源的有效集成是通过组织创新和发挥人的积极性来实现的。

其三，全面吸收各家之长。如以柔性和速度响应市场变化的指导思想，

柔性制造和精益生产中的生产调度和计划安排,精益生产的"消灭一切浪费"和"不断改善"的思想,全面质量管理和准时制生产管理方法以及对员工的各种激励措施,敏捷制造的资源集成的思想、虚拟公司的组成形式、工作团队的作业组织、基于作业的管理(ABM)和基于作业的成本计算(ABC)等具体做法。

其四,适度松动对制造(硬)技术先进性的苛求。柔性制造依赖昂贵的柔性制造设备,精益生产也强调机器人的大规模使用,敏捷制造则建立在国家范围的工业制造信息网络之上。高效快速重组生产系统综合权衡先进性、可实现性和经济性的要求,根据市场机遇的性质,选择先进适用的制造技术,且致力于它与组织和人员的有效集成,以总体效果的优越来弥补尚不能采用最先进的制造技术的不足。

其五,适合中国国情且经努力能尽早实施。适度松动对制造(硬)技术先进性的要求,使得中国的企业在严重的投资制约下有了伸展的余地,而组织的创新和人的积极性的发挥则完全取决于业界的努力。

可以看出,LAF系统是一种集技术、管理和人力资源于一身,相互协调依存的系统。它试图通过较小规模、模块式的生产设施,以及形成新的生产能力的各企业间相互协调的组织形式来实现大规模、综合性的工程项目。因此,这种模式下的生产物流管理是基于企业组织环境变化的基础上的,它强调生产物流的速度、灵活反应能力,为此需要创建一个不仅要快速获得新的技术,更重要的是技术必须与能够充分利用知识、创造力及有利于形成企业人力资源的组织框架等三者融为一体的物流组织环境。在这种组织环境中,第一,由于是基于订单而组织生产,产品的质量观体现生产物流的方方面面;第二,采购、生产、销售物流一体化所形成的供应链,将使得竞争与合作变得互相兼容,从而使企业在竞争压力日益增大的环境中分担成本和风险;第三,着眼于战略层次,强调长期的财务绩效的目标,使得高度柔性的生产设备只是一种必要条件而非充分条件。

本章思考题

一、名词解释

项目型生产;单件小批量型生产;多品种小批量型生产;单一品种大批量型生产;多品种大批量型生产。

二、回答问题

1. 请结合项目型生产过程的特点分析项目型生产物流的特征。

2. 请结合单件小批量型生产过程的特点分析单件小批量型生产物流的特征。

3. 请结合多品种小批量型生产过程的特点分析多品种小批量型生产物流的特征。

4. 请结合单一品种大批量型生产过程的特点分析单一品种大批量型生产物流的特征。

5. 请结合多品种大批量型生产过程的特点分析多品种大批量型生产物流的特征。

6. 请举例说明精益生产下推进式生产模式下物流管理的特色。

7. 请举例说明精益生产下拉动式生产模式下物流管理的特色。

8. 请解释看板管理的基本原理和使用原则。

9. 通过阅读参考书理解基于计算机集成制造系统（CIMS）环境下的物流管理的变革。

21世纪经济与管理规划教材

物流管理系列

第七章

企业生产物流的计划与控制

主要内容

- 以 MRP、MRP II、ERP 原理为指导的生产物流运营方式
- 以 JIT 思想为宗旨的生产物流运营方式
- 以 TOC 为依据的生产物流运营方式

在生产物流的计划与控制中,计划的对象是物料,计划执行的结果要通过对物料的监控来考核。对生产物流进行计划就是根据计划期内规定的出产产品的品种、数量、期限,具体安排物料在各工艺阶段的生产进度,并使各环节上的在制品的结构、数量和时间相协调。而对生产物流进行控制则主要体现在物流(量)进度控制和在制品管理两方面。

第一节 以 MRP、MRP Ⅱ、ERP 原理为指导的生产物流运营方式

任何一种物料都是由于某种需要而存在。一种物料的消耗量受另一种产品需求量的制约。购进原材料是为了加工成零件,而生产零件又是为了装配成产品。从大范围来讲,一个企业的产品,可能是另一个企业的原料,这种相关需求不但有品种、规格、性能、质量和数量的要求,而且有时间的要求。在不需要某种物料的时刻,要避免或减少过早地保留库存;相反,在真正需要的时刻,又必须有足够的库存满足需求。这就是以物料为中心的 MRP 系统计划与控制生产物流的基本出发点,体现了为顾客服务、按需定产的宗旨。

一、MRP(Material Requiring Planning——物料需求计划)的产生及原理

(一) MRP 的产生

20 世纪 50 年代末,国外的企业就已经开始应用计算机辅助生产管理。早期的计算机辅助生产管理主要侧重物料库存计划管理,且多采用订货点法(根据历史的生产和库存记录来推测未来生产需求)。由于它没有按照各种物料真正需要的时间来确定订货与生产日期,往往造成库存积压,难以适应物料需求随时间变化的情况。对于一个制造企业,一种产品往往是由多种部件组装而成,每种部件又是由多种零部件和材料制造而成,这样产品和零部件及材料用品之间就构成相互依赖的连动需求关系。把企业产品中的各种物料分为独立物料和相关物料,并将这种需求关系纳入按时间段确定不同时期的物料需求,从而解决库存物料订货与组织生产问题。

围绕所要生产的产品,如何在正确的时间、正确的地点按照规定的数量得到真正需要的物料?对这一问题的解决就是物料需求计划 MRP 产生的动力。20 世纪 60 年代中期,美国 IBM 公司率先提出了物料需求计划 MRP 的

生产管理模式,并在70年代得到不断完善。

(二)MRP的基本原理

MRP按照基于产品结构的物料需求组织生产,根据产品完工日期和产品结构规定生产计划。即根据产品结构的层次从属关系,以产品零件为计划对象,以完工日期为计划基准倒排计划,按各种零件与部件的生产周期反推出它们的生产与投入时间和数量,按提前期长短区别各个物料下达订单的优先级,从而保证在生产需要时刻所有物料都能配套齐备,不到需要的时刻不要过早积压,达到减少库存量和占用资金的目的。

按照MRP的基本原理,企业从原材料采购到产品销售,从自制零件的加工到外协零件的供应,从工具和工艺的准备到设备的维修,从人员的安排到资金的筹措与运用等,都要围绕MRP进行,从而形成一整套新的生产管理方法体系。

(三)MRP与传统的存货管理相比的特点

MRP与传统的存货管理相比,主要有以下特点:

(1)传统的存货管理用单项确定的办法解决生产中的物料联动需求,难免相互脱节,同时采取人工处理,工作量大。而MRP系统用规划联动需求,使各项物料相互依存、相互衔接,使需求计划更加客观可靠,也大大减少计划的工作量。

(2)实施MRP要求企业制订详细、可靠的主生产计划,提供可靠的存货记录,迫使企业分析生产能力和对各项工作进行检查,把计划工作做得更细。MRP系统提供的物料需求计划又是企业编制现金需求计划的依据。

(3)当企业的主生产计划发生变化时,MRP系统将根据主生产计划的最新数据进行调整,及时提供物料联动需求和存货计划,企业可以据此安排相关工作及采取必要措施。

(4)在MRP环境下,可以做到在降低库存成本、减少库存资金占用的同时,保证物料按计划流动,保证生产过程中的物料需求及生产的正常运行,从而使产品满足用户和市场的需求。

(四)MRP系统的基本逻辑流程

从物流的角度,MRP实际上反映了一种物料流向的运作方式。

MRP系统的基本逻辑流程内容如图7-1所示。

该系统主要包括:主生产计划MPS、物料需求计划MRP、能力需求计划CRP、执行物料计划和执行能力计划等部分。生产物流的计划与控制就是在基于MPS的驱动下,围绕MRP,由BOM表与库存信息等基本数据进行的。

该系统分为生产计划与计划执行控制两大部分。

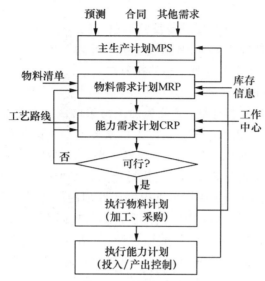

图 7-1　MRP 基本逻辑流程

1. 生产计划部分

在 MRP 系统中,"物料"是一个广义的概念,泛指原材料、在制品、外购件以及产品。首先,根据订货合同、市场预测及其他生产需求确定总的产品出产计划,制订一个针对产品或独立需求型半成品的现实可行的主生产计划 MPS。它是展开物料需求计划与能力需求计划的主要依据和驱动要素,决定着 MRP 系统的现实性与有效性。考虑的因素有:市场对产品的需求、总的生产提前期(Lead Time)和库存情况。其次,根据 MPS 计划、产品结构及物料清单 BOM 表、库存信息等将生产计划进行展开与细化,编制以相关需求型物料(基本零部件)为对象的物料需求计划 MRP,提出每一项加工件与采购件的建议计划,如加工件的开工日期与完成日期、采购件的订货日期与入库日期等。再次,根据 MRP、工作中心、工艺路线等对企业的生产能力进行详细计划,即编制能力需求计划 CRP 以保证 MRP 的可执行性。最后,MRP 处理的是相关需求,把所有物料分成独立需求(Independent Demand)和相关需求(Dependent Demand)两种类型。独立需求是指某物料的需求与其他物料需求无关的需求,可通过订单和预测获得其需求量,如对成品、备品备件的需求。相关需求指某物料的需求与另一物料或产品的需求直接有关,或者由其他物料推算而得到。相关需求又可分为垂直相关,即某零件为生产组件、部件、产品所必需的;水平相关,即某零件为随同产品交付客户的某项附属件。

一般地,MRP 与 CRP 要进行反复调整,使计划可行;当 MRP/CRP 反复运算调整仍无法解决矛盾时,要修改主生产计划 MPS。只有经过 MRP/CRP 运行落实后,才能将生产计划下达给执行层。

2. 计划执行控制部分

主要包括执行物料计划(又分为加工与采购两部分)和执行能力计划。执行 MRP 计划主要采用调度单或派工单来控制加工的优先级,采用请购单或采购单控制采购的优先级。加工控制一般由车间作业控制功能完成;采购控制一般由采购供应部门完成。执行能力计划时用投入和产出的工时量控制能力和物流。执行控制层可以把生产计划的执行信息及时反馈给计划层,从而形成了完整的闭环 MRP 的生产计划与控制系统。闭环 MRP 系统实现了规范化管理,并把生产计划的稳定性、灵活性与适应性统一起来,大大提高了企业生产的整体效率与物料合理利用率,也提高了企业对于外部市场环境的适应能力。

二、MRP Ⅱ(Manufacturing Resources Planning——制造资源计划)的产生及原理

(一)MRP Ⅱ 的产生

MRP Ⅱ 在 20 世纪 80 年代初开始发展起来,是一种资源协调系统,代表了一种新的生产管理思想。它把生产活动与财务活动联系起来,将闭环 MRP 与企业经营计划联系起来,使企业各个部门有了一个统一可靠的计划控制工具。它是企业级的集成系统,包括整个生产经营活动:销售、生产、生产作业计划与控制、库存、采购供应、财务会计、工程管理等。MRP Ⅱ 是 1977 年由美国著名生产管理专家奥利夫·怀特(Oliver Wight)最早提出来的,是对制造企业全部资源进行系统综合计划的一种方法。由于它与 MRP 有着同样的字母缩写,同时又是在 MRP 的基础上发展起来的,为了有所区别,所以在 MRP 后加上一个罗马数字 Ⅱ。

(二)MRP Ⅱ 的原理

MRP Ⅱ 的基本思想是把 MRP 同所有其他与生产经营活动直接相关的工作和资源,以及财务计划连成一个整体,实现企业管理的系统化。从系统来看,MRP Ⅱ 是一个闭环系统,一方面,它不单纯考虑 MRP,还将与之有关的能力需求计划、车间生产作业计划和采购计划等方面考虑进去,使整个问题形成"闭环";另一方面,从控制论的观点看,计划制订与实施之后,需要不断根

据企业的内外环境变化提供的信息反馈，适时做出调整，从而使整个系统处于动态的优化之中。所以，它实质上是一个面向企业内部信息集成及计算机化的信息系统，即将企业的经营计划、销售计划、生产计划、主生产计划、物料需求计划、生产能力计划、现金流动计划，以及物料需求和生产能力需求计划的实施执行等通过计算机有机地结合起来，形成一个由企业各功能子系统有机结合的一体化信息系统，使各子系统在统一的数据环境下运行。这样通过计算机模拟功能，系统输出按实物量表述的业务活动计划和以货币表述的财务报表集成，从而实现物流与现金流的统一。

（三）MRPⅡ的特点

MRPⅡ最大的特点就是运用了管理会计的概念，用货币形式说明了执行企业"物料计划"带来的效益，实现了物料信息同资金信息的集成。把传统的账务处理同发生账务的事务结合起来，不仅说明账务的资金现状，而且追溯资金的来龙去脉，如将体现债务债权关系的应付账、应收账同采购业务和销售业务集成起来，同供应商或客户的业绩或信誉集成起来，同销售和生产计划集成起来等，按照物料位置、数量或价值变化，定义"事务处理"（Transaction），使与生产相关的财务信息直接由生产活动生成。

MRPⅡ的运行特点表现在：

1. MRPⅡ统一了企业的生产经营活动

MRPⅡ能提供一个完整而详尽的计划，可使企业内各部门（销售、生产、财务、供应、设备、技术等部门）的活动协调一致，形成一个整体。各个部门享用共同的数据，消除了重复工作和不一致，也使得各部门的关系更加密切，提高了整体的效率。

2. MPRⅡ管理模式的特点

（1）计划的一贯性与可行性。MRPⅡ是一种计划主导型的管理模式，计划由粗到细逐层优化，始终与企业经营战略保持一致，加上能力的控制，使计划具有一贯性、有效性和可执行性。

（2）管理的系统性。MRPⅡ提供一个完整而详尽的计划，在"一个计划"的协调下将企业所有与生产经营直接相关的部门的工作联成一个整体，提高了整体效率。

（3）数据共享性。各个部门使用大量的共享数据，消除了重复工作和不一致性。

（4）物流与资金流的统一。MRPⅡ中包含有成本会计和财务功能，可以由生产活动直接产生财务数据，保证生产和财务数据的一致性。在定义事务处理相关的会计科目之间,按设定的借贷关系,自动转账登记,保证了"资金流(财务账)"同"物流"的同步和一致,改变了资金信息滞后于物料信息的状况,便于实时做出决策。

3. 集成 MRPⅡ 的精髓

MRPⅡ 是企业管理集成思想与计算机、信息技术相结合的产物。其集成性表现在:

横向上,以计划管理为核心,通过统一的计划与控制使企业制造、采购、仓储、销售、财务、设备、人事等部门协同运作。

纵向上,从经营计划、生产计划、物料需求计划、车间作业计划逐层细化,使企业的经营按预定目标滚动运作、分步实现。

在企业级的集成环境下,与其他技术系统集成。

三、ERP(Enterprise Resources Planning——企业资源计划)的产生及思想

(一) ERP 的产生

ERP 是由美国加特纳公司(Gartner Group Inc.)在 20 世纪 90 年代初首先提出的。ERP 是在 MRP 基础上发展起来的,以供应链管理思想为基础,以现代化的计算机及网络通信技术为运行平台,集企业的各项管理功能为一身,并能对供应链上所有资源进行有效控制的计算机管理系统。

ERP 面向企业供应链的管理,可对供应链上的所有环节进行有效的管理,把客户需求和企业内部的制造活动以及供应商的制造资源整合在一起,体现了完全按用户需求制造的思想。

ERP 的核心管理思想是供应链管理。在 MRPⅡ 的基础上通过前馈的物流与反馈的信息流和资金流,把客户需求和企业内部的生产活动以及供应商的制造资源整合在一起,是完全按用户需求制造的一种供应链管理思想的功能网络结构模式。它强调通过企业间的合作,实现对市场需求快速反应、高度柔性的战略管理以及降低风险成本、实现高收益等目标。

(二) ERP 的特征

ERP 的特征概括起来主要体现在三个方面:

(1) ERP 是一个面向供应链管理(Supply Chain Management)的管理信息集成。ERP 除了传统 MRPⅡ 系统的制造、供销、财务功能外,在功能上还增加了:

- 支持物料流通体系的运输管理、仓库管理;

• 支持在线分析处理(Online Analytical Processing,OLAP)、售后服务及质量反馈,实时准确地掌握市场需求的脉搏;

• 支持生产保障体系的质量管理、设备维修和备品备件管理;

• 支持跨国经营的多国家地区、多工厂、多语种、多币制需求;

• 支持多种生产类型或混合型制造企业,汇合了离散型生产、流水作业生产和流程型生产的特点;

• 支持远程通信、电子商务(E-commerce,E-business)、电子数据交换(EDI);

• 支持工作流(业务流程)动态模型变化与信息处理程序命令的集成。

(2)ERP采用了网络通信技术。ERP系统除了已经普遍采用的诸如图形用户界面技术(GUI)、SQL结构化查询语言、关系数据库管理系统(RDBMS)、面向对象技术(OOT)、第四代语言/计算机辅助软件工程、客户机/服务器和分布式数据处理系统等技术之外,还要实现更为开放的不同平台互操作,采用适用于网络技术的编程软件,加强用户自定义的灵活性和可配置性功能,以适应不同行业用户的需要。

(3)ERP系统同企业业务流程重组(Business Process Reengineering,BPR)。企业业务流程重组是为适应由信息技术的发展所带来的业务量增加,信息量敏捷通畅,企业必须进行信息的实时处理、及时决策而进行的一项包括业务流程、信息流程和组织机构的变革。这个变革已不限于企业内部,而是把供需链上的供需双方合作伙伴包罗进来,系统考虑整个供需链的业务流程和组织机构的重组。ERP系统应用程序使用的技术和操作必须能够随着企业业务流程的变化而相应地调整。只有这样,才能把传统MRPⅡ系统对环境变化的"应变性"(Active)上升为ERP系统通过网络信息对内外环境变化的"能动性"(Proactive)。

(三) ERP 的结构与功能

从图7-2中,我们可以看到ERP的结构与功能,这些功能覆盖了企业供应链上的所有环节,能帮助企业实现整体业务经营运作的管理和控制。

(1)生产控制模块。以计划为导向,将企业的整个生产过程有机地结合在一起,包括:主生产计划、物料需求计划、能力需求计划、车间作业计划与控制、质量管理模块、制造标准等。

(2)物流管理模块。分为销售与分销模块、采购管理模块和库存管理模块。

销售与分销模块包括销售计划、客户信息的管理和服务、销售订单管

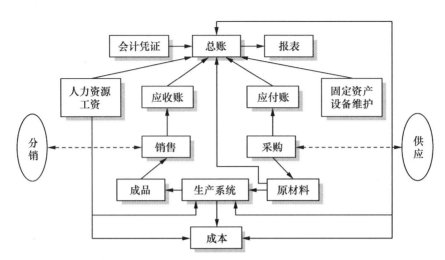

图 7-2　ERP 的结构与功能

理、运输发货、销售的统计与分析、分销网络管理等。

采购管理模块包括供应商信息管理、采购订单管理、询价管理、催货管理、发票匹配等。

库存管理模块包括收发料的日常业务处理、库存项目信息管理、库存统计分析和盘点等。

（3）财务管理模块。包括以会计核算为主线的总账模块、应收账模块、应付账模块、现金管理模块、固定资产核算模块、多币制模块、工资核算模块以及成本模块等。

（4）人力资源管理模块。包括人力资源规划、发展计划、招聘管理、工资核算、工时管理和差旅核算等。

（5）资产维护管理模块。包括设备管理、预防性维护、作业管理、工单管理和文档管理等。

（6）项目管理模块。包括项目计划、项目预算、资源管理、结果分析等。

（7）工作流管理模块。包括工作定义、流程管理、电子邮件、信息传送自动化等。

（8）决策支持模块。包括联机分析处理、数据挖掘、数据导航、多维报表等。

（四）ERP 与 MRP、MRP Ⅱ 的区别

全球化经济的形成，以面向企业内部信息集成为主的 MRP Ⅱ 系统已不能满足企业多元化（多行业）、跨地区、多供应和销售渠道的全球化经营管理

模式的要求。进入 20 世纪 90 年代,随着网络通信技术的迅速发展和广泛应用,一些跨国经营的制造企业开始朝着更高的管理信息系统层次——ERP 迈进。而且通过实践和发展,ERP 至今已有了更深的内涵。ERP 同 MRP Ⅱ 的主要区别可以概括为以下几个方面:

1. 在资源管理范围方面的差别

MRP Ⅱ 主要侧重对企业内部人、财、物等资源的管理,ERP 系统提出了供应链的概念,即把客户需求和企业内部的制造活动以及供应商的制造资源整合在一起,并对供应链上的所有环节进行有效管理,这些环节包括订单、采购、库存、计划、生产制造、质量控制、运输、分销、服务与维护、财务管理、人事管理、实验室管理、项目管理、配方管理等。

2. 在生产方式管理方面的差别

MRP Ⅱ 系统把企业归类为几种典型的生产方式来进行管理,如重复制造、批量生产、按订单生产、按订单装配、按库存生产等,针对每一种类型都有一套管理标准。在 20 世纪 90 年代初期,企业为了紧跟市场的变化,多品种、小批量生产以及看板式生产成为企业主要采用的生产方式,ERP 因此能很好地支持和管理这种混合型制造环境,满足了企业多元化经营需求。

3. 在管理功能方面的差别

ERP 除了 MRP Ⅱ 系统的制造、分销、财务管理功能外,还增加了以下功能:支持各个环节之间的运输管理和仓库管理;支持生产保障体系的质量管理、实验室管理、设备维修和备品备件管理;支持对工作流(业务处理流程)的管理。

4. 在事务处理控制方面的差别

MRP Ⅱ 是通过计划的及时滚动来控制整个生产过程,它的实时性较差,一般只能实现事中控制。而 ERP 系统支持在线分析处理(Online Analytical Processing, OLAP)、售后服务及质量反馈,强调企业的事前控制能力,它可以将设计、制造、销售、运输等通过集成来并行地进行各种相关的作业,为企业提供了对质量、适应变化、客户满意、绩效等关键问题的实时分析能力。

此外,在 MRP Ⅱ 中,财务系统只是一个信息的归结者,它的功能是将供、产、销中的数量信息转变为价值信息,是物流的价值反映。而 ERP 系统则将财务计划功能和价值控制功能集成到整个供应链上,如在生产计划系统中,除了保留原有的主生产计划、物料需求计划和能力需求计划外,还扩展了销售执行计划和利润计划。

5. 在跨国（或地区）经营事务处理方面的差别

现代企业的发展，使得企业内部各个组织单元之间、企业与外部的业务单元之间的协调变得越来越多、越来越重要，ERP 系统运用完善的组织架构，从而可以支持跨国经营的多国家地区、多工厂、多语种、多币制应用的需求。

6. 在计算机信息处理技术方面的差别

随着 IT 技术的飞速发展、网络通信技术的应用，ERP 系统能够实现对整个供应链信息进行集成管理。ERP 系统应用三层客户/服务器体系结构和分布式数据处理技术，支持 Internet/Intranet/Extranet、电子商务（E-business）、电子数据交换（EDI），此外，还能实现在不同平台上的互操作。

分析以上述三种原理为指导的生产物流运作方式，可以看到，MRP 是在产品结构的基础上，运用网络计划原理，根据产品结构各层次物料的从属和数量关系，以每个物料为计划对象，以完工日期为时间基准倒排计划，按提前期长短区别各个物料，下达计划时间的先后顺序。它不仅说明了供需之间的品种和数量关系，而且说明了供需之间的时间关系。MRP Ⅱ 是在 MRP 基础上考虑了所有其他与生产经营活动直接相关的工作和资源（如财务计划），把物料流动和资金流动结合起来，形成一个完整的经营生产信息系统，即人力、物料、设备、能源、资金、空间和时间等各种资源以"信息"的形式表现，并通过信息集成，对企业有限的各种制造资源进行有效的计划，合理运用，以提高企业的竞争力，实现企业管理的系统化。而 ERP 又是在 MRP Ⅱ 的基础上通过前馈的物流与反馈的信息流和资金流，把客户需求和企业内部的生产活动以及供应商的制造资源整合在一起，形成了一种完全按用户需求制造的供应链管理思想的功能网络结构模式。它强调通过企业间的合作，强调对市场需求快速反应、高度柔性的战略管理以及降低风险成本、实现高收益目标等优势，从集成化的角度管理供应链问题。

三种原理的提出也体现出不同时期人们对生产物流的认知和发展，归纳起来是基于一种"推"动生产物流的物流管理理念，即从构成一个产品的所有物料出发，通过产品结构，一级一级地制订不同阶段的物料需求计划，在实践中不断完善、扩大运用范围，从一个企业的生产物流最终发展到互相有上下物料供应关系的企业之间的生产物流。生产物流在计划与控制手段上的不断发展和完善，也反映出生产物流的计划与控制与采购物流、销售物流的计划与控制息息相关。

第二节　以 JIT 思想为宗旨的生产物流运营方式

任何一种产品从开始加工、装配到成品都要耗费一定的时间。通过比较下面两个关于生产物流的公式,就产生出以 JIT 为宗旨的物流运作方式。

公式一:产品生产总时间 = 加工时间 + 物料整理时间 + 运送时间 + 等待时间 + 检验时间

公式二:产品生产总时间 = 增值时间 + 非增值时间(增值时间等于生产过程对产品的操作时间,非增值时间为储存、等待、运送和检验等时间)

按公式一对企业进行调查,发现大多数企业的产品生产加工时间不足总时间的 10%,其余时间均为运送、检验和等待时间等非生产时间。按公式二,就可发现非增值时间不增加价值,如果每个生产工序只考虑自己,不考虑下一道工序需要什么、什么时候需要和需要多少,那么一定会多生产或少生产,不是提前生产就是滞后生产,所以,必须对生产物流系统进行改进,不断消除非增值时间,使生产周期等于对产品必要加工的增值时间。这就是以 JIT(Just-In-Time,准时生产、即时配送)为宗旨对生产物流进行控制的出发点。

一、JIT 的产生

在 20 世纪后半期,制造业面临的问题是如何有效地组织多品种小批量生产。生产过剩所引起的不仅仅只是设备、人员、库存费用等一系列的浪费,而是影响到企业的竞争能力以至于生存。1953 年,日本丰田公司考虑到当时日本国内市场环境、劳动力以及第二次世界大战之后资金短缺等原因,综合了单件生产和批量生产的特点和优点,创造了一种在多品种小批量混合生产条件下高质量、低消耗的生产方式,即准时生产、即时配送。1961 年该生产方式在整个公司全面推行。到 20 世纪 70 年代初,日本大力推广 JIT,并将其应用于汽车、机械制造、电子、计算机等工业中。JIT 成为日本工业竞争战略的重要组成部分;20 世纪 80 年代初开始,西方国家开始重视对 JIT 的研究。

二、JIT 的基本理念及其特点

一般来说,制造系统中的物流方向是从零件到组装再到总装。而 JIT 方式却从反方向来看物流,即从装配到组装再到零件。当后一道工序需要运行时,才到前一道工序去拿取正好所需要的那些坯件或零部件,同时下达下一段时间的需求量,这就是 JIT 的基本思想——适时、适量、适度(指就质量而言)生产。

（一）JIT 的目标

对于整个系统的总装线来说，JIT 的目标是彻底消除无效劳动和浪费，具体包括：

(1) 废品量最低(零废品)。JIT 要求消除各种引起不合理的原因，在加工过程中每一工序都要求达到最高水平。

(2) 库存量最低(零库存)。JIT 认为，库存是生产系统设计不合理、生产过程不协调、生产操作不良的证明。

(3) 准备时间最短(零准备时间)。准备时间长短与批量选择相联系，如果准备时间趋于零，准备成本也趋于零，就有可能采用极小批量。

(4) 生产提前期最短。短的生产提前期与小批量相结合的系统，应变能力强，柔性好。

(5) 搬运量最低。零件送进搬运是非增值操作，如果能使零件和装配件运送量减小，搬运次数减少，可以节约装配时间，减少装配中可能出现的问题。

(6) 机器损坏低。

(7) 批量小。

为了达到上述目标，JIT 要求：

(1) 整个生产均衡化。按照加工时间、数量、品种进行合理的搭配和排序，使生产物流在各作业之间、生产线之间、工序之间、工厂之间平衡、均衡地流动。为达到均衡化，在品种和数量上应组织混流加工，并尽量采用成组技术与流程式生产。

(2) 尽量采用对象专业化布局，用以减少排队时间、运输时间和准备时间。工厂采用基于对象专业化布局，以使各批工件能在各操作间和工作间顺利流动，减少通过时间；流水线和工作中心采用微观对象专业化布局和 JIT 工作中心布局，可以减少通过时间。

(3) 从根源上强调全面质量管理。目标是从消除各环节的不合格品到消除可能引起不合格品的根源，并设法解决问题。

(4) 通过产品的合理设计，使产品与市场需求相一致，并且易生产，易装配。如模块化设计；设计的产品尽量使用通用件，标准件；设计时应考虑易实现生产自动化。

(二) JIT 系统的特点

1. JIT 是一种积极和动态的系统

多数传统的生产与库存管理系统(如 MRP 或订货点法)在操作时都是静态系统。在这些系统中,第一,管理重点放在实现各个模块的操作标准上,同时严格地进行控制,以避免与标准产生任何偏差。如果满足了各种变量的设定值(如提前期、标准工作时间返工率及废品率、搬运时间及成本等),那么系统就被认为是成功的。第二,不强调对系统的业绩进行改进,因而是"消极"系统。

JIT 是一种积极和动态的系统,它强调在批量、准备时间、提前期、废品率、成本及质量方面的持续进取,全面地对整个生产过程进行分析,消除一切浪费,减少不必要的操作,降低库存,减少工件等待和移动的时间,对于问题采取事前预防而不是事后检查。该系统没有必须达到的标准,所有的业绩都是前进的过程而不是终点。

2. JIT 系统是拉动方式

以看板管理为手段,采用"取料制",即后道工序根据市场需要的产品品种、数量、时间和质量进行生产,一环一环地拉动各个前道工序,对本工序在制品短缺的量从前道工序取相同的在制品量,从而消除生产过程中的一切松弛点,实现产品"无多余库存"以至"零库存",最大限度地提高生产过程的有效性。这种拉动方式有助于在工序间实现前一工序的操作,是把下一工序作为顾客来对待,下一工序是用客户的眼光来检查上一道工序传来的零件,而这恰恰是实行全面质量管理过程的有效前提。

3. JIT 采用强制性方法解决生产中存在的不足

由于库存已降低到最低状态,生产无法容忍任何中断,所以,整个生产过程必须精心组织安排,避免任何可能出现的问题。传统的 MRP 系统没有这种解决问题的机制,因为库存的存在不仅可以把许多问题隐藏起来,而且还会使生产费用大幅度增长。

(三) JIT 方式的技术体系构造

JIT 方式的技术体系构造如图 7-3 所示。

准时生产、即时配送(JIT)的目标是降低成本,减少产品提前期并提高质量。核心是及时物流,即在一个物流系统中,原材料准确(适量)无误(及时)地提供给加工单元(或加工线),零部件准确无误地提供给装配线;从本质上看,JIT 是基于"拉"动的生产物流的物流管理理念,即它从订货需求出发,根

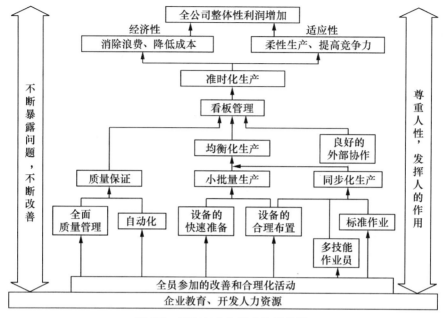

图 7-3　JIT 方式的技术体系构造

据市场需求确定应该生产的品种和数量,最终工序(组装厂)要求其前的各专业工厂之间、工厂内的各道工序之间以及委托零部件生产厂到组装厂的零部件供应,必须在指定时间高质量完成,严格管理供货时间误差,以保证在需要的时候按需要的量生产所需的产品。

以 JIT 思想为宗旨的生产物流运作方式,不仅是对一个企业的生产物流及时性的要求,它同样涉及与之有关的物料供应企业的生产物流能否及时到位的问题。所以,只有保证了采购物流、销售物流的 JIT 方式,才能真正保证生产物流的 JIT。这又一次反映出生产物流的计划与控制与采购物流、销售物流的计划与控制息息相关。

三、JIT 物流系统的支撑体系——看板管理

JIT 物流系统实行的是拉动式生产(见图 7-4)。

JIT 物流系统从产品装配出发,每道工序和每个车间都按照当时的需要向前一道工序和车间提出要求,发出工作指令,前面的工序和车间完全按这些指令进行生产,因而 JIT 物流系统的控制方式是拉动式的。JIT 物流系统可以真正实现按需准时生产,因为 JIT 物流系统的每道工序都是按其后工序的要求,在适当的时候按需要的品种和数量生产,因而不会发生生产不需要

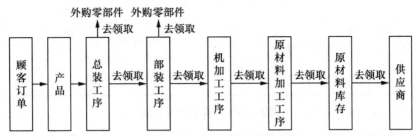

图7-4 拉动式生产示意图

的零部件的情况。

JIT物流系统认为存储不能增加产品的附加值,不仅是一种浪费,还会掩盖企业中的潜在问题,如工序能力不足、废品率偏高、交货不及时等。JIT物流系统总是用减少存储的办法暴露企业存在的问题,然后积极地去解决这些问题。JIT物流系统利用看板的数量限定了在制品的储备量,同时,严格按订货生产大大减少了产成品的存储。因此,JIT物流系统的存储水平远远低于MRP。存储的降低加快了物流速度,缩短了产品的制造周期。

(一)看板的种类

看板是一种类似通知单的卡片,是传递信息或指令的牌子、小票、信息卡和器具等。其基本形状是一种长方形卡片,用塑料、金属或硬纸制成,有的为了耐用起见装入塑料袋内。看板上的内容,可以根据企业管理的需要来决定,一般包括:产品名称、品种、数量、生产线名称、前后工序名称、生产方法、运送时间、运送方式和存放地点等。它应用了目视管理的原理,使现场人员一目了然,能够按照看板要求组织生产。一套良好的看板管理体系可以成为JIT物流管理模式的有力的支撑体系。

在企业生产运作和物流管理中,看板根据功能和应用对象的不同,可以分为生产看板和取货看板。生产看板指在一个工厂内,指示某工序加工制造规定数量工件所用的看板。生产看板又有两种类型:一是加工看板(如图7-5所示),它指出了需加工工件的件号、件名、类型、工件存放位置、工件背面编号、加工设备等;二是信号看板(如图7-6所示),它是在固定的生产线上作为生产指令的看板,一般的表现形式是信号灯或不同颜色的小球等。

加工看板		加工工序
存放货架号 K09-12	工件背面号 E4-421	机加工
序列号 582156467971-5615		加工设备
工件名称 连杆	单元化容量 24	机床 LK-2
产品型号 BH30LK-240		

图 7-5 拉动式生产示意图

存货点号 BV-013		背面号码 M2-06		
工件号 74797-GD06				前工序
工件名 轮毂				粗车
产品类型 AGJL-4				FA-09
单元化容量	容器形状		发行张数	后工序
16	A-7		5/9	打孔 M-12

图 7-6 信号看板

取货看板指后工序的操作者按看板上所列件号、数量等信息,到前工序(或外协厂)领取零部件的看板。取货看板又可分为两种类型:一是工序间取货看板,如图 7-7 所示,它指出应领取的工件件号、件名、类型、工件存放位置、工件背面编号、紧前加工工序号、紧后加工工序号等,是厂内工序间的物流凭证;二是外协取货看板,用于对供应商的物流管理,它除了指出有关外协件特征信息外,还指出本企业名称、外协厂名、交货时间、数量等,它是向固定的协作厂取货的凭证。

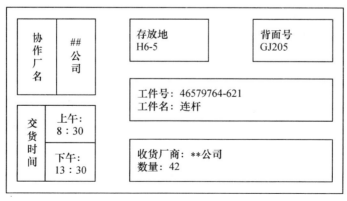

图 7-7 取货看板

(二) 看板的运行模式

JIT 物流可以说是以实物为中心的生产活动的管理方式。在生产活动上,从材料加工到产品的过程中必然有物品的移动。JIT 物流是利用看板作为对物品的移动进行管理的手段。看板的基本运行模式如图 7-8 所示。

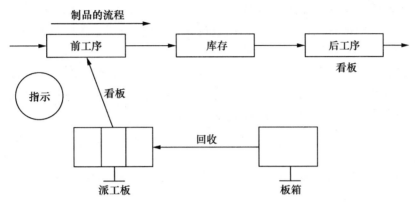

图 7-8 看板的基本运行模式

生产所需的零件,是由后工序到前工序去领取,并在开始使用该零件时,把附置在零件上的看板拆卸,放入板箱内(由后工序的作业员担任)。然后定期由领班或专人把板箱内的看板回收,并悬挂在派工板上。领班依据派工板上的看板张数,作为对前工序的生产指示。在前工序完成零件加工后,作业员即在该零件上附置看板,当作库存。所以,没有看板,就不得生产;物品的移动,必须要有看板跟着移动。

(三) 看板的数量计算

制作看板时,需依产品种类(代号)或零件种类(代号)来计算看板的必要张数。在产品及零件种类繁多的情况下,如果依各产品及零件来计算看板张数,将不胜其烦。为方便起见,应统一相同的计算式。但在计算式中,以管制系数来控制价格昂贵的产品或零件的库存金额;对于庞大体积的制品或零件,则应设法尽量减少保管面积。

看板张数的计算式(用在生产线上):

$$看板必要张数 = \frac{每天最大产量 \times (生产周期 + 生前前置时间 + 回收前置时间 + 安全库存量)}{SNP}$$

(1) 每天最大产量(个)。指生产计划的产品数量中每天的最大产量。但精益物流系统是以均衡化生产为前提,故产品的产量不应该每日有大幅度的变动。万不得已产量有变动时,在计算式上应有所考虑。

(2) 生产周期(日)。指自对生产线做生产指示到下次的生产指示的间隔。

(3) 生产前置期间(日)。指自生产指示到生产完了时点的间隔,表示在该生产线工序内在制品的数量。

(4) 回收前置期间(日)。指回收放在板箱内(由后工序所拆卸下)的看板,用来对前工序做生产指示的间隔。

(5) 安全库存量(日)。生产线往往因产品不良、设备故障及其他异常而无法按照计划进行,因此,安全库存量一般根据企业的实际情况而定,同时也是变动的。安全库存就是来应付生产线上所发生的种种异常。但必须注意要依异常的发生几率来决定库存量,否则,将导致徒增庞大的库存数量。

(6) SNP(个)。表示附置在垫板、拖车、纸箱、零件箱等移动单位中的物品的收容个数。

以上的说明系以生产线为例,在计算式中如将"生产"的部分改为"交货"或"供料",亦可适用于零件交货或供料。

此计算式只不过是一个例子而已,并非绝对需要用此计算,因各行业各业有其不同的生产方式,即使是同行业,亦因生产体制或企业的想法而不同,因此,必须配合各公司的情况来制定计算公式。

(四) 看板的使用规则

为了使看板充分发挥其功能和作用,必须制定必要的措施,并且要严格遵守。

1. 后工序向前工序取货

为了改变以往那种前工序向后工序送货的传统做法,实施看板管理,必须由后工序在必要的时候到前工序领取必要数量的零部件,以防止产需脱节而生产不必要的产品。为确保这条规则的实行,后工序还必须遵守下面三条具体规定:第一,禁止不带看板领取零部件;第二,禁止领取超过看板规定数量的零部件;第三,实物必须附有看板。

2. 不良品不交给下道工序

上工序必须为下工序生产百分之百的合格品。如果发现生产了不良品,必须立即停止生产,查明原因,采取措施,防止再次发生,以保证产品质量,防止生产中的不必要浪费。

3. 前工序只生产后工序所领取数量的产品

各工序只能按照后工序的要求进行生产,而不生产超过看板所规定数量的产品,以控制过量生产和合理库存,彻底排除无效劳动。

4. 进行均衡化生产

均衡生产是看板管理的基础。实施看板管理,只对总装配线下达生产数量指令,因而其担负生产均衡化的责任。为了准确地协调生产,及时满足市场多变的需求,最好利用电子计算机分析各种因素,制订确切的均衡化生产计划。

5. 必须使生产工序合理化和设备稳定化

为了保证对后工序供应百分之百的合格品,必须实行作业标准化、合理化和设备稳定化,消除无效劳动,提高劳动生产率。

6. 必须根据看板进行微调

由于各工序的生产能力和产品合格率高低不同,必须在允许范围内进行微调,即适当地进行增减的调整,并且尽量不给前工序造成很大的波动而影响沟衡生产。

第三节 以 TOC 为依据的生产物流运营方式

在一定的目标下,任何系统都可以想象成由一连串的环构成,环环相扣,并且存在着一个或者多个相互矛盾的约束关系。因此,要想提高系统产出,必须尽可能打破各种约束,找到整个系统的强度中最弱的一环。这就是约束理论(Theory of Constraint, TOC)的出发点。

一、TOC 的产生

约束理论(TOC)是以色列物理学家及企管顾问高德拉特(Eliyahu M. Goldratt)于 20 世纪 70 年代提出的,继 MRP 和 JIT 后的又一项组织生产的新方式。最初被称作最优生产时间表(Optimized Production Timetable),后改称为最优生产技术(Optimized Production Technology)。最后进一步发展成为约束理论,并在美国企业界得到很多应用,并在 20 世纪 90 年代逐渐形成完善的管理体系。美国生产及库存管理协会(American Product and Inventory Control Society, APICS)非常关注 TOC,称其为约束管理(Constraint Management),并专门成立了约束管理研究小组。实质上,TOC 是一套解决企业供应链管理过程中约束的流程,用来逻辑地、系统地回答任何企业改进过程所必然提出的三个问题:改进什么(What to change),改成什么样子(What to change to),以及怎样使改进得以实现(How to cause the change)。同时它又是一套日常管理工具,可以大大提高管理效能,例如,如何有效沟通、如何双赢地解决冲突、如何团队协作、如何进行权利分配等。这些日常管理的顺利开展,是成功解决约束的必备条件和基础性工作。由于 TOC 是一种持续改善、解决"瓶颈约束资源"的管理哲学,该理论目前应用到分销(Distribution)、供应链(Supply Chain)、项目管理等其他领域,且获得了很好的成效。

二、TOC 的基本思想及核心内容

TOC 是一套管理理念与管理工具的集合,它把企业在实现其目标的过程中现存的或潜伏的制约因素称为"约束"(Constraint),通过逐个识别和消除这些"约束",使得企业的改进方向与改进策略明确化,从而达到帮助企业更有效地实现其目标的目的。

TOC 把企业看作是一个完整的系统,认为任何一种体制至少都会有一个约束因素。犹如一条链子,是链条中最虚弱的那环决定着整个链条的作用,正是各种各样的制约(瓶颈)因素限制了企业出产产品的数量和利润的增长。因此,基于企业在实现其目标的过程中现存的或潜伏的制约因素,通过逐个识别和消除这些约束,使得企业的改进方向和改进策略明确化,从而更有效地实现其有效产出目标才是最关键的。

为了达到这个目标,TOC 强调:首先,在能力管理和现场作业管理方面寻找约束因素。约束是多方面的,有市场、物料、能力、工作流程、资金、管理体制、员工行为等,其中,市场、物料和能力是主要的约束。其次,应该把重点放在瓶颈工序上,保证瓶颈工序不发生停工待料,提高瓶颈工作中心的利用率,从而得到最大的有效产出。最后,根据不同的产品结构类型、工艺流程和物料流动的总体情况,设定管理的控制点。

TOC 在生产系统运用的关键点主要有:

(一)重新建立企业目标和作业指标体系

TOC 认为,一个企业的最终目标是赚取更多的利润。生产系统衡量的作业指标应该有以下三种:

(1)有效产出(Throughput)。指企业在某个规定时期通过销售获得的货币。有效产出同产出量是不同的概念,没有销售的产成品只能作为库存处理,是没有实现目标的货币投入,也可能是一种浪费。

(2)库存(Inventory)。指企业为了销售有效产出,在所有外购物料上投资的货币。

(3) 运行费用(Operating Expenses)。指企业在某个规定时期为了将库存转换为有效产出所花费的货币。运行费用包括除材料费以外的成本。库存保管费也包括在运行费用中。

各种指标的关系公式如下：

有效产出 = 销售收入 - 外购物料成本；

运行费用 = 产品总成本 - 外购物料成本；

净利润 = 有效产出 - 运行费用；

存货利润率 = 净利润/库存；

生产率 = 有效产出/运行费用；

存货周转率 = 有效产出/库存。

(二) 寻找系统资源的瓶颈约束

TOC认为在生产系统中是有效产出最低的环节决定着整个系统的产出水平。因此,任何一个环节只要阻碍了企业去更大程度地增加有效产出,或减少库存和运行费,那么它就是一个"约束"(也称作"瓶颈")。因此应当：(1) 找出系统的瓶颈;(2) 充分利用瓶颈;(3) 由非瓶颈配合瓶颈;(4) 打破瓶颈;(5) 再找下一个瓶颈,别让惰性成了最大的约束,也就是要持续不断地改善。

(三) 以管理原则来细化理论

TOC的基本思想是由九条具体的原则来描述的。而有关生产物流计划与控制的算法和软件,就是按照这九条原则提出和开发的。

1. 有关生产系统瓶颈资源的原则

原则一,瓶颈控制了库存和有效产出。

原则二,非瓶颈资源的利用程度不由其本身决定,而是由系统的约束决定的。

原则三,瓶颈上一个小时的损失则是整个系统的一个小时的损失。

原则四,非瓶颈资源节省的一个小时无益于增加系统有效产出。

原则五,资源的"利用"(Utilization)和"活力"(Activation)不是同义词。

原则六,编排作业计划时考虑系统资源约束,提前期是作业计划的结果,而不是预定值。

2. 有关系统中物流的原则

原则七,平衡物流,而不是平衡生产能力。

原则八,运输批量可以不等于(在许多时候应该不等于)加工批量。

原则九，批量大小应是可变的，而不是固定的。

三、基于 TOC 的生产物流计划与控制原理

TOC 根据不同类型"物流"的特点来对企业进行分类，从而为企业准确识别出各自的薄弱点或者说"约束"所在提供了帮助，并对其实施有针对的计划与控制。

（一）按物料流向对企业分类

如前所述，企业的生产过程可以看作是一个从原材料到成品的高度相关的活动链。MRP 的原理就是根据这个活动链中高度相关的内在关系，制定出一个详尽而周密的生产作业计划，规定出每一种毛坯、零件、部件和产品的投入、出产时间和数量。但在实际中，这个活动链中计划好的活动程序常会被企业中大量存在的随机事件的干扰打乱，如机器损坏、质量问题等。要识别这些干扰，找出问题出在何处，手段之一就是从物流着手。通过对企业中物流的分类，认识它们各自的薄弱点（"瓶颈"）所在，才能有针对地进行计划与控制。

根据不同类型物流的特点，一般将从原材料到成品这一生产物流分为三种类型（如图7-9所示）。实际上，一个企业的生产物流往往不止一种类型，可以根据占主要地位的生产物流来相应地划分企业。如果一个企业主要是"V"型物流，那么就可以称这个企业为"V"型企业，其余的类推。

1. "V"型企业

"V"型企业的生产物流结构表现为由一种原材料加工或转变成许多种不同的最终产品。如炼油厂、钢铁厂等企业，其工艺流程一般来说比较清楚且设计简单，生产提前期较短，企业的瓶颈识别及控制与协调也相对容易。其特点主要有：最终产品的种类较原材料的种类大得多；所有的最终产品，其基本的加工过程相同；企业一般是资金密集型且高度专业化的。

2. "A"型企业

"A"型企业的生产物流结构表现为由许多种原材料加工或转变成一种最终产品。如造船厂、飞机厂等企业。其物料清单（BOM）和工艺流程较复杂，企业的在制品库存较高，生产提前期较长，瓶颈不易识别，计划以及工序间的协调工作繁多琐碎。特点是：由许多制成的零部件装配成相对较少数目的成品，原材料较多；一些零部件对特殊的成品来说是唯一的；对某一成品来说，其零部件的加工过程往往是不相同的；设备一般是通用型的。

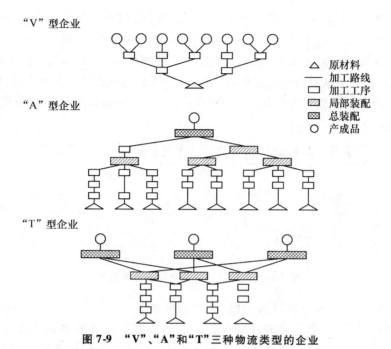

图 7-9 "V"、"A"和"T"三种物流类型的企业

3. "T"型企业

"T"型企业的生产物流结构表现为由许多种原材料加工或转变成多种最终产品。如制锁厂、汽车制造厂等企业。其特点主要包括：由一些共同的零部件装配成相对数目较多的成品；许多成品的零部件是相同的；但零部件的加工过程通常是不相同的。

表 7-1 是三种类型企业的特点对比。

表 7-1 三种物流类型企业对比

特点	"V"型企业	"A"型企业	"T"型企业
产品种类	多	单一或较少	较多
产品加工过程	基本相同	不相同	不相同
物料特点	物料流程分解型	物料流程加工装配型	标准基件物料加工装配型
设备	高度专业化	通用型	介于专业化与通用型之间
工艺流程	比较清楚、设计简单	物料清单较复杂、在制品库存较高	物料清单较复杂、在制品库存较高
生产提前期	较短	较长	较长
企业的瓶颈识别	相对容易	相对困难	相对困难
生产控制、协调	相对容易	相对困难	相对困难
典型行业	炼油厂、钢铁厂	造船、飞机厂	制锁厂、汽车制造厂

另外，从企业的制造资源来看，考虑到瓶颈的存在，物料所经过的制造资源将存在瓶颈与非瓶颈之分。而瓶颈与非瓶颈的关系，通过考察以上三种类型企业的物流可以看出，它们之间存在着四种基本的关系，如图7-10所示。分别是：从瓶颈到非瓶颈资源[图(a)]；从非瓶颈到瓶颈资源[图(b)]；瓶颈资源和非瓶颈资源到同一装配中心[图(c)]；瓶颈资源和非瓶颈资源相互独立[图(d)]。

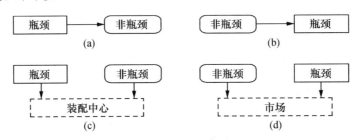

图7-10　瓶颈资源与非瓶颈资源的关系

（二）实行"鼓—缓冲器—绳"系统控制方法

TOC认为，一个企业的计划与控制的目标就是寻求顾客需求与企业能力的最佳配合，对约束环节进行有效的控制，一旦一个被控制的工序（即瓶颈）建立了一个动态的平衡，其余的工序应相继地与这一被控制的工序同步。而实现方法是以"鼓—缓冲器—绳"（Drum-Buffer-Rope）系统来排程。

1. "鼓—缓冲器—绳"的含义

（1）"鼓"

"鼓"是一个企业运行最优生产技术（Optimized Production Technology，OPT）的开端，即识别一个企业的瓶颈所在。瓶颈控制着企业同步生产的节奏——"鼓点"。要维持企业内部生产的同步、企业生产和市场需求的同步，存在着一系列的问题。其中一个主要问题就是企业的生产如何能满足市场或顾客的需求而又不产生过多的库存。因而，安排作业计划时，除了要对市场行情进行正确的预测外，还必须按交货期给顾客赋予一定的优先权数，在瓶颈上根据这些优先权数的大小安排生产，并据此对上下游的工序排序，得到交付时间。OPT的处理逻辑就是使交付时间与交货期限相符，为此就要权衡在瓶颈上的批量规模。因为在瓶颈上只有加工时间和调整准备时间，增大瓶颈的加工批量，可以减少调整准备时间，使瓶颈的有效能力增加，但相应会减少系统的柔性，增加库存和提前期。反之，其效果与增大加工批量相反。两者都会影响到一些订货的交货时间。

从计划和控制的角度来看,"鼓"反映了系统对约束资源的利用。对约束资源应编制详细的生产作业计划,以保证对约束资源的充分合理的利用。

(2)"缓冲器"

"缓冲器"又称"缓冲",一般来说分为"时间缓冲"和"库存缓冲"。"时间缓冲"则是将所需的物料比计划提前一段时间提交,以防随机波动,以瓶颈上的加工时间长度作为计量单位。其长度可凭观察与实验确定。再通过实践,进行必要的调整。例如,一个三天的"时间缓冲"表示着一个等待加工的在制品队列,它相当于在瓶颈上三天的生产任务。在设置"时间缓冲"时,一般要考虑以下几个问题:

① 要保证瓶颈上产出率相对较快的工件在加工过程中不致因为在制品少而停工。

② 应考虑加工过程中出现的波动。如瓶颈的实际产出率比原来估计的要快,或瓶颈前的加工工序的产出率比原来估计的要慢,或者出现次品。所以,在设置"时间缓冲"时一般要设置一定的安全库存。

③ 根据 OPT 的原理,瓶颈上的加工批量是最大的,而瓶颈的上游工序则是小批量、多批次的。

④ 要考虑在制品库存费用、成品库存费用、加工费用和各种人工费用。要在保证瓶颈上加工持续的情况下,使得整个加工过程的总费用最小。

"库存缓冲"就是保险在制品,其位置、数量的确定原则同"时间缓冲"。

(3)"绳子"

"绳子"的作用是尽量使库存最小。瓶颈决定着生产线的产出节奏,而在其上游的工序实行拉动式生产,等于用一根看不见的"绳子"把瓶颈与这些工序串联起来,有效地使物料依照产品出产计划快速地通过非瓶颈作业,以保证瓶颈的需要。所以,"绳子"起的是传递作用,所有部分按"鼓"的节奏进行生产。在 DBR 的实施中,"绳子"是由一个涉及原材料投料到各车间的详细的作业计划来实现的。

"绳子"控制着企业物料的进入(包括瓶颈的上游工序与非瓶颈的装配),其实质和"看板"思想相同,即由后道工序根据需要向前道工序领取必要的零件进行加工,而前道工序只能对已取用的部分进行补充,实行的是一种受控生产方式。在 OPT 中,就是受控于瓶颈的产出节奏,也就是"鼓点"。没有"瓶颈"发出的生产指令,就不能进行生产,这个生产指令是通过类似"看板"的物质在工序间传递的。

通过"绳子"系统的控制,使得瓶颈前的非瓶颈设备均衡生产,加工批量和运输批量减少,可以减少提前期以及在制品库存,而同时又不使瓶颈停工待料。所以,"绳子"是瓶颈对其上游机器发出生产指令的媒介,没有它,生产就会造成混乱,要么造成库存过大,要么会使瓶颈出现"饥饿"现象。

2. "鼓—缓冲器—绳"系统的原理

如图7-11所示,该系统的原理表述如下:

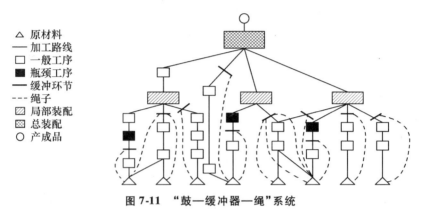

图7-11 "鼓—缓冲器—绳"系统

第一,TOC把主生产计划(MPS)比喻为"鼓",根据瓶颈资源的可用能力确定物流量,作为约束全局的"鼓点",控制在制品库存量。

从计划和控制的角度来看,"鼓"反映了系统对约束资源的利用。所以,对约束资源应编制详细的生产作业计划,以保证对约束资源的充分合理的利用。

第二,所有瓶颈和总装工序前要有"缓冲器",保证起制约作用的瓶颈资源得以充分利用,以实现企业最大的产出。

第三,所有需要控制的工作中心如同用一根传递信息的绳子牵住的队伍,按同一节拍(保持一定间隔,按同一步伐行进),也就是在保持均衡的在制品库存、保持均衡的物料流动条件下进行生产。

由于"约束"决定着生产线的产出节奏,而在其上游的工序实行拉动式生产,等于用一根看不见的"绳子"把"约束"与这些工序串联起来,有效地使物料依照产品出产计划快速地通过非约束作业,以保证约束资源的需要。所以,"绳子"控制着企业物料的进入(包括"约束"的上游工序与"非约束"的装配),起的是传递作用,即驱动系统的所有部分按"鼓"的节奏进行生产。通过"绳子"系统的控制,使得约束资源前的非约束资源均衡生产,加工批量和运输批量减少,可以减少提前期以及在制品库存,而同时又不使约束资源停工待料。在DBR的实施中,"绳子"是由一个涉及原材料投料到各车间的详细的作业计划来实现的。

3. "鼓—缓冲器—绳"系统的实施步骤(离散生产作为典型)

在"鼓—缓冲器—绳"系统中,"鼓"的目标是使产出率最大。"缓冲器"的目标是对瓶颈进行保护,使其生产能力得到充分利用。"绳子"的目标是使库存最小。所以具体操作时有以下几个关键步骤:

(1)识别企业的真正约束(瓶颈)所在是控制物流的关键。一般来说,当需求超过能力时,排队最长的机器就是"瓶颈"。如果管理人员知道一定时间内生产的产品及其组合,就可以按物料清单计算出要生产的零部件。然后,按零部件的加工路线及工时定额,计算出各类机床的任务工时,将任务工时与能力工时比较,负荷最高、最不能满足需求的机床就是瓶颈。找出瓶颈之后,可以把企业里所有的加工设备划分为关键资源和非关键资源。

(2)基于瓶颈约束,建立产品出产计划。建立产品出产计划(Master Schedule)的前提是使受瓶颈约束的物流达到最优,因为瓶颈约束控制着系统的"鼓的节拍"(Drum-beat),即控制着企业的生产节拍和产销率。为此,需要按有限能力法进行生产安排,在瓶颈上扩大批量,设置"缓冲器"。对非约束资源安排作业计划,则按无限能力倒排法,使之与约束资源上的工序同步。

(3)设置"缓冲器"并进行监控,以防止随机波动,使约束资源不至于出现等待任务的情况。

(4)对企业物流进行平衡,使得进入非瓶颈的物料被瓶颈的产出率控制(即"绳子")。

(三) TOC 理论的生产物流原则

1. 追求物流的平衡,而不是生产能力的平衡

追求生产能力的平衡是为了使企业的生产能力得到充分利用。设计一个新厂时自然会追求生产过程各环节的生产能力的平衡。但是对于一个已投产的企业,特别是多品种生产的企业,如果一定要追求生产能力的平衡,那么即使企业的生产能力充分利用了,产品也未必都能恰好符合当时市场的需求,必然有一部分要积压。OPT 则主张在企业内部追求物流的平衡,它认为生产能力的平衡实际是做不到的。因为波动是绝对的,市场每时每刻都在变化;生产能力的稳定只是相对的。所以必须接受市场波动这个现实,并在这种前提下追求物流平衡。所谓物流平衡,就是使各个工序都与瓶颈工序同步,以求生产周期最短、在制品最少。

2. 非瓶颈资源的利用程度不由其本身决定,而是由系统的约束决定

因为系统的产出是由所能经过瓶颈的产品量决定的,即瓶颈制约着产销率。而非瓶颈资源的充分利用不仅不能提高产销率,而且会使库存和运行费增加。

3. 资源的"利用"和"活力"不是同义词

"利用"注重的是有效性,而"活力"注重的则是可行性,从平衡物流的角度出发,应允许在非关键资源上安排适当的闲置时间。

4. 瓶颈控制了库存和产销率

企业的非瓶颈应与瓶颈同步,它们的库存水平只要能维持瓶颈上的物流连续稳定即可,过多的库存只是浪费,这样瓶颈也就相应地控制了库存。

5. 运输批量可以不等于(在许多时候应该不等于)加工批量

车间现场的计划与控制的一个重要方面就是批量的确定,它影响到企业的库存和产销率。OPT 采用了一种独特的动态批量系统,它把在制品库存分为两种不同的批量形式:(1)运输批量,是指工序间运送一批零件的数量;(2)加工批量,指经过一次调整准备所加工的同种零件的数量,可以是一个或几个转运批量之和。在自动装配线上,转运批量为1,而加工批量很大。

确定加工批量的大小应考虑资源的合理应用和合理的在制品库存。确定运输批量的大小则是考虑提高生产过程的连续性、平行性,减少工序间的等待时间和减少运输工作量与运输费用。两者考虑的出发点不同,所以运输批量不一定要与加工批量相等。

根据 OPT 的观点,为了使瓶颈上的产销率达到最大,瓶颈上的加工批量必须大。但另一方面,在制品库存不应因此增加,所以转运批量应该小,即意味着非瓶颈上的加工批量要小,这样就可以减少库存费用和加工费用。

6. 批量大小应是可变的,而不是固定的

原则 6 是原则 5 的直接应用。在 OPT 中,运输批量是从在制品的角度来考虑的,而加工批量则是从资源类型的角度来考虑的。同一种工件在瓶颈资源和非瓶颈资源上加工时可以采用不同的加工批量,在不同的工序间传送时可以采用不同的运输批量,其大小根据实际需要动态决定。

本章思考题

一、名词解释

MRP;MRPⅡ;ERP;JIT;TOC。

二、回答问题

1. MRP 与传统的存货管理相比有哪些特点？
2. 请结合 MRP Ⅱ 的基本思想，说明 MRP Ⅱ 运行的特点。
3. 在 ERP 的结构中物流管理模块具有哪些功能？
3. ERP 除了传统 MRP Ⅱ 系统的制造、供销、财务功能外，还增加了什么功能？
4. 请分析说明 ERP 与 MRP Ⅱ 的区别。
5. 对于整个生产系统的总装线来说，JIT 的目标是什么？怎样才能达到目标？
6. 试分析说明 JIT 方式的技术体系构造。
7. 简要说明 TOC 的基本思想及核心内容。
8. TOC 的基本思想的九条具体原则中，描述有关系统中物流的原则有哪些？
9. 请分别说明"V"型企业、"A"型企业和"T"型企业的生产物流的结构表现。
10. 以离散生产作为典型情况，说明实行"鼓—缓冲器—绳"系统控制的实施方法。
11. 简述 TOC 理论的生产物流原则。

第八章

企业仓储管理

主要内容

- 企业现代仓储管理概述
- 仓储作业流程管理
- 配送中心

仓库是"保管、储存物品的建筑物和场所的总称"(GB/T 18354-2001)。企业对仓储管理的要求已从静态管理向动态管理发生了根本性的转变。仓储管理是指对仓库及其库存物的管理,现代企业的仓库很多已演化为企业的物流中心。仓储管理系统是企业物流系统中不可缺少的子系统。

第一节 企业现代仓储管理概述

一、仓储在企业物流系统中的作用

由于企业的仓储活动在时间上起着生产和经营的缓冲和平衡的作用,协调着原材料、产成品的供需,为客户在需要的时间和地点提供适当的产品,因此仓储活动能够提高企业的客户服务水平,增强企业的竞争力。但是,仓库又是物流系统中的一个结点,产品在仓库中的保管活动又是物流的暂时停滞,从而增加产品的成本。

仓储在企业物流系统中的重要作用主要表现在以下几个方面:

(一)降低运输成本,提高运输效率

大规模、整车运输会带来运输的经济性。在供应物流方面,企业从多个供应商分别小批量购买原材料并运至仓库,然后将其拼箱并整车运输至工厂。由于整车运输费率低于零担运输费率,因此,这将大大降低运输成本,提高运输效率。在销售物流方面,企业将各工厂的产品大批量运到市场仓库,然后根据客户的要求,小批量运到市场或客户手中。另外,各种运输工具的运量相差很大,它们之间进行转运,运输能力上是很不匹配的,因此,仓库还具有调节运力差异的作用。

(二)产品整合

仓储的第二个作用是进行产品的整合。企业的一个产品线包括了数千种不同的产品,这些产品经常在不同工厂生产。企业通常根据客户要求,将产品在仓库中进行配套、组合、打包,然后运往各地客户。否则,从不同工厂满足订货将导致不同的交货期。仓库除了满足客户订货的产品整合需求外,对于使用原材料或零配件的企业(如汽车制造商)来说,从供应仓库将不同来源的原材料或零配件配套组合在一起,整车运到工厂以满足需求,也是很经济的。

单纯的储存和保管型仓库已远远不能适应生产和市场的需要。增加配送和流通加工的功能,形成流通、销售、零部件供应的中心,已成为现代仓库

的一个发展方向。

（三）支持企业的销售服务

仓储的第三个作用是支持企业的销售服务。仓库合理地靠近客户，使产品适时地到达客户手中，将提高客户的满意度并扩大企业销售，这一点对于企业产成品仓库来说尤为重要。

（四）调节供应和需求

由于生产和消费之间或多或少存在时间或空间上的差异，仓储可以提高产品的时间效用，调整均衡生产和集中消费或均衡消费和集中生产在时间上的矛盾，使生产和消费协调起来。

二、企业仓储的类型

（一）按仓储活动的运作主体分类

仓储管理模式可以按仓储活动的运作方式分为自有仓库仓储、租赁公共仓库仓储和合同仓储（第三方仓储）。

1. 自有仓库仓储

（1）运用自有仓库进行仓储的优点

相对于公共仓储来说，企业利用自有仓库进行仓储活动具有以下优势：

① 更大程度地控制仓储。由于企业对自有仓库拥有所有权，所以企业作为货主能够对仓储实施更大程度的控制。在产成品移交给客户之前，企业对产成品负有直接责任。这种控制使企业易于将仓储的功能与企业的整个分销系统进行协调。

② 自有仓储更具灵活性。由于企业是仓库的所有者，所以可以按照企业要求和产品的特点对仓库进行设计与布局。高度专业化的产品往往需要专业的保管和搬运技术，而公共仓储难以满足这种要求，因此，这样的企业必须拥有自有仓库或直接将货物送至客户。

③ 长期仓储时，自有仓储的成本低于公共仓储。如果自有仓库得到长期的充分利用，自有仓储的成本将低于公共仓储的成本。这是由于长期使用自有仓库保管大量货物会降低单位货物的仓储成本。如果企业自有仓库的利用率较低，说明自有仓储产生的规模经济不足以补偿自有仓储的成本，则应转向公共仓储。当然，降低自有仓储成本的前提是有效的管理与控制，否则将影响整个物流系统的运转。

④ 为企业树立良好形象。当企业将产品存储于自有仓库时，会给客户一种企业长期持续经营的良好印象，客户会认为企业经营十分稳定、可靠，

是产品的持续供应者,这将有助于提高企业的竞争优势。

(2)运用自有仓库进行仓储的缺点

运用自有仓库进行仓储存在以下不足:

① 局限性。自有仓库固定的容量和成本使得企业的一部分资金被长期占用。不管企业对仓储空间的需求如何,自有仓库的容量是固定的,不能随着需求的增加或减少而扩大或减小。当企业对仓储空间的需求减少时,仍须承担自有仓库中未利用部分的成本;而当企业对仓储空间有额外需求时,自有仓库却无法满足。此外,自有仓库还存在地理位置和建筑结构的局限性。如果企业只能使用自有仓库,则会由于数量限制而失去战略性优化选址的灵活性;市场的大小、市场的位置和客户的偏好经常变化,如果企业在仓库结构和服务上不能适应这种变化,企业将失去许多商业机会。

② 投资大。由于自有仓库的成本高,所以许多企业因资金问题而难以修建自有仓库。自有仓库是一项长期、有风险的投资。而企业将资金投资于其他项目可能会得到更高的回报。因此,投资建造自有仓库的决策要非常慎重。

2. 租赁公共仓库仓储

没有自有仓库的企业或企业自有仓库不能满足储存任务需求时,通常要选择租赁为一般公众提供营业性服务的公共仓库进行储存活动。

(1)运用公共仓库进行仓储活动的优点

① 企业不需要资本投资。任何一项资本投资都要在详细的可行性研究基础上才能实施,但利用公共仓储,企业可以避免资本投资和财务风险。公共仓储不要求企业对其设施和设备做任何投资,企业只需支付相对较少的租金即可得到仓储服务。

② 满足企业在库存高峰时大量额外的库存需求。一方面,公共仓储能满足企业在销售淡季所需要的仓储空间;另一方面,库存高峰时能满足企业大量额外的库存需求。大多数企业由于产品的季节性、促销活动或其他原因而导致存货水平变化。利用公共仓储,则没有仓库容量的限制,从而能够满足企业在不同时期对仓储空间的需求。

③ 可以避免管理上的困难。仓储管理人员的培训和管理是任何一类仓库所面临的一个重要问题。尤其是对于产品需要特殊搬运或具有季节性的企业来说,很难维持一个有经验的仓库员工队伍,而使用公共仓储则可以避免这一困难。

④ 规模经济会导致货主仓储成本的降低。由于公共仓储为众多企业保

管大量库存,公共仓储会产生自有仓储难以达到的规模经济。因此,与自有仓储相比,公共仓储可提高仓库的利用率,降低存货的单位储存成本;另外,规模经济还使公共仓储能够采用更加有效的物流设备,从而提供更好的服务;公共仓储的规模经济还有利于拼箱作业和大批量运输,降低货主的运输成本。

⑤ 使企业的经营活动更加灵活。由于公共仓储的合同是短期的,当市场、运输方式、产品销售或企业财务状况发生变化时,企业能灵活地改变仓储的位置;此外,企业不必因仓库业务量的变化而增减员工;企业可以根据仓库对整个分销系统的贡献以及成本和服务质量等因素,临时签订或终止租赁合同。

⑥ 便于企业掌握保管和搬运成本。当企业使用公共仓储时,由于每月可以得到仓储费用单据,所以可清楚地掌握保管和搬运的成本,有助于企业预测和控制不同仓储水平的成本。而企业自己拥有仓库时,很难确定其可变成本和固定成本的变化情况。

(2) 使用公共仓库进行仓储活动的缺点

① 增加包装成本。公共仓库中存储了各种不同种类的货物,而各种不同性质的货物有可能互相影响,因此,企业使用公共仓储时必须对货物进行储存包装,从而增加包装成本。

② 企业对公共仓库中的库存难以控制。企业与仓库经营者都有履行合同的义务,但非常事故给货主所造成的货物的损失会远远大于得到的赔偿。因此,在控制库存方面,使用公共仓库将比使用自有仓库承担更大的风险。

自有仓库仓储和租赁公共仓库仓储各有优势,企业决策的依据应是以仓储的总成本最低为目标。租赁公共仓库的成本只包含可变成本,随着存储总量的增加,租赁的空间就会增加,由于公共仓库一般按所占用空间来收费,这样成本就与总周转量成正比,其成本函数是线性的。而自有仓储的成本结构中存在固定成本。由于公共仓库的经营具有赢利性质,因此自有仓储的可变成本的增长速率通常低于公共仓储成本的增长速率。当总周转量达到一定规模时,两条成本线相交,即成本相等。这表明在周转量较低时,公共仓储是理想选择。随着周转量的增加,由于可以把固定成本均摊到大量存货中,因此使用自有仓库更经济。自有仓库仓储与租赁公共仓库仓储的成本比较如图 8-1 所示。

3. 合同仓储

所谓合同仓储(Contract Warehousing)或称第三方仓储(Third-party

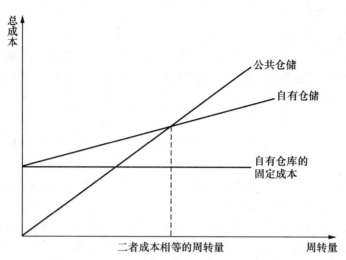

图 8-1 自有仓库仓储与租赁公共仓库仓储的成本比较

Warehousing),是指企业将物流活动转包给外部公司,由外部公司为企业提供综合物流服务。

合同仓储不同于一般公共仓储。合同仓储公司能够提供专业化、高效、经济和准确的分销服务。企业若想得到高水平的质量与服务,则可利用合同仓储,因为合同仓库的设计水平更高,并且符合特殊商品,如药品、电子产品等价值较高产品的高标准、专业化的搬运要求。合同仓储本质上是生产厂商和仓储企业之间的合作伙伴关系。正是由于这种伙伴关系,合同仓储公司与传统仓储公司相比,能为更少的货主提供特殊要求的空间、人力、设备和特种服务。合同仓储公司为数量有限的货主提供专门物流服务,其中包括存储、卸货、拼箱、订货分类、现货库存、在途混合、存货控制、运输安排、信息和货主要求的其他服务。

以往企业在制造领域寻找降低成本途径的时候,是通过与小制造商签订合同而将零部件的生产转包出去,甚至转包给劳动力成本更低的海外工厂。如今,物流发达国家的企业已将降低成本的重点转向有巨大潜力的物流领域。通过利用合同仓储服务,企业可以将物流活动转包出去,以集中精力搞好生产和销售。

(二)按库存在企业中的用途分类

企业持有的库存按其用途可分为:原材料库存、在制品库存、维护/维修/作业用品库存、包装物和低值易耗品库存及产成品库存。

1. 原材料库存

原材料库存(Raw Material Inventory)是指企业通过采购和其他方式取得的用于制造产品并构成产品实体的物品,以及供生产耗用但不构成产品实体的辅助材料、修理用备件、燃料以及外购半成品等,是用于支持企业内制造或装配过程的库存。

2. 在制品库存

在制品库存(Work-in-process Inventory,WIP)是指已经过一定生产过程,但尚未全部完工、在销售以前还要进一步加工的中间产品和正在加工中的产品。WIP 之所以存在是因为生产一件产品需要时间(称为循环时间)。

3. 维护/维修/作业用品库存

维护/维修/作业用品库存(Maintenance/Repair/Operating,MRO)是指用于维护和维修设备而储存的配件、零件、材料等。MRO 的存在是因为维护和维修某些设备的需求和所花的时间有不确定性,对 MRO 存货的需求常常是维护计划的一个内容。

4. 包装物和低值易耗品库存

包装物和低值易耗品库存是指企业为了包装本企业产品而储备的各种包装容器和由于价值低、易损耗等原因而不能作为固定资产的各种劳动资料的储备。

5. 产成品库存

产成品库存(Finished Goods Inventory)就是已经制造完成并等待装运,可以对外销售的制成产品的库存。与 MRO 相似的是,产成品必须以存货的形式存在,是因为用户在某一特定时期的需求是未知的。

(三)按照库存的目的分类

按照库存的目的,企业持有的库存可以分为周转库存、保险库存和战略库存。

1. 周转库存

周转库存(Cycle Stock)又称经常库存,是指在正常的经营环境下,企业为满足日常需要而建立的库存。即在前后两批货物正常到达期之间,提供生产经营需要的储备。

2. 保险库存

保险库存又称安全库存,是指用于防止和减少因订货期间需求率增长或到货期延误所引起的缺货而设置的储备。保险储备对作业失误和发生随机事件起着预防和缓冲作用,它是一项以备不时之需的存货。在正常情况下一般不动用,一旦动用,必须在下批订货到达时进行补充。

3. 战略库存

战略库存是指企业为整个供应链系统的稳定运行而持有的库存,例如在淡季仍然安排供应商继续生产,以使供应商保持技术工人,维持生产线的生产能力和技术水平。这样的战略库存虽然从库存持有成本方面来看会有较大幅度的增长,但从整个供应链的运作成本来看却是经济可行的。

三、现代仓储管理的支持技术

(一)仓库管理系统技术

仓库管理系统(Warehouse Management System,WMS)技术为作为流通中心的仓库完成这些功能提供了支持和保证。仓库管理系统技术由条形码技术(Barcoding Technology)、无线通讯技术(Radio Frequency)、计算机系统和其他附属设备组成。简单地说,通过扫描仪读取条形码数据,经过无线通讯,传送给计算机管理控制系统,由计算机管理控制系统进行信息处理并启动下一个作业。仓库管理系统的附属设备包括自动识别技术、计算机平台、打印机和扫描仪等,这些附属设备往往与企业的 LAN 连接在一起。仓库管理系统有计划和执行两个功能。计划功能包括订货管理、运送计划、员工管理和仓库面积管理等。执行功能包括进货接收、分拣配货、发货运送等。

(二)ID 代码

要有效地管理库存,必须对库存的商品或物品进行正确识别。仓库通过获得商品的标识 ID 代码并与供应商的产品数据库相连,可以实现对库存物的正确识别。目前国外企业已建立了应用于供应链的 ID 代码的类标准系统,如 EAN-13(UPC-12)、EAN-14(SCC-14)、SSCC-18 以及位置码等。

企业应尽量使自己的产品按国际标准进行编码,以便在仓库管理中进行快速跟踪和分拣。实现 ID 代码标准化有利于采用 EDI 系统进行数据交换与传送,提高了库存管理的效率。

目前国际上通行的商品代码标准是国际物品编码协会(EAN)和美国统一代码委员会(UCC)共同编制的全球通用的 ID 代码标准。

(三)条形码

在物流活动中,为了能迅速、准确地识别商品,自动读取有关商品信息,条形码技术被广泛应用。条形码(Barcode)是用一组数字来表示商品的信息,是目前国际上物流管理中普遍采用的一种技术手段。条码技术对提高库存管理的效率是非常显著的,是实现库存管理的电子化的重要工具手段，它使得库存控制可以延伸到销售商的 POS 系统，实现库存的供应链网络化控制。

条形码是 ID 代码的一种符号，是对 ID 代码进行自动识别且将数据自动输入计算机的方法和手段，条码技术的应用解决了数据录入与数据采集的瓶颈，为管理库存提供了有力支持。表 8-1 为 ID 代码与条码的对应关系。

表 8-1 ID 代码与条码的对应关系

代码	国际条码标准	国家条码标准
EAN-13（UCC-13）	EAN-13	《商品条码》GB12904
EAN-14（SCC-14）	ITF-14	《储运单元条码》GB16830
	EAN/UCC-128	《贸易单元 128 条码》GB15425
SSCC-18	EAN/UCC-128	《贸易单元 128 条码》GB15425
条码应用标识符	EAN/UCC-128	《贸易单元 128 条码》GB15425

条形码按使用方式，可分为直接印刷在商品包装上的条形码和印刷在商品标签上的条形码；按使用目的，可分为商品条形码和物流条形码。

商品条形码是以直接向消费者销售的商品为对象、以单个商品为单位使用的条形码。它由 13 位数字组成，最前面的两个数字表示国家或地区的代码，中国的代码是 69，接着的 5 个数字表示生产厂家的代码，其后的 5 个数字表示商品品种的代码，最后的 1 个数字用来防止机器发生误读错误。例如，商品条形码 6902952880041 中，69 代表中国，02952 代表贵州茅台酒厂，88004 代表 53%（VW）、106PRCXDF、500ml 的白酒。

物流条形码是物流过程中的以商品为对象、以集合包装商品为单位使用的条形码。标准物流条形码由 14 位数字组成，除了第 1 位数字之外，其余 13 位数字代表的意思与商品条形码相同。物流条形码第 1 位数字表示物流识别代码，在物流识别代码中，1 代表集合包装容器装 6 瓶酒、2 代表装 24 瓶酒。例如，物流条形码 26902952880041 代表该包装容器装有中国贵州茅台酒厂的白酒 24 瓶。商品条形码和物流条形码的区别如表 8-2 所示。

表 8-2 商品条形码和物流条形码的区别

	应用对象	数字构成	包装形式	应用领域
商品条形码	向消费者销售的商品	13 位数字	单个包装	POS 系统、补充订货系统
物流条形码	物流过程中的商品	14 位数字（标准物流条形码）	集合包装（如纸箱、集装箱等）	出入库管理、运输保管、分拣管理

条形码是有关生产厂家、批发商、零售商、运输业者等经济主体进行订货和接受订货、销售、运输、保管、出入库检验等活动的信息源。由于在活动发生时点能即时自动读取信息，因此便于及时捕捉到消费者的需要，提高商品销售效果，也有利于促进物流系统效率的提高。此外，条形码与其他辨识商品的方法如光学文字识别(Optical Character Recognition, OCR)、光学记号读取(Optical Mark Reader, OMR)比较，具有印刷成本低和读取精度高的优点。

（四）复合码

为了加强对物流商品的单品管理，提高物流管理中商品信息自动采集的效率，全球条码技术的倡导者和推动者国际物品编码协会(EAN)和美国统一代码委员会(UCC)于1999年联合推出了一种全新的、适于各个行业应用的物流条码标准——复合码。

复合码是由一维条码和二维条码叠加在一起而构成的一种新的码制，能够在读取商品的单品识别信息时，获取更多描述商品物流特征的信息。目前，复合码的应用主要集中在标识散装商品（随机称重商品）、蔬菜水果、医疗保健品及非零售的小件物品以及商品的运输与物流管理上。

在物流系统中，越来越多的应用证明，采集和传递更多的运输单元信息是非常必要的。物流管理所需要的信息可分为两类：运输信息和货物信息。运输信息包括交易信息，如采购订单编号、装箱单及运输途径等；货物信息包括包装及所装物品、数量以及保质期等。掌握这些信息对混装托盘的运输及管理尤为重要。而目前现有的商品条码(EAN/UCC条码，只有12—13位数字信息)受信息容量的限制，无法提供满意的解决方案。采用复合码以后可将2 300个字符编入条码中，解决了人们标识微小物品及表述附加商品信息的问题。

（五）自动存储与检索系统

由于大量人力因素的介入常常导致仓库管理方面的错误，计算机控制仓库的系统也迅速发展起来。这些系统称做自动存储与检索系统(Automated Storage and Retrieval System, AS/RS)，该系统可以在仓库内的指定地点自动存入或运出货物。这种系统多用于零售业的分销过程中，在制造业可用于工厂的库存管理与验货。

（六）EDI

EDI是一种在处理商业或行政事务时，按照一个公认的标准，形成结构化的事务处理或信息数据格式，完成计算机到计算机的数据传输。要有效地对库存进行管理，采用EDI进行数据交换，是一种安全可靠的方法。为了实现对库存进行实时的监控,了解库存补给状态,采用基于 EDIFACT 标准的库存报告清单能够提高运作效率,每天的库存水平(或定期的库存检查报告)、最低的库存补给量都能自动地生成,这样可以大大提高对库存的监控效率。

第二节 仓储作业流程管理

一、仓库作业流程及其特点

(一) 现代仓库作业过程

仓库作业流程是仓库以入库、保管、出库为中心的一系列作业阶段和作业环节的总称。各阶段包含的内容如图 8-2 所示。仓库作业过程实际上包含了实物流过程和信息流过程两个方面。

1. 实物流

实物流是指库存物实体空间移动过程。在仓库里它是从库外流向库内,并经合理停留后再流向库外的过程,如图 8-3(a)所示。

从作业内容和作业顺序来看,主要包括接运、验收、入库、保管、保养、出库、发运等环节。实物流是仓库作业最基本的运动过程。仓库各部门、各作业阶段与环节的工作,都要保证和促进库存物的合理流动。

2. 信息流

信息流是指仓库库存物信息的流动。实物流组织是借助于一定的信息来实现的。这些信息包括与实物流有关的物资单据、凭证、台账、报表、技术资料等,它们在仓库各作业阶段、环节的填制、核对、传递、保存形成信息流,如图 8-3(b)所示。

(二) 仓库作业过程的特点

仓库作业过程的特点主要表现在以下四个方面:

1. 作业过程不连续

尽管存在就站直拨、就港直拨的情况,但入库的每批货物不论时间长短都会在仓库中储存一段时间,所以每批货物从入库到出库不是连续的,而是间断进行的。

2. 作业量不均衡

仓库每天发生的作业量有很大的差别,各月之间的作业量也有很大的不同,这种日、月作业量的不均衡主要是由于仓库入库作业和出库作业在时间上的不均衡(不确定)和批量大小不等造成的。

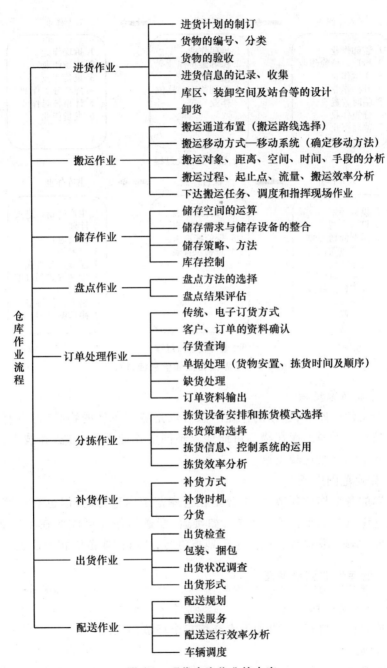

图 8-2 现代仓库作业的内容

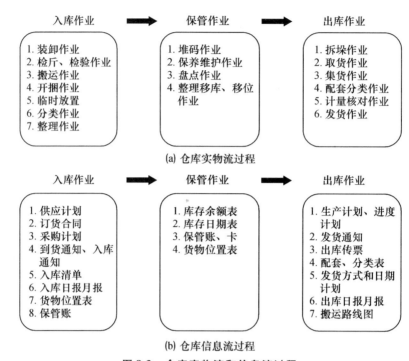

图 8-3 仓库实物流和信息流过程

3. 作业对象复杂

除专用性仓库外,仓库的作业对象可以是各式各样的物品,可以有成千上万个品种。不同的库存物品可能要求不同的作业手段、方法和技术,因而仓库作业情况就会比较复杂。

4. 作业范围广泛

仓库的各个作业环节,大部分是在仓库范围内进行的,但也有一部分作业是在仓库以外的范围内进行的,如接运、配送等作业可能要在生产企业、中转仓库、车站、港口或者用户指定地点进行,所以作业范围相当广泛。

二、仓库作业流程管理

(一) 入库过程管理

入库阶段由接运、验收和入库交接三个环节构成。

1. 接运

物品到达仓库的形式除了一小部分由供货单位直接运到仓库交货外,大部分要经过铁路、公路、航运、空运和短途运输等运输工具转运。接运的主要任务是及时而准确地从供应商或其承运商那里提取物品。在接运由承运商转运的物品时,必须认真检查,分清责任,取得必要的证件,避免将一些在运输过程中或运输前就已经损坏的物品带入仓库。

接运可在车站、码头、仓库或专用线进行,因而可以简单分为到货和提货两种方式。到货方式仓库不需要组织库外运输。提货方式仓库要组织库外运输,除要选择运输路线、确定派车方案外,更要注意物品在回库途中的安全。

2. 验收

验收是指仓库在物品正式入库前,按照一定的程序和手续,对到库物品进行数量和外观质量的检查,以验证它是否符合订货合同规定的一项工作。

验收的主要任务是查明到货的数量和质量状态,防止仓库和货主遭受不必要的经济损失,同时对供货单位的产品质量和承运部门的服务质量进行监督。

验收作业的程序为:

① 验收准备。仓库接到到货通知后,应根据物品的性质和批量提前做好验收前的准备工作。大致包括人员准备、资料准备、器具准备、货位准备、设备准备等。

② 核对凭证。入库物品必须具备下列凭证:货主提供的入库通知单和订货合同副本,这是仓库接受物品的凭证;供货单位提供的材质证明书、装箱单、磅码单、发货明细表等;物品承运单位提供的运单,若物品在入库前发现残损情况,还要有承运部门提供的货运记录或普通记录,作为向责任方交涉的依据。

③ 实物检验。实物检验就是根据入库单和有关技术资料对实物进行数量和质量检验。数量检验是保证物品数量准确的重要步骤。按物品性质和包装情况,数量检验主要有计件、检斤、检尺求积等形式。在进行数量验收时,必须与供货方采用相同的计量方法。采取何种方式计数要在验收记录中做出记载,出库时也按同样的计量方法,避免出现误差。

④ 验收中发现问题的处理。在物品验收过程中,如果发现物品数量或质量的问题,应该严格按照有关制度进行处理。验收过程中发现的数量和质量问题可能发生在各个流通环节,按照有关规章制度对问题进行处理,有利于分清各方的责任,并促使有关责任部门吸取教训,改进今后的工作。

3. 入库交接

(1) 交接手续

交接手续是指仓库对收到的物品向送货人进行的确认,表示已接受物

品。完整的交接手续包括:

① 接受物品。仓库通过理货、查验物品,将不良的物品剔出、退回或者编制残损单证等明确责任,确定收到物品的确切数量、物品表面状态良好。

② 接受文件。接受送货人送交的物品资料、运输的货运记录、普通记录等,以及随货的在运输单证上注明的相应文件,如图纸、准运证等。

③ 签署单证。仓库与送货人或承运人共同在送货人交来的送货单、交接清单上签署,并留存相应单证。

(2) 登账

物品入库,仓库应建立详细反映物品仓储的明细账,登记物品入库、出库、结存的详细情况,用以记录库存物品动态和入出库过程。登账的主要内容有:物品名称、规格、数量、件数、累计数或结存数、存货人或提货人、批次、金额,注明货位号或运输工具、接(发)货经办人等。

(3) 立卡

在人工管理的仓库中,物品入库或上架后,应将物品名称、规格、数量或出入状态等内容填在料卡上,称为立卡。料卡又称为货卡、货牌,插放在货架上物品下方的货架支架上或摆放在货垛正面明显位置。

(4) 建档

仓库应为入库的物品建立存货档案,以便管理物品和保持客户联系,也为将来可能发生的争议保留凭据。同时,有助于总结和积累仓库保管经验,研究仓储管理规律。

(二) 仓库储存期间的盘点管理

仓库中的库存物始终处于不断地进、存、出动态中,在作业过程中产生的误差经过一段时间的积累会使库存资料反映的数据与实际数量不相符。有些物品则因存放时间太长或保管不当会发生数量和质量的变化。为了对库存物品的数量进行有效控制,并查清其在库中的质量状况,必须定期或不定期地对各储存场所进行清点、查核,这一过程我们称为盘点作业。

1. 盘点作业的目的和内容

(1) 盘点作业的目的

① 查清实际库存数量。盘点可以查清实际库存数量,并通过盈亏调整使库存账面数量与实际库存数量一致。

② 帮助企业计算资产损益。对货主企业来讲,库存商品总金额直接反映企业流动资产的使用情况,库存量过高,流动资金的正常运转将受到威胁,而库存金额又与库存量及其单价成正比,因此通过盘点能准确地计算出

企业实际损益。

③ 发现仓库管理中存在的问题。通过盘点查明盈亏的原因,发现作业与管理中存在的问题,并通过解决问题来改善作业流程和作业方式,提高企业的管理水平。

(2) 盘点作业的内容

① 查数量。通过点数计数查明在库物品的实际数量,核对库存账面资料与实际库存数量是否一致。

② 查质量。检查在库商品质量有无变化,有无超过有效期和保质期,有无长期积压等现象,必要时还必须对其进行技术检验。

③ 查保管条件。检查保管条件是否与各种物品的保管要求相符合。如堆码是否合理稳固,库内温湿度是否符合要求,各类计量器具是否准确等。

④ 查安全。检查各种安全措施和消防设备、器材是否符合安全要求,建筑物和设备是否处于安全状态。

2. 盘点作业的基本步骤

(1) 盘点前的准备

其准备工作主要包括:确定盘点的具体方法和作业程序;配合财务会计做好准备;设计打印盘点用表单,"盘存单"格式。

(2) 盘点时间的确定

根据物品的不同特性、价值大小、流动速度、重要程度来分别确定不同的盘点时间。盘点时间间隔可以从每天、每周、每月到每年不等。盘点的日期一般会选择在:

① 财务决算前夕。通过盘点决算损益,以查清财务状况。

② 淡季。因淡季储货较少,业务不太频繁,盘点较为容易。

(3) 查清盘点差异的原因

盘点会将一段时间以来积累的作业误差,及其他原因引起的账物不符暴露出来。如发现账物不符,尤其差异超过容许误差时,应立即追查产生差异的原因。

(4) 盘点结果的处理

为了使账面数与实物数保持一致,需要对盘点盈亏进行调整。除了数量上的盈亏,有些商品还将会通过盘点进行价格的调整。这些差异的处理,可以通过填写"盘点盈亏调整表",经有关主管审核签认后,登入存货账卡,调整库存账面数量。

3. 盘点方法

（1）账面盘点法

账面盘点又称为"永续盘点"。把每天出入库商品的数量及单价记录在电脑或账簿的"库存账卡"上，并连续地计算汇总账面上的库存结余数量及库存金额。

（2）现货盘点法

现货盘点又称为"实地盘点"或"实盘"，也就是实际到库内清点数量，再依商品单价计算出实际库存金额的方法。现货盘点法按盘点时间频率的不同又可分为"期末盘点"及"循环盘点"。

① 期末盘点法。期末盘点是指在会计计算期末统一清点所有物品数量的方法。由于期末盘点是将所有物品一次点完，因此工作量大、要求严格。

② 循环盘点法。循环盘点是指在每天、每周清点一小部分商品，一个循环周期将每种商品至少清点一次的方法。循环盘点通常对价值高或重要的物品检查的次数多，而且监督也严密一些，而对价值低或不太重要的物品盘点的次数可以尽量少。

4. 盘点结果的处理

盘点的主要目的是希望通过盘点来检查目前仓库中物品的出入库及保管状况，并解决管理及作业中存在的问题。通过分析和总结，找出在管理流程、管理方式、作业程序需要改进的地方，进而改善商品管理的现状，降低库存损耗，提高经营管理水平。

（三）出库过程管理

出库过程管理包含仓库按照货主的调拨出库凭证或发货凭证（提货单、调拨单）所注明的货物名称、型号、规格、数量、收货单位、接货方式等条件进行的核对凭证、备料、复核、点交、发放等一系列作业和业务管理活动。

1. 物品出库的依据

出库活动必须由出库通知单和出库请求驱动。出库通知或出库请求的格式不尽相同，不论采用何种形式，都必须是符合财务制度要求的有法律效力的凭证，要坚决杜绝凭信誉或无正式手续的发货。

2. 物品出库的要求

物品出库要求做到"三不三核五检查"。"三不"，即未接单据不翻账，未经审单不备库，未经复核不出库；"三核"，即在发货时，要核实凭证、核对账卡、核对实物；"五检查"，即对单据和实物要进行品名检查、规格检查、包装检查、件数检查、重量检查。

3. 出库方式

出库方式是指仓库用什么样的方式将货物交付用户。选用哪种方式出库，要根据具体条件，由供需双方事先商定。

(1) 送货

仓库根据货主单位的出库通知或出库请求，通过发货作业把应发物品交由运输部门送达收货单位，或使用仓库自有车辆把物品运送到收货地点的发货形式，就是通常所称的送货制。

(2) 收货人自提

这种发货形式是由收货人或其代理持取货凭证直接到库取货，仓库凭单发货。仓库发货人与提货人可以在仓库现场划清交接责任，当面交接并办理签收手续。

(3) 过户

过户是一种就地划拨的形式，物品实物并未出库，但是所有权已从原货主转移到新货主的账户中。仓库必须根据原货主开出的正式过户凭证，才予办理过户手续。

(4) 取样

货主由于商检或样品陈列等需要，到仓库提取货样（通常要开箱拆包、分割抽取样本）。仓库必须根据正式取样凭证发出样品，并做好账务记载。

(5) 转仓

转仓是指货主为了业务方便或改变储存条件，将某批库存自甲库转移到乙库。仓库也必须根据货主单位开出的正式转仓单，办理转仓手续。

4. 出库业务程序及要求

(1) 出库前的准备工作

出库前的准备工作可分为两个方面：一方面是计划工作，即根据货主提出的出库计划或出库请求，预先做好物品出库的各项安排，包括货位、机械设备、工具和工作人员，提高人、财、物的利用率；另一方面是要做好出库物品的包装和标志标记。发往异地的货物，需经过长途运输，包装必须符合运输部门的规定。在包装上挂签（贴签）、书写编号和发运标记（去向），以免错发和混发。

(2) 出库程序

① 核单备料。自提物品，首先要审核提货凭证的合法性和真实性；其次要核对品名、型号、规格、单价、数量、收货单位、有效期等。出库物品应附有质量证明书或副本、磅码单、装箱单等，机电设备、电子产品等物品的说明书及合格证应随货同付。

② 复核。为了保证出库物品不出差错,备货后应进行复核。复核的内容包括:品名、型号、规格、数量是否同出库单一致,配套是否齐全,技术证件是否齐全,外观质量和包装是否完好。

③ 包装。出库物品的包装必须完整、牢固,标记必须正确清楚,如有破损、潮湿、捆扎松散等不能保障运输中安全的,应加固整理。包装必须符合运输部门的要求,选用适宜包装材料,其重量和尺寸要便于装卸和搬运。

④ 点交。出库物品经过复核和包装后,需要托运和送货的,应由仓库保管机构移交调运机构。属于用户自提的,则由保管机构按出库凭证向提货人当面交清。

⑤ 登账。点交后,保管员应在出库单上填写实发数、发货日期等内容,并签名。然后将出库单连同有关证件资料,及时交货主,以使货主办理货款结算。

三、现代仓库的业务和功能

现代仓库的内在体系建设是指随流通种种变革而表现在仓库机能上的重大变化。现代仓库内的一般业务和功能如表8-3所示。

表8-3 现代仓库内的一般业务和功能

业务			主要作业
进货	进货检查 入库作业	商品检查 入库准备 保管场所标示	1. 进货商品与进货清单的核对(质量核对、数量核对) 2. 保管条形码的贴付(固定放货时标示货架号) 3. 在流动场所放置货物时,装入入库商品及物品的货架后保管 4. 在固定场所放置货物时,在贴付条形码的货架中保管
保管	保管作业 发货准备	数量管理 质量管理 流通加工	1. 检查在库量是否适当(是否需补充发货) 2. 保持正确的库存记录(核查库存实物与账目是否相符) 3. 把握库存物在库时间 4. 按客户的要求进行包装作业 5. 根据客户的要求贴付价格等有关标签
发货	发货作业 配送	备货 分拣包装 配车安排	1. 根据装箱商品和小件商品划分备货 2. 备货品与客户订单核对(商品号、数量、配送对象) 3. 根据不同配送对象分拣包装 4. 制作发货单、运送单等单据 5. 根据发货数量进行派车 6. 装车后进行积载确认

（一）订货、发货

现代化的仓库无论是采取集约化、综合化的发展模式还是分散化、个性化的发展模式，都注意通过网络将企业本部与各工厂、物流中心与经营最前端的销售店铺连接起来。订货信息通过信息系统传输到物流中心，在准备发货的同时，同期进行自动制作发货票、账单等业务。除此以外，通过 EOS 系统实现产业内以及企业间的电子订货，真正使企业的经营活动与商品的物质运动紧密联系在一起，并推动即需型产销体制和网络经营体系的建立。

（二）进货、发货时的检验

近二十多年来，条形码的广泛普及以及便携式终端性能的提高，在客户订货信息的基础上进货商品上要求贴付条形码。商品进入中心时用扫描仪读取条形码以检验商品，这样企业的仓库保管以及发货业务都在条形码管理的基础上进行。应当指出的是，对于企业或批发商，商品入库时的条形码在检验商品活动和以后的保管、备货作业中都在利用，而在向客户发货时用的条形码常常是另一类条形码系统，从而更好地对应不同用户商品分拣作业的需要。可以看出，各企业在进货管理时使用条形码不仅仅是为了商品检验的合理化，更重要的是入货后作业的合理化。

（三）仓库内的保管、装卸作业

现代物流中心都极力导入自动化作业和标准化作业。在实现物流作业快速化的同时，削减作业人员、降低人力费用。

（四）备货作业

备货自动化中最普及的是数码备货，所谓数码备货就是不使用人力，而是借助于信息系统有效地进行作业活动。具体来讲，在由信息系统接受顾客订货的基础上，向分拣员发出数码指示，从而按指定的数量和种类正确、迅速地备货作业系统。实行自动化备货作业后，各个货架或货棚顶部装有液晶显示的装置，该装置标示有商品的分类号以及店铺号，作业员可以很迅速地查找到所需商品。备货作业的具体方法大致有两种：一是抽取式方式；二是指定存放方式。前者是将商品从货架中取出，直接放在流水线传输过来的空箱中；而后者通过的货箱是固定的，备货员按数码信息将商品放在指定的货箱中。

（五）分拣作业

对于企业而言，如果是客户工厂订货，则产品生产出来后直接运送到用户,基本上不承担分拣作业;如果是预约订货,那么就需要将商品先送到仓库,等接受客户订货后,再进行备货、分拣,配送到指定用户手中。当前物流中心内的管理主要是借助导入自动化仪器、构筑信息系统等手段,力图做到中心内作业的机械化,简化订、发货作业,进而真正做到商物分离,使营业人员专心于经营活动,提高经营绩效。

第三节 配送中心

一、配送中心概述

(一) 对配送中心的认识

1. 配送中心的概念

《物流术语》国家标准对配送中心(Distribution Center)的定义为"从事配送业务具有完善的信息网络的场所或组织,应基本符合下列要求:(1) 主要为特定的用户服务;(2) 配送功能健全;(3) 辐射范围小;(4) 多品种、小批量、多批次、短周期;(5) 主要为末端客户提供配送服务。"

日本出版的《物流手册》定义为:"配送中心是从供应者手中接受多种大量货物,进行倒装、分类、保管、流通加工和情报处理等作业,然后按照众多需要者的订货要求备齐货物,以令人满意的服务水平进行配送的设施。"

日本《市场用语词典》认为配送中心是"一种物流结点,它不以贮藏仓库的这种单一的形式出现,而是发挥配送职能的流通仓库。也称做基地、据点或流通中心。"

2. 对配送中心的理解

一般地说,配送中心就是专门从事配送业务的物流基地,是通过转运、分类、保管、流通加工和信息处理等作业,然后根据用户的订货要求备齐商品,并能迅速、准确和廉价地进行配送的基本设施。

配送中心为了做好送货的准备,需要采取零星集资、批量进货等资源汇集方法,具有集货中心、分货中心的职能。此外,有些配送中心还有比较强的流通加工能力。

配送中心的形成和发展是物流系统化和规模化的必然结果。为了更好地满足用户在商品处理内容上、时间上和服务水平上的更高要求,必须引进先进的分拣设施和配送设备,建立正确、迅速、安全、廉价的作业体制。

配送中心是接受生产厂家等供货商多品种大量的货物,按照多家需求者的订货要求,迅速、准确、低成本、高效率地将商品配送到需求场所的物流结点设施。

一般来说,为了提高物流服务水平,降低物流成本,从工厂等供货场所到配送中心之间实施低成本高效率的大批量运输。在配送中心分拣后,向区域内的需求者进行配送。在配送过程中,根据需要还可以在接近用户的地方设置末端集配点,从这里向小需求量用户配送商品。

3. 配送中心同保管型仓库的比较

配送中心同保管型仓库相比,主要功能是加快商品周转,提高流通效率,满足客户对物流的高度化需求。配送中心与保管型仓库的区别如表8-4所示。

表8-4 配送中心与保管型仓库的区别

区别	仓库	配送中心
功能	以物资保管为主要功能	入库、验收、保管、备货、分拣、流通加工、检验、出库等多种功能
空间	保管几乎占据全部	保管占一半,其他功能占一半
设计	以保管为主体,通路少,未进行严格的场所管理	按照配送中心功能的流转顺序设计,利用货架实行立体存放,有严格的场所管理
信息特征	货物的状况和信息不一致	货物的状况与信息一致
事务处理、信息传送的系统化	基本上使用人工完成事务处理和信息的传送	利用信息系统工具和物流信息系统完成事务处理和信息传送
作业的自动化和省力化	基本上是人工作业	在信息系统的支持下实现自动化和省力化作业
对多样化物流需求的适应力	基本上不适应	可以适应

(二)配送中心的作用

我们从不同的角度分析配送中心的作用。

1. 从供应商和厂商的角度

(1)配送中心使物流成本得到控制。通过在供应商与客户之间设置配送中心,将干线部分的大批量、高效率运输与支线部分的小批量、快速配送结合起来,从而在保证物流服务水平的前提下有效地控制物流成本。

(2)实现库存集约化。将分散在自家多处的仓库或多处营业仓库的商品集中存放在配送中心,有利于防止过剩库存和缺货的发生,提高了库存管理水平。

(3)通过提高顾客服务水平,促进产品销售。配送中心设置在接近顾客的地方,在接到顾客的订货后提供及时的供货,而且可以一次满足多品种的订货。

(4)有利于把握销售信息。配送中心作为商品的分销中心、库存中心,通过库存的变化直接掌握着各个零售商的销售信息,可以及时反馈到有关部门。

2. 从需求方的角度分析(以连锁店为例)

(1)配送中心降低进货成本。集中进货既可以降低进货成本,又可以在价格上享受优惠。

(2)改善店铺的库存水平。由配送中心实行及时配送有利于店铺实现无库存经营。集中库存可以达到降低库存总水平的目的。

(3)减少店铺的采购、验收、入库等费用。配送中心可以利用软硬件系统,大批量高效率地检验、登记入库,从而大大简化了各个店铺的相应工作的程序。

(4)减少交易费用,降低物流整体成本。例如,M个厂商同N个店铺分别交易的情况下,交易次数为$M \times N$次,如果通过配送中心的中介,则交易次数仅为$M+N$次。显然,厂商和店铺数目越多,节约的效果越明显。

(5)促进信息沟通。配送中心一面连着供方,一面连着需方,扮演着中介者的角色,有利于促进供需双方的信息沟通。

(三)配送中心的分类

配送中心按经营主体、服务对象和地点等不同标准,可以划分为多种类型。

1. 从经营主体的角度划分

(1)厂商主导型配送中心。对于实力雄厚的特大型生产厂家来说,通过设立配送中心,可以形成具有特色的产供销一体化的经营体制,以此来增强市场竞争能力,保持市场占有率。通常,家用电器、汽车、化妆品、食品等厂家多采取这种形式。

(2)批发商主导型配送中心。批发商主导型配送中心是指以批发企业为主体建立的配送中心。配送中心作为批发商从厂家购进商品,向零售企业,如连锁零售企业的配送中心或店铺直接配送商品的物流基地。

(3)零售商主导型配送中心。零售商主导型配送中心是指以零售企业为主体建立的配送中心。该配送中心为大型连锁零售企业实现连锁经营的规模效益、降低物流成本、支持连锁经营系统的现代化提供后勤保障。

（4）物流企业主导型配送中心。物流企业主导型配送中心是指由物流企业建设的面向货主企业提供配送服务的配送中心。其服务对象一般比较固定，物流企业在与货主企业签订长期物流服务合同的基础上，由代理企业开展配送业务，属于第三方服务形态。

（5）共同型配送中心。共同型配送中心是指用来开展共同配送的配送中心。共同配送是为了实现物流活动的效率化，由两个或两个以上的企业相互协作、共同开展配送活动的一种形式。共同型配送中心一般是由规模比较小的批发企业或专业物流企业共同设立的。

2. 按服务对象划分

（1）面向最终消费者的配送中心。在商物分离的交易模式下，消费者在店铺看样品挑选购买后，商品由配送中心直接送达到消费者手中。一般来说，家具、大型电器等商品适合于这种配送方式。

（2）面向制造企业的配送中心。根据制造企业的生产需要，将生产所需的原材料或零部件，按照生产计划调度的安排，送达到企业的仓库或直接送到生产现场。这种类型的配送中心承担了生产企业大部分原材料或零部件的供应工作，为企业实现零库存经营提供了物流条件。

（3）面向零售商的配送中心。配送中心按照零售店铺的订货要求，将各种商品备齐后送达到零售店铺。包括为连锁店服务的配送中心和为百货店服务的配送中心等。

3. 按配送货物的性质分类

（1）商业货物配送中心。商业货物配送中心是指以商业货物为对象，与商流活动直接发生关系的配送中心。

（2）非商业货物配送中心。非商业货物配送中心是以非商业货物为配送对象的配送中心，如快件运输的货物处理中心等。

4. 按社会化程度分类

（1）企业配送中心。企业配送中心是指为满足企业自身经营的需要而建设的配送中心，如大型零售企业的配送中心。

（2）公共配送中心。公共配送中心是指为货主企业或物流企业从事商品配送业务提供物流设施及有关服务的配送中心。使用者通过租赁的方式取得配送中心的使用权，并享受配送中心方面提供的公共服务。

5. 按配送中心的功能划分

(1) 通过型(分拣型)配送中心。通过型配送中心的特点是商品在这里停留的时间短,商品途经配送中心的目的是将大批量的商品分解为小批量的商品,将不同种类的商品组合在一起,满足店铺多品种小批量订货的要求;通过集中与分散的结合,减少运输次数,提高运输效率以及理货作业效率等。

(2) 集中库存型配送中心(商品中心)。集中库存型配送中心具有商品储存功能,大量采购的商品储存在这里,各个工厂或店铺不再保有库存,根据生产和销售需要由配送中心及时组织配送。这种将分散库存变为集中库存的做法,有利于降低库存水平,提高库存周转率。

(3) 流通加工型配送中心。流通加工型配送中心除了开展配送服务外,还根据用户的需要在配送前对商品进行流通加工。例如,面向连锁超市配送商品的配送中心从事诸如分装、贴标签、食品清洗、服装熨烫等流通加工作业,之后再配送到各个店铺。

以上三种形态的配送中心有可能是作为综合型的配送中心的不同功能部分而出现的,也就是说,综合型配送中心同时具备以上三种功能。

(四) 配送中心的主要功能

综合目前各类企业配送的基本职能和业务范围,配送中心主要有六大功能:

1. 储存功能

配送中心按照用户的要求将各种配装好的货物送交用户手中,满足生产和消费的需要。为了顺利而有序地完成向用户配送商品的任务及更好地发挥保障生产和消费需要的作用,通常配送中心都要兴建现代化的仓库并配备一定数量的仓储设备,储存一定数量的商品。

2. 分拣功能

不同的客户对于商品的种类、规格、数量等会提出不同的要求,配送中心为了有效地进行配送,必须采取适当的方式对商品进行拣选,按照配送计划分装和配装商品。

3. 衔接功能

在生产过程中,不单是半成品还有原料等需要从各地运来,需要仓库储存,并对生产过程中的各道工序的物资进行配送。

4. 集散功能

多个企业的商品先集中到配送中心,再进行发运。集散功能也可以将其他企业的商品放入配送中心来处理、发运,以提高卡车的满载率,降低费用成本。

5. 配送功能

商品通过集货、分拣、备货、配装后配送到客户的配送中心。

6. 服务功能

以顾客需要为导向,为满足顾客需要而开展物流配送服务。

此外,配送中心还有如加工功能、运输功能、信息功能等其他功能。

二、配送中心的基本模式

配送中心模式是指配送中心的各基本要素的运作形式。

(一)基于销售的配送中心模式

这是一种集商流和物流为一体的模式。这种配送中心模式的行为主体是生产企业或销售企业,配送作为一种促销手段而与商流融合为一体。事实上,无论在国内或是在国外,从事某种货物配送活动的配送中心,往往就是这种货物的生产者或经销者,甚至有的配送中心本身就是某个企业或企业集团所附设的一个机构。例如,我国海尔集团的物流推进本部所管辖的自有型成品库负责向全国 42 个分销配送中心准时地配送制成品。海尔配送体制建立以后,已经做到中心城市 6—8 小时配送到位,区域销售店 24 小时配送到位,全国主干线分拨配送平均 3.5 天到位。

基于销售的配送中心模式在批发业、连锁经营企业、大型加工制造业、零部件制造业等领域应用比较广泛。以这种模式构建的配送中心,由于可以直接组织到货源并拥有产品的所有权和支配权,所以有资源优势,便于配送中心扩大业务范围和服务对象,也便于向生产企业提供多元化的服务。从这种意义上说,这种模式也是一种充分发挥专业流通企业功能的配送模式。

然而我们也应该看到,按照这种模式构建的配送中心,不但要投入较多的资金和人力、设备,而且资金、人力分散。只有具有一定的经济实力,方可形成一定的规模。尤其是对于生产企业来说,如果建这种模式的配送中心,势必要投入大量的资源,也可能不利于企业把主要注意力集中在核心竞争力的提高上。

（二）基于供应的配送中心模式

这种配送中心模式的主体是拥有一定规模的库房、站场、车辆等物流设施和设备，以及具备专业管理经验和操作技能的批发、仓储或运输企业。其本身并不直接参与商品交易活动，而是专门为用户提供诸如货物的保管、分拣、加工、运送等系列化服务。这类配送中心的职能通常是从工厂或转运站接收所有权属于用户的货物，然后代理客户存储，并按客户提出的要求分拣货物，即时或定时地小批量、多批次地将货物分拣配送至指定的地点。

很明显，这类配送中心所从事的配送活动是一种纯粹的专业物流运动，其业务属于交货代理服务。从运作形式来看，其活动是与商流活动相分离的，只不过是仓储、运输企业服务项目的增加和服务内容的拓展而已。基于供应的配送中心模式构建的配送中心，可以充分利用原有的设施和设备并予以更新、改造、扩充，其投资相对要少；尽管可以同时为多家用户提供服务，但是其业务活动毕竟单纯、专一，因而企业占压的资金比较少，经营风险也比较小。

但是这类配送中心的最大缺陷是本身不直接掌握货物资源，因而其调度、调节能力较差，往往受到用户的制约；同时由于其活动只是一种代理性质的活动，所以，其收益只是收取相对于全部物流利润的极小比率的服务费，是一种高消耗、低收益的配送中心模式。

（三）基于资源集成的配送中心模式

这是一种以资源集成为基础，集商流、物流、信息流和资金流为一体的配送中心模式。这类配送中心的行为主体是虚拟物流企业，其服务对象是大中型生产企业或企业集团，其运作形式是由虚拟物流企业和供应链上游的生产、加工企业（供方）建立广泛的代理或买断关系，并和下游的大中型生产企业（需方或用户）形成较稳定的契约关系。虚拟物流企业的配送中心依据供方的交货通知完成运输、报关和检验、检疫并入库，而后按照需方的要求，经过拣选、加工、配料、装车、运输并送达需方，完成配送作业。

从供应商到用户的所有信息都是由企业的物流信息系统来管理的，而作业活动都是由其组织、调度和控制的。高效及时的信息交换和处理，为配送中心作业的顺利完成提供了保证。信息技术的支撑是这类配送中心的突出特点。作业完毕之后，依照物流状况和配送中心与供需双方的合同，各种费用就会在电脑中自动生成，并各流其向。

基于资源集成的配送中心所开展的是一种典型的规模经营活动,这种模式也是一种完整意义上的配送中心模式。它有如下几种特点:

(1) 规模大,服务范围广。可以有效地组织国内外若干个供应商资源、配送资源并对若干个用户进行共同配送。

(2) 有完善的信息系统和网络体系服务于用户的变换需求,以 Internet 和 Intranet 为平台,既可以让用户了解市场、价格、制度、政策以及物料资源情况,又可以了解配送中心的物流系统的组织运作情况,实时地进行跟踪、查询、反馈,自动进行数据动态分析,进而优化调配方案。

(3) 具有物流领域的专业化优势。配送中心以专业化的人员、专业化的设施设备、专业化的运作方式来提高配送效率。

(4) 其物流配送设施设备不全是属于自己所有,既有自有的,又有公用型的,分布地域广,因而所提供的是一种社会化的配送服务,所追求的是物流合理化。

三、新型的配送中心

(一) 新型配送中心的特征

根据国内外配送业发展情况,在电子商务时代,信息化、现代化、社会化的新型物流配送中心的特征可归纳为以下几个方面:

1. 物流配送反应速度快

新型物流配送服务提供者对上游、下游的物流配送需求的反应速度越来越快,前置时间越来越短,物流配送速度越来越快,商品周转次数越来越多。

2. 物流配送功能集成化

新型物流配送着重于将物流与供应链的其他环节进行集成,包括:物流渠道与商流渠道的集成、物流渠道之间的集成、物流功能的集成、物流环节与制造环节的集成等。

3. 物流配送服务系列化

新型物流配送强调物流配送服务功能的恰当定位与完善化、系列化,在内涵上提高了以上服务对决策的支持作用。除了传统的储存、运输、包装、流通加工等服务外,还在外延上扩展至市场调查与预测、采购及订单处理,向下延伸至物流配送咨询、物流配送方案的选择与规划、库存控制策略建议、货款回收与结算、教育培训等增值服务。

4. 物流配送作业规范化

新型物流配送强调功能作业流程、运作的标准化和程序化,使复杂的作业变成简单的易于推广与考核的运作。

5. 物流配送目标系统化

新型物流配送从系统角度统筹规划一个公司整体的各种物流配送活动,处理好物流配送活动与商流活动及公司目标之间、物流配送活动与物流配送活动之间的关系,不求单个活动的最优化,但求整体活动的最优化。

6. 物流配送手段现代化

新型物流配送使用先进的技术、设备与管理为销售提供服务,生产、流通和销售规模越大、范围越广,物流配送技术、设备及管理越现代化。

7. 物流配送组织网络化

为了保证对产品促销提供快速、全方位的物流支持,新型物流配送有完善、健全的物流配送网络体系。网络上点与点之间的物流配送活动保持系统性和一致性,这样可以保证整个物流配送网络有优化的库存水平及库存分布。分散的物流配送单体只有形成网络才能满足现代生产与流通的需要。

8. 物流配送经营市场化

新型物流配送的具体经营采用市场机制,无论是企业自己组织物流配送,还是委托社会化物流配送企业承担物流配送任务,都以服务成本与服务目的的最佳配合为目标。

9. 物流配送流程自动化

物流配送流程自动化是指运送规格标准、仓储货位、货箱排列、装卸、搬运等按照自动化标准作业,商品按照最佳配送路线运行等。

10. 物流配送管理法制化

宏观上,有健全的法规、制度和规则;微观上,新型物流配送企业依法办事,按章行事。

(二)新型配送中心应具备的条件

1. 高水平的企业管理

新型物流配送中心作为一种全新的流通模式和运作结构,要求其管理水平达到科学化和现代化。只有通过合理的科学管理制度、现代化的管理方法和手段,才能确保物流配送中心基本功能和作用的发挥,从而保障相关企业和用户整体效益的实现。管理科学的发展为流通管理的现代化、科学化提供了条件,促进了流通产业的有序发展。同时,要加强对市场的监管和调控力度,使之有序化和规范化。总之,以市场为导向,以管理为保障,以服务为中心,加快科技进步是新型物流配送中心的根本出路。

2. 高素质的人员配置

新型物流配送中心能否充分发挥其各项功能和作用,完成其应承担的任务,人才配置是关键。为此,新型物流配送中心的人才配备应数量合理,应具有丰富专业知识和较强组织能力的决策人员、管理人员、技术人员和操作人员,以确保新型物流配送中心的高效运转。

3. 高水平的装备配置

新型物流配送中心面对着成千上万的供应厂商和消费者以及瞬息万变的市场,承担着为众多用户进行商品配送和及时满足他们不同需要的任务,这就要求必须配备现代化装备和应用管理系统,尤其是要重视计算机网络的运用。专业化的生产和严密组织起来的大流通,对物流手段的现代化提出了更高要求,如对自动分拣输送系统、自动化仓库、旋转货架、AGV自动导向系统、商品条码分类系统、悬挂式输送机等这些新型、高效、大规模的物流配送系统有着广泛而迫切的需求。

(三) 几种新型的配送中心

1. 柔性配送中心

柔性配送中心是为了适应精益化生产而服务的配送中心。这种配送中心不向固定化、专业化方向发展,而向能随时变化、对用户要求有很强适应性、不固定供需的关系、不断发展配送用户和改变配送用户的方向发展。

2. 供应型配送中心

供应型配送中心是专门为某个或某些用户(例如联营商店、联合公司)组织供应的配送中心。例如,为大型连锁超级市场组织供应的配送中心。

3. 销售配送中心

销售配送中心是以销售经营为目的,以配送为手段的配送中心。

销售配送中心大体有三种类型:

第一种是生产企业为本身产品直接销售给消费者的而建立的配送中心。在国外,这种类型的配送中心很多。

第二种是流通企业作为本身经营的一种方式,建立配送中心以扩大销售,我国目前拟建的配送中心大多属于这种类型。

第三种是流通企业和生产企业联合的协作性配送中心。

4. 城市配送中心

城市配送中心是指以城市为配送范围的配送中心。由于城市范围一般处于汽车运输的经济里程，这种配送中心可直接配送到最终用户。这种配送中心往往和零售经营相结合，由于运距短、反应能力强，因而从事多品种、少批量、多用户的配送较有优势。

5. 区域配送中心

区域配送中心是指以较强的辐射能力和库存准备，向省际、全国乃至国际范围的用户配送的配送中心。

6. 储存型配送中心

储存型配送中心是指有很强储存功能的配送中心，一般来讲，在买方市场下，企业成品销售需要有较大库存支持，其配送中心可能有较强的储存功能。我国目前拟建的配送中心，大都采用集中库存形式，库存量较大，多为储存型。

7. 流通型配送中心

流通型配送中心是指基本上没有长期储存功能，仅以暂存或随进随出方式进行配货、送货的配送中心。

本章思考题

一、名词解释

原材料库存；在制品库存；产成品库存；周转库存；保险库存；条形码；验收；账面盘点法；现货盘点法；循环盘点法；配送中心；厂商主导型配送中心；商业货物配送中心；公共配送中心。

二、回答问题

1. 如何认识仓储在企业物流系统中的作用？
2. 简述企业仓储的类型。
3. 阐述自有仓库仓储和租赁公共仓库仓储的优缺点。
4. 仓库管理系统（WMS）是由哪些技术构成的？
5. 简述仓库实物流过程和仓库信息流过程。
6. 简述入库过程管理。
7. 谈谈盘点作业的内容和盘点作业的方法。
8. 现代仓库主要有哪些业务和功能？
9. 配送中心与保管型仓库的区别在哪里？

10. 配送中心应符合哪些作业要求？
11. 请全面阐述配送中心的作用。
12. 简述配送中心的分类。
13. 配送中心的主要功能有哪些？请加以说明。
14. 请阐述基于资源集成的配送中心的特点。
15. 新型配送中心具有哪些特征？新型配送中心应具备哪些必要的条件？

21世纪经济与管理规划教材

物流管理系列

第九章

企业库存控制

主要内容

- 企业库存的重要性与类型
- 库存成本
- 库存管理方法
- 库存控制方法
- 现代库存管理方法

库存控制是在保障供应的前提下,使库存物品的数量最少所进行的有效管理的技术经济措施。控制和保持库存是每个企业所面临的问题。由于库存的成本在总成本中占有相当大的比例,因此,库存的管理与控制是企业物流领域所面临的一个关键问题,对于企业物流整体功能的发挥起着非常重要的作用。

传统的库存管理任务涉及两个基本问题:订货多少和何时订货。通过简单的计算,管理者可以很容易地做出决策。但是在今天的企业环境中,库存管理的任务变得越来越复杂,涉及库存管理的方法也越来越多,库存决策也变得更加复杂。

第一节 企业库存的重要性与类型

库存(Inventory)是指企业在生产经营过程中为现在和将来的耗用或者销售而储备的资源。包括:原材料、材料、燃料、低值易耗品、在产品、半成品、产成品等。

一、库存控制的作用

(一) 库存控制的重要性

1. 库存控制是物流管理的核心内容

库存管理之所以重要,首先在于库存领域存在着降低成本的广阔空间,对于中国的大多数企业尤其如此。有资料显示,中国物流与发达国家的物流相比,差距主要在五个方面——成本高、周转慢、库存大、效率低、传统流通方式仍占相当比重。据统计,2000年我国库存商品沉淀的资金高达4万亿元,大约占当年GDP的50%,而国际公认的库存商品与GDP的比例,发达国家一般不超过1%,发展中国家也不过5%;另外,我国每年的库存商品损耗都在3 000亿元以上。

所以对于我国的企业来说,物流管理的首要任务是通过物流活动的合理化降低物流成本。例如,通过改善采购方式和库存控制方法,降低采购费用和保管费用,减少资金占用库存;通过合理组织库内作业活动,提高搬运装卸效率,减少保管装卸费用支出等。

2. 库存控制是提高顾客服务水平的需要

在激烈的市场竞争中,不仅要有提供优质商品的能力,而且还要有提供优质物流服务的能力。再好的商品如果不能及时供应到顾客手中,同样会降低商品的竞争能力。要保证用户订购时不发生缺货,并不是一件容易的事情。虽然加大库存可以起到提高顾客服务率的作用,但是,加大库存不仅要占用大量资金,而且要占用较大的储存空间,会带来成本支出的上升,如果企业的行为不考虑成本支出,则是毫无意义的,对经营本身并不会起到支持作用,在过高成本下维持的高水平服务也不会长久。因此,必须通过有效的库存控制,在满足物流服务需求的情况下,保持适当的库存量。

3. 库存控制是回避风险的需要

随着科学技术的发展,新商品不断出现,商品的更新换代速度加快。如果库存过多,就会因新商品的出现使其价值缩水,严重的情况可能会一钱不值。从另一个角度看,消费者的需求在朝着个性化、多样化方向发展,对商品的挑剔程度在增大,从而导致商品的花色品种越来越多,这给库存管理带来一定难度,也使库存的风险加大。一旦消费者的需求发生变化,过多的库存就会成为陷入经营困境的直接原因。因此,在多品种、小批量的商品流通时代,更需要运用现代库存管理技术科学地管理库存。

(二) 原材料库存的作用

原材料库存是用于支持企业内制造或装配过程的库存。保持这种库存的原因主要有以下几个方面:

1. 获得大量购买的价格折扣

企业大量采购可以得到价格折扣,因增购的部分不是立即用于生产,所以就会增加库存成本。只要库存成本的增加低于购买价格的节约,企业就愿意增加原材料库存。

2. 大量运输降低运输成本

大批量采购导致了大批量装运,许多企业整车皮、整卡车甚至整船运输原材料。整车运输的运费率比零担运输低许多,从而减少运输成本。运输成本通常是原材料最终售价的一个重要组成部分,运输费率的降低对企业是非常重要的。

3. 避免由于紧急情况而出现停产

企业通常保持一定数量的库存作为缓冲,即保险库存,以防在运输或订货方面出现问题而影响生产。许多企业不愿意因为原材料缺货而关闭装配线,因为这种成本是相当高的。保险库存的数量将根据延迟交货的概率以及原材料的使用数量来确定。

4. 防止涨价、政策的改变以及延迟交货等情况的发生

一些企业会面临原材料供应的不确定性,例如,当黄金有涨价征兆时,

珠宝制造商就会提前购买和存储黄金；对于从国外进口原材料的企业来说，如果供应国发生政变或经济危机，那么供应就被中断，从而导致缺货。

5. 调整供需之间的季节差异

农产品，如小麦或其他谷物只在一年中的某些时期生产，因此需要存储这些产品以满足全年的需求。在一些情况下，运输方式也可能造成季节供给，如在冬季一些航道和港口封冻，使得货物的供应受阻。在这种情况下，公司需要保持一定的库存，以维持生产的连续进行。

6. 保持供应来源

大型制造企业利用小供应商制造本企业也能制造的装配件或半成品是非常有利的。当它们没有足够生产能力满足高峰需求时，可以从小供应商处购买。如果大制造商在一年中的某个时期不从小供应商那里购买产品，小制造商可能就会关闭工厂并辞掉所有员工。当大制造商再次需要从小供应商进货时，小制造商就要重新招聘员工。这样不仅会提高成本，还会降低产品质量。因此，大制造商在淡季给小供应商一些订单使其维持生产或部分生产能力是有必要的。这样做对于大型企业来说，虽然会增加库存，但比改变供应商或使小供应商重新生产的成本更低。

（三）产成品库存的作用

产成品库存是已经制造完成并等待装运，可以对外销售的制成产品的库存。企业保持一定数量产成品库存的原因主要有以下几个方面：

1. 节省运费

保持产成品库存的一个原因与前面提到的保持原材料库存的原因类似，即运输的经济性。整车运输比零担运输的运费率低，只要运费低于仓储成本，那么大批量运输就对企业有利。许多企业在市场附近建立面向市场的仓库，公司将产品由工厂大批量运送到仓库，然后将产品以零担方式短距离运送给客户。这样企业不仅可以缩短运货时间、提高服务水平，而且可以降低运输成本、失销成本及在途存货成本。

2. 获得生产的节约

长期连续生产会降低产品的生产成本，但这意味着生产先于需求，产品不能马上全部销售出去，企业需要权衡考虑降低的生产成本与增加的库存成本之间的关系，对于技术含量高、生命周期短的产品尤其要慎重考虑。

3. 调整季节差异

对于任何企业来说，根据季节性高峰需求设计生产能力是没有效率的，而且风险极大，较好的方法是全年有规律地小规模生产，当然，这也就形成在非高峰需求期间的产成品库存。

4. 提高客户服务水平

由于市场竞争的日益加剧,企业必须不断提高服务水平,才能保持和提高竞争力。许多企业采取的一个策略就是将产成品库存靠近客户以利于及时交货,尤其对于可替代性很高的产品,这种策略更为重要。

5. 保留技术工人

在非高峰时期,为保留技术工人,就必须继续生产,从而产生库存。

二、影响库存水平的因素

影响库存水平的因素很多,我们可以利用因果分析,从经营、生产、运输、销售和订购周期五个方面对库存要因进行分析,如图9-1所示。因果分析图(Cause-and-effect Diagram)也叫石川图(Ishikawa Diagram)或鱼刺图(Fish-bone Chart),可以用每根鱼刺代表库存形成库存的阶段或环节,这些阶段或环节的库存问题,最终影响整个企业库存结构和水平是否适当。

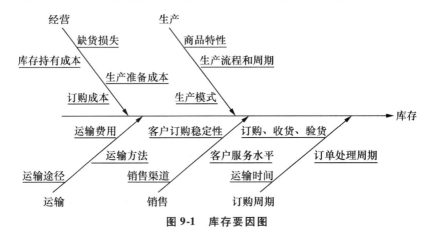

图 9-1　库存要因图

(一) 从经营方面看

经营的目标满足客户服务的要求,因而必须保持一定的预备库存,但要实现利润最大化,就必须降低订购成本,也要降低生产准备成本,更要减低库存持有成本,因而库存量水平的高低需要在这些因素中进行权衡。

(二) 从生产方面看

商品特性、生产流程和周期以及生产模式都将在许多方面对库存产生影响。例如,季节性消费的商品如圣诞传统礼品、饰品等,就不能够完全等到节日到来之时才突击生产,通常都按订单提前进行均衡生产,这样就必然在一定时期内形成大量库存。

（三）从运输方面看

在运输问题上，运输费用、运输方法、运输途径对库存水平的影响都很大，运输效益与库存效益之间存在极强的二律背反关系。

（四）从销售方面看

销售渠道对库存的影响也是显著的，环节越多，库存总水平就会越高，减少流通环节就能减少流通过程中的库存。客户服务水平与库存之间存在极强的二律背反关系，高的客户服务水平通常需要高库存来维持，但是库存管理成本不能超过由此带来的库存成本节约。客户订购的稳定性对销售库存的影响可以通过加强客户关系维护与管理、提高销售预测的精确度来纠正可能或已经发生的偏差。

（五）从订购周期看

订购周期（Customer Order Cycle Time）是指从确定对某种商品有需求到需求被满足之间的时间间隔，也称为提前期（Lead Time）。其中包括订单传输时间、订单处理和配货时间、额外补充存货时间以及订购装运交付运输时间四个变量。这些因素都在一定程度上对库存水平造成影响。

三、库存的逆作用

库存的逆作用不仅仅局限在库存本身要占用一定数量的资金，在储存期内要产生各种费用和发生损耗。最应该引起人们重视的是库存会掩盖管理过程中的不足和差错，还会使社会需求出现虚增。

（一）库存会掩盖管理过程中的不足和差错

不论是企业的库存还是储备，通常都是在系统出现偏差，产生供不应求的情况时才用来解决问题，因此最好的库存策略不应该是应付某种情况，而应该是准时供货。因为有了应对各种紧急情况的库存，往往使人们忽略了被库存掩盖起来的计划和控制过程中的许多不足和差错。大多数的差错是由于容忍浪费和管理水平低下造成的，例如供应商没有按照标准生产，或者没有按时、按量生产；设计图错误；工作人员不认真；盲目采购、盲目生产等。图 9-2、图 9-3 把库存比做小溪中的水流，把各种导致差错的问题比做小溪的底部的障碍，库存水平越低，问题就会暴露得越充分，就会越早得到解决。

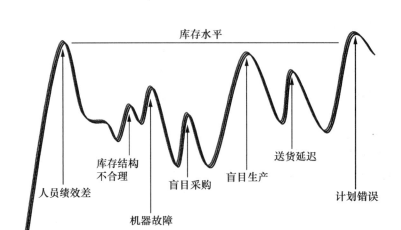

图 9-2 库存掩盖问题就像溪水淹没了障碍

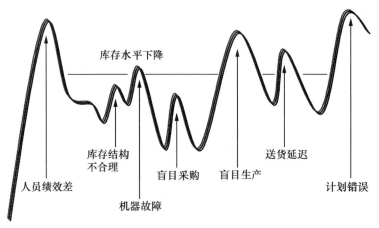

图 9-3 减少库存就能暴露问题

（二）库存会使社会需求虚增

库存不仅会掩盖生产和经营过程中的一些错误和员工的依赖和惰性思想，还会将某种产品的整个需求放大，从而导致这种产品或某大类产品的社会需求虚增，最终该产品供过于求，出现库存积压和报废，造成更大的损失。

第二节 库存成本

库存管理的任务是用最低的费用在适当的时间和适当的地点取得适当数量的原材料、消耗品和最终产品。在许多企业中，库存成本是物流总成本的一个重要组成部分,物流成本的高低常常取决于库存管理成本的大小,而且,企业物流系统所保持的库存水平对于企业提供的客户服务水平起着重要作用。库存成本主要包括以下四个方面:库存持有成本、订货或生产准备成本、缺货成本和在途库存持有成本。

一、库存持有成本

(一) 库存持有成本

库存持有成本(Holding Cost)是指为保持库存而发生的成本,它可以分为固定成本和变动成本。固定成本与库存数量的多少无关,如仓库折旧、仓库职工的固定月工资等;变动成本与库存数量的多少有关,如库存占用资金的应计利息、破损和变质损失、保险费用等。变动成本主要包括以下四项成本:资金占用成本、存储空间成本、库存服务成本和库存风险成本。

1. 资金占用成本

资金占用成本有时也称为利息成本或机会成本,是库存资本的隐含价值。资金占用成本反映失去的赢利能力。如果资金投入其他方面,就会要求取得投资回报,因此资金占用成本就是这种尚未获得的回报的费用。

一般来说,资金占用成本是库存持有成本的一个最大组成部分,通常用持有库存的货币价值的百分比来表示。从投资的角度来说,库存决策与做广告、建新工厂、增加新的机器设备等投资决策是一样的。

2. 存储空间成本

存储空间成本包括与产品运入、运出仓库有关的搬运成本以及储存成本,即实物存储与搬运成本。这项成本将随情况不同而有很大变化。存储空间成本仅随库存水平的提高或降低而增加或减少。如果利用公共仓库,有关搬运及存储的所有成本将直接随库存的数量而变化,在做库存决策时,这些成本都要考虑。如果利用自有仓库,大部分存储空间成本是固定的(例如建筑物的折旧)。

3. 库存服务成本

库存服务成本主要指保险及税金。根据产品的价值和类型,产品丢失或损坏的风险高,就需要较高的风险金。另外,许多国家将库存列入应税的财产,高水平库存导致高税费。保险及税金将随产品不同而有很大变化,但在计算存货储存成本时,必须要考虑它们。

4. 库存风险成本

作为库存持有成本的最后一个主要组成部分的库存风险成本,反映了一种非常现实的可能性,即由于企业无法控制的原因,造成的库存贬值。

(二) 库存持有成本的计算

由于库存持有成本中的固定成本是相对固定的,与库存数量无直接关系,它不影响库存控制的决策,所以在我们的讨论中只涉及变动成本。

计算一种单一库存产品的库存持有成本分三步:

第一步,确定这种库存产品的价值,其中先进先出法(FIFO)、后进先出法(LIFO)或平均成本法是常用的方法。因为无论提高还是降低库存水平,都与库存价值的变动成本相关,而与固定成本无关,因此,与库存决策最相关的产品价值是产品的买价或目前进入企业物流系统的产品的可变制造成本。

第二步,估算每一项储存成本占产品价值的百分比,然后将各百分比数相加,得到库存持有成本占产品价值的比例,这样储存成本就用库存价值百分比来表示,如表 9-1 所示。

表 9-1 库存持有成本的确定

成 本 类 别	成本占库存价值的百分比
仓库租金、折旧、作业成本	6%(3%—10%)
设备租金、折旧、能源、作业成本	3%(1%—3.5%)
进行额外处理的劳动力成本	3%(3%—5%)
借贷成本、税收、库存安全	11%(6%—24%)
被偷窃、积压和废旧库存	3%(2%—5%)
库存持有成本合计	26%

最后一步,用全部储存成本(产品价值的百分比)乘以产品价值,这样就估算出保管一定数量库存的年成本。

(三) 库存储存成本与库存水平的关系

随着库存水平的增加,年储存成本将随之增加,也就是说,储存成本是可变动成本,与平均存货数量或存货平均值成正比。

二、订货或生产准备成本

订货成本(Ordering Cost)或生产准备成本(Setup Cost),是指企业向外部供应商发出采购订单的成本或指企业内部的生产准备成本。

1. 订货成本

订货成本是指企业为了实现一次订货而进行的各种活动的费用,包括处理订货的差旅费、邮资、电报电话费、文书等支出。订货成本中有一部分与订货次数无关,如常设采购机构的基本开支等,称为订货的固定成本;另一部分与订货的次数有关,如差旅费、邮资等,称为订货的变动成本。具体来讲,订货成本包括与下列活动相关的费用:(1)检查存货水平;(2)编制并提出订货申请;(3)对多个供应商进行调查比较,选择最合适的供货商;(4)填写并发出订货单;(5)填写、核对收货单;(6)验收发来的货物;(7)筹备资金并进行付款。这些成本很容易被忽视,但在考虑涉及订货、收货的全部活动时,这些成本很重要。

2. 生产准备成本

生产准备成本是指当库存的某些产品不由外部供应而是由企业自己生产时,企业为生产一批货物而进行改线准备的成本。其中,更换模、夹具需要的工时或添置某些专用设备等属于固定成本,与生产产品的数量有关的费用如材料费、加工费等属于变动成本。

3. 库存持有成本与订货成本的关系

订货成本和持有成本随着订货次数或订货规模的变化而呈反方向变化,起初随着订货批量的增加,订货成本的下降比持有成本的增加要快,即订货成本的边际节约额比持有成本的边际增加额要多,使得总成本下降。当订货批量增加到某一点时,订货成本的边际节约额与持有成本的边际增加额相等,这时总成本最小。此后,随着订货批量的不断增加,订货成本的边际节约额比持有成本的边际增加额要小,导致总成本不断增加。

总之,随着订货规模(或生产数量)的增加,持有成本增加,而订货(或生产准备)成本降低,总成本线呈 U 形。其关系如图 9-4 所示。

三、缺货成本

库存决策中的另一项主要成本是缺货成本,是指由于库存供应中断而造成的损失,包括原材料供应中断造成的停工损失、产成品库存缺货造成的延迟发货损失和丧失销售机会的损失(还应包括商誉损失);如果生产企业以紧急采购代用材料来解决库存材料的中断之急,那么缺货成本表现为紧急额外购入成本(紧急采购成本大于正常采购成本的部分)。当一种产品缺货时,客户就会购买竞争对手的产品,那么就对企业造成直接利润损失;如果失去客户,还可能为企业造成间接或长期成本。在供应物流方面,原材料

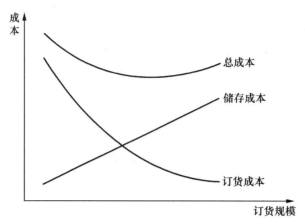

图 9-4 存货成本与订货规模的关系

或半成品或零配件的缺货,意味着机器空闲甚至关闭全部生产设备。

(一) 保险库存的持有成本

许多企业都会考虑保持一定数量的保险库存,即缓冲库存,以防在需求或提前期方面的不确定性。但是困难在于确定在任何时候需要保持多少保险库存,保险库存太多意味着多余的库存,而保险库存不足则意味着缺货或失销。

保险库存每一追加的增量都造成效益的递减。超过期望需求量的第一个单位的保险库存所提供的防止缺货的预防效能的增值最大,第二个单位所提供的预防效能比第一个单位稍小,以此类推。如果保险库存量增加,那么缺货概率就会减少。在某一保险存货水平,储存额外数量的成本加期望缺货成本会有一个最小值,这个水平就是最优水平。高于或低于这个水平,都将产生净损失。

零售业保持保险库存,可以在用户的需求率不规律或不可预测的情况下,有能力供应它们。生产企业保持产成品保险库存,可以在零售和中转仓库的需求量超过平均值时有能力补充它们的库存;半成品的额外库存可以在工作负荷不平衡的情况下,使各制造部门间的生产正常化。准备这些追加库存是要不失时机地为客户及内部需要服务,以保证企业的长期效益。

(二) 缺货成本计算

缺货成本是由于外部和内部中断供应所产生的。当企业的客户得不到全部订货时,叫做外部短缺;而当企业内部某个部门得不到全部订货时,叫作内部短缺。如果发生外部短缺,将导致延期交货、失销、失去客户的情况发生。下面分别讨论这三种情况。

1. 延期交货

延期交货可以有两种形式，或者缺货商品可以在下次规则订货中得到补充，或者利用快速延期交货。如果客户愿意等到下一个规则订货，那么公司实际上没有什么损失。但如果经常缺货，客户可能就会转向其他供货商。

如果缺货商品延期交货，那么就会发生特殊订单处理和运输费用，延期交货的特殊订单处理费用要比普通处理费用高。由于延期交货经常是小规模装运，运输费率相对要高；而且，延期交货的商品可能需要从另一地区的一个工厂仓库供货，进行长距离运输；另外，可能需要利用速度快、收费高的运输方式运送延期交货商品。因此，延期交货成本可根据额外订单处理费用和额外运费来计算。

2. 失销

尽管一些客户可以允许延期交货，但是仍有一些客户会转向其他供货商。换句话说，许多公司都有生产替代产品的竞争者，当一个供货商没有客户所需的产品时，客户就会从其他供货商那里订货，在这种情况下，缺货导致失销。对于卖方的直接损失是这种产品的利润损失。这样，可以通过计算这种产品的利润乘上客户的订货数量来确定直接损失。

关于失销，需要指出以下三点：首先，除了利润的损失，还包括当初负责这笔业务的销售人员的精力浪费，这就是机会损失。其次，很难确定在一些情况下的失销总量。例如，许多客户习惯电话订货，在这种情况下，客户只是询问是否有货，而未指明要订货多少，如果这种产品没货，那么客户就不会说明需要多少，卖方也就不会知道损失的总量。最后，很难估计一次缺货对未来销售的影响。

3. 失去客户

第三种可能发生的情况是由于缺货而失去客户，也就是说，客户永远转向另一个供货商。如果失去了客户，企业也就失去了未来一系列收入，这种缺货造成的损失很难估计，需要用管理科学的技术以及市场营销的研究方法来分析和计算。除了利润损失，还有由于缺货造成的信誉损失。信誉很难度量，在库存决策中常被忽略，但它对未来销售及企业经营活动非常重要。

为了确定需要保持多少库存，有必要确定如果发生缺货而造成的损失。可以分为以下三个步骤：

首先，分析发生缺货可能产生的后果，包括：延期交货、失销和失去客户。

其次，计算与可能结果相关的成本，即利润损失。

最后，计算一次缺货的损失。

如果增加库存的成本少于一次缺货的损失，那么就应增加库存以避免缺货。

如果发生内部短缺，则可能导致生产损失（人员和机器的闲置）和完工期的延误。如果由于某项物品短缺而引起整个生产线停工，这时的缺货成本可能非常高。尤其对于实施及时管理的企业来说更是这样。为了对保险库存量做出最好的决策，制造企业应该对由于原材料或零配件缺货造成停产的成本有全面的理解。首先确定每小时或每天的生产率，然后计算停产造成的产量减少，最后得出利润的损失量。

四、在途库存持有成本

在途库存持有成本不像前面讨论的三项成本那么明显，然而在某些情况下，企业必须考虑这项成本。如果企业以目的地交货价出售产品，就意味着企业要负责将产品运达客户，当客户收到订货产品时，产品的所有权才转移。从财务观点来看，产品仍是卖方的库存。因为这种在途库存在交给客户之前仍然为企业所有，运货方式及所需的时间是储存成本的一部分，企业应该对运输成本与在途库存持有成本进行分析。

一个重要的问题是如何计算在途库存持有成本。前面讨论过库存持有成本的四个方面，即资金占用成本、存储空间成本、库存服务成本及库存风险成本，这些成本对于在途存货来说有所变化。

第一，在途库存的资金占用成本一般等于仓库中库存的资金占用成本，假定在运输过程中对所讨论的库存具有所有权，那么资金占用成本就要考虑。

第二，存储空间成本一般与在途库存不相关，因为运输服务部门提供设备及必要的装载及搬运活动，其费用已计入运价。

第三，对于库存服务成本，一般不对在途货物征税，但对保险的要求还要认真分析。例如，当使用承运人时，承担的责任相当明确，没有必要考虑附加保险，当使用自有车队或使用出租运输工具时，那么就需要上保险。

第四，由于运输服务具有短暂性，货物过时或变质的风险要小一些，因此库存风险成本可以认为不存在。

一般来说，在途库存持有成本要比仓库中的库存持有成本小。在实际中,需要对每一项成本进行仔细分析,才能准确计算出实际成本。

第三节 库存管理方法

传统库存理论认为,库存管理的目的就是解决两个基本问题:何时订货和订多少货。现代库存理论增加了新的内容,在哪儿存货、存什么货以及货物种类与仓库的搭配都成为库存管理者考虑的问题。上述各个问题之间有着紧密的联系,这使现在的库存管理者面临更加复杂的情况。从众多库存管理方法中选择一种最适合本企业的方法显得至关重要,方法得当才能取得较好的效果。库存管理者必须保证企业的原料供应和产品分配像流水线一样顺畅,并且使库存周转迅速。选择库存管理方法的原则是要适合本企业的实际特点,每种库存管理方法都有假设条件,本企业的实际情况必须能够近似于这种假设条件才行。

传统库存控制的任务是用最小的储备量保证供应,不缺货,谋求"保证供应而又最小的储备量"。而现代库存控制的任务是通过适量的库存达到合理的供应,实现总成本最低的目标。其关键性的突破在于放弃了"保证供应",允许缺货,利用总成本最低来进行决策。

库存管理要遵循"经济性原则",管理成本不能超过由此带来的库存成本节约。库存管理者需要在库存成本和客户服务水平之间寻找平衡点,100%的客户服务水平往往不是最佳选择,企业总是寻找维持系统完整运行所需的最小库存或达到"满意"的客户服务水平基础上的最低库存。

一、库存管理分类方法

要对库存进行有效的管理和控制,首先要对存货进行分类。常用的存货分类方法有 ABC 分类法和 CVA 管理法。

(一) ABC 分类法

ABC 分类法又称重点管理法或 ABC 分析法(ABC Analysis)。它是一种从名目众多、错综复杂的客观事物或经济现象中,通过分析,找出主次,分类排队,并根据其不同情况分别加以管理的方法。该方法是根据巴雷特曲线所揭示的"关键的少数和次要的多数"的规律在管理中加以应用的。通常是将手头的库存按年度货币占用量分为三类:

A 类是年度货币量最高的库存,这些品种可能只占库存总数的 15%,但用于它们的库存成本却占到总数的 70%—80%;

B类是年度货币量中等的库存,这些品种约占全部库存总数的30%,其库存成本占总价值的15%—25%;

C类是年度货币量较低的库存,这些品种的成本只占全部年度货币量的5%,但却占库存总数的55%。

除货币量指标外,企业还可以按照销售量、销售额、订购提前期、缺货成本等指标将库存进行分类。通过分类,管理者就能为每一类的库存品种制定不同的管理策略,实施不同的控制。

表9-2列示了建立在ABC分类基础上的库存管理策略。

表9-2 不同类型库存的管理策略

库存类型	特点(按货币量占用)	管理策略
A	品种数约占库存总数的15%,成本约占70%—80%	进行重点管理。现场管理要更加严格,应放在更安全的地方;为了保持库存记录的准确,要经常进行检查和盘点;预测时要更加仔细
B	品种数约占库存总数的30%,成本约占15%—25%	进行次重点管理。现场管理不必投入比A类更多的精力;库存检查和盘点的周期可以比A类要长一些
C	成本也许只占总成本的5%,但品种数也许占库存总数的55%	只进行一般管理。现场管理可以更粗放一些;但是由于品种多,差错出现的可能性也比较大,因此也必须定期进行库存检查和盘点,周期可以比B类长一些

利用ABC分类法可以使企业更好地进行预测和现场控制,以及减少安全库存和库存投资。ABC分类法并不局限于分成三类,可以增加。但经验表明,最多不要超过五类,过多的种类反而会增加控制成本。

(二) CVA管理法

ABC分类法也有不足之处,通常表现为C类商品得不到应有的重视,而C类商品往往也会导致整个装配线的停工。因此,有些企业在库存管理中引入了关键因素分析法(Critical Value Analysis,CVA)。

CVA的基本思想是把存货按照关键性分成3—5类,即:

(1) 最高优先级。这是经营的关键性商品,不允许缺货。

(2) 较高优先级。这是经营活动中的基础性商品,但允许偶尔缺货。

(3) 中等优先级。这多属于比较重要的商品,允许合理范围内的缺货。

(4) 较低优先级。经营中需用这些商品,但可替代性高,允许缺货。

表 9-3 列示了按 CVA 库存管理法所划分的库存种类及其管理策略。

表 9-3　CVA 法库存种类及其管理策略

库存类型	特　　点	管　理　措　施
最高优先级	经营管理中的关键物品，或 A 类重点客户的存货	不许缺货
较高优先级	生产经营中的基础性物品，或 B 类客户的存货	允许偶尔缺货
中等优先级	生产经营中比较重要的物品，或 C 类客户的存货	允许合理范围内缺货
较低优先级	生产经营中需要，但可替代的物品	允许缺货

CVA 管理法比 ABC 分类法有更强的目的性。在使用中要注意，人们往往倾向于制定高的优先级，结果高优先级的商品种类很多，最终哪种商品也得不到应有的重视。CVA 管理法和 ABC 分类法结合使用，可以达到分清主次、抓住关键环节的目的。在对成千上万种商品进行优先级分类时，也不得不借用 ABC 分类法进行归类。

二、不同库存管理方法的主要区别

不同库存管理方法的主要区别包括：独立需求和相关需求、拉动方式和推动方式、按订单存货和按仓库存货、对单个仓库的管理和系统化的管理。

（一）独立需求和相关需求

这一要素对于选择合适的库存管理方法非常重要。当对产品 A 的需求量可以影响对产品 B 的需求量时，对产品 B 的需求称为相关需求。A 产品的需求量不受其他任何产品需求量的影响时，对 A 产品的需求称为独立需求。对于制造业来说，原材料、零部件的需求量是由最终产品的需求量决定的，是一种相关需求，多数最终产品则是独立需求。

在对独立需求的产品进行管理时，应该依据准确的需求预测；对于相关需求的产品，则不需进行专门的需求预测，只要依据对它产生影响的产品需求预测就可以了。

（二）拉动方式和推动方式

拉动方式是以客户需求为动力，通过整个分销系统，逐级拉动，直至生产者。生产者和分销商的库存以既定的订货量为基础，有时也会随现有库存量、额定最大库存的变化而变化。在这种方式下，每次的订货量是预先确

定的,但直到客户需要时才进行订货。

推动方式则是预先对库存水平进行计划。使用这种方式,必须对最终用户的需求情况有个清楚的了解,并估计各个时期的需求量,制订一个总体计划,及时向分销系统推出产品,直到最终用户。

拉动方式中生产企业对现实客户需求做出反应,而推动方式中生产企业是根据需求预测和计划来安排生产的,这是两者的根本区别。在拉动方式中,企业必须对客户的突发需求做出迅速而准确的反映。推动方式的优势在于,企业对市场进行准确的预测以后,统筹考虑,制订详细计划,稳定地满足客户需求。它可以将各种相似的需求统一考虑来降低成本,拉动方式则很难做到这一点。一般来说,拉动方式对于独立需求的产品比较有效,推动方式适用于相关需求的产品;拉动方式注重由需求者向供应者的信息流通,推动方式需要双向的交流。

Bowersox 和 Closs Helferich 对这两种方式的使用环境进行了分析,当产品的需求水平、订货周期不稳定且难以预测、市场仓库和分销中心容量有限时,使用拉动方式比较合适。当产品利润较高、需求是相关需求、存在规模经济性、供给不稳定或供应能力有限、存在季节性供应时,推动方式可以降低成本。

许多企业把这两种方式结合起来使用。例如,企业不仅预先制订系统化的计划,也可以对需求的突发变化做出快速反应。企业也可以在不同时期使用不同方式,在销售旺季使用拉动方式,在销售淡季使用推动方式。

(三) 按订单存货和按仓库存货

按订单存货方式是指当对库存产生现实需求时才补充存货,所以它的储存成本较低,但订货成本和货物价格较高。按仓库存货方式是指保持比较稳定的存货,其储存成本比较高,但订货成本和货物价格较低。

存货的价值高低和需求的稳定性是影响这两种方式的因素。对于特定用户、特殊订货且价值较高的物资,应使用按订单存货方式。对于需求稳定且可以预测、价值较低的物资,应制定合适的库存水平,采用按仓库存货方式。

(四) 单独管理和系统化管理

单独管理是指只对一个孤立的仓库、分销中心进行管理;系统化管理是指运用系统的观点,达到总体的最优。这两种方式各有利弊,系统化方法需要花费很多的时间和费用对整个系统的运行进行研究,需要较高的员工素质,对单个仓库进行管理则要简单、廉价得多。在准备使用系统化管理方法以前,一定要对它能够真正达到预想目标的可能性进行分析,不能盲目推崇。对单个仓库进行管理,往往会达到本仓库的最优,却不是整个系统的最优。

通过以上分析可以看出,不同的方式适用于不同的情况,从而产生不同的效果。因此,企业在选择库存管理方式之前,一定要结合本企业特点,获得足够的信息,分析各种方式的优缺点。

三、库存管理方法的评价指标

消费者在购买商品之前通常要对销售者保质保量提供商品的能力进行调查,只有在充分相信这种能力以后才进行购买。相应地,销售者要巩固老客户,吸引新客户,就必须对库存进行良好的管理。库存管理方法的评价指标主要有以下几个方面:

(一)客户满意度

客户满意度就是指客户对于销售者现在的服务水平的满意程度。这个指标涉及许多内容:客户忠诚度、取消订货的频率、不能按时供货的次数、与销售渠道中经销商的密切关系等。

(二)延期交货

如果一个企业经常延期交货,不得不使用加班生产、加急运输的方法来弥补库存的不足,那么我们可以说,这个企业的库存管理系统运行效率很低。它的库存水平和再订货点不能保证供应,紧急生产和运输的成本很高,远远超过了正常成本。但并不是要求企业一定不能有延期交货,如果降低库存水平引起的延期交货成本低于节约的库存成本,那么这种方案就是可取的,它可以实现企业总成本最低的目标。

(三)库存周转次数

计算整个生产线、单个产品、某系列产品的周转次数可以反映企业的库存管理水平。可以通过对各个时期、销售渠道中各个环节的库存周转次数进行比较,看看周转次数的发展趋势是上升还是下降,周转的"瓶颈"是在销售渠道的哪个环节。

库存周转次数在不同行业的企业里变化幅度很大,即使同一行业的不同规模企业也有很大差异。总体来说,库存周转次数越大,表明企业的库存控制越有效,但有时客户订货时却不能马上得到货物,这就降低了客户服务水平。企业要想增大库存周转次数并维持原有的客户服务水平,就必须使用快速、可靠的运输方式,优化订单处理程序,来降低保险库存,达到增大库存周转次数的目的。对企业各环节、各种产品的库存周转次数进行分析评价,就可以发现企业物流系统的问题所在。

四、几种重要的库存管理方法

传统的库存管理方法包括确定条件和不确定条件下的经济订货批量法(EOQ)、固定订货周期法等数学模型方法。在企业的决策中,少数几种关键性因素起了决定作用。决策模型为了突出这些因素,就必须对现实进行抽象,做出许多假设,忽略次要因素,简化决策过程。模型的假设条件决定了该模型的复杂程度和精确程度。一般来讲,假设条件越简化、越脱离现实,这个模型越容易理解、容易操作,但其结果往往不太精确。决策者必须在复杂程度和精确程度之间进行权衡,在不脱离现实太远的前提下,使模型尽可能地简单明了。

在今天的经济环境中,企业的生产目标、生产组织结构、生产方式和方法都发生了巨大的变化,同时也对传统的库存管理方法提出了挑战。随着计算机技术的发展,创新性的现代库存管理方法得到普及和推广。这些方法包括物料需求计划(MRP)、制造资源计划(MRPⅡ)、分销资源计划(DRP)和及时方法(JIT)。

库存决策是企业管理中的关键问题,企业应该分析各种库存管理方法的优缺点,结合自己的实际情况慎重选择。

第四节 库存控制方法

一、经济订货批量模型

(一) 库存周期

库存总成本最小的订货量称为经济订货批量(Economic Order Quantity, EOQ)。经济订货批量模型如图9-5所示,图中 Q 为订货量。这里描述了三个库存周期,每一周期都以 Q 个单位为开始,它是固定订货批量。刚收到订货时,库存水准为 Q 个单位,物品按斜率为负值的斜线表示的某一固定需求率 R 出库。当库存量降至再订货点时,就按 Q 单位发出一批新的订货,经过一固定的提前期后,货物便到达入库。这是一个经济订货批量模型在确定性条件下应用的例子。

建立再订货点是为何时订购固定批量提供一个信号,在企业库存管理

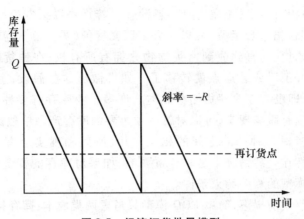

图 9-5　经济订货批量模型

中,再订货点是以提前期或补充时间的概念,即订货被补充或制造固定批量所需的时间长度为基础的。

(二) 简单 EOQ 模型

在开发模型过程中,经常用一个简单的方法将现实加以抽象和概括。换句话说,模型中包括一些试图反映现实的假设。模型的复杂性及精确性与假设有很大关系。模型的假设越多,就越容易处理与理解模型;然而,简单模型的输出经常是不够精确的。因此,建模者要把握好简单性与精确性的关系。建模要尽可能简单与直观,但同时又不能偏离现实太远。简单 EOQ 模型的基本假设如下:

(1) 需求量确定并已知,整个周期内的需求是均衡的。

(2) 供货周期固定并已知。

(3) 集中到货,而不是陆续入库。

(4) 不允许缺货,能满足所有需求。

(5) 购买价格或运输费率等是固定的,与订货的数量、时间无关。

(6) 没有在途库存。

(7) 只有一项产品库存,或虽有多种库存,但各不相关。

(8) 资金可用性无限制。

前四条假设密切相关,是确定性条件成立的基本前提。在每一相关时间间隔(每天、每周或每月),需求是已知的并与时间呈线性关系。库存消耗的速率是固定的,补充库存所需时间长度是已知的。换句话说,订货与收货之间的提前时间是固定的,这表明在原有库存用完之前所订货物刚好到达,因此不需考虑缺货情况及缺货损失。对于价格固定的假设表明没有价格折扣,而且价格相对稳定,无在途库存假设意味着货物以买方工厂交货价为基础购买(购买价格包含运费)并以卖方工厂交货价(买方负责运输)出售。这表明企业在购货时,直到收到所买货物才拥有所有权;在销货时,货物所有权在产品离开工厂或装运点就转移了。如果做出这些假设,企业就不用负责在途货物,即没有在途存货储存成本。许多企业库存有多种产品,单项物品的假设并没有脱离现实,可以对每一项重要的库存产品单独做 EOQ 决策。但由于没有考虑各种产品之间的相互作用,所以和现实会有一定的差距。资金的可用性在一些情况下是非常重要的,如果对库存的资金有某些限制,可作为批量模型的一个约束条件。

在以上假设前提下,简单 EOQ 模型只考虑两类成本:库存持有成本与订货或生产准备成本。简单模型的决策涉及两种成本之间的权衡分析。库存持有成本随订货批量的增加而线性增加,如果只考虑库存持有成本,则订货批量越小越好。而总订货成本随订货批量的增加而减少,如果只考虑订货成本,则订货批量越大越好。因此,应权衡考虑两种成本,使总成本达到最小的订货批量即为最优订货批量。

（三）数学描述

为了建立 EOQ 模型,首先假定以下变量：

R:每年的需求量(件);

Q:订货批量(件);

A:每次的订货成本或生产准备成本(元/每次订货);

V:每件商品的价值(元/件);

W:每件商品的年持有成本占商品价值的百分比(%);

$S(=VW)$:每件商品的年储存成本(元/件);

t:时间(天数);

TAC:年总成本(元)。

已知上述假设,年总成本可由下面公式表示:

$$TAC = \frac{1}{2}Q \cdot VW + \frac{R}{Q} \cdot A \quad (9\text{-}1)$$

方程(9-1)右边第一项是库存持有成本,等于在订货周期中,经济订货批量的平均单位数($Q/2$)乘以每单位价值(V),再乘以持有成本(W)。每一个订货周期开始的库存总量为 Q,需求是已知并均衡的,在订货周期(t)中,库存产品以相同速率减少,那么持有库存的平均值是初始总量(Q)的一半。一个周期的库存持有成本受到这一周期平均库存量的影响。

如方程(9-1)所示,只确定存货的平均数量是不够的,还必须知道每单位的价值(它将随产品的性质而改变)以及储存成本的百分比(它将随产品及企业的仓储运行情况而改变)。Q 越大,库存持有成本就越高,即持有成本随着订货批量的增加而增加,这是因为大批量的库存持续的时间就长,平均库存将随经济订货批量的增加而增加,因此持有成本就增加。

方程(9-1)右边第二项指的是订货成本或生产准备成本。如前所述,假设每次订货或生产准备成本是固定的,因此如果 Q 的数值增加,那么每年的订货次数就会减少,因为年需求量是固定的,也就是说,订货批量越大,年订货成本就越低。

为了获得使总成本达到最小的 Q,即经济订货批量,将 TAC 函数对 Q 求微分:

$$TAC = \frac{1}{2}Q \cdot VW + \frac{R}{Q} \cdot A$$

$$\frac{d(TAC)}{dQ} = \frac{VW}{2} - \frac{AR}{Q^2}$$

令

$$\frac{d(TAC)}{dQ} = 0$$

即可得出:

$$Q^2 = \frac{2RA}{VW} \Leftrightarrow Q = \sqrt{\frac{2RA}{VW}} \Leftrightarrow Q = \sqrt{\frac{2RA}{S}} \tag{9-2}$$

(四)再订货点

除了要知道订货多少之外,还必须知道什么时候订货,这就是再订货点。在确定性条件下,在补充期或提前期需要足够的库存,因此如果提前期已知,可以用提前期乘上日需求量来确定再订货点。

(五)对基本 EOQ 模型的调整

1. 批量折扣

任何负责购买产品或运输服务的经营者都经常面临这样的问题,即是否利用价格折扣。价格折扣可以是一次购买大批量商品的减价,也可以是运输大批货物,其单位运价较低,或两者兼而有之。大批购买的结果将是手中有大量库存而订货费用会降低。买主现在的问题是如果卖方提供折价,大批量购买是否有优势。解决这一问题的步骤如下:

第一步,计算每种价格 P_i 下的 EOQ_i。

第二步,淘汰不可行的 EOQ_i。"不可行"是指按照价格 P_i 计算出的经济

订货批量未达到 P_i 所要求的最低订货批量。

第三步,计算可行的 EOQ_i 的年总成本 TC(含产品买价)。

第四步,找出所有的折扣临界批量,按折扣价格计算年总成本 TC(含产品买价)。

第五步,比较三、四步求出的所有总成本 TC,找出最小值,相应的订货批量就是经济订货批量。

2. 非瞬时供应

在上述基本 EOQ 模型中,假定订货是一次到达入库的,但在现实中往往有陆续到达入库的情况。当企业的零部件是由本企业自产时,生产速率大于耗用速率,也会产生类似的问题。比如,自行车厂平均每天耗用 d 个车把,订货的车把每天送来 p 个,或者每天自产 p 个车把,每次订购 Q 个,那么每批货物全部入库需要 Q/p 天。在送货期内,耗用掉 $d(Q/p)$ 件,那么最高库存量为 $Q-d(Q/p)$,平均库存量为 $1/2[Q-d(Q/p)]$。

这是基本 EOQ 问题,但增加了一个变量,即订货或本企业生产的全部数量不是一次到达,它的到达像流水,如图 9-6 所示。

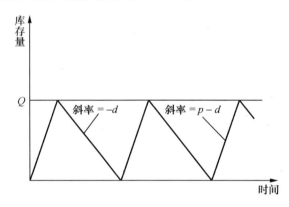

图 9-6 非瞬时性供应模型

总成本函数修订为:

$$TAC = \frac{1}{2}\left(Q - \frac{Q}{p} \cdot d\right)VW + \frac{R}{Q} \cdot A$$

相应的 EOQ 公式为:

$$Q = \sqrt{\frac{2RA}{VW} \cdot \frac{p}{p-d}} \Leftrightarrow Q = \sqrt{\frac{2RA}{S} \cdot \frac{p}{p-d}} \qquad (9\text{-}3)$$

二、不确定条件下的经济订货批量模型

在确定性条件下，使用或销售速率是均衡并固定的，EOQ 的最后一个单位出售的同时，另一批订货准时到达，没有引起缺货成本。但对于大多数企业来说，这并不符合它们日常面临的情况，确定性条件在现实中往往得不到满足，其原因有以下几个方面：

首先，客户购买产品从某种程度上来说带有偶然性，许多产品的需求速率依赖于天气、社会需求、心理需求和其他许多因素，结果每天、每周、每季的产品的销售量都会改变。其次，一些因素会引起提前期或补充时间的改变，例如，运输时间可能会改变。事实上，运输时间的可靠性常常是决定选择哪种运输方式或选择哪家运输公司的重要因素。导致提前期或补充时间改变的另外一种因素是订单处理及订单传送时间。如果是邮寄订单，那么可能会延误，这一领域的问题可以通过利用计算机系统来解决。除了需求速率及提前期的改变，还面临着购买的产品被损坏或运输途中损失等问题，在这种情况下就需要重新订货。尽管承运人会对货物丢失或损坏等问题负责，但会引起短期缺货，导致失销。

上面所提到的引起偏差的变量称为随机变量，管理者可以根据经验及相关的研究建立这些变量的概率分布，应用期望值分析来确定最优再订货点。解决这些问题的方法之一是保持保险库存来弥补偏差，但是要仔细分析需求：一方面，保险存货量不能太多，以免导致库存成本增加；另一方面，保险库存不足，也有可能会缺货，从而导致失销。

（一）再订货点

如前所述，基本模型的再订货点是用来满足从订货到货物入库这段时间的需求的库存水平，其计算很简单，因为需求或使用速率及提前期都是固定的，因此，可以用每天需求或使用量乘以提前期天数得到，当库存达到再订货点水平就开始订货。在不确定性条件下，再订货点的确定就需要考虑保险库存，这样，再订货点就变成提前期的平均日需求加上保险库存。

（二）需求不确定性

最容易处理的是只有一个因素引起的不确定性，其中销售速率或使用速率不确定是最常见的。为此作如下假设：

（1）固定并已知提前期；

（2）独立于订货批量或时间的固定价格或成本；

（3）没有在途库存；

(4) 一项产品库存;

(5) 资金可用性无限制。

在销售领域讨论不确定性,重点在于平衡保险库存成本和缺货(失销)成本。

用于计算的变量如下:

r:提前期内的需求量(件);

$p(r)$:需求概率;

q:再订货点;

h:单位超存的年期望储存成本;

k:单位短缺的年期望缺货成本。

当供过于求时($r \leq q$),超存的年期望储存成本为:

$$\sum_{r=0}^{q} h(q-r)p(r)$$

当供不应求时($r \geq q$),短缺的年期望缺货成本为:

$$\sum_{r=q+1}^{+\infty} k(r-q)p(r)$$

当再订货点为 q 时,保险存货成本和缺货成本之和的期望值为:

$$C(q) = \sum_{r=0}^{q} h(q-r)p(r) + \sum_{r=q+1}^{\infty} k(r-q)p(r) \quad (9-4)$$

则最佳再订货点 q 应按下列不等式确定:

$$\sum_{r=0}^{q-1} p(r) < \frac{k}{k+h} \leq \sum_{r=0}^{q} p(r) \quad (9-5)$$

三、定期订货法库存控制

(一) 定期订货法库存控制原理

定期库存控制方法也称为固定订购周期法,这种方法的特点是按照固定的时间周期来订购(一个月或一周等),而订购数量则是变化的。一般都是事先依据对商品需求量的预测,确定一个比较恰当的最高库存额,在每个周期将要结束时,对库存进行盘点,决定订购量,商品到达后的库存量刚好到达原定的最高库存额。

与定量库存控制方法相比,这种方法不必严格跟踪库存水平,减少了库存登记费用和盘点次数。价值较低的商品可以大批量购买,也不必关心日常的库存量,只要定期补充就可以了。食品店就经常使用这种方法,有些食品每天进货,有些每周进一次,另一些可能每月才进一次货。

如果需求和订购提前期是确定的,并且可以提前知道,那么使用固定订购周期法时,每周期的订购量是一样的。如果需求和订购提前期都不确定,那么每周期的订购量就会有所不同。定期检查方法如图9-7所示。

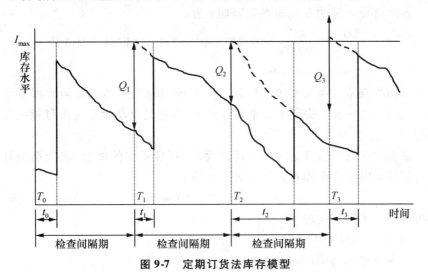

图 9-7 定期订货法库存模型

各次订货(T_0，T_1，T_2 和 T_3)之间的间隔相同。在 T_1,检查库存水平并计算出足以将库存量增加至某预定最大库存水平(I_{max})的订货批量。但是,数量为 Q_1 的订货在交货期期间(t_1)结束之前不会到货。在此期间,库存在继续被减少。同以前一样,需求和交货期一般都是不确定的。数量为 Q_1 的订货一旦到货,库存便被增加到低于 I_{max} 的某水平。之后,需求将继续减少库存,直至 T_2(第二次检查)。此时,再次进行数量为 Q_2 的订货。同 Q_1 一样,该订货批量为 T_2 时的当前库存水平与 I_{max} 之差。这一新的订货在第二个交货期(t_2)(比前一个更长一些)过去之后到货。在这一交货期期间,需求使库存下降得更多。因此,在 T_1 时刻订货的数量必须能够满足检查间隔期加上第二次订货的交货期期间的需求。

这种方法的关键在于确定订购周期和最大库存量。订购周期是指提出订购、发出订购通知,直至收到订购的时间间隔。最大库存量是满足订货周期和订货提前期的库存以及安全库存的要求。下面将就这两个问题进行讨论。

(二) 订货周期的确定

订货周期来自于经济的订货批量,下面以一个实例来说明。如果某产品的需求量(D)为每年 2 000 个单位,价格为每单位 2.5 美元,每次订货的

订货成本(C)为 25 美元,每单位产品储存成本为 0.5 美元。有:

$$Q = \sqrt{\frac{2RA}{S}} = \sqrt{\frac{2 \times 2\,000 \times 25}{0.5}} = 447$$

各次订货之间的最优检查间隔期 t_r 为:

$$t_r = \frac{EOQ}{D} = \frac{447}{2\,000} = 0.2235 \text{ 年} = 2.7 \text{ 月(即每 2 月 3 周)}$$

(三)确定最大库存水平

定期检查系统所需要考虑的第二个关键问题当然是计算最大库存水平(即 I_{max})。这一水平决定了安全库存水平,并且是自动确定每次订货批量的基础。

最大库存量应该满足三个方面的要求,订货周期的要求、交货期或订货提前期的要求和安全库存。计算公式如下:

$$I_{max} = R_d(T + L) + S \tag{9-6}$$

式中,L——平均订购时间;

R_d——需求速度;

T——订购间隔时间;

S——安全库存量。

采用这种库存管理的方法进行订购时,每次的订货量 Q 的计算公式如下:

$$Q = R_d(T + L) + S - Q_0 - Q_1 + Q_2 \tag{9-7}$$

式中,L——平均订购时间;

R_d——需求速度;

T——订购间隔时间;

S——安全库存量;

Q_0——现有库存量;

Q_1——在途库存量;

Q_2——已经售出尚未提货的库存量。

(四)定期库存控制的适用范围

定期库存控制法适用以下商品的库存控制:

(1)消费金额高,需要实施严密管理的重要物品;

(2)根据市场的状况和经营方针,需要经常调整生产或采购数量的物品;

(3) 需求量变动幅度大,而且变动具有周期性,可以正确判断的物品;

(4) 建筑工程、出口等可以确定的物品;

(5) 设计变更风险大的物品;

(6) 多种商品采购可以节省费用的情况;

(7) 同一品种物品分散保管、同一品种物品向多家供货商订购、批量订购分期入库等订购、保管、入库不规则的物品;

(8) 需要定期制造的物品等。

四、安全库存控制

许多企业都会考虑保持一定数量的安全库存,以防在需求或提前期方面的不确定性。但是困难在于确定什么时候需要保持多少安全库存。安全库存太多则意味着库存过剩,而安全库存不足则意味着缺货或失销。

安全库存每一追加的增量都造成效益的递减。如果安全库存量增加,那么缺货概率就会减少。在某一安全存货水平,储存额外数量的成本加期望缺货成本会有一个最小值,这个水平就是最优水平。高于或低于这个水平,都将产生净损失。

对于安全库存量的计算,可以根据顾客需求量变化、提前期固定,顾客需求量固定、提前期变化或者两者同时变化三种情况分别计算。

1. 需求量变化,提前期固定

假设需求的变化服从正态分布,由于提前期是固定的数值,因而可以根据正态分布图,直接求出在提前期内的需求分布均值和标准差,或通过直接的期望预测,以过去提前期内的需求情况为依据,确定需求的期望均值。在这种情况下,安全库存量的计算公式为:

$$S = z\sigma_d \sqrt{L} \qquad (9-8)$$

式中,σ_d——提前期内的需求量的标准差;

L——提前期的时间;

z——一定客户服务水平下需求量变化的安全系数,它可以根据预定的服务水平,由正态分布表查出。

表 9-4 是客户服务水平与安全系数对应关系的常用数据。

表 9-4 客户服务水平与安全系数对应关系的常用数据

服务水平	0.9998	0.99	0.98	0.95	0.90	0.80	0.70
安全系数	3.5	2.33	2.05	1.65	1.29	0.84	0.53

例 9-1：某超市的某种食用油平均日需求量为 1 000 瓶，并且食用油的需求情况服从标准差为 20 瓶/天的正态分布。如果提前期是固定常数 5 天，且客户服务水平不低于 95%，那么可以计算出该食用油安全库存量约为 74 瓶。计算过程如下：

已知 $\sigma_d = 20$ 瓶/天，$L = 5$ 天，$F(z) = 95\%$，查表知 $z = 1.65$，代入公式

$$S = z\sigma_d\sqrt{L} = 1.65 \times 20 \times \sqrt{5} \approx 74(\text{瓶})$$

2. 需求量固定，提前期变化

当提前期内的客户需求情况固定不变，而提前期的长短随机变化时，安全库存量的计算公式如下：

$$S = zR_d\sigma_L \tag{9-9}$$

式中，z——一定客户服务水平下需求量变化的安全系数；

σ_L——提前期的标准差；

R_d——提前期内的日需求量。

例 9-2：某超市的某种饮料的日需求量为 1 000 罐，提前期随机变化且服从均值为 5 天、标准差为 1 天的正态分布。如果客户服务水平要达到 95%，那么该种饮料的安全库存量不能低 1650 瓶。计算过程如下：

已知 $\sigma_L = 1$ 天，$d = 1 000$ 瓶，$F(z) = 95\%$，查表知 $z = 1.65$，代入公式：

$$S = zd\sigma_L = 1.65 \times 1 000 \times 1 = 1 650(\text{瓶})$$

3. 需求量和提前期都随机变化

多数情况下需求量和提前期都是随机变化的，如果可以假设需求量和提前期是相互独立的，那么安全库存量的计算公式如下：

$$S = z\sqrt{\sigma_d^2\overline{L} + \overline{R}_d^2\sigma_L^2} \tag{9-10}$$

式中，σ_d、σ_L、z 的含义同上；

$\overline{d}$——提前期内平均日需求量；

$\overline{L}$——平均提前期。

例 9-3：如果例 9-2 中这种饮料的需求量和提前期都随机变化并服从正态分布，且需求量和提前期相互独立，日需求量 1 000 瓶，标准差为 20 瓶/天，平均提前期为 5 天，标准差为 1 天，那么为了保证这种饮料在夏季的客户服务水平达到 95%，就需要保持不低于 1 652 瓶的安全库存。计算过程如下：

已知 $\sigma_d = 20$ 瓶/天，$\sigma_L = 1$ 天，$d = 1 000$ 瓶/天，$F(z) = 95\%$，查表知 $z = 1.65$，代入公式：

$$S = z\sqrt{\sigma_d^2\overline{L} + \overline{R}_d^2\sigma_L^2} = 1.65 \times \sqrt{20^2 \times 5 + 1 000^2 \times 1^2} = 1 652(\text{瓶})$$

该方法的原理是,当实物库存水平(加上已订货库存)下降到预定再订货水平时,进行再订货。

3. 定期订货法安全库存量的计算

定期订货法的安全库存量的计算方法与定量订货法安全库存量的计算方法类似,下面以需求量和提前期都发生变化时为例。介绍定期订货法的安全库量计算过程。

$$S = z\sqrt{\sigma_d^2(\bar{L}+T) + \bar{R}_d^2\sigma_L^2} \tag{9-11}$$

式中,σ_d、σ_L、z 的含义同上；

R_d——提前期内平均日需求量；

$\bar{L}$——平均提前期；

T——订货周期。

这种方法计算安全库存量与定量订货法不同的是,需要在订货周期内备有一定的安全库存。

第五节 现代库存管理方法

一、物料需求计划(MRP)

MRP 把原料和零部件的需求看成是最终产品需求量的派生需求。其出发点是要根据成品的需求,自动地计算出构成这些成品的部件、零件,以及原材料的相关需求量；根据成品的交货期计算出各部件、零件生产进度日程与外购件的采购日程。MRP 的思想很早就产生了,但直到计算机产生、信息系统实施以后,MRP 才真正得以广泛应用。MRP 系统依据主生产计划、产品结构、库存状态来计算每种材料的净需求量,并把需求量分配到每个时期。

MRP 系统的目标是:

(1) 保证在客户需要或生产需要时,能够立即提供足量的材料、零部件、产成品；

(2) 保持尽可能低的库存水平；

(3) 合理安排采购、运输、生产等活动,使各车间生产的零部件、外购件与装配的要求在时间与数量上精确衔接。

因此,MRP 系统可以指明现在、未来某时的材料、零部件、产成品的库存水平。MRP 系统的起点是需要多少最终产品,何时需要。然后再分解到每一种材料、零部件,并确定需求时间。

1. MRP 的输入信息

MRP 有三种输入信息,即主生产计划、产品结构信息和库存状态。

(1) 主生产计划。依据客户订单和需求预测,主生产计划驱动整个 MRP 系统。主生产计划描述了最终产品需要何时生产、何时装配、何时交货。

产品生产计划根据市场预测与用户订货来确定,但它并不等同于预测,因为预测未考虑企业的生产能力,而计划则要进行生产能力平衡后才能确定;预测的需求量可能随时间起伏变化,而计划可通过提高或降低库存水平作为缓冲,使实际各周期生产量趋于一致,以达到均衡稳定生产。产品主生产计划是 MRP 的基本输入,MRP 根据主生产计划展开,导出构成这些产品的零部件与材料在各周期的需求量。

(2) 产品结构信息。产品结构信息说明了生产或装配一件最终产品所需要的材料、零部件的数量。结合最终产品的需求量就可以计算出各零部件的毛需求量,同时还能够指出使用这些零部件的确切时间。产品结构信息还表明了各种零部件之间的数量关系,以及它们各自的重要程度。

(3) 库存状态信息。库存状态信息应保存所有产品、零部件、在制品、原材料(以下统称项目)的库存状态信息,主要包括以下内容:

① 当前库存量。是指工厂仓库中实际存放的可用库存量。

② 计划入库量(在途量)。是指根据正在执行中的采购订单或生产订单,在未来某个时间周期项目的入库量。在这些项目入库的那个周期内,把它们视为库存可用量。

③ 提前期。是指执行某项任务由开始到完成所消耗的时间。对采购件来说,是从向供应商提出对某个项目的订货,到该项目到货入库所消耗的时间;对于制造或装配件来说,是从下达工作单到制造或装配完毕所消耗的时间。

④ 订货(生产)批量。是指在某个时间周期向供应商订购(或要求生产部门生产)某项目的数量。

⑤ 安全库存量。是为了预防需求或供应方面不可预测的波动,在仓库中经常应保持的最低库存数量。

此外,还应保存组装废品系数、零件废品系数、材料利用率等信息。

2. MRP 工作程序

MRP 首先根据主生产计划规定的最终产品需求总量和产品结构信息,对产品的需求进行分解,生成对部件、零件以及材料的毛需求量计划。然后根据库存状态信息计算出个部件、零件及材料的净需求量及期限,并发出订单。

3. 输出信息

MRP 程序可以为管理者提供的信息主要有:订货数量和时间;是否需要改变所需产品的数量和时间;是否需要取消产品的需求;MRP 系统自身的状态等。

4. 对 MRP 系统的评价

只要建立了主生产计划,MRP 系统就可以确定不同时期的库存计划。MRP 产生材料需求计划以满足装配或制造特定数量产成品的要求,因此它是一种推动方式的系统。当对材料、零部件的需求是最终产品的派生需求时,MRP 比较适用。MRP 是从系统的角度来解决材料供应的。

MRP 系统的主要优点在于:

(1) 维持合理的保险库存,尽可能地降低库存水平;

(2) 能够较早地发现问题和可能发生的供应中断,及早采取预防措施;

(3) 它的生产计划是基于现实需求和对最终产品的预测;

(4) 它并不是孤立地考虑某一个设施,而是统筹考虑整个系统的订货量;

(5) 它适合于批量生产或间歇生产或装配过程。

MRP 系统的不足之处在于:

(1) 在使用中,它是高度计算机化的,难以调整;

(2) 降低库存导致的小批量购买使订货成本和运输成本增大;

(3) 它对短期的需求变动不如再订货点法敏感;

(4) 系统很复杂,有时不像预想的那样有效。

二、制造资源计划(MRP Ⅱ)

生产管理系统是企业经营管理系统中的一个子系统,它与其他子系统,尤其是经营与财务子系统有着密切的联系。在对 MRP 进行研究,并吸取精华、克服缺点以后,制造资源计划(MRP Ⅱ)应运而生。在 MRP 完成对生产的计划与控制基础上,进一步扩展,将经营、财务与生产管理子系统相结合,形成制造资源计划。

一些生产管理先进的国家的专家和学者认为,运用现代生产管理思想和方法建立的电脑化生产系统 MRP Ⅱ 是一个先进的生产管理系统。MRP Ⅱ 软件是根据订单和预测安排生产任务,对生产负荷和人员负荷与生产能力进行平衡调整,通过计算机模拟,得到一个最佳生产组合顺序的主生产计划。根据主生产计划的要求及库存记录、产品结构等信息,由计算机自动推导出构成这些产品的零部件与材料的需求量,产生自制品的生产计划和外购件的采购计划。根据物料需求量计算的结果,分阶段、分工作中心精确地计算出人员负荷和设备负荷,进行瓶颈预测,调整生产负荷,做好生产能力与生产负荷的平衡工作,制订能力需求计划,按照计划进行生产。在生产过程中,若出现问题,还可再进行调整。

它用科学的方法计算出什么时间、需要什么、需要多少,在保证正常生产不间断的前提下,根据市场供货情况,适时、适量分阶段订购物料,尽量减少库存积压造成的资金浪费,在解决物料供应与生产的矛盾、计划相对稳定与用户需求多变的矛盾、库存储备增多与减少流动资金的矛盾、产品复杂多样化与生产条理化的矛盾中起很大的作用。

MRPⅡ是一个很好的计划工具,能够进行因果分析,因此有助于分析在后勤、生产、市场营销、财务等领域应用某一战略所产生的结果。例如,MRPⅡ可以解决企业物流中设施内部、设施之间的产品移动及存储问题。

综上所述,MRPⅡ是计划和管理企业所有资源的技术,它超越了库存控制和生产控制,综合了几乎所有的功能,是一个面向未来的计划技术。它不仅减少了缺货,提高了客户服务水平,还使运输更高效、更能适应需求的改变,减少了存货成本,减少生产线的停工,使计划更灵活。

目前MRPⅡ又有了新的发展,有人把MRPⅡ和JIT结合起来,称之为MRPⅢ。

三、分销资源计划(DRP)

分销资源计划是把MRP的原则和技术推广到最终产品的存储和运输领域。MRP包含一个主生产计划,然后把它分解成零部件的毛需求量和净需求量;相应地,DRP从最终用户的需求量开始(这是一种独立需求),向生产企业倒推,建立一个经济的、可行的系统化计划,来满足用户需求。利用准确可靠的需求预测,DRP制订一个分阶段的产品从工厂或仓库到最终用户的分销计划。事实上,DRP是通过对存货的分配来达到服务用户的目的,因此,它是一种推动方式。

DRP的真正意义在于,它对于现实需求非常敏感,使合适的产品及时到达用户手中。它是替代传统再订货点法的一种手段。

DRP和MRP的主要区别在于,DRP可以反复地调整它的订货方式,使之能够满足变化不定的环境。它也是从整个系统的角度考虑存货问题的,不会出现减少一个仓库的库存水平却使另一个仓库的库存水平大幅上升的问题。

有些企业把 DRP 和 MRP 结合起来应用,称之为 DRP Ⅱ。主生产计划是基于现实需求和需求预测的,MRP 程序直接对主生产计划进行处理,DRP 则依据对具体市场的需求预测和既定的生产计划,在各个不同的工厂和仓库之间分配库存。总而言之,MRP 是把所需的材料、零部件"推"到生产地或装配地,DRP 是把最终产品通过分销渠道"推"到需要它的地方去。

四、企业库存管理中的"零库存"问题

企业生产和销售系统中的库存通常是为避免某种差错的出现而设立的,因而库存也常常会掩盖许多不应该发生的差错,如工人或供应商未按标准生产,或者未能按时生产,或者生产数量规格不对;设计图或说明不准确;不了解客户的要求;员工拙劣和机器故障等造成的供货延误。一个好的库存策略不应该是为准备应付某种情况,而应是为了准时供货,所以企业库存管理的目标是"零库存"。当然,要做到完全意义上的"零库存"是非常困难的,而且在许多情况下也是不必要的,企业只要建立一个准时制的库存系统就可以了。

准时制库存(Just-in-time Inventory)是维持系统完整运行所需的最小库存。有了准时制库存,所需商品就能按时按量到位、分秒不差。企业实现准时制库存的方式可以有多种多样,但都是基于与供应商或客户的可靠联盟。

寄售(Consignment)是企业实现"零库存"资金占用的一种有效的方式。即供应商将产品存入企业的仓库,并拥有库存商品的所有权,企业在领用这些产品后才与供应商进行货款的结算。

寄售的优点从供应商方面看体现在,这种方式有利于供应商节省其在产品库存方面的仓库建设投资和日常仓储管理方面的投入,大大降低产品的仓储成本。从企业方面来看体现在,这种方式既可保证原材料、零部件等的及时供应,又可降低大大减少原材料、零部件的库存资金占用,保证其 JIT 采购的实施。

国内应用这一方式最成功的企业目前是海尔集团。

本章思考题

一、名词解释

库存控制;资金占用成本;存储空间成本;库存服务成本;库存风险成

本;订货成本;生产准备成本;缺货成本;ABC 分类法;独立需求;相关需求;经济订货批量。

二、回答问题

1. 为什么企业要保有库存？请结合企业库存管理的特点进一步分析。
2. 请举例说明为什么要认识库存的逆作用？
3. 库存持有成本是由哪些成本构成的？如何计算库存持有成本？
4. 请阐述库存持有成本与订货成本的关系。
5. 如何认识缺货成本？请分析说明缺货而造成的损失。
6. 如何计算在途库存持有成本？
7. ABC 分类库存管理策略包括哪些内容？
8. CVA 的基本思想是什么？
9. 库存管理方法的评价指标都包括哪些？
10. 请阐述经济订货批量（EOQ）模型的设计原理和简单 EOQ 模型的基本假设条件。
11. 在批量折扣和非瞬时供应条件下，对基本 EOQ 模型如何进行调整？
12. 认识和了解销售速率或使用速率不确定条件下的经济订货批量模型。
13. 请阐述定期订货法库存控制的原理。
14. 如何计算定量订货法安全库存量和定期订货法安全库存量？
15. 谈谈你对现代库存管理方法的认识。

21世纪经济与管理规划教材

物流管理系列

第十章

企业销售物流

主要内容

- 企业销售系统及销售物流
- 企业销售物流服务
- 企业销售配送

生产企业售出产品的物流过程称为销售物流,是指生产者至用户或消费者之间的物流。包括产成品的库存管理、仓储发货运输、订货处理与客户服务等活动。

销售物流是企业物流系统的最后一个环节,是企业物流与社会物流的又一个衔接点。它与企业销售系统相配合共同完成产成品的销售任务。本章从企业销售系统出发,介绍企业的销售物流渠道、销售物流服务的意义以及实现企业销售物流的配送方式和运输策略。

第一节 企业销售系统及销售物流

一、企业销售系统的任务

企业的销售系统通过一系列营销手段出售产品,利用物流服务满足消费者的需求,实现产品的价值和使用价值。企业销售系统的主要任务是:

(1) 进行市场调查和需求预测。目的是为企业的产品开发和生产技术系统提供准确的市场信息。调查和预测的对象包括国内外的传统市场、新市场和潜在市场。

(2) 开拓市场和制定销售产品的方针和策略。包括销售渠道、营销组合、产品定价等。

(3) 编制销售计划。正确确定计划期产品销售量和销售收入两个指标,满足社会需要,保证产销衔接。

(4) 组织、管理订货合同。包括组织签订合同、检查执行合同和处理执行合同中的问题。

(5) 组织产品推销。包括产品的商标与装潢设计、广告宣传、试销试展、派员推销以及市场信息反馈等。

(6) 组织对用户的服务工作。包括产品安装调试,使用与维修指导,实行"三包",提供配件以及售前、售后征求用户意见等。

(7) 进行成本分析。对销售费用与销售成本进行分析,不断提高销售的经济效益和销售管理工作水平。

二、企业销售渠道及销售物流组织

(一) 企业销售渠道

企业的销售渠道按结构通常分为以下三种形式:

（1）生产者→消费者；

（2）生产者→批发商→零售商→消费者；

（3）生产者→零售商或批发商→消费者。

从物流过程来看，第一种销售渠道最短，第二种销售渠道最长，第三种销售渠道介于以上两者之间。

（二）影响企业销售渠道选择的因素

企业选择什么样的销售渠道主要决定于：政策性因素、产品因素、市场因素和生产企业自身等因素。生产企业对影响销售渠道选择的因素进行研究分析以后，要结合企业自身的特点和要求，对各种销售渠道的销售量、费用开支、服务质量进行反复比较，找出最佳销售渠道。

（三）企业销售物流组织

企业销售渠道的选择及其销售物流的组织与产品类型有关，如钢材、木材等生产资料商品，其销售渠道一般选用第一种结构渠道和第三种结构渠道（生产者→批发商→消费者）；而诸如日用百货、小五金等商品的销售，则较多地选用第二种和第三种结构渠道。

正确选择和运用销售渠道，合理组织销售物流，可使企业迅速、及时地将产品传送到用户手中，达到扩大商品销售、加速资金周转、降低流通费用的目的。

三、销售预测

（一）影响企业销售的因素

过去的销售业绩反映了企业销售水平的高低，是决定未来销售状况的主要参考因素，但是这绝不是唯一的决定因素。在进行预测和选择最合适的销售预测方法之前，必须考虑更多的对销售预测产生影响的不可控因素和可控因素。

不可控因素是指那些会对企业未来销售产生影响，但企业无法采取措施加以控制的因素。如需求的动向，即流行的趋势、生活形态的变化、人口的流动等；又如经济的变动、同业的竞争的动向等。

可控因素是指那些会对企业未来销售产生影响，而且企业本身又可以加以控制的因素。如营销活动政策、生产状况、销售政策和销售人员等。

（二）销售预测的基本方法

1. 定性预测法

定性预测法不需要太多的数学和统计学的分析工具，主要根据经验判断而定。

(1) 经理意见法

经理意见法是依据经理人员的经验与直觉,利用多个人或所有参与者的意见得出销售预测值的方法。此法的优点是简单快捷,不需要经过精确的设计,尤其在预测资料不足且预测者经验相当丰富时,是一种适宜的方法。经理意见法的缺点是,由于是以个人的经验为基础,可信度难免令人置疑。

(2) 销售人员意见汇总法

销售人员最接近消费者和用户,对商品的需求最了解,通过听取销售人员的意见来推测市场的需求。此方法一般先让参与预测的销售人员对下一年度销售的最高值、最可能值、最低值分别预测,计算出概率值,最后再根据不同人员的概率值求出平均销售预测值。

(3) 购买者意见调查法

这种预测方法是通过征询顾客和客户的潜在需求或未来购买计划,了解购买商品活动的变化及特征,在收集消费者意见的基础上,分析市场变化,预测未来的市场需求。这种预测方法有多种形式,如在商品销售现场直接向消费者询问、电话询问、发放和邮寄调查表等方法。在预测实践中,这种方法多用于生产资料商品、中高档耐用消费品的预测。虽然该方法预测准确率较高,但是要预测两年以上的需求时,其可靠性要明显差于短期预测。

2. 定量预测法

(1) 时间序列分析法

时间序列是指各种经济指标统计数字,按时间先后顺序排列而成的数列。时间序列分析法,就是将经济发展、购买力增长、销售变化等同一变量的一组观察值,按时间顺序加以排列,构成统计的时间序列,然后运用一定的数学方法使其向外延伸,预计市场未来的发展变化趋势,确定市场预测值。

为了让时间序列中的各个数值正确地反映研究预测对象的发展规律,各数据间具有可比性,编制时间序列要做到:总体范围一致、代表的时间单位长短一致、统计数字的计算方法和计量单位一致。

根据影响市场变化的各种时间因素发生作用的大小不同和方向变化的时间特征,造成的时间序列数据的变动可以分为四种类型,即长期变化趋势、季节性变动、周期变动和不规则变动。

(2) 回归和相关分析法

事物彼此之间均存在直接或间接的因果关系,同样,销售量亦随某种变量的变化而变化。当销售与时间之外的其他事物存在相关性时,回归和相关分析对于销售预测是非常有用的。

相关分析是依靠掌握与销售之间存在重要因果关系的某种变量,通过统计方式,寻求两者间的关系,并借此计算未来预测值的方法。

回归分析试图判断在因变量(销售量)与一个和多个自变量之间是否存在某种偶然的关系,如果发现了某种关系,那么因变量法(销售量)的值可以根据自变量的特定值来加以预测。

(三) 销售预测的过程

销售预测的过程主要分为五个步骤:

第一步,确定预测目标。通常要回答下列问题,即预测的目的是什么,预测结果将被如何利用,预测结果是否用于计划开发的新市场等。

第二步,初步预测。

第三步,依据内部可控因素调整预测。要考虑下列问题,即预测期内工作将有何种变化,营销战略是否会改变,销售渠道是否有改变,有无新产品的推出等。

第四步,依据外部不可控因素调整预测。要考虑下列问题,如市场环境是改善了,还是恶化了,是否有新对手加入等。

第五步,比较预测目标。要考虑下列问题,即预测和目标是否一致;预测不能反映目标时,是降低目标值,还是进一步采取措施实现原来的目标,等等。

第六步,检查和评价。销售预测做出后并不是一成不变的,随着市场及企业内外环境的变化,或者调整目标,或者采取措施来实现企业的销售目标。必须有反馈制度使一些重大的变化能够在销售预测和决策中反映出来。

四、销售物流的主要环节

企业在产品制造完成后,需要及时组织销售物流,使产品能够及时、准确、完好地送达客户指定的地点。为了保证销售物流的顺利完成,实现企业以最少的物流成本满足客户需要的目的,企业需要在产成品包装、储存、发送运输、订单及信息处理、装卸搬运等方面做好工作。

（一）产成品包装

包装是企业生产物流系统的终点，也是销售物流系统的起点。产品包装，尤其是产成品的运输包装在销售物流过程中将要起到便于保护、仓储、运输、装卸搬运的作用。因此，在包装材料、包装形式上，既要考虑储存、运输等环节的方便，又要考虑材料及工艺的成本费用。

（二）产成品储存

保持合理库存水平、及时满足客户需求，是产成品储存最重要的内容。客户对企业产成品的可得性非常敏感，缺货不仅使客户需求得不到满足，而且还会提高企业进行销售服务的物流成本。当企业推出一种新产品或举办特殊促销活动期间，或是客户急需的配件不能立即供货时，这种情况更加严重。产成品的可得性是衡量企业销售物流系统服务水平的一个重要参数。

为了避免缺货，企业一方面可以提高自己的存货水平，另一方面可以帮助客户进行库存管理。当一个客户的生产线上需要流进成百甚至上千种不同的零部件时，其供应阶段的库存控制任务是非常复杂的。在这种情况下，企业帮助客户管理库存不仅十分必要，而且还能够稳定客源，便于与客户长期合作。

随着计算机及通讯设备能力的提高，许多供货商为客户进行库存控制自动化方面的规划，其中包括计算机化的订单处理和库存监控。另外，客户希望供应商在客户附近保持一定数量的库存以降低自己的存储空间需求。在一些情况下，客户希望完全取消库存，他们从他们的客户那里得到订单，然后由供货商直接把货物运送给他们的客户。

（三）订单处理

为使库存保持最低水平，客户会在考虑批量折扣、订货费用和存货成本的基础上，合理地频繁订货。企业为客户提供的订货方式越方便、越经济，越能影响客户，如免费电话服务、预先打印好的订货表，甚至为客户提供远程通讯设备。客户非常关心交货日期，希望供货方能够将订单处理与货物装运的进程及时通知客户，特别是当与预期的服务水平已经或将要发生偏差时，更是这样。随着计算机和现代化通讯设备的广泛应用，电脑订货方式被广泛采纳，企业跟踪订货状态的能力也大大提高，使得客户与供应商的联系更加密切。对于购买生产线产品的工业客户来说，了解订货与装运状态虽然重要，但他们最关心的还是保持生产原料的可靠的连续供应，因此他们更关心交货日期的可靠性。

（四）发送运输

不论销售渠道如何，也不论是消费者直接取货，还是生产者或供应者直接发货给客户（消费者），企业的产成品都要通过运输才能到达客户（消费者）指定的地点。而运输方式的确定需要参考产成品的批量、运送距离、地理等条件。

对于由生产者或供应者送货的情况，应考虑发货批量大小问题，它将直接影响到物流成本费用。在此，配送是一种较先进的形式，在保证客户（消费者）需要的前提下，不仅可以提高运输设备的利用率，降低运输成本，还可以缓解交通拥堵，减少车辆废气对环境的污染。

运输方面的服务包括：运输速度快，及时满足客户需要；运输手段先进，减少运输途中的商品损坏率；运输途径合理组织，尽可能缩短商品运输里程；运输线路选择合理，减少重复装卸和中间环节；运输工具使用适当，根据商品的特性选择最佳运输工具；运输时间合理，保证按时将商品送到指定地点或客户手中；运输安全系数高，避免丢失、损坏等情况发生。

（五）装卸搬运

客户希望在物料搬运设备方面的投资最小化，例如，客户要求供应商以其使用尺寸的托盘交货，也有可能要求将特殊货物集中在一起装车，这样他们就可以直接再装运，而不需要重新分类。

第二节 企业销售物流服务

随着经济发展和科技进步，国际、国内的竞争日益加剧，传统制造领域的技术和产品的特征优势日渐缩小，人们越来越认识到销售物流服务已经成为企业销售系统，甚至整个企业成功运作的关键，是增强企业产品的差异性、提高产品及服务竞争优势的重要因素。

一、企业销售物流服务的重要性

企业销售物流中的客户服务的重要性主要表现在以下三个方面：

（一）提高销售收入

销售物流服务通常是企业物流的重要因素，它直接关系到企业的市场营销。通过物流活动提供时间与空间效用来满足客户需求，是企业物流功能的产出或最终产品。无论是面向生产的物流，还是面向市场的物流，其最终产品都是提供某种满足客户需求的服务。当今世界上竞争模仿日益增加,服务是产生差异性的主要手段。

目前,存在这样一种不断发展的趋势,即期望通过服务使产品差异化,通过为客户提供增值服务从而有效地使自己与竞争对手有所区别。在许多情况下,客户对企业所提供的服务水平的变化与对产品价格的变化一样敏感。尤其是与其竞争产品的质量、价格相似或本质相同时,销售物流服务活动可以"区别"在客户印象里没有区别的产品。一般来说,提高客户服务水平,可以增加企业的销售收入,提高市场占有率。

(二) 提高客户满意程度

客户服务是由企业向购买其产品或服务的人提供的一系列活动。从现代市场营销观念的角度看,一切产品对于满足消费者的需求来说,应具有以下三个层次的含义:核心含义、形式含义、延伸含义。

产品的核心含义是指产品提供给客户的基本效用或利益,这是客户要求的中心内容。产品的形式含义即产品本体,是指产品向市场提供的实体和劳务的外观,是扩大化了的核心产品,也是一种实质性的东西,它由五个标志所构成:产品的质量、款式、特点、商标及包装。

产品的延伸含义(也称增值产品),是指客户购买产品时得到的其他利益的总和,这是企业另外附加上去的东西,它能给客户带来更多的利益和更大的满足。其所带来的效用是对有形产品的一个必要补充,如维修服务、咨询服务、交货安排等能够吸引客户的东西。从这个意义上说,销售物流服务是一种增值产品,增加购买者所获得的效用。客户关心的是所购买的全部产品,即不仅仅是产品的实物特点,还有产品的附加价值。销售物流的客户服务就是提供这些附加价值的重要活动,对于客户反应和客户满意程度产生重要影响,这与价格和其他实物特点产生的作用是相似的,从本质上来说,销售物流功能体现在买卖交易的最后阶段,客户服务的水平在交易进行时自动产生。良好的销售物流服务会提高产品价值,提高客户的满意程度。因此,许多企业都将销售物流服务作为企业物流的一项重要功能。

(三) 留住客户

过去,许多企业把重点过多地放在赢得新客户上,而很少放在留住现有客户上,但是,研究资料表明,留住客户的战略越来越重要,留住客户和公司利润率之间有着非常高的相关性,这是因为:一方面,留住客户就是留住了业务;另一方面,摊销在老客户中的销售、广告和开办成本比较低,为老客户的服务成本相对较少,而且满意的老客户会提供中介并且会愿意支付溢价。企业需要记住的最重要的问题是:一个对服务提供者感到不满的客户将被竞争对手获得。留住客户已成为企业的战略问题。物流领域的高水平的客户服务能够吸引客户并留住客户,因为对于客户来说,频繁地改变供应来源会增加其物流成本及风险性。

（四）客户服务是物流成本的重要组成部分

企业物流管理要求以最小的总物流成本产生商品最大的时间和空间效用。企业非常重视采取各种创新性的方法来降低物流成本。然而,企业在降低物流成本的同时,常常会影响所提供的服务水平。因此,从管理的角度来看,客户服务水平对物流系统起着制约作用,运输、仓储、订单处理等各项物流成本的增加或减少都依赖于客户所期望的服务水平。因此,为了保持在市场中的竞争优势,企业所作的每一项降低物流成本的决策都必须考虑其所维持的客户服务水平。物流管理者必须全面衡量客户需求、服务水平和服务成本的供需,既不能为提供过高的物流服务水平而导致成本急剧增加且并未带来更大利润,同时,也绝不能为降低成本而牺牲服务,而是需要在客户服务水平、总物流成本及厂商的总利润之间进行对比分析。物流服务水平与企业销售额及物流成本的关系如图 10-1 所示。

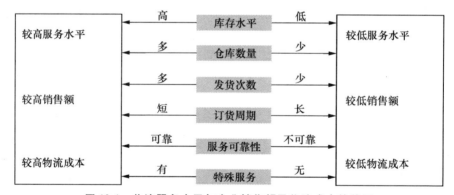

图 10-1　物流服务水平与企业销售额及物流成本的关系

综上所述,提高销售物流的客户服务水平是提高企业竞争优势的重要途径。企业的销售物流服务与产品质量、质量管理具有同等重要性,需要引起企业管理者的高度重视。

二、销售物流服务的要素

销售物流服务有四个要素,即时间、可靠性、通讯和方便性。这些要素无论对卖方成本还是对买方成本都有影响。

(一) 时间

时间要素通常是指订货周期时间。订货周期（Order Cycle）是指从客户确定对某种产品有需求到需求被满足之间的时间间隔，也称为提前期（Lead Time）。时间要素主要受以下几个变量的影响：订单传送、订单处理、订货准备及订货装运。企业只有有效地管理与控制这些活动，才能保证订货周期的合理性和可靠的一致性，才能提高企业的客户服务水平。

1. 订单传送时间

订单传送时间是指从客户发出订单到卖方收到订单的时间间隔。订单传送时间可以从电话的几分钟到邮寄的数天。随着卖方订单传送速度的提高，提前期缩短了，但是订单传送成本提高了。

客户可以通过供应商的销售代表、直接邮寄、打电话或通过电子设备，如计算机到计算机（一般指的是电子数据交换 EDI）向供货方订货。向供货方的销售人员订货和直接邮寄订货，速度较慢且可靠性差；电话订货速度较快，但可靠性较差，其错误往往造成一系列错误；许多企业利用传真进行订货，这种方式速度较快且可靠性较高。

计算机与通讯技术的迅速发展使得订单传送方式发生了变革，供求双方的联系非常紧密，买方可以直接登录到卖方计算机，根据卖方所提供的产品及其他诸如装运日期等信息有针对性地订货，或者通过互联网络直接订货。这种方式大大提高了订货效率，逐渐被更多的企业采纳。

2. 订单处理时间

订单处理时间是指处理客户订单并准备装运的时间，这一功能涉及客户资信调查、销售记录的处理、订单移交到仓库以及装运文件的准备。订单处理可以通过有效地利用电子数据处理设备来同时进行其中各项工作。一般来说，运行成本的节约总量要超过利用现代技术设备的资本投资。

3. 订货准备时间

订货准备时间涉及挑选订货并包装以备装运。从简单的人工系统到高度自动化系统，不同的物料搬运系统对于订货的准备有不同的影响，准备时间会有很大变化，企业的物流管理者需要考虑各项成本与效益。挑选与包装时间主要受下列因素影响：(1) 系统的自动化程度；(2) 客户订货的复杂性；(3) 分拣设备的大小及复杂性；(4) 是否托盘化或者托盘尺寸是否匹配。

4. 订货装运时间

订货装运时间是指从将订货装上运输工具到买方在目的地收到订货的时间间隔。运输时间的长短与下列因素有关：(1) 装运规模；(2) 运输方式；

(3) 运输距离。货物的全部运输时间对距离的依赖性要比对运输方式的依赖性小。

由于以上四个方面的每一项改进都要付出很高的代价，因此，管理者可以先改进一个领域，而其他领域以现有水平运行。

客户订货周期的缩短标志着企业销售物流管理水平的提高，但是，如果没有销售物流的可靠性做保证则是毫无意义的。

(二) 可靠性

可靠性是指根据客户订单的要求、按照预定的提前期、安全地将订货送达客户指定地方。对客户来说，在许多情况下可靠性比提前期更重要。如果提前期是固定的，客户可将其库存调整到最低水平，不需要保险存货来避免由于波动的提前期造成的缺货。

1. 提前期的可靠性

提前期的可靠性对于客户的库存水平和缺货损失有直接影响，可靠的提前期可以减少客户面临的供应不确定性。如果生产企业能向客户保证预定的提前期，加上少许偏差，那么该企业就使他的产品与竞争者的产品明显区别开来。企业提供可靠的提前期能使客户的库存、缺货、订单处理和生产计划的总成本最小化。

2. 安全交货的可靠性

安全交货是销售物流系统的最终目的，如果货物破损或丢失，客户不仅不能如期使用这些产品，还会增加库存、生产和销售成本。收到破损货物意味着客户不能将破损的货物用于生产或销售，这就增加了缺货损失。为了避免这种情况，客户就必须提高库存水平。这样，不安全交货使得买方提高了库存成本，这种情况对于采用及时生产方法的企业来说是绝对不允许的。另外，不安全交货还会使客户承担向承运人提出索赔或向卖方退回破损商品的费用。

3. 正确供货的可靠性

最后，可靠性还包括正确供货。当客户收到的订货与所订货物不符时，将给客户造成失销或停工待料的损失。销售物流领域中订货信息的传送对正确供货的影响很大。在订货信息传递阶段，使用EDI可以大大降低出错率、产品标识及条形码的标准化，可以减少订货挑选过程中的差错。另外，EDI与条形码结合起来还能够提高存货周转率、降低成本、提高销售物流系统的服务水平。

管理者必须连续监控以上三个方面的可靠性，这包括认真做好信息反馈工作,了解客户的反应及要求,提高客户服务系统的可靠性。

(三) 通讯

与客户通讯是监控客户服务可靠性的关键手段。设计客户服务水平必须包括客户通讯。通讯渠道应对所有客户开放并准入,因为这是销售物流外部约束的信息来源。没有与客户的联系,管理者就不能提供有效及经济的服务。然而,通讯必须是双向的。卖方必须能把关键的服务信息传递给客户,例如:供应方应该把降低服务水平的信息及时通知客户,使买方能够做必要的调整。另外,许多客户需要了解装运状态的信息,询问有关装运时间、运输路线等情况,因为这些信息对客户的运行计划是非常必要的。

(四) 方便性

市场学的一个研究领域是市场细分(也叫市场细分化),就是根据消费者之间需求的差异性,把一个整体市场划分为两个或更多的消费者群体,从而确定企业目标市场的活动过程。由于消费者的需求千差万别,一个企业无论规模多么巨大,总不能满足全部消费者的所有需求的变化,而只能满足市场上一部分消费者的需求,企业可以有针对性地提供不同的产品。细分的标准包括地理环境、客户状况、需求特点、购买行为等因素。

进行企业销售物流管理也需要将客户细分。方便性就是指服务水平必须灵活。从销售物流服务的观点来看,所有客户对系统有相同要求,有一个或几个标准的服务水平适用于所有客户是最理想的,但却是不现实的。例如,某个客户要求所有货物用托盘装运并由铁路运输,另一个客户可能要求汽车运输,不使用托盘,或者个别客户要求特定的交货时间。因此,客户在包装、运输方式及承运人、运输路线及交货时间等方面的需求都不尽相同。为了更好地满足客户需求,就必须确认客户的不同要求,根据客户规模、市场区域、购买的产品线及其他因素将客户需求细分,为不同细部设计适宜的服务水平,这样可以使管理者针对不同客户以最经济的方式满足其需求。

管理者必须将方便性因素摆在适当的位置,销售物流功能会由于过多的服务水平政策而不能实现最优化。服务水平政策需要具有灵活性,但是必须限制在容易识别客户组范围内,在每一个特定情况下,都必须要考察服务与成本之间的关系。

三、销售物流客户服务水平决策

(一) 库存水平与客户服务水平的关系

图 10-2 表示库存水平与客户服务水平之间的一般关系。从图 10-2 可

以看出，库存的增加会提高客户服务水平。根据经验，当客户服务水平接近75%时，所需库存开始加速增长。企业所面临的问题是：增加库存的成本能否通过高水平的客户服务带来的利润增加得到补偿？为了客观地评价这一问题，管理者需要运用市场营销与物流领域的丰富经验，考察由于提高客户服务水平所带来销售额的增加以及由于高水平的库存所避免的缺货损失，然后做出保持多少库存的明智决策。

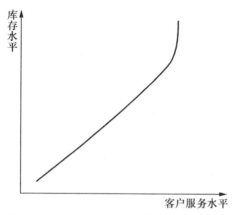

图 10-2　库存水平与客户服务水平的关系

（二）销售物流服务与物流成本的关系

销售物流系统的目标就是在适当的时间、以适当的成本，将货物运至适当的地点。在销售物流管理中，"适当"（Right）的观点很重要，因为没有一个销售物流系统可以同时使所有客户的满意程度最高，而物流成本又最低。最佳的客户服务要求有大量的存货、快捷的运输、充分的仓容和高效的订单处理，这必然要增加物流成本。最低成本所带来的是服务水平的降低。因此，高水平与低成本之间是一种"效益背反"的关系。销售物流系统的基本产出是客户服务水平，服务水平是影响客户购买和连续购买的关键性因素，也是企业用来吸引潜在客户的有效手段。销售物流系统的投入是为了提高客户服务所必须承担的物流成本，包括运输、库存、仓储等方面的费用。有效的销售物流管理不仅需要对各项活动的成本进行对比分析，还需要选择销售物流服务与最低成本组合以达到预期目标，不同的组合有时能产生相同的结果。

下面将用等成本与等量的概念对上述问题进行分析，如图10-3、图10-4所示。在这里，等成本表示用预定的投入成本和固定数量货币所能购买的销售物流投入的组合，等量表示相同的客户服务水平。因为相同的销售物流成本投入组合不会产生不同的客户服务水平，所以等量线永远不会相交。

图10-3中,曲线1、2、3是等量线,代表在给定时期内由低到高的客户服务水平。坐标线代表对销售物流系统的成本投入,这些投入可能是运输、仓储、物料搬运等成本。等成本线(A—B、C—D和E—F)表示投入销售物流系统的预定组合成本。

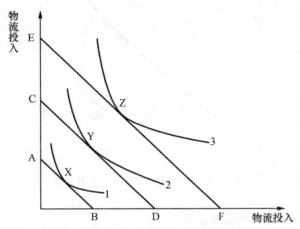

图10-3 物流投入与服务水平的平衡分析

首先看等成本线A—B,它与等量线1相切于X,这是获得客户服务水平1的最小成本。曲线C—D代表的投入组合也能产生客户服务水平1,但比最优成本要高。管理者必须在系统内进行对比分析,使之以最小成本产生预定服务水平。C—D与E—F分别与等量线2、3相切于Y、Z,表明这些投入组合分别是获得对应服务水平的最小总成本。如果经过最小成本点X、Y、Z画一条线,就得到图10-4中的曲线。

一般来说,随着服务水平的提高,投入成本将加速增长,即边际成本递增。也就是说,将按时交货率由90%提高到94%的边际成本要比将按时交货率从94%提高到98%的边际成本要小。

改变客户服务水平的决策对销售物流成本有重要影响,没有对销售物流成本的仔细分析是不可能做好这一决策的。任何客户服务水平的决策需要不同物流功能的审慎组合以产生实现期望服务水平的最小成本系统。

实施销售物流需要进行成本对比分析。为了获取最低销售物流成本,需要考虑以下成本:运输成本、仓储成本、订货或生产准备成本、库存持有成本、订单处理和信息成本以及失销成本等。为改善服务水平而增加的成本必须与由此改善而增加的销售相比较,以确保增加的销售收入覆盖额外增加的成本。

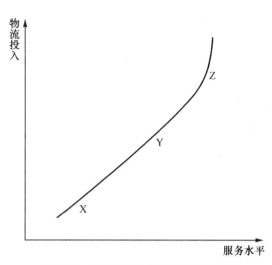

图 10-4　物流投入与服务水平的关系

四、客户服务水平决策步骤

随着竞争的日益加剧，许多企业都把提高客户服务水平作为提高竞争优势的重要手段。但是一个企业应该为客户提供怎样的服务水平呢？尽管一些企业，如日本的一些企业，认为应不惜一切代价以达到100%的客户服务水平，但是更多的学者和专家认为，利润最大化是确定客户服务水平的决定因素。即首先确定不同水平的客户服务对销售收入的影响，然后计算给定客户服务水平下的销售物流成本，最后从销售收入中减去成本，盈余最大的就是最优的客户服务水平。

要确定最优服务水平，先要确定客户服务水平与销售收入之间的关系，以及客户服务水平与销售物流成本之间的关系。

图 10-5 表明了销售收入与销售物流成本随客户服务水平的变动关系。销售收入随客户服务水平的提高而增加，但速率递减，这意味着客户服务的边际改善会导致销售的增加，但这种增加并不与服务的改善成比例。图 10-5 还表明，支持给定水平客户服务所需的总的销售物流成本将随客户服务水平的提高而加速增长。

为了确定适当的客户服务水平，有必要考察收入曲线与成本曲线之间的差额，然后计算各个客户服务水平下的利润。图 10-5 中最大差额发生在标有"＊"处的客户服务水平上，这就是说，提供这一水平的客户服务将使销售收入与物流成本之间的差额最大化，即利润最大化。

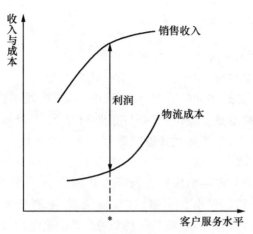

图 10-5 确定最优客户服务水平

由于竞争性原因,许多公司根据各个客户组的需要来改变客户服务水平。在这种情况下,需要逐个考察收入、成本与服务之间的关系。

但在实际工作中,由于服务水平与成本是动态相关的,很难找到一个固定的服务水平,再用最小成本达到该水平。因此,常用的优化方法采取以下步骤:

(1) 确定合理的客户服务水平;
(2) 寻找达到这一水平的最小成本;
(3) 确定进行改进的成本;
(4) 确定改进成本后增加的销售及收益。

第三节 企业销售配送

过去企业主要把精力放在产品制造、开发和销售上,对产品销售中的物流较为淡漠。如今越来越多的企业开始构筑自身的销售物流系统,向位于流通最后环节的零售店或客户直接配送产品。国家标准物流术语(GB/T 18354-2001)将"配送"定义为"在经济合理区域范围内,根据用户要求,对物品进行拣选、加工、包装、分割、组配等作业,并按时送达指定地点的物流活动"。

一、企业物流配送概述

(一) 企业构筑物流配送系统的原因

企业之所以要构筑自身的物流配送系统是因为：

第一，目前的流通体系正在发生排除中间商、实现单阶段流通的变革。随着大型零售业的不断发展，零售商与企业相互联合、直接交易的情况越来越多，在这一背景下，企业必须具备向零售业客户直接配送产品的能力。

第二，在物流服务差别化日益重要的今天，企业拥有良好的物流服务供给能力对促进企业的产品销售有着积极意义。

第三，如果流通过程中介太多，过于复杂，将不利于企业正确把握商品在库或在途情况，从而影响物流系统的效率，使企业生产经营的决策受到影响。相反，直接建立企业到零售商或客户的销售物流系统，能使企业在迅速把握产品销售状况的同时，确切了解产成品的在库情况。

构建企业到零售业客户的直接物流体系中一个最为明显的措施是实行企业物流中心的集约化，即将原来分散在生产厂或中小型仓库中的库存集中到大型物流中心里，通过数字化备货（Digital Packing）或计算机等现代技术实现进货、保管、在库管理、发货管理等物流活动的效率化、省力化和智能化。企业物流中心的集约化虽然从配送的角度看造成了成本上升，但是，因为它削减了与物流关联的人力费、保管费、在库成本等费用，在整体上起到了提高物流效率、降低物流总成本的目的。

(二) 配送的特点

配送是"运输"，是接近用户的末端运输；配送是"送货"，是追求用户满意的现代送货；配送是物流的子系统，是包含了全部物流其他子系统功能的具有综合性功能的子系统；物流水平的高低可以用配送水平的高低来判断，物流的先进程度可以看配送的先进程度。确实，配送具有其独特之处。

(1) 配送具有综合性。综合性表现在两个方面：一是功能的综合性。为了将物品圆满地送达顾客手中，配送将所有的物流功能集于一身，它是许多物流业务活动的有机结合体。二是服务的综合性。配送为客户提供的是一种综合服务，它不仅仅是简单地将货送到客户手中，而且为客户提供包装、分割、加工、信息咨询等很多相关服务。

(2) 配送处在流通过程的最后环节。商品流通的终点是顾客，配送处于最接近顾客的位置，作为社会再生产过程中的资源配置，它是最终配置，是接近顾客的配置。由于经营战略和接近顾客至关重要，因此，配送对优化社会资源、提高物流水平乃至促进国民经济的发展具有深远影响。

（3）配送是一种中转形式。配送是从物流结点至用户的一种特殊送货形式。要做到需要什么送什么，就必须在一定中间环节筹集这些需要，从而使配送必然以中转形式出现。

（4）配送物品的多样性。通常，一次配送物品中包含有多种类型的商品，而且这些商品是多个用户的。当今消费市场是买方市场，市场需求趋势是由单品种、大批量向多品种、小批量方向发展，配送只有扩大规模，组配多个用户的多种商品，才能产生经济效益，配送企业才能生存和发展。

（5）配送是一种专业化的分工方式。以往的送货只是作为推销的一种手段，而配送则是一种专业化的流通分工方式，是大生产、专业化分工在流通领域的反映。配送根据客户的订货要求准确、及时地为其提供物资保证，在提高服务质量的同时，可以通过专业化的规模经营获得经济效益。

（6）配送要有现代化的技术和装备作为保证。在配送过程中，大量采用先进的信息技术和各种传输设备及拣选机电设备，使得配送作业像工业生产中广泛应用的流水线，使得流通工作工厂化，从而大大提高了商品流转的速度，使物流创造"第三利润"变成了现实。可以说，配送不仅是市场经济的产物，而且也是科技进步的产物。

（三）配送的功能

配送具有集货、储存、分拣、配货、配装、送货以及附加增值服务等功能。要实现这些功能，必须将运输、装卸搬运、储存、流通加工、包装、信息处理等物流功能要素集于一身。可以说，配送的每一个功能的实现都是多个物流功能要素有机结合的结果。

1. 集货

这是配送的第一个功能。为了满足配送所需货物的数量及品种的需求，必须通过物流运输系统从生产厂家或仓库向配送中心等地调运大量的货物。集货包括依据采购计划确定进货目标，装车运输，货车到达后从货车上将货物卸下，开箱检查其数量和质量，然后做将有关信息书面化等一系列工作，最后指派入库位置。集货功能完成的好坏，极大地影响着配送的整体效益。

2. 储存

储存是以改变"物"的时间状态为目的的活动。为了保证能根据顾客需要及时配送货物，有效防止因各种原因造成的缺货或不能及时供货等现象，必须保持一定数量的库存。库存量增大时，顾客满足率将提高，但库存量不宜过大,否则会增加开支,造成浪费。储存作业内容包括接货作业、验收作业、入库作业、保管作业、物品的维护保养、出库作业等。

3. 分拣

分拣是利用分拣设备,按品名、规格、出入库先后顺序等将物品从存储区分门别类地挑选出来。分拣作业是配送作业的中心环节,是提高配送效率的关键。一般依靠计算机处理分拣作业的单据和信息,显示和打印有关单据,拣货作业人员按安排的拣货路径进行拣货,最后分类集中。

4. 配货

配货是按客户的要求将分拣出来的货物配备齐全,送入到指定地点。配货把完成拣取分类的货品经过配货检查过程后,装入容器进行包装并做好标示,再运到配货准备区,待装车后发送。

5. 配装

为了充分利用运输能力,提高车辆的满载率,将多个客户的配送货物,按照一定的规则和方法,进行搭配装载,称为配装。配装是提高配送水平、降低配送成本、增加经济效益的有效措施,也是现代配送系统应具有的功能。

6. 送货

将客户所需的物品保质、保量、及时、准确地送到客户手中,是配送的最终目标。如何装车最省,车辆沿何线路行驶最佳,是送货必须考虑的问题。送货作业包括划分基本送货区域,车辆配载,暂定送货先后顺序,车辆安排,选择送货线路,确定最终的送货顺序,最后完成车辆积载。

7. 附加增值服务

为了满足客户的各种不同要求,提高配送服务质量,增加配送经济效益,在配送过程中增添开发的相关服务。附加增值服务的内容主要有包装、贴标签、刷标记、混装、加工、简单组装、分割、套裁、信息咨询、风险承担等。

二、配送的形式和种类

配送的形式有多种多样,每种形式都有其固有的特点,适用于不同的情况。

(一) 按配送商品种类及数量分类

1. 单(少)品种大批量配送

对于客户需要量较大的商品,企业可以使用大吨位车辆进行配送,由于品种少、批量大,企业配送中心的组织、计划等工作相对比较简单,因而配送成本较低。

2. 多品种、少批量配送

现代企业生产除了需要少数几种主要物资外，B、C 类物资的品种数远高于 A 类主要物资，对 B、C 类物资如采用大批量配送方式，必然使客户库存增大，因而企业对于客户的 B、C 类物资适合采用多品种、少批量的配送方式。

3. 配套成套配送

配套成套配送是企业按客户的要求，将客户所需的零部件、材料等配齐，按客户的要求或生产节奏定时送达。这种情况下，配送企业承担了客户的大部分供应工作，可以使客户专心致力于主营业务或工作。

(二) 按配送时间及数量分类

1. 定时配送

定时配送是指企业按规定时间间隔进行配送。这种方式时间固定，易于安排配送工作计划。

2. 定量配送

定量配送是指企业按规定的批量在一个指定的时间范围内进行配送。这种方式数量固定，备货工作简单，又由于时间不严格规定，企业可以将不同用户的物品凑整车后配送，可以大大提高车辆利用率。

3. 定时定量配送

定时定量配送是指企业按客户规定的时间和数量进行配送。这种配送的特殊性较强，有一定的难度。

4. 定时定路线配送

定时定路线配送是指企业在规定的路线上制定到达时间，按运行表进行配送，采用这种方式有利于车辆的计划安排。

5. 及时配送

及时配送是指企业完全按照客户要求的时间和数量进行配送。这种方式的实施需要企业充分掌握客户一日的需要地、需要量和种类，是配送服务的较高形式。

(三) 按配送的组织方法分类

1. 共同配送

共同配送从大的方面来划分，可以分为以同产业或异产业企业为共同配送基础的横向共同配送，以及如零售与批发、批发与供应商这种以流通渠道各环节成员间共同配送为基础的纵向共同配送。

(1) 横向共同配送

① 同产业间的共同配送

同产业间的共同配送是指处于相同产业的生产或经营企业,为了提高物流效率,通过配送中心或物流中心集中运输货物的一种方式。其具体做法有两种形式:一种是在企业各自分散拥有运输工具和物流中心的情况下,视运输货物量的多少,采取委托或受托的形式开展共同配送,亦即将本企业配送数量较少的商品委托给其他企业来运输,而本企业配送数量较多的商品,则在接受其他企业委托运输的基础上实行统一配送,这样企业间相互提高了配送效率;另一种是完全的统一化,即在开展共同配送前,企业间就包装货运规格完全实现统一,然后共同建立物流中心或配送中心,共同购买运载车辆,企业间的货物运输统一经由共同的配送中心来开展。显然,后一种形式的共同配送规制程度和规模经济要高些,但在某种意义上,对于单个企业而言,缺乏相对的物流独立性。一般来说,前一种形式在百货店企业中使用较为普遍,后者较适宜于生产企业。从发达国家同产业共同配送的发展来看,后一种形式主要出现在家电产业和以冷冻食品为中心的食品产业中。

同产业共同配送的最大好处在于能提高企业间物流的效率,减少对物流固定资产的投资,更好地满足顾客企业降低成本的要求。例如,日本汽车产业中就成立了很多隶属于厂商系列的车辆运输联络会,由该联络会统一协调各零部件商的产品运输。这种联络会成立的背景是由于市场竞争激烈、销售下降,组装厂家为取得竞争优势不断要求部件商从价值工程的各个方面降低成本,而共同配送因为能提高货车装载率、增加销售额、节约对车辆船舶等运输工具的投资,有利于实现上述目标。同时,我们也应该看到,同产业企业共同配送的一个缺陷是由于运送业务的共同化和配送信息的公开化,单个企业自身有关商品经营的机密容易泄漏给其他企业,因而对企业竞争战略的制定和实施有不利的影响,因此,在发达国家中,同产业共同配送发展仍然较为缓慢。

② 异产业间的共同配送

异产业间的共同配送是指将不同产业企业生产经营的商品集中起来,通过配送中心或物流中心向顾客输送的一种形式。与同产业共同配送不同,异产业共同配送的商品范围比较广泛,属于多产业结合型的配送。

异产业共同配送克服了同产业共同配送固有的缺点,亦即它既能保证物流效率化,又能有效防止企业信息资源的外流,使企业在效率和战略发展上同时兼顾,并能充分发挥产业间的互补优势。它存在的问题是难以把握不同产业企业间物流成本的分担,因而在某种意义上增加了企业间的谈判成本,这不仅是因为商品种类不同,所涉及的物流费用存在差异,而且还因每次商品配送结构的变化增加了费用计算的复杂性,尤其在多频度配送中更是如此,所以,异产业共同配送中,确立一个明确、合理的按销售额比例支付费用的计算体系十分重要。

(2) 纵向共同配送

从现代物流的观点来看,通过提高流通全过程物流的效率,来实现流通全体成本的削减是十分必要的。因此,在这一思想的指导下,企业与批发商之间就物流业务、管理尽可能达成共识,将管理中不合理的地方加以纠正,对双方不足的地方相互补充,是提高经营效率的重要条件。

共同配送目前已在一些发达国家广泛推广。共同配送一个总的指导思想是,可以将共同的货物或商品集中在一起,一方面提高单车装载率,提高物流效率;另一方面,也有利于削减在途运行车辆,缓解汽车运输对社会所产生的外部不经济。共同物流的优势表现为:

第一,对于货主而言,共同配送能在提高物流效率(减少运费,减少物流人力成本)的同时,利于少量、多频度、小单位配送业务的推广。例如,一家企业很难满足零售业等客户多频度、小单位配送的要求,而实行共同配送,这种物流活动就能成为现实,并且由于能够实行货物统一验收管理,无形中也提高了物流服务的质量。

第二,从汽车运输业者的角度来看,汽车运输业者中,中小企业较多,在资金、人才、组织方面较弱,而且在运输量较少、运载率较低、车辆大量使用的情况下,对于一家企业来讲,无论在物流合理化方面还是效率方面都会受到影响。而且在利益的驱动下,容易触发企业间的过度竞争,产生效率低下的恶性循环,即低效率→获取更多利益与市场冲动→恶性竞争→更低的效率。实行共同配送提高了企业资金利用率,促进了输送单位大型化和信息网络化的发展,也使车辆融通以及装载效率提高成为可能,而且通过共同配送扩大了多频度、小单位配送这样的顾客服务的范围,提高企业的客户服务水平。

第三,共同配送排除了交错运输,减少了在途车辆,实现了交通缓和以及防治环境污染等社会性要求。

总之,共同配送在发挥企业人、财、物、时间等物流经营资源最大效率的同时,促进了企业销售物流服务效果以及社会效益的提高。

2. 集中配送

集中配送是由专门从事配送业务的配送中心对多家用户开展的配送。配送中心规模大、专业性强，与用户可确定固定的配送关系，实行计划配送。集中配送的品种多、数量大，一次可同时对同一线路的几家用户进行配送，配送效益明显。

三、企业配送合理化途径

配送合理化途径是人们在生产实践中探索和创立的为达到配送合理化目标的有效措施。

（一）提高运输工具实载率

运输工具的实载率是指运输工具的实际运载量（以吨公里计）与运输工具能够达到的理想运载量（以吨公里计）的百分比。

要提高运输工具的实载率，就要减少运载工具返程和起程空驶，减少不满载行驶的时间，充分利用其额定能力。

将多个用户的多个品种的货物进行配装后再实行"配送"，是充分合理利用车辆的容积和载重、提高实载率的有效方法。在铁路运输中，采用整车运输、合装整车、整车分卸及整车零卸等具体措施，对提高实载率有很好的效果。

（二）减少动力投入，增加运输能力

这是在充分利用动力能力的基础上，尽量减少能源投入，增加运输能力。少投入、多产出、高效运输是合理化要点。在实际运输中，铁路运输用"满载超轴"的方法在机车能力允许情况下多加挂车皮；水路运输用拖带法、顶推法在不增加动力驳船的情况下将无动力驳船编成一定队形进行运输，增加了运输能力；公路运输将汽车加挂车也是在不增加动力的情况下使运输能力得到了提高。

（三）发展社会化运输体系

运输社会化是发挥运输的大生产优势，实行专业分工，打破一家一户自成运输体系的状况。企业自备车辆，自行运输，自我服务，不能形成规模，不能构成闭合完善的运输网络，必然会出现空驶、运力选择不当（因为企业自己拥有的运输工具种类有限，选择范围太窄）、不能满载等浪费现象，且配套设施不先进不健全，效率必然低下。

有了专业化的运输企业，形成了完善的社会化运输体系，就可以避免对流运输、倒流运输、过远运输、运力选择不当等多种不合理的运输形式，可以

统一组织管理运输,追求组织效益,可以形成规模,追求规模效益,对企业和国家经济发展起到支柱作用。

（四）选择最佳的运输方式

五种运输方式各有特点,应根据顾客的要求,权衡轻重利弊进行合理选择。在选择运输方式时,首先要考虑的是运输距离和运输费用。公路运输的经济里程是 200 公里以内,但随着公路建设的发展,加之公路运输所具有的灵活性和能实现"门到门"服务的优势,公路运输的业务范围不断扩大。

（五）配载运输

配载运输是充分利用运输工具载重量和容积,合理安排装载的货物及载运方法以求得合理化的一种运输方式。

配载运输往往是轻重商品的混合配载,在以重质货物为主的情况下,同时搭载一些轻泡货物,如在海运矿石、黄沙等重质货物的舱面捎运林木、毛竹等,在铁路运矿石、钢材等重物上面搭运轻泡农副产品等,在基本上不增加运力投入的、不减少重质货物的情况下,解决了轻泡货的搭运,因而提高了运输效率。

（六）采用各种现代化运输方法

依靠科学进步是实现运输合理化的重要途径。如专用散装及罐车解决了粉状、液状物运输损耗大、安全性差等问题;袋鼠式车皮、大型半挂车解决了大型设备整体运输问题;"滚装船"解决了车载货的运输问题;集装箱船比一般船能容纳更多的箱体;集装箱高速直达车船加快了运输速度等。采用新的运输模式如多式联合运输、一贯托盘化运输、集装箱运输、散装化运输、智能化运输、门到门运输等,极大地提高了运输效率。

（七）推行加工配送和共同配送

通过加工和配送结合,充分利用本来应有的这次中转,而不增加新的中转以求得配送合理化。同时,加工借助于配送,使得加工目的更加明确,和用户联系更紧密,更避免了盲目性。提倡部门之间、集团之间、行业之间和企业之间进行合作,协调运输计划,共同利用运力;批发业、零售业和物流中心之间在组织运输方面加强配合,提高运输工作效率,降低运输成本。

本章思考题

一、名词解释

客户服务;产品的核心含义;产品的形式含义;产品的延伸含义;订单传送时间;订单处理时间;物流服务的可靠性;物流服务的方便性；单（少）品

种大批量配送;多品种、少批量配送;定时配送;定量配送。

二、回答问题

1. 企业销售系统的主要任务包括哪些内容？
2. 企业的销售渠道按结构通常可分为哪些形式？
3. 简述企业销售预测的基本方法和过程。
4. 简述销售物流的主要环节。
5. 举例说明企业销售物流服务的重要性。
6. 销售物流服务包括几大要素？如何认识和处理这些要素？
7. 阐述销售物流服务与物流成本的关系。
8. 简述客户服务水平决策步骤。
9. 企业为何要构筑物流配送系统？
10. 请阐述配送的形式和种类。
11. 共同配送具有哪些优势？如何组织企业的横向共同配送？
12. 谈谈企业配送合理化的途径。

第十一章

企业运输决策

主要内容

- 企业运输方式的选择
- 运输线路的选择
- 企业运输管理

运输是销售物流的一个重要组成部分,在产品销售过程中创造时间和空间效用。运输提供了销售生产成果的手段,企业通过运输改变产成品的空间位置,运到所需要的地方进行销售。高效的运输能使商品得到及时供应,这在日益激烈的市场竞争中越来越重要。同时,运输不仅是一项生产成本,同时也是一种销售成本,运输费用是销售费用的重要部分,会影响商品的价格高低。所以运输通常是企业销售物流管理决策中的一个主要因素。

第一节 企业运输方式的选择

运输方式的选择对于销售物流系统的运作效率和成本控制起着十分关键的作用。管理者首先要根据销售系统的要求从铁路、公路、航空、水路、管道运输等方式或联合运输中做出选择,其中包括对不同方式的运价和服务水平的评价。

一、运输的作用

运输可以创造"空间效用"(又称场所效应),这是运输的基本功能。这个功能向外延伸,可作用于物价、产业、市场等,对国民经济发展起到积极的推动作用。

(一)运输创造物品的空间效用

商品处于不同的空间场所,其使用价值的实现程度可能也会不同。因其价值可能不同,其产生的经济效益亦可能不同。通过运输,商品的空间场所发生改变,使它从场所效用低的地方运到场所效用高的地方,这样最大限度地实现商品的使用价值,最大限度地提高产出投入比,从而使企业达到较高经济效益,这就创造了空间效用。

(二)运输是产业发展的支柱

产业的发展必须依靠发达的运输作为其有力的支柱,从原材料的供给,到产成品的销售都离不开运输,没有运输,工农业产品就不能流转,企业就难以生存,国民经济也就难以正常运转。

(三)运输促进物价均衡

假如没有运输,就可能出现这种情况:某地区盛产某物品,由于过剩其价格很低,而另一地区缺少该物品,其价格却很高,这就是价格不均衡。通过运输,在一定的经济范围内将这种物品在两地之间进行调节,使其均衡。

(四) 运输促进市场竞争

随着运输系统的不断完善，运输效率不断提高，运输费用不断降低，使更大范围的更多的产品生产者进入市场参与竞争，这促使产品的质量提高和价格降低，防止市场垄断。在良性竞争中，为了提高产品竞争力，社会分工更加细化，市场经营更加专业化。

二、运输方式

按运输工具的不同，可以将运输分为铁路运输、公路运输、水路运输、航空运输和管道运输五种。铁路运输和水路运输主要用于长距离、大数量的货运，公路运输多用于短距离、小批量的货运和某些特殊地区的货运，航空运输在运送价值高、紧急需要的物资时起到极其重要的作用，管道运输在输送气体、液体和粉状物时具有其独特的优势，给当今社会带来高效和便利。

1. 铁路运输

这是使用铁路列车运送客、货的一种运输方式。铁路运输的优点是速度快，载运量大，运输能力强，能耗小，运输成本较低，运费低，安全程度相对较高，受气候和自然条件影响较小，在运输的经常性方面占优势，而且可以方便地实现驮背运输、集装箱运输及多式联运。铁路运输的缺点是，由于铁路线路是专用固定的，因而灵活性差，其固定成本较高，原始投资较大，建设周期较长。铁路按列车组织运行，在运输过程中需要有列车的编组、解体和中转改编等作业，占用时间较长，因而增加了货物的在途时间。铁路运输中的货损率比较高，由于装卸次数多，货物毁损或丢失事故通常也比其他运输方式多。铁路运输难以实现"门到门"运输服务，常常与公路运输结合完成整个运输过程。

铁路运输主要承担大宗低值货物的中、长距离运输（其经济里程一般在200公里以上），也较适合运输散装货物、罐装货物。在没有水运条件的地区，几乎所有大批量货物都是依靠铁路，是在干线运输中起主力运输作用的运输形式。

2. 公路运输

这是使用各种车辆（主要是汽车）在公路上进行客、货运输的一种运输方式。公路运输的优点是：灵活性强，可实现"门到门"运输；原始运输设备投资少，资金周转快，驾驶技术容易掌握；公路设施建设可因地制宜，建设周期短；中途不需要其他运输方式配合转运，货损货差小。公路运输的主要缺点是装载量小，燃料消耗大，运输成本高，环境污染严重等。

公路运输主要承担短距离、小批量的中短途货运（其经济里程一般在 200 公里以下），但是，对于铁路和水路难以到达的特殊地区的货运也可用公路运输替代。公路运输在补充和衔接其他运输方式上起着重要的作用。由于公路运输有很强的灵活性，可实现"门到门"运输，而且公路设施越来越好（特别是高速公路网的发展），使得其运输的范围和比重不断加大，很多大批量的长途运输也使用公路运输。

3. 水路运输

这是使用船舶运送客货的一种运输方式。水路运输的优点是运输成本低，运输能力大。水道通常是利用自然的江、河、湖、海，线路投资少，且节省土地资源。水路运输的缺点是速度低，船舶受气候条件影响较大，可达性较差，不能实现"门到门"运输。同其他运输方式相比，水运（尤其海洋运输）对货物的载运和搬运有更高的要求。

水路运输主要承担大数量、长距离的运输，特别是散装货物运输，原料、半成品等低价货物运输。它是国际贸易运输的主要运输工具之一。

4. 航空运输

这是使用飞机或其他航空器进行运输的一种运输方式。航空运输的主要优点是速度高，有一定的灵活性，不受地理条件的限制，在铁路、公路、水路等运输方式不便时可以使用航空运输。航空运输建设周期短，回收快。航空运输的缺点是载运能力小，运输成本高，受气候条件限制比较大，可达性差。

航空运输主要担负价值高、运费承担能力很强的货物以及紧急需要或时间性要求很强的小批量货物的运输和邮政运输。

5. 管道运输

管道运输是指利用管道输送气体、液体和粉状固体的一种运输方式。

管道运输的优点是运量大，效率高，可连续不断地输送；运输管道设在地下，占地少，有利于环境保护；输送耗能低，不受气候影响，运行稳定性强，便于运行控制；由于采用密封设备，在运输过程中可有效避免货损。管道运输的主要缺点是运输对象受到限制，灵活性差。

管道运输主要担负单向、定点、量大的气体、液体和粉状物的运输。

五种运输方式的比较如表 11-1 所示。

表 11-1　五种运输方式比较

运输方式	含义	特点	经济里程	适用于
铁路运输	使用铁路列车运送客货的一种运输方式	速度快；载运量大；运费低；受天气影响小；安全性高	大于200公里	长距离、大数量的货运；干线运输
公路运输	使用各种车辆（主要是汽车）在公路上进行客货运输的一种运输方式	灵活性强，可实现"门到门"运输；原始投资低，建设周期短；速度较快；货损货差小	小于200公里	短距离、小批量的货运；特殊地区的货运；支线运输（配送）；运输衔接
水路运输	使用船舶运送客货的一种运输方式	运费低；运输能力大；速度低；受环境影响大	大于200公里	大数量、长距离的运输；干线运输
航空运输	使用飞机或其他航空器进行运输的一种运输方式	速度高；运费高；载运能力有限	大于500公里	价值高、急需物资的运输
管道运输	利用管道输送气体、液体和粉状固体的一种运输方式	运量大；利于环保；运输效率高；运输对象受到限制		气体、液体和粉状物的运输

三、运输方式选择要考虑的因素

由于运输成本在总物流成本中占有重要比例，而且不同运输方式的运价相差很大，因此，运价是选择运输方式的一个非常重要的因素。但是，运输成本最低的运输方式通常会导致物流系统中其他部分成本的上升，因此难以保证整个物流系统的成本最低。所以，尽管运价是影响决策的一个因素，但它绝不是唯一的因素，企业必须考虑运输服务的质量以及这种服务带来的对整个销售物流系统运作成本的影响。不同运输方式下的运输时间将对物流系统各结点所要求的存货水平造成不同的影响，即较长的运输时间需要较高的存货水平。运输方式的可靠性和安全交货的程度也会影响各结点的存货水平、物料搬运设备和劳动力的使用、货损赔偿以及通讯的时间与成本。

由此可见，运输方式的选择要根据物流系统的总体要求，结合不同运输方式的成本与服务特点，选择适合的运输方式。

运输方式的运作特征包括服务可靠性、运送速度、服务频率、服务可得性和服务能力。这些因素和所付运费都是选择运输方式的重要因素。

（一）服务可靠性

运输服务的可靠性通常用与正常服务水平的偏差来衡量。在选择运输方式和承运人时，很多公司更重视服务的一致性。同时，装备的可用性和一些不可控因素（如恶劣天气和自然灾害）常常是影响承运人可靠性的因素，航空运输最易受这些因素影响，而管道运输受的影响最小。

（二）运送速度

运送速度是指运输货物从始发地到目的地的总时间。由于存在货币的时间价值和货物实物形态的易变性，所以速度是托运人关注的重要因素，同时也是客户服务水平的重要体现。

（三）服务频率

服务频率是指在一个给定时期内两地之间往返的次数。承运人提供的服务频率依赖于托运人在两地间的服务需求量。

（四）服务可得性

服务可得性是指特定服务的地理区域，反映了各种运输方式的可接近性和可达性。联运有助于延伸不同方式的可得性。

（五）服务能力

服务能力是指处理异型、重质、易碎、液态、易燃、易爆、易腐或易受污染的货物的能力，它反映了各运输方式提供特种运输服务的能力。

不同运输方式的技术和经济运作特征对比如表 11-2 所示。

表 11-2　不同运输方式的技术和经济运作特征对比

运输方式	铁路	公路	航空	水路	管道
成本	中	中	高	低	很低
速度	快	快	很快	慢	很慢
频率	高	很高	高	有限	连续
可靠性	很好	好	好	有限	很好
可用性	广泛	有限	有限	很有限	专业化
距离	长	中，短	很长	很长	长
规模	大	小	小	大	大
能力	强	强	弱	最强	最弱

第二节　运输线路的选择

一、运输线路的选择原则

运输线路的选择是一个较复杂的过程,需要考虑多种因素,要依据一定的准则对各种方案进行比较,要用系统的观点,从各个方面进行综合分析,从而得出可行的线路。所选运输线路的好坏,可以根据企业的战略目标选定某一种或几种原则作为评价标准进行评价。一般的运输线路选择遵循以下几个原则:

(一) 费用最小原则

从工厂到运输线路选择的据点的输送费用随着运输线路选择的据点的规模的上升而增多。即运输线路选择的据点的规模越大,数目越多,产品的在途量就越大,相应的对运输的投资费用就越多。相反,从运输线路选择的据点到用户的配送费用会随着运输线路选择据点数目的增多而减少。这时因为配送距离缩短,配送费用下降。

运输的营运费、在库维持费、收发货处理费与运输线路选择的据点数成正比例关系。一般而言,据点数目越多,费用越多。

物流的总费用曲线是一个凹性函数,即在一定的据点数目范围内,物流总费用会随着运输量的增多而下降。但是在经过一定的均衡点后,物流的总费用反而会随着运输时间的延长而上升。

(二) 动态性原则

许多与运输线路选择相关的因素不是一成不变的。例如,客户的数量、客户的需求、经营的成本、价格、交通状况等都是动态因素。所以,在设置运输线路选择时,应该以发展的目光考虑运输线路选择的布局,尤其是对城市的发展规划应该加以充分的调查与咨询。同时,对运输线路选择的规划设计应该具有一定的弹性机制,以便将来能够适应环境变化的需要。

(三) 简化作业流程原则

减少或消除不必要的作业流程,是提高企业生产率和减少消耗最有效的办法之一,这一点反映在设计运输联络时,应以直达运输、尽量减少中间的换装环节为准则。

(四) 适度原则

合理规划运输线路应考虑物流费用的构成,如商品由工厂到物流中心的输送费、物流中心的营运费、配送费、在库维持费、收发货处理费等;在运输线路选择的布局与选址问题上,我们可以将总投资限额,把总投资最低、营运成本最低、配送费用最低作为求解目标,建立数学模型或利用线性规划方法求得最优解。在设置方案上,应设计出多种方案,采用决策最优化的原则,经过分析比较,选出最佳方案。

二、运输线路的选择方法

运输线路的选择影响到运输设备和人员的利用。正确地确定合理的运输线路可以缩短运输时间,降低运输成本,因此运输线路的选择是运输决策的一个重要领域。运输线路选择问题尽管种类繁多,但我们可以简单划分为单一路线选择和多起讫点路线选择两种类型。

(一)起讫点不同的单一路线选择问题

对分离的、单个始发点和终点的网络运输路线选择问题,最简单和直观的方法是最短路线法。网络由节点和线组成,点与点之间由线连接,线代表点与点之间运行的成本(距离、时间或时间和距离加权的组合)。初始,除始发点外,所有节点都被认为是未解的,即均未确定是否在选定的运输路线上,始发点作为已解的点,计算从原点开始。计算步骤如下:

(1)第 n 次迭代的目的。寻求第 n 个距起点最近的节点,对 $n=1,2$, ……重复此过程,直到所找出的最近的节点是终点为止。

(2)第 n 次迭代的输入值。在前面的迭代过程中找出 $(n-1)$ 个距起点最近的节点,及其距起点最短的路径和距离。这些节点以及起点统称为已解的节点,其余的节点是尚未解的点。

(3)第 n 次最近节点的候选点。每个已解的节点由线路分支通向一个或多个尚未解的节点。这些未解的节点中,可以找到有一个以最短路线连接已解节点的节点,它就是候选点。如果有多个距离相等的最短线路连接,则有多个候选点。

(4)第 n 个最近节点的计算。将每个已解的节点与其候选点之间的距离累加到该已解节点与起点之间最短路径的距离上,所得出的总距离最短的候选点即是第 n 个最近的节点,其最短路径就是该节点到起点最短距离所对应的路径。如果有多个候选点都得出相等的最短距离,则都是已解的节点。

以例子说明其计算过程。

例 11-1:图 11-1 所示的是一张公路网络示意图,其中 A 是始发点,J 是终点，B、C、D、E、F、G、H、I 是网络中的节点，节点与节点之间以线路连接，线路上标明了两个结点之间的距离，以运行时间（分）表示。要求确定一条从起点 A 到终点 J 的最短的运输路线。

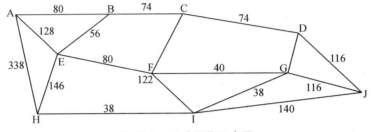

图 11-1　公路网络示意图

我们列出一张如表 11-3 所示的表格。第一个已解的节点就是起点 A。与 A 点直接连接的未解的节点有 B、E、H 点。第一步，我们可以看到 B 点是距 A 点最近的节点，记为 AB，由于 B 点是唯一选择，所以它成为已解的节点。

其次，找出距 A 点和 B 点最近的未解的节点，列出距各个已解的节点最近的连接点，我们有 A—E，B—E，记为第二步。注意从起点通过已解的节点到某一节点所需的时间应该等于到达这个已解节点的最短时间加上已解节点与未解节点之间的时间，也就是说，从 A 点经过 B 点到达 E 点的距离为 AB + BE = 80 + 56 = 136 分，而从 A 点直达 E 点的时间为 128 分，现在 E 点也成了已解的节点。

第三次迭代要找到与各已解节点直接连接的最近的未解节点。如表 11-3 所示，有三个候选点，从起点 A 到这三个候选点 H、C、F 所需的时间，相应为 338、154、208 分，其中连接 BC 的时间最短，为 154 分，因此 C 点就是第三次迭代的结果。

重复上述过程直到到达终点 J，即第八步。最小的路线时间是 344 分，连线为在表上以星符号标出者，最优路线为 A—B—C—D—J。

在节点很多时用手工计算比较繁杂，如果把网络的节点和连线的有关数据存入数据库中，最短路线方法就可用电子计算机求解。绝对的最短距离路径并不说明穿越网络的最短时间，因为该方法没有考虑各条路线的运行质量。因此，对运行时间和距离都设定权数就可以得出比较具有实际意义的路线。

表 11-3 最短路线方法计算表

步骤	直接连接未解结点的已解结点	与其直接连接的未解结点	相关总成本	第 n 个最近结点	最小成本	最新连接
1	A	B	80	B	80	AB*
2	A B	E E	128 80 + 56 = 136	E	128	AE
3	A B	H C	338 80 + 74 = 154	C	154	BC*
4	A E C	H F D	338 128 + 80 = 208 154 + 74 = 228	F	208	EF
5	A E C F	H H D G	338 128 + 146 = 274 154 + 74 = 228 208 + 40 = 248	D	228	CD*
6	A E F D	H H G J	338 128 + 146 = 274 208 + 40 = 248 228 + 116 = 344	G	248	FG
7	A E F G D	H H I I J	338 128 + 146 = 274 208 + 122 = 330 248 + 38 = 286 228 + 116 = 344	H	274	EH
8	G D	J J	248 + 116 = 464 228 + 116 = 344	J	344	DJ*

*表示最小成本线。

(二) 多起讫点路线选择问题

如果有多个货源地可以服务多个目的地,那么我们面临的问题是:要指定各目的地的供货地、目的地之间的最佳路径。该问题经常发生在多个供应商、工厂或仓库服务于多个客户的情况下。如果各供货地能够满足的需求数据有限,则问题会更复杂。解决这类问题常常可以运用一类特殊的线性规划算法,即运输方法求解。

例 11-2: 某玻璃制造商与 3 个位于不同地点的纯碱供应商签订合同,由它们供货给 3 个工厂,条件是不超过合同所定的数量,但必须满足生产需求。

图11-2(多起讫点路径问题)是该问题的图示,其中还指明了各运输路线上每吨货物的运输费率。这些费率是每个供应商到每个工厂之间最短路径的运输费率。供求都以吨为单位进行计算。

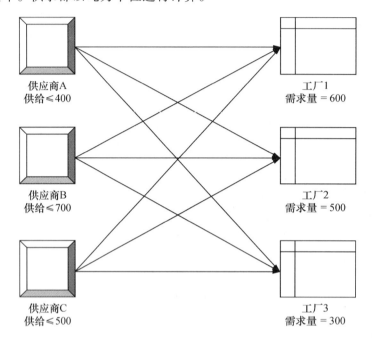

图11-2 多起讫点路径问题

利用计算机软件TRANLP(这是LOGWARE软件包内的程序,但任何运输方法的软件都能解决该问题)可以解决这个问题,输出结果如下:

最佳供货计划:

至 自	工厂1	工厂2	工厂3
供应商 A	400	0	0
供应商 B	200	200	300
供应商 C	0	300	0

运送单位总量 = 1 400 吨

最低总成本 = 6 600 美元

对该结果的解释如下：

货运计划：

从供应商 A 运输 400 吨到工厂 1。

从供应商 B 运输 200 吨到工厂 1。

从供应商 B 运输 200 吨到工厂 2。

从供应商 B 运输 300 吨到工厂 3。

从供应商 C 运输 300 吨到工厂 2。

该运行线路计划的成本最低，为 6 600 美元。

（三）起讫点重合的问题

物流管理人员经常会遇到起讫点相同的路径规划问题。在企业自己拥有运输工具时，该问题是相当普遍的。我们熟悉的例子有：从某仓库送货到零售点然后返回的路线（从中央配送中心送货到食品店或药店）；从零售店到客户本地配送的路线设计（商店送货上门）；校车、送报车、垃圾收集车和送餐车等的路线设计。这类路径问题是起讫点不同的问题的扩展形式，但是由于要求车辆必须返回起点行程才能结束，这样问题的难度就提高了。我们的目标是找出途经点的顺序，使其满足必须经过所有点且总出行时间或总距离最短的要求。

起讫点重合的路径问题一般被称为"流动推销员"问题，人们已提出不少方法来解决这类问题。如果某个问题中包含很多个点，要找到最优路径是不切实际的，因为许多现实问题的规模太大，即使用最快的计算机进行计算，求最优解的时间也非常长。感知式和启发式求解法是求解这类问题的好办法。

1. 各点空间相连的问题

实际生活中，可以利用人类的认知模式很好地解决"流动推销员"问题。我们知道，合理的经停路线中各条线路之间是不交叉的，并且只要有可能路径就会呈凸形或水滴状。图 11-3 举例说明了合理和不合理的路径设计。根据这两条原则，分析员可以很快画出路线规划图，而计算机可能要花许多个小时才能得出。

另外，也可以使用计算机模型来寻找送货途中经停的顺序。如果各停车点之间的空间关系并不代表实际的运行时间或距离，那么利用计算机模型方法比采用感知法好。当途中有关卡、单行线或交通拥堵时，尤其如此。但是，尽可能明确各点的地理位置（如使用坐标点）能够减少需要采集的数据量，从而简化问题。然而，一个简单的问题可能就需要上千个距离或

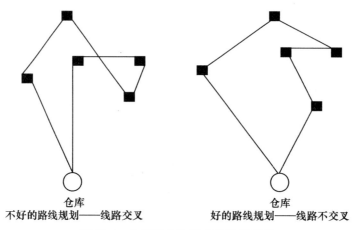

图 11-3　合理路线和不合理路线举例

时间的数据,计算机的任务就是估计这些距离或时间。目前人们已开发出的计算机程序可以迅速解决空间位置描述的问题,并得到接近于最优解的结果。

2. 空间上不相连的点的问题

如果无论是将行程中的各经停点绘制在地图上还是确定其坐标位置,都难以确立各点之间的空间关系,或者,如果各点之间的空间关系由于前文所提到的实际原因而被扭曲,就应该具体说明每对点之间的确切距离或时间。这里感知法基本上不适用,我们必须借助各种数学方法来解决这类问题。虽然我们可以得到想要的各点间的准确距离或运行时间,但计算程序一般给出的是近似结果。

总之,确定运输路线是较为复杂的问题,尤其是当存在众多限制条件或运输网络结构过于复杂时,人工求解往往是不现实的,必须借助于计算机寻求优化的方案。

三、运输线路的优化方法

所谓物流运输优化,是从物流的总体目标出发,运用系统理论和系统工程原理和方法,充分利用各种运输方式的优点,以运筹学等数量方法建立模型与图表,选择和规划合理的运输线路和运输工具,以最短的路径、最少的环节、最快的速度和最少的费用,组织好物质产品的运输活动,避免不合理和次优化情况的出现。

(一)图表分析法

下面举一个例子来说明图表分析法如何优化运输路线。

例 11-3:有一种商品从 A 地运出 400 单位,从 B 地运出 700 单位,从 C 地运出 300 单位,从 D 地运出 600 单位,供给 a、b、c 三地分别为 700 单位、800 单位、500 单位,用图表分析法选择商品合理的运输路线。

解:第一步:编制产销平衡表(见表 11-4)。

表 11-4 产销平衡表

运入 \ 运出	A	B	C	D	调入量
a					700
b					800
c					500
调出量	400	700	300	600	2 000

第二步:绘制交通示意图(见图 11-4)。

图中,□表示接收点,其中数字表示运量;
　　　○表示发运点,其中数字表示发出量;
　　　⟷表示两地距离。

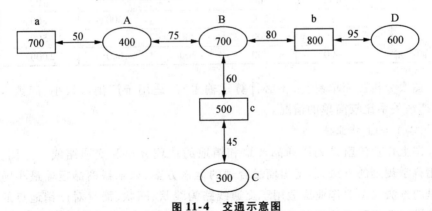

图 11-4 交通示意图

第三步:制定商品运输方案(见图 11-5)。

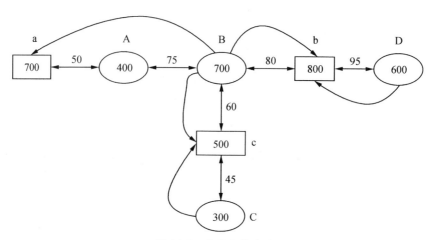

图 11-5 商品运输方案

第四步:填入商品平衡表(见表 11-5)。

表 11-5 商品平衡表

运入\运出	A	B	C	D	调入量
a	400	300			700
b		200		600	800
c		200	300		500
调出量	400	700	300	600	2 000

图表分析法简单易行,不必计算运输里程,适用于产销区较小、产销点少、产销关系比较简单的情况。

(二) 图上作业法

图上作业法就是利用商品产地和销地的地理分布和交通路线示意图,采用科学规划的方法,制定出商品合理的运输方案,以求得商品运输最小吨公里的方法。图上作业法适用于交通线路为线状、圈状,而且对产销地点的数量没有严格限制的情况。图上作业法的原则归纳为:流向划右方,对流不应当;里圈、外圈分别算,要求不过半圈长;如若超过半圈长,应用运量量小段;反复求算最优方案。

例 11-4:调运线路成线状,设产地为 A、B、C、D,产量分别为 700、400、900、500 单位,销地为 a、b、c、d、e,需求分别为 300、700、500、600、400 单位,试求合理的运输方案。

解:第一步:编制商品产销平衡表(见表 11-6)。

表 11-6 商品产销平衡表

销地 产地	a	b	c	d	e	产量
A						700
B						400
C						900
D						500
销量	300	700	500	600	400	2 500

第二步:绘制交通线路示意图(见图 11-6)。

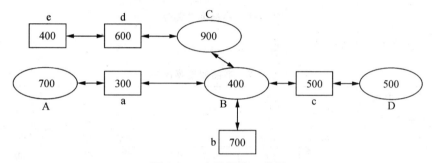

图 11-6 交通线路示意图

第三步:按交通线路示意图进行图上作业。

在不成圈的线路上,按就近供应的原则,首先从各端开始就近调运(见图 11-7)。

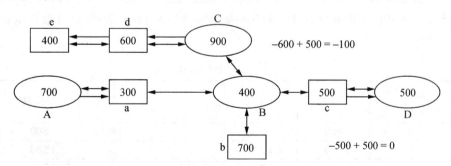

图 11-7 商品就近调运图

根据上述调动结果调整如下(见图 11-8):

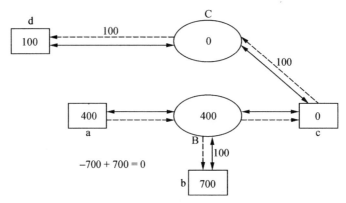

图 11-8　商品调动调整图

第四步:将结果填入平衡表(见表 11-7)。

表 11-7　商品调运平衡表

产地＼销地	a	b	c	d	e	产量
A	300	400				700
B		300	100			400
C				500	400	900
D			400	100		500
销量	300	700	500	600	400	2 500

例 11-5:调运线路呈圈状。设有某商品发运点 A、B、C、D 等四处,接收点 a、b、c、d 位于圈状线路上,其距离及供需量如表 11-8 所示,试求最优的运输线路。

表 11-8　某商品供需数据表

发运点＼接收点	a	b	c	d	供应量
A	650			800	800
B	1 800	2 200			1 500
C		900	750		1 700
D			600	700	1 000
需求量	1 300	1 000	1 600	1 100	5 000

解：

第一步：首先假定里程最长的一段没有货物物流通过，使圈状线路变成非圈状线路，其中 B→b 应甩去（见图 11-9）。

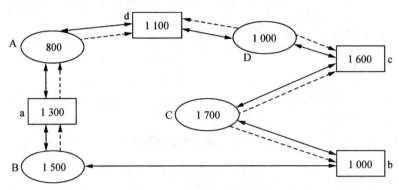

图 11-9　某商品运输路线图

第二步：进行合理的运输。从 B 运 1 500 单位到 a，再从 a 运 200 单位到 A，从 A 运 1 000 单位到 d。另一方面，从 D 运 100 单位到 d，此外，从 D 运 900 到 e，从 C 运 700 单位到 e，同时运 1 000 单位到 b 地。

第三步：根据图中虚线指示，将内外圈货流里程汇总，检查是否超过全圈长的一半。

$$\frac{1}{2}L = \frac{220+180+65+80+70+60+75+90}{2} = 420(公里)$$

$L(内) = 180+65+80+60+90 = 475(公里) > 1/2L$

$L(外) = 75+70 = 145(公里) < 1/2L$

$L(内)$ 大于全圈长的一半，不是最优方案，应重新甩断破圈，寻找最优方案。

第四步：内圈长超过半圈长，而内圈运量最小区段为 a→A，因此，重新甩断破圈，应甩 a→A，补上原来无货流通过的 B→b 区段，重新做出流向圈（见图 11-10）。

第五步：计算内外圈。

$L(内) = 180+80+60+90 = 410(公里) < 1/2L$

$L(外) = 70+75+220 = 365(公里) < 1/2L$

第六步：将上述运输结果填入平衡表（见表 11-9）。

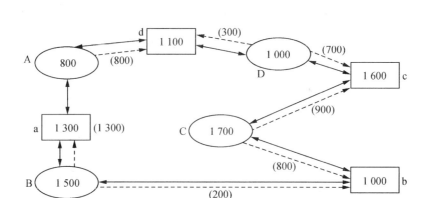

图 11-10 重做的流向圈图

表 11-9 最优运输结果平衡表

发运点\接收点	a	b	c	d	供应量
A				800	800
B	1 300	200			1 500
C		800	900		1 700
D			700	300	1 000
需求量	1 300	1 000	1 600	1 100	5 000

一般来说，利用图上作业法寻求商品最优运输方案，可以按运输吨公里最小原则，也可以从运送时间最短或运费最省等角度来分别计算，只要商品在图上没有对流，内外圈长都不大于半圈长，该运输方案就是最优运输方案。

(三) 表上作业法

表上作业法一般是利用线性代数及矩阵方法来寻求运输网络系统的优化方案。它有两种方法，即最小费用法和左上角法，在这里主要介绍最小费用法。

最小费用法就是直接以商品运输费用最小作为目标函数来求得最优运输方案。一般是利用单位运价表和产销平衡表等表格，运用霍撒克法则进行表上作业，通过编制、调整初始运输方案，求出运费最省的优化方案。

例 11-6：编制被运输商品的产销平衡表和单位运输价格表 (见表 11-10、表 11-11 和表 11-12)，试用最小费用法求出运输的最优方案。

表 11-10　商品产销平衡表

销地 产地	A	B	C	D	E	供应量
a						1 000
b						3 000
c						6 000
d						8 000
需求量	2 500	3 000	3 500	4 000	5 000	18 000

表 11-11　单位运输价格表

销地 产地	A	B	C	D	E
a	30	20	30	50	30
b	30	30	10	30	40
c	70	80	40	20	20
d	50	40	70	70	80

表 11-12　商品产销平衡表

销地 产地	A	B	C	D	E	供应量
a	30	20/500	30/500	50	30	1 000
b	30	30	10/3 000	30	40	3 000
c	70	80	40	20/4 000	20/2 000	6 000
d	50/2 500	40/2 500	70	70	80/3 000	8 000
需求量	2 500	3 000	3 500	4 000	5 000	18 000

（1）用最小元素法安排初始方案。所谓最小元素法,就是按运费最小的元素,尽可能地优先供应。把单位运价列为 $C_{ij}(i=1,2,\cdots,m;j=1,2,\cdots,n)$,其中,$i$ 为产地数,j 为销售地数。在一般情况下,初始方案在产销平衡表中填上数字的格子数目是产地数+销地数-1。但在按最小元素法做初始运输方案时,有时会遇到不需要或不能供给的情况,就在本应填数的表格内填"0",仍然计数。

（2）用矩阵对角法进行初步调整。用任意两个成矩形对角的有运量的运价之和与该矩形另外两个对角的运价之和相比较,如果前者小于后者,不需调整;如果前者大于后者,做反向调整。

在此例中   20/500   30/500
               30   10/3 000

呈矩形对角,并且 20 + 10 < 30 + 30,显然,不需要再做调整。此外,

               20/4 000   20/2 000
               70   80/3 000

由于 20 + 80 > 70 + 20,因此,需要进行调整,调整如下:

               20/4 000   20/2 000
               ↓(3 000)   ↑(3 000)
               70   80/3 000

从而变成   20/1 000   20/5 000
               70/3 000   80

这样,原始方案变成为如表 11-13 所示。

表 11-13　商品产销平衡表

产地＼销地	A	B	C	D	E	供应量
a	30	20/500	30/500	50	30	1 000
b	30	30	10/3 000	30	40	3 000
c	70	80		20/1 000	20/5 000	6 000
d	50/2 500	40/2 500	70	70/3 000	80	8 000
需求量	2 500	3 000	3 500	4 000	5 000	18 000

(3) 用霍撒克法则检验。

$$\begin{cases} d_{ij} = V_i + U_j & (11\text{-}1) \\ A_{ij} = C_{ij} - (V_i + U_j) & (11\text{-}2) \end{cases}$$

上述公式的含义是:

式(11-1)表示有运量的运价等于相应的行位势与列位势之和。

式(11-2)表示空格里的检验数等于原表相应格的运价减去相应格行位势与列位势之和。

在本例中,按霍撒克法则的计算公式进行具体计算。

第一步:与原方案中分配有运量的格相对应,取出单位运价表中的数列成位势表。

第二步:先在带圆圈的个数较多的行或列加"0",依据公式 $d_{ij} = V_i + U_j$,依次求出各行、列的位势(见表 11-14)。

表 11-14 行列位势表

销地＼产地	A	B	C	D	E	V_i
a		②	③			-2
b			①			-4
c				②	②	-5
d	⑤	④		⑦		0
U_j	5	4	5	7	7	

第三步：根据公式 $A_{ij} = C_{ij} - (V_i + U_j)$，用空格价减所在行、列位势之和，得不带圈方格的检验数（见表 11-15）。

表 11-15 检验数表

销地＼产地	A	B	C	D	E	V_i
a	0	②(-)	③	0	-2(+)	-2
b	2	3	①	0	1	-4
c	7	9	4	②(+)	②(-)	-5
d	⑤	④(+)	2	⑦(-)		0
U_j	5	4	5	7	7	

此矩阵出现负值 -2，需要按封闭回路调整。

封闭回路的做法是从出现负值的方格出发，沿水平或垂直方向，遇有运量格转 90°，形成一个封闭的回路，依次标上(+)、(-)号，并将所有标有负号的转角格中的最小运量作为调整数。各正号加上基数，各负号减去基数。数学上可以证明，对应于运输表上每个空格，都可以找到一条闭回路，这条闭回路中除了这个空格以外，其余的顶端都是数字格，而且对闭回路上任何一个空格来说，这样的空格是唯一的，如表 11-16 所示。

表 11-16 商品产销平衡表

销地＼产地	A	B	C	D	E	供应量
a			500		500	1 000
b			3 000			3 000
c				1 500	4 500	6 000
d	2 500	3 000		2 500		8 000
需求量	2 500	3 000	3 500	4 000	5 000	18 000

再用霍撒克法则检验(见表 11-17)。

表 11-17 检验数表

产地＼销地	A	B	C	D	E	V_i
a	2	2	③	2	③	-4
b	4	5	①	2	3	-6
c	7	9	6	②	②	-5
d	⑤	④	0	⑦	1	0
U_j	5	4	7	7	7	

以上各元素的检验数都不小于 0,证明调整后的方案最优。

(4)比较初始方案与最优方案的运费。

初始方案运费为:

$20 \times 500 + 30 \times 500 + 10 \times 3\,000 + 20 \times 4\,000 + 20 \times 2\,000 + 50 \times 2\,500 + 40 \times 2\,500 + 80 \times 3\,000 = 640\,000(元)$

最优方案费为:

$20 \times 500 + 30 \times 500 + 10 \times 3\,000 + 20 \times 1\,000 + 20 \times 5\,000 + 50 \times 2\,500 + 40 \times 2\,500 + 70 \times 3\,000 = 610\,000(元)$

最优方案节省运费为:

$640\,000 - 610\,000 = 30\,000(元)$

第三节 企业运输管理

一、选择承运人

尽管某一运输方式下的大多数承运人的运价和服务是相似的,但其服务水平会存在很大差异。同一运输方式下承运人的成本结构相同,从而同一运输行为的运价也十分相似,所以运输价格并不是选择具体承运人的最重要标准,而承运人的服务质量将成为同一运输方式下选择具体承运人的决定因素。因此,当从一种运输方式中选择承运人时,承运人服务水平的高低是企业进行选择的最重要因素。

(一)运输时间与可靠性

运输时间是指从托运人准备托运货物到承运人将货物完好地移交给收货人之间的时间间隔。其中包括接货与送货、中转搬运和起讫点间运输所需要的时间。可靠性是指承运人的运送时间的稳定性。

运送时间与可靠性影响着企业的库存和缺货损失。运送时间越短,可靠性越高,所需的库存水平越低。运送时间和可靠性通常是企业评价承运人服务水平的重要标准。如果没有可靠性做保证,再短的运送时间也是毫无意义的。在预知提前期的条件下,企业可以优化库存水平及相应的库存成本。但是如果运送时间很不稳定,就需要增加大量额外库存,以防止由此而产生的缺货损失。

从市场的角度来看,可靠的运送时间是区别企业产品、提高竞争优势的重要因素。如果企业能够向客户提供可靠性更高的运送时间,则客户就会减少库存成本和缺货损失,同时企业也会增加销售额。销售额对稳定的服务这一因素十分敏感,因此必须特别关注承运人的运送时间和可靠性,使企业的产品区别于其他产品,从而提高产品的竞争优势。

因此,在一种运输方式下的承运人选择中,可靠性是最为重要的决定因素。

(二) 运输能力与可接近性

运输能力与可接近性决定了一个特定的承运人是否能够提供理想的运输服务。运输能力是指承运人提供运输特殊货物所需要的运输工具与设备的能力。可接近性是指承运人为企业运输网络提供服务的能力,即承运人接近企业物流结点的能力。承运人的可接近性受到路网的地理限制(公路或水路)以及调节机构管辖经营范围的制约。不能提供企业所需要的运输能力与可接近性服务的承运人将在决策中被淘汰。

(三) 安全性

安全性是指货物在到达目的地的状态与开始托运的状态相同,尽管承运人会对货物的丢失或损坏承担责任(自然灾害、战争、托运人的行为过失、货物自身特性、政府行为等因素除外),但当货物丢失或被损坏时,仍会增加企业销售系统成本。由于货物不能直接销售,不安全运输不仅会导致失去利润的机会成本,而且还会对企业信誉造成不利影响,进而影响企业的销售额。为了避免这些损失,企业会提高存货水平,从而增加库存成本。因而承运人保证货物安全抵达的能力也成为选择承运人的重要因素。

二、运输管理的两条基本原理

指导运输管理和营运的两条基本原理分别是规模经济和距离经济。

(一) 运输的规模经济

运输的规模经济是指随装运规模的增长，使每单位运输货物重量的运输成本下降的规律。

整车装运的单位重量的运输成本低于零担装运的单位重量的运输成本。整车装运是指利用整个车辆的能力进行装运。零担装运是指利用部分车辆能力进行装运。如果运输规模较大，运输车辆都能投入运输，没有闲置的车辆，每辆车都能满载运行，运输能力得到充分利用，那么每单位重量的运输费用必然较低。反之，如果运输规模小，车辆部分闲置，车载量不满，摊在每件货物上的运输费用必然昂贵，因为闲置车辆仍然要支付相关固定费用，不满载运营的车辆与满载运营的车辆所支付的相关运输费用相差并不是很大。

运输能力较大的运输工具的单位重量的运输成本低于运输能力较小的运输工具的单位重量的运输成本。如铁路或水路的运输能力较大，其每单位重量的运输费用要低于汽车或飞机这种运输能力较小的运输工具。之所以如此，是因为转移一票货物有关的固定费用可以按整票货物的重量分摊。一票货物越重，就越能"摊薄"运输成本，使每单位重量的运输成本更低。另外，一票货物的管理费用可以认为是固定的，因为处理一票货物所需时间、设备设施、开票等相关手续都是固定的，不随一票货物的数量而变化。换句话说，管理 1 公斤货物装运的费用与管理 1 000 公斤货物装运的费用一样多。例如，假定管理一票货物装运的费用为 10 元。那么，装运 1 公斤货物的每单位重量的成本为 10 元，而装运 1 000 公斤货物的每单位重量的成本则为 1 分。于是，可以这么说，1 000 公斤的装运中存在着规模经济。

(二) 运输的距离经济

运输的距离经济是指每单位距离的运输成本随距离的增长而减少。运输距离越大，则每单位距离的运输成本越低。例如，装运相同重量的货物，800 公里的一次装运的每公里的运输成本要低于 40 公里的一次装运的每公里的运输成本，或者说，800 公里的一次装运成本要低于 40 公里的两次装运成本。运输的距离经济亦指递减原理，因为费率随距离的增加而逐渐减少。距离经济的合理性类似于规模经济。尤其是，运输工具装卸所发生的相对固定的费用必须分摊到每单位距离的变动费用。距离越长，可以使固定费用分摊给更多的公里，导致每公里支付的总费用更低。

三、企业的运输策略

（一）影响企业产品销售运输策略的因素

1. 外部环境

企业的销售运输策略受到企业外部运输环境的影响，企业所处的地理环境、运输条件、国家的运输政策等都直接影响企业的运输策略。例如，在运输业受到垄断和管制的环境下，基本不需要太多的运输策略，不需要与承运人进行价格的谈判，重要的是适应运输业的各种政策规定；而在运输业放松管制的环境下，由于各运输方式之间、各承运人之间相互竞争，运价更多地受到市场的调节，因此，与承运人之间签订合同、协议就显得尤为重要。

2. 库存水平

企业的销售运输策略还受到库存水平的影响。随着生产方式的转变，许多企业由大批量生产转为小批量、多品种生产，有的企业甚至采用及时生产方式。这种生产方式导致库存水平大大降低，但对运输质量的要求大大提高了。对于企业整体而言，低存货和高服务的企业策略与低运输成本策略发生了矛盾。为了防止低库存水平下的缺货，必须改变运输策略，采用频繁的小批量、快速运输，才能满足企业需要，但这将导致运输成本的提高。

（二）提高企业销售物流中的运输效率和效益的方法

1. 实行集约化管理

对运输进行集约化是指在制定运输策略、计划安排、成本预算以及协调企业销售物流等方面，预先进行集中管理，而不是反应式运输管理。预先管理的意义在于预先分析运输中存在的问题，寻找解决问题的方法，以利于企业整体效率的提高。

例如，企业在某一市场的销售量下降可能是由于比其竞争对手的交货期长，引起服务水平下降造成的。如果运输方式从铁路转为公路运输，则必将增加运输成本，从而降低利润甚至亏损，这是企业所不能接受的。如果实行集约化运输管理，运输管理者可以在企业的成本预算和利润目标的政策指导下，采取与承运人谈判、按规定的服务水平与承运人签订合同、调整装货程序等方法来改进服务、提高销售额，而又使成本维持在可接受水平。

总之，集约化运输管理策略说明了运输管理在达到企业目标中的重要性。

2. 减少承运人数量

企业减少使用承运人的数量，使企业产成品的销售运输业务相对集中于一些运输公司,使其业务量和营业收入增加,这样,企业便可在使承运人提供企业要求的运价与服务方面占据主动。

但是,把业务交给有限数量的承运人的风险是增加企业对这些承运人的依赖性。因为一旦有某个承运人出现问题,其他承运人没有能力承担额外运输任务时,企业就不得不使用那些不熟悉自己的运输程序及客户服务要求的承运人,这样就会影响企业物流成本和客户服务水平。同时,还很难从承运人处得到合理的运价,从而导致运输成本的增加。

3. 使用自有车辆运输

使用自有车辆运输是一种广为使用的运输服务方式。管理者可以直接控制自有车辆运输的服务水平,从而得到更优质的服务。尤其是自有车辆运输可以提供十分灵活的运输服务,以满足零散客户的运输需求。

对于没有自备汽车的企业来说,可以通过与汽车承运人签订合同来获得专业化的服务。

4. 订立运输合同

企业作为托运人可以订立合同来消除承运人提供的服务和运价的不确定性。在合同条款中,托运人规定承运人应提供的价格和运输服务水平以及违约时的处罚。这样,在合同有效期内,运输价格和服务水平就可以固定了。对于那些需要专业化服务的托运人来说,订立合同可以使他们享受到一般承运人无法提供的独特或灵活的运输服务。

实施及时管理JIT的企业一般都通过订立合同来保证得到安全、快捷的运输服务。由于JIT系统强调低存货水平和对运输的高度依赖性,所以运输延误将导致产品和存货成本的增加以及系统运行的中断,以至于妨碍JIT目标的实现。而与承运人签订运输合同能保证其提供符合要求的运输服务。

四、运输单证

货物运输可以分为三个阶段:货物托运、在途运输和接收提货。在运输过程中,需要有一些货运单证来明确运输各方的责任和义务。运输单据的种类很多,主要包括三个方面的单证:货物运单、海运提单以及多式联运单。

(一)货物运单

货物运单作为运输合同,当托运人按货物运单填记的内容交运货物,承运人按货物运单记载接收货物,核收运输费用,并在运单上盖章后,运输合同即告成立,托运人、收货人和承运人三方即形成权利和义务关系。运单由承运人印制,在办理货运业务的车站按规定的价格出售。运量较大的托运人经发站同意,可以按照承运人规定的格式,自行印制运单。

按运输方式,货物运单可以分为铁路运单、航空运单、道路货物运单、水路货物运单、海运单等。

1. 铁路运单

铁路运输分为国际铁路联运和国内铁路运输,分别使用国际铁路货物联运单和承运货物收据。

(1)国际铁路货物联运单。该运单为发送国铁路和发货人之间缔结的运输合同,运单签发,即表示承运人已收到货物并受理托运,装车后加盖承运日戳,即为承运。运单正本随同货物送至终点站交收货人,是铁路同收货人交接货物、核收运杂费用的依据。运单副本加盖日戳后是卖方办理银行结算的凭证之一。

(2)承运货物收据。内地通过国内铁路运往港澳地区出口货物,一般都委托中国对外贸易运输公司承办。货物装车发运后,由外运公司签发一份承运货物收据给托运人,托运人以此作为结汇凭证。承运货物收据既是承运人出具的货物收据,也是承运人与托运人签署的运输契约。

2. 航空运单

航空运单是承运人与托运人之间签订的运输契约,也是承运人或其代理人签发的货物收据。航空运单不仅应有承运人或其代理人的签字,还必须有托运人的签字。航空运单与铁路运单一样,不是物权凭证,不能凭以提取货物,必须做成记名抬头,不能背书转让。

收货人凭航空公司的到货通知单和有关证明提货。航空运单正本一式三份,分别交托运人、航空公司和随机带交收货人,副本若干份由航空公司按规定分发。

3. 道路货物运单

道路货物运输从托运人的角度来看,一般可分为托运、接车、装车、押运、卸车、具结(确认货物运输事宜完成)六个过程。对托运人来说,汽车货运合同的订立就是托运手续的办理。汽车货运合同采用书面形式、口头形式和其他形式。道路货物运单是最常用的汽车货运合同,它采用格式文本形式,但没有统一的格式,属于一次性货运合同。

4. 水路货物运单

在国内水路运输中,使用水路货物运单,经承托双方确认后,具有合同效力,也具有承运人接受物品的收据作用,但它不是物权凭证,不能通过转让运单来达到转让物品的目的。

运单记载的内容包括运单号码、船名与航次、起运港与到达港、托运人与收货人、货名、件数、包装、价值、重量、体积、费用、托运人签章与日期、特约事项、运到日期等内容。

在海上运输中使用的海运单与水路货物运单作用相似,同样也不具有物权凭证的功能。

(二)海运提单

海运提单是一种货物所有权凭证。提单持有人可据以提取货物,也可凭此向银行押汇,还可在载货船舶到达目的港交货之前进行转让。海运提单是在国际海上运输中主要使用的单证,它是用以证明海上货物运输合同和货物已经由承运人接收或者装船,以及承运人保证交付货物的单证。

(三)多式联运单据

多式联运单据是由承运人或其代理人签发,其作用与海运提单相似,既是货物收据也是运输契约的证明。在单据制成指示抬头或不记名抬头时,可作为物权凭证,经背书可以转让。

多式联运单据表面上和海运提单相仿,但海运提单承运人只对自己执行的一段负责,而多式联运承运人对全程负责;海运提单由船公司签发,包括海洋运输在内的全程运输,多式联运单据由多式联运承运人签发,也包括全程运输,但多种运输方式中,可以不包括海洋运输。

(四)其他相关单证

1. 托运单(Booking Note)。托运单俗称"下货纸",是托运人根据贸易合同和信用证条款内容填制的,向承运人或其代理办理货物托运的单证。承运人根据托运单内容,并结合船舶的航线、挂靠港、船期和舱位等条件考虑,认为合适后,即接受托运。

2. 装货单(Shipping Order)。装货单是接受了托运人提出装运申请的船公司,签发给托运人,凭以命令船长将承运的货物装船的单据。装货单既可用作装船依据,又是货主凭以向海关办理出口货物申报手续的主要单据之一,所以装货单又称"关单"。对托运人而言,装货单是办妥货物托运的证明。对船公司或其代理而言,装货单是通知船方接受装运该批货物的指示文件。

3. 收货单(Mates Receipt)。收货单又称大副收据,是船舶收到货物的收据及货物已经装船的凭证。船上大副根据理货人员在理货单上所签注的日期、件数及舱位,并与装货单进行核对后,签署大副收据。托运人凭大副签署过的大副收据,向承运人或其代理人换取已装船提单。

由于上述三份单据的主要项目基本一致,我国一些主要口岸的做法是将托运单、装货单、收货单、运费通知单等合在一起,制成一份多达9联的单据,称为装货联单。装货联单各联作用如下：第一联由订舱人留底,用于缮制船务单证。第二、三联为运费通知联,其中一联留存,另一联随账单向托运人托收运费。第四联装货单经海关加盖放行章后,船方才能收货装船。第五联收货单及第六联由配舱人留底。第七、八联为配舱回单。第九联是缴纳出口货物港务费申请书。货物装船完毕后,港区凭以向托运人收取港杂费。

4. 装货清单(Loading List)。装货清单是承运人根据装货单留底,将全船待装货物按目的港和货物性质归类,依航次、靠港顺序排列编制的装货单汇总清单,其内容包括装货单编号、货名、件数、包装形式、毛重、估计尺码及特种货物对装运的要求或注意事项的说明等。装货清单是船上大副编制配载计划的主要依据,又是供现场理货人员进行理货,港方安排驳运,进出库场以及承运人掌握情况的业务单据。

5. 舱单(Manifest)。舱单是按照货港逐票罗列全船载运货物的汇总清单。它是在货物装船完毕之后,由船公司根据收货单或提单编制的。其主要内容包括货物详细情况、装卸港、提单号、船名、托运人和收货人姓名、标记号码等,此单作为船舶运载所列货物的证明。

6. 提货单(Delivery Order)。提货单是收货人凭正本提单或副本提单随同有效的担保向承运人或其代理人换取的、可向港口装卸部门提取货物的凭证。

为了保证进出口货物的安全交接,在整个运输过程中需要编制各种单据。这些单证各有其特定的用途,彼此之间又有相互依存的关系。它们既把船、港、货各方联系在一起,又能分清各自的权利和业务。

本章思考题

一、名词解释

运送速度；运输服务频率；运输服务可得性；运输服务能力；物流运输优化；图上作业法；运输时间；运输能力；可接近性；安全性；运输的规模经济；运输的距离经济；货物运单；海运提单；多式联运单据；托运单；装货单；收货单；装货清单；舱单；提货单。

二、回答问题

1. 谈谈运输的作用。

2. 请分别谈谈铁路运输、公路运输、水路运输、航空运输和管道运输的优缺点及适应的运输方式。
3. 运输方式选择时要考虑哪些因素？
4. 运输线路的选择都有哪些原则？为什么要坚持这些原则？
5. 如何解决起讫点不同的单一路线选择问题？
6. 如何解决多起讫点路线选择问题？
7. 图表分析法是如何优化运输路线的？
8. 图上作业法是如何优化运输路线的？
9. 为什么承运人服务水平的高低是企业进行选择的最重要因素？
10. 运输管理的两条基本原理指什么？

第十二章

企业逆向物流

主要内容

- 逆向物流综述
- 企业废旧物回收物流
- 企业废弃物物流

逆向物流是指"物品从供应链下游向上游的运动所引发的物流活动"（GB/T 18354-2001），如图 12-1 所示。逆向物流包括废旧物回收物流、退货物流、废旧和废弃物处理物流等。

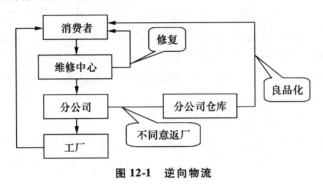

图 12-1　逆向物流

第一节　逆向物流综述

一、对逆向物流的认识

我们通常说的物流都是指正向物流，但一个完整的供应链不仅应该包括正向的物流，还应该包括逆向的物流。

Carter and Ellram 对逆向物流的广义定义是：公司通过再循环、再使用以及减少原材料的使用，可以有效率地达成环境保护的过程。同时，逆向物流还应包括减少正向物流中使用的物料数量，其目的是减少回收的物料数量和使产品能够再使用以及更方便地进行再循环处理。Carter and Ellram 对逆向物流的狭义定义为：通过配销的网络系统将所销售的产品进行回收的过程，即退货物流。

美国物流管理协会对逆向物流的定义是：计划、实施和控制原料、半成品库存、制成品和相关信息，高效和成本经济地从消费点到起点的过程，从而达到回收价值和适当处置的目的。

逆向物流的形成原因有多种：

（1）问题产品由于拒收和退货，由消费者流向经销商或生产商。

（2）生产商或经销商出于对产品质量的负责主动要求招回产品。

（3）报废产品对于消费者而言，没有什么价值，随着逆向回流，报废产品在生产商终端可以实现价值再造。

(4) 由于信息传递失真,使产品从客户重新流回企业。

国际学术界和企业实践对逆向物流管理的重视是从 20 世纪 80 年代末开始的。20 世纪 90 年代美国物流管理协会发表了两篇关于逆向物流研究的重要文献:Stock 首先使用了"逆向物流"这个词,他在研究报告中指出了逆向物流对商业和社会的重要性。① Kopichi 提出了逆向物流的原则和实践,讨论了再利用和循环利用的机遇。② 20 世纪 90 年代后期,对逆向物流管理的研究逐渐深入,Stock 研究了逆向物流管理的建立和实施;Rogers 和 Tibben-Lembke 介绍了逆向物流广泛的商业应用;在技术方面,Guide 等人详细讨论了再制造系统的优化设计问题。③

理论界的研究带动了企业的实践,雅诗兰黛作为较早投身于逆向物流领域的企业之一,从中取得了巨大的收益。1998 年,雅诗兰黛公司开始改善其逆向物流管理系统。它投资 130 万美元购买用于逆向物流的扫描系统、商业智能工具和数据库。在系统运转的第一年,就为雅诗兰黛带来了以前只有通过裁员和降低管理费用才能产生的成本价值。其后,逆向物流系统通过对雅诗兰黛 24% 以上的退货进行评估,发现可以再次分销的产品居然是真正需要退回的产品的 1.5 倍。与此同时,系统对超过保质期的产品识别精度也得到提高。1999 年,雅诗兰黛因为产品超过保质期,销毁了 27% 的退货。而在 1998 年,这个比例是 37%。据雅诗兰黛逆向物流部门的主管经理预计,今后几年只要信息系统和营运系统能够正常运行,产品销毁率完全可以降到 15% 以下。

雅诗兰黛的成功并非个案。IBM、通用汽车等企业也纷纷于几年前涉足逆向物流这一物流"油田",使得企业成本下降、服务满意度提高。

二、逆向物流的特征

认识逆向物流的特性会更有力地针对逆向系统的优化策略、运作方法进行研究和改进。

(一) 逆向性

逆向物流中的物流对象与正常的物流的方向刚好相反。逆向物流更加

---

① Stock J. R., Reverse Logistics, Oak Brook IL: Council of Logistics Management, 1992.
② Kopichi R., Reuse and Recycling-reverse Logistics Opportunities, Oak Brook IL: Council of Logistics Management, 1993.
③ Guide J. V., Jayaraman V., Srivastava R., et al., Supply-chain Management for Recoverable Manufacturing Systems, Interface, 2000.

趋向于反应性的行为与活动,其中实物和信息的流动基本都是由供应链尾端的成员或最终消费者引起,即消费者→中间商→制造商→供应商。

(二) 不可控性

这里指的不可控性并不是绝对的不可控,而是个相对的概念。在逆向物流的流程运行过程中,客户处于主动地位,企业处于对客户需要的响应地位。因此,客户发出退货要求的地点、时间和数量都是企业预先未知的,而且企业经常是非经济批量回收,甚至是单件产品回收。计量经济学中的一些复杂的预测技术并不容易应用到返回物品的供应管理上,因此说逆向物流具有不可控性。

另外,逆向物流中的产品所涉及的成本内容广泛,而且由于产品"返回"的原因各不相同,对于各种产品的价格与成本的核算标准也就不尽相同。对于部分产品,在逆向渠道中还要进行适当的处理之后才能够再次出售,这又会产生一部分的附加成本,因此逆向物流的成本核算也反映出其可控性差的特点。

(三) 依赖性

逆向物流的依赖性源于正向物流和逆向物流是循环物流系统的两个子系统,逆向物流依赖于正向物流。逆向物流是在正向物流运作过程中产生和形成的,没有正向物流,就没有逆向物流;逆向物流流量、流向、流速等特性是由正向物流属性决定的。如果正向物流利用效率高、损耗小,则必然逆向物流流量小、成本低;反之,则流量大、成本高。另外,正向物流与逆向物流在一定条件下可以相互转化,正向物流管理不善、技术不完备就会转化成逆向物流;逆向物流经过再处理、再加工、改善管理方法制度,又会转化成正向物流,被生产者和消费者再利用。

(四) 高成本性

首先,投资于逆向物流的资产具有高度的专用性,如建立回收商品处理中心、建立逆向物流信息系统等,这些巨额资产企业只能应用于对逆向物流的管理中,使得逆向物流的成本巨大。其次,回收产品通常缺少规范的包装,又具有不确定性,难以充分利用运输和仓储的规模效益。最后,许多商品需要人工的检测、判断和处理,极大地增加了人工的费用,同时效率也低下。以上三方面原因使得逆向物流具有高成本性。

三、逆向物流的作用

（一）降低物料成本，增加企业效益

减少物料耗费，提高物料利用率是企业成本管理的重点，也是企业增效的重要手段。然而，传统管理模式的物料管理仅仅局限于企业内部物料，不重视企业外部废旧产品及其物料的有效利用，造成大量可再用性资源的闲置和浪费。由于废旧产品的回购价格低、来源充足，对这些产品回购加工可以大幅度降低企业的物料成本。特别是随着经济的发展，资源短缺日益加重，资源的供求矛盾更加突出，逆向物流将越来越显示其优越性。

（二）提高顾客价值，增加竞争优势

在当今顾客驱动的经济环境下，顾客价值是决定企业生存和发展的关键因素。众多企业通过逆向物流提高顾客对产品或服务的满意度，赢得顾客的信任，从而增加其竞争优势。对于最终顾客来说，逆向物流能够确保不符合订单要求的产品及时退货，有利于消除顾客的后顾之忧，增加其对企业的信任感，扩大企业的市场份额。对于供应链上的企业客户来说，上游企业采取宽松的退货策略，能够减少下游客户的经营风险，改善供需关系，促进企业间战略合作，强化整个供应链的竞争优势。特别对于过时性风险比较大的产品，退货策略所带来的竞争优势更加明显。

（三）提高潜在事故的透明度

逆向物流在促使企业不断改善品质管理体系上，具有重要的地位。ISO 9001/2000 版将企业的品质管理活动概括为：计划、实施、检查和改进。逆向物流恰好处于检查和改进两个环节上，承上启下，作用于两端。企业在退货中暴露出的品质问题，将通过逆向物流资讯系统不断传递到管理阶层，提高潜在事故的透明度。管理者可以在事前不断地改进品质管理，以根除产品的不良隐患。

三、逆向物流的优化策略

（一）逆向物流的治理结构优化

国外的逆向物流成功经验表明，逆向物流治理结构是企业逆向物流成功与否的关键。治理结构是在企业管理层面上的，它对运作层面即执行层有直接的影响和决定作用。同时，企业采用不同的治理结构会涉及不同的治理成本，也就会有不同的运作成本，治理结构的优化有利于企业对逆向物流的投资规划。

逆向物流系统的治理结构是指逆向物流系统资源配置的管理和控制的机制和方法。不同的资源配置形式和控制机制方法就形成了不同的逆向物流的治理结构。

1. 单边治理

单边治理又称一体化治理，是与多边治理相对立的一种物流治理方式。采用一体化治理的条件之一就是交易本身具有一定的规模，使得投资人可以获得该项投资的规模效益，并且外部投资人非常愿意进行此项投资。由于逆向物流投入大、风险高、可控性差，投资人想借助逆向物流发挥规模经济效益的可能性比较小，因此，企业逆向物流的治理不宜采用单边治理。

2. 双边治理与三边治理

双边治理与三边治理的区别在于交易双方的关系上。双边治理要求双方关系更加紧密。三边治理结构中的冲突机制在双边治理结构中通过关系机制得到解决，由于任何一方脱离交易关系都要在交易专用性资产上付出沉重代价，所以，双方有强烈动机维持交易而不是让它终止。由于逆向物流建设投资比较大，资产专用性比较高，因此，有能力和声望的大型企业可以采取双边治理的方式配置资源。

3. 多边治理

多边治理又称市场治理，即建立物流系统的所有资源从市场上通过交易购买得到。多边治理就是第三方治理，第三方物流是多边治理结构中物流服务的主要形式。第三方物流可以提高企业物流的技术效率、提供专业化的服务，并且不会涉及专用性物流资产配置问题，还可以利用其规模经济效益的优势降低服务成本，为企业带来成本节约。

多边治理适用于多种物流系统，因此，逆向物流的治理也可以采取这种方式。采用第三方治理方式进行回收的再分销管理，除了可以利用其先进的管理经验，还可以解决逆向物流不可控性给企业带来的管理和投资风险。随着我国物流发展水平的不断提高和服务需求的升级，采用多边治理是逆向物流系统的一个较好的治理方式。

(二) 逆向物流的网络循环优化

逆向物流与正向物流一样，都是由不同的点和线组成的网络结构，因此，必须对无规则的网络进行规划，使其得到优化。国外的管理经验认为，逆向物流的管理应该分开环、闭环管理。

开环管理系统主要指回收的产品不到初始的生产商而用于其他企业的情况。由于逆向物流渠道与传统正向物流渠道不同，整合这两种渠道的可能性很小,故一般构建一个独立的逆向物流网络,该系统成员可以由组织退货回收的企业和再分销商等构成。

闭环系统主要指回收的产品回到初始的生产商的情况。此时,可以利用正向物流渠道中的现有企业成员,在原有网络上或通过专业的物流服务商来构建逆向物流系统。尽管此时逆向物流系统与传统正向物流系统可能拥有相同的企业成员,但由于逆向物流中退货的收集和运输需要不同的操作处理,从而产生不同的运作程序,故将逆向物流系统和正向物流系统整合在一起是比较困难的。再制造、修理或直接再利用等系统常常构成闭环型网络。

开环、闭环管理体系是优化逆向物流循环网络的途径。图 12-2 是描述的逆向物流系统的循环网络结构图。

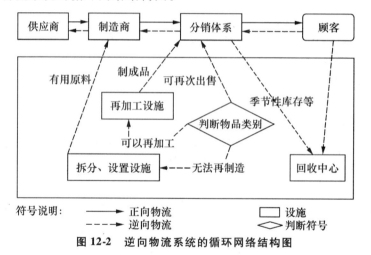

图 12-2　逆向物流系统的循环网络结构图

实践中的逆向物流系统由许多过程组成,过程的设计是为了帮助企业以最低的成本组织回收产品,使运作系统得到优化,并且从中获得最大的收益。企业可以同时采用开环和闭环系统来延长产品生命,增加其价值,也可以自营一部分重要的或涉及企业保密技术的部分,将另一部分外包。

IBM 成功运用闭环系统的案例:

Fleischmann M. 等在 2001 年到 2002 年期间针对 IBM 公司产品的特点,研究了从其使用过的产品中回收可再利用零部件的网络结构,以及回收行为对企业经济效益的影响。电子产品的回收再利用给该行业带来了巨大的潜在效益,结果促使 IBM 公司调整其营销计划:在北美、欧洲和亚洲中无偿或有偿地回收使用过的产品并大力推行租赁服务。图 12-3 是 IBM 回收产品再利用闭环流程图：

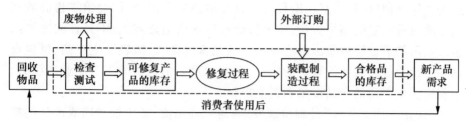

图 12-3　IBM 的回收操作过程

IBM 回收产品再利用闭环流程是这样操作的：IBM 的电脑零售商将所有从消费者处收集的退货集中送到 IBM 的材料回收中心，可利用的产品会被支付一定的报酬。经回收中心检测后，对于新旧程度尚可、没有大的损坏的成品机，回收中心会将其进行再次简单包装，并交由第三方进行再分销处理，准备售与二级市场；对于无法再次出售的产品，IBM 会将其纳入本企业的拆解和再制造系统，拆解下的完好或可继续利用的零部件重新进行数据标识，即更换条码，方便进行产品跟踪，随后进入备件库，准备再次利用。

（三）逆向物流系统的流量优化

逆向渠道的流量控制对企业逆向物流管理来说是至关重要的，这是因为，治理结构和网络都是基于流量而定的，如果对逆向渠道流量不加以控制，那么企业的运作成本仍然会居高不下。

1. 企业进行逆向物流渠道流量控制的原因

虽然对逆向物流系统进行规划和设计可以达到为企业节约成本、创造利润的目的，但这并不意味着进入逆向渠道的产品越多越好。原因在于：

第一，逆向物流资产占用投资大、资产专用性强，企业投进去的资金不易撤回或转向其他投资；

第二，过多回收产品的运作可能会影响正向物流的运行；

第三，企业为吸引顾客、占据市场，采取过于宽松的退货政策，会导致消费者滥用其手中的退货权利，对企业控制成本反而不利。

因此，企业必须对逆向物流的渠道流量进行控制和规划。

2. "固定返回商品流"计划

"固定返回商品流"计划是制造商或分销商根据自身运作逆向物流的能力，为了加强逆向渠道流量的可控性而给下游成员制定的固定回流商品额度。

"固定返回商品流"计划与在企业界推广已久的"零返回商品流"计划不

同,虽然它们同是对逆向渠道进行控制。"零返回商品流"指制造商和分销商为了净化销售渠道,禁止退货流入自己的逆向渠道,它们会给零售商或其他下游成员一定的销售折让,让零售商自行解决退货问题,不允许回流产品进入逆向渠道。这种做法虽然净化了商品流通渠道,减轻了生产商、供应商这些上游企业逆向物流管理的担子,但却加重了销售商等下游企业的压力,也损害了生产商的产品形象和企业声誉。

"固定返回商品流"计划将改变"零返回商品流"政策的对回流产品的推诿局面,增加企业对退货处理的责任感。同时,可以大大降低逆向物流的成本,增加逆向物流的可控性,给企业带来了方便。

四、逆向物流的运作

(一)加强管理层的重视

逆向物流活动是一个复杂的活动,它需要专业的人员进行管理和协调,因此它不能附属于其他部门,必须成立独立的物流职能部门进行管理。企业管理层应该对逆向物流工作有全面的认识和足够的重视。根据美国逆向物流委员会 2002 年一份针对 300 多位负责供应链及物流的企业经理人所做的调查报告,有 40% 的人认为,逆向物流失败的首要因素是管理层没有深刻认识逆向物流系统的重要意义,以至于没有引起足够的重视。其次是公司缺乏相关的利于逆向物流运作的政策和系统,如图 12-4 所示。

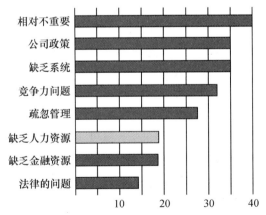

图 12-4 逆向物流的管理障碍

资料来源:美国逆向物流委员会网站 www.rlec.org,2000。

企业分层次实施逆向物流管理目标:首先要加强对逆向物流起始点的

控制，就是在逆向物流流程的起始入口对有缺陷或无依据的回流产品进行审查，不能为了吸引顾客对一切回流要求都响应。这种对流程起始入口严格把关的管理思想可以使企业提高逆向物流的效率。其次，要压缩逆向物流处置时间。对于通过审查可以回流的产品，企业也不能就轻易放松。企业要积极做好回流产品的去向规划，是让其流入二级市场，还是拆卸下可用的零件进行再循环制造，这些都要引起企业的重视和认真规划。

（二）物流外包

若企业在分析他们的核心竞争力时，认识到他们缺乏从事逆向物流的专业知识、技术、经验等，则应该将其外包给从事逆向物流的第三方物流供应商。第三方物流公司可以帮助厂商确定进行哪些逆向物流活动和如何进行这些逆向物流活动，可以集中处理退回产品的收集、选择、处理，对这些活动进行专业、规范的操作。一般情况下，这些外包供应商能把逆向物流活动做得更好。目前，美国联邦快递、联合包裹等第三方物流服务商都开展了逆向物流服务，而且市场反响非常好，第三方逆向物流将是有实力的物流服务商又一个激烈的争夺战场。

大部分中小企业无力投资进行逆向物流系统的建设，第三方逆向物流就显得尤为重要。而大型企业为了集中精力形成核心竞争力，也非常有必要将部分或全部逆向物流活动外包。

（三）加速网络建设，积极构建再分销网络

有些返还产品状态良好，可以进行再次销售。要想使这些商品再次进入流通领域，企业必须自主构建再分销网络。这是企业逆向物流系统正常运作的关键，也是开环管理系统对企业提出的基本要求。

在美国，购买二手商品已经成为人们普遍接受的消费方式，大到房子、汽车，小到家用电器、日常用品，都可以从二手市场购得，由此可见美国商品再分销网络的发达程度。根据行业惯例，美国人把沃尔玛这样的大型连锁零售实体称为第一市场，把二级折扣商店称为第二市场。处在第一市场的企业会和第二市场的企业有合作关系，把它们回收来又可以继续出售的产品在第二市场的折扣店削价出售，这种合作既可以保证充分利用资源又可以使企业从中获得收益。美国的生产或零售企业还借助互联网的便捷来繁荣它们的次级分销网，像 Ubid.com 和 Ebay.com 这样的网站是企业竞相合作的对象，这些网站销售的是一些整修后的退回商品，有些是过剩的存货和过时的商品。

由于国民的消费习惯不同，国内消费者对购买二手货的热情似乎没有国外那么高,这也使得企业在发展再分销网络的时候遇到很多障碍。但随着人们受教育程度的不断提高、环保意识的不断加强,这种现象终究会得到改善。

(四)建立逆向物流回收商品集中处理中心

建立逆向物流的处理中心,将进入逆向流通的产品集中到处理中心,以期形成规模效益。集中退货中心管理是逆向物流高品质运作的基础和前提。目前,外国跨国企业的配送中心都设有专门的退货集中地,逆向物流流程上所有的产品都会先被送到这里,经过分类、处理后,再送到其最终的归属地。

有人认为逆向物流的处理中心可以与商品配送中心合二为一,共同使用仓储、运输等硬件及管理等人力资源设施,最终将逆向物流与正向物流充分结合起来。一些同时管理双向物流的经理们表示这种做法就好像"一身侍二主",往往力不从心,结果通常是逆向物流在管理中被忽略。现在的多数做法是使用独立的逆向物流处理中心,或即使与配送中心使用同一设施,也保持独立的两套操作系统。

国外的部分企业已经或即将建立专业的逆向物流回收中心,如福特的汽车回收中心、耐克的欧洲回收中心,这些回收中心都是很大规模的,能够体现较大的规模优势,向客户提供良好的服务。而我国,除了大型的厂商如大型家电厂商、大型汽车厂商可以考虑自建逆向物流回收中心外,一般企业规模较小,可以考虑依赖社会第三方的逆向物流回收中心。

第二节 企业废旧物回收物流

一、废旧物回收物流的概念

回收物流是指"退货、返修物品和周转使用的包装容器等从需方返回供方所引发的物流活动"(GB/T 18354-2001)。

废旧物物流是指"将经济活动中失去原有使用价值的物品,根据实际需要进行收集、分类、加工、包装、搬运、储存等,并分送到专门处理场所的物流活动"(GB/T 18354-2001)。

工业生产企业的废旧物主要指报废的成品、半成品,加工产生的边角余料,冶炼过程出现的钢渣、炉底,更新报废的机械设备、工具和各种包装废弃物等。

按照唯物辩证法的观点,废与不废是相对的。在自然界中,任何一种物质资料都有它的特定属性和用途。"废旧物"一词具有相对的内涵。"废旧物"只是在一定时期、一定范围内,资料的形态或用途发生了变化,而它本身可以被利用的属性并没有完全消失,只要被人们发现和利用后,它就可以变成有用的资源。所谓回收物流,是指对废旧物通过一定的手段回收、加工,重新投入使用所要经过的一系列的流动过程。

企业废旧物的产生大体上有以下几个方面:

1. 企业的生产工艺性废料

生产工艺废料是指企业在生产产品的工艺过程中产生的废料。如化工类型生产企业中化学反应的剩余物、排放物和副产品等;金属轧钢生产企业中产生的切头、切尾、汤道、钢渣、炉底等;采矿企业中产生的剥离废料、尾矿排泄物等;造纸企业中产生的废液等;金属加工企业中产生的废屑、边角余料等。

2. 企业生产过程中产生的废品

企业在生产过程中产生的废品并不是企业生产工艺的必然产物,但无论是成品、半成品还是各种中间产品,都有可能产生一定数量的废品。

3. 企业生产中损坏和报废的机械设备

企业机械设备的损坏多数是由于生产过程中各种不同的事故造成的。企业机械设备的报废是由于经过使用产生的正常磨损到终极限度而退出生产过程的设备。改革开放前,我国设备折旧年限和更新周期平均在25年以上;现在一般为7—10年,设备的更新周期随着科学技术的迅速进步而逐渐缩短。设备更新周期越短,报废的旧设备就越多。

4. 企业生产维修过程中更换下来的各种废旧零件和材料

5. 原材料和设备的各种包装废弃物

6. 由精神磨损产生的旧材料、旧设备等

精神磨损也称为无形磨损,它是由于劳动生产率的提高、科学技术的进步造成某些设备继续使用会产生不经济的现象。随着科学技术的飞速发展,新技术转化为新产品的时间不断缩短,如40年前平均周期为8年,20年前为5年,10年前为3年。有些产品甚至一年内要更新几次。在经济发达国家中,一年内更新的产品要占全部产品的40%以上。应当指出,由于精神磨损而淘汰的设备的使用价值一般并没有失去。因此,将精神磨损产生的旧设备归入废旧物资应有一定的限度。

二、废旧物资的使用价值分析

废旧物资的使用价值与科学技术的发展是紧密相连的,某种废旧物资,在一定时期的科学技术基础上,可能会失去使用价值或成为"废弃物"。但随着科学技术的进步,人们认识到废旧物的潜在使用价值,使其重新使用,这时,废旧物资就变成一种有用的新资源了。

(一)废旧物资残存着原物资的使用价值

有些产品在消费使用中,部分或大部分使用价值丧失,但仍有少部分使用价值残存。

(二)物资在某一应用方面消费后,使用价值丧失,但另一方面的使用价值仍然尚存

这种情况主要表现为废旧物资与原物资没有发生本质的变化,仍可按原来的使用价值发挥作用,如金属材料、麻布等物资的边角余料,原使用方向可能在规格、尺寸、形状等已不能满足要求,但在另一个使用方向上它还具有使用价值。

(三)废旧物资经简单加工恢复其使用价值

对于一些回收的废旧物资经过简单加工,在既不改变使用方向,也不减少使用价值的情况下,就可重新投入使用。如回收的包装箱、酒瓶、酸罐等经简单整理、清洁就可以重新发挥原来的效能。

(四)废旧物资经深加工恢复到原来的形态,发挥更大的使用价值

废旧物资的深加工是采用物理的、化学的方法,使废旧物资恢复到最初的原始形态。如从电子器件触点中提炼铂、金;从洗相废液中提炼白银等。

三、企业再生资源的回收和利用

企业再生资源是可以再生利用的一类资源的总称。企业再生资源种类繁多,地点分散,因此这就对再生资源的回收和利用提出了特殊要求。

(一)企业再生资源的种类

生产企业中几乎各行各业都有排放物。由于不同行业排放种类不同、排放方式不同,所形成的再生资源物流特点也不相同,归纳起来主要有以下几种:

(1)钢铁冶炼工业的主体再生资源是废金属和废渣。废金属主要是通过企业内部物流,更新进入生产工艺过程中。废渣主要是进行厂内处理(如

水淬),进入全社会废弃物物流,或由其他行业实行再生加工利用。

(2)煤炭工业的主体再生资源是煤矸石。煤矸石的物流特点是装运量大、占地面积大、物流成本高,回收利用的关键是降低成本。

(3)电力工业的主体再生资源是粉煤灰。粉煤灰形态特殊、污染严重,一般不能利用社会回收物流来完成。粉煤灰的排放量大都是连续排放,电力企业内部也难以消化。这类资源常采用专用物流管道排放或输送到利用粉煤灰的其他企业,形成稳定的、专用的物流线。

(4)林产、木材加工业的主体再生资源是木屑和木材下脚料。林产业的主体再生资源是林木采伐,加工中产生的枝条、树皮、刨花和碎木等;木材加工业的主体再生资源主要是木屑(包括锯木、刨花、碎木等),这类资源主要是企业内部复用或企业内部设立再利用生产线,一般不进入社会物流领域。

(5)机械加工业的主体再生资源是金属废屑、边角头残余和机械加工废品等。这些资源的物流特点是装运难度大、体积不规则且容量低。因此,这些资源往往经过压块的流通加工后再运输,利用社会公共物流设施送至需要的单位。也有的企业内部设熔炼设备,再生成原状态后重新使用。

(6)粮食加工业的主体再生资源是谷、壳和糠等。这些资源的利用主要是企业再生加工成饲料和其他产品,也可以利用社会物流运输出厂,供其他企业使用。

(7)化工工业的主体再生资源有化工原料、材料、化肥、日用、化工、火工产品及这些企业生产的排放物(电石废渣、废油脂、废碱、废酸等)。这些资源主要是企业内部综合利用或提供给相关企业。

(8)畜物屠宰业的主体再生资源有废毛、角壳、骨等。这些资源主要是参与社会物流综合加工利用。

(二)废钢铁的回收和利用

废钢铁是企业再生资源的重要组成部分。它是指失去原有使用价值的钢铁材料及其制品。废钢铁是生产建设产生的废料,但是它又是生产建设的重要原材料。随着企业生产和基本建设规模的不断扩大,企业产品的废钢铁在不断增加,非常有必要很好地回收和利用,使之转化为新的生产要素。

1. 企业废钢铁的回收渠道

企业废钢铁的回收渠道主要是三个方面:

(1)企业生产性回收。钢铁生产企业的废钢铁的回收,炼钢过程中的铸余、钢水罐底、边沿残钢、渣钢等回收率达4%—8%；铸钢、铸铁过程中的产生的氧化铁皮、切头、切尾、切边和废次材料等；坏轧材回收占轧材回收量的15%—20%。

（2）机械加工生产企业和基本建设单位的废钢铁的回收。在机械加工过程中产生的料头、料尾、边角余料、钢屑、氧化铁皮等，占总回收总量的20%—25%；基本建设单位在施工建设过程产生的边角余料、切头切边等，占回收总量的2%—3%。

（3）社会回收。社会回收指非生产性的其他回收，是指社会各种机械设备的更新改造而报废的钢铁及家庭报废的钢铁器具。另外还有车船、钢轨、武器装备、工程机械、钢铁建筑等报废钢铁。目前我国设备报废的废钢铁占设备总量的比例较小，仅占设备吨数的5%左右，但在废钢铁中占的比例较大，约为28%左右。

2. 企业对废钢铁的加工

企业对废钢铁的回收加工主要经过气割、剪切、破碎、打包压块、分选等过程。

气割是指用氧气切割对各种重型设备、大型构件、构筑件的折角，如废旧船舶、车厢拆角、汽车解体等。

剪切是按不同的使用要求，将废旧钢铁剪切成不同尺寸的钢件，供使用单位使用或回炉冶炼。

破碎是对机械加工切削下来的长螺旋状切屑或团状切屑，用破碎机进行破碎或落锤破碎和爆炸破碎等。

打包压块是为满足废旧钢铁回炉冶炼对材料的工艺要求，缩小废钢屑或轻薄料的体积，增加炉料金属密度，提高回炉冶炼效率，将废钢铁屑和轻薄料打成紧密块件，使之便于运输，又符合冶炼要求。

分选是将各类繁杂的废钢铁，根据用途、材料和化学性质等，进行分类、挑选、剔除杂质，用于直接使用或冶炼回炉。

3. 企业对废钢铁的再利用

企业回收的废钢铁用于社会再利用。废钢铁的用途很广，它是炼钢、铸造、制造农具及小五金产品的重要原料。

废钢铁用于炼钢主要是用于回炉。利用废钢铁炼钢，可以缩短炼钢时间，增加熔炼容积，降低原材料消耗，而且所炼的成品钢材成本低、质量好。

废钢铁也是铸造的重要原料，铸造需要的废钢铁的数量由铸造任务和废钢比确定。一般铸件配用 20%；回炉铁配用 30%，铸钢件配用 90% 左右。

废钢铁是制造中小农具和小五金产品的重要原料。例如，利用废旧钢铁的中板边角余料生产锹、锄、镐、钢叉等；利用马口铁边角生产瓶盖、玩具；利用镀锌铁皮残料制造圆钉、文具用品等；利用薄铁边生产水桶、炉铲、位手等；利用硅钢片下脚料制造镇流器、稳压器、变压器等。

（三）企业废旧包装的回收和利用

企业废旧包装的回收是利用使用过的产品包装容器和辅助材料，通过各种渠道和各种方式收集起来，然后由企业重新使用。企业废旧包装的利用是将回收上来的旧包装，经过修复、改制，交给企业再次使用的过程。产品包装的回收和利用不同于一般废旧物资的回收和利用。一般废旧物资的回收利用是将废旧物资改作其他用途或通过回炉加工成新的材料。而包装的回收和利用则是对原物再次使用，重新用来包裹产品并且还有可能连续回收、复用多次。不能利用的废包装可看成一般废旧物资，不再列入废旧包装中。

企业对产品旧包装的复用可采用以下途径：

第一，社会回收旧包装复用的途径。社会回收的旧包装经过适当的修复加工，按一定的途径交给使用部门，如供给轻纺、化工等工业产品的包装；供给商业批发部门发运商品用包装；供给储运部门拼装分运商品所需要的包装。

第二，生产企业对回收旧包装的复用主要有以下几个方面：

（1）原企业复用。原企业复用就是把回收的旧包装交给原生产企业复用，包括完整无缺或有破损但经简单整理便可重新复用的包装。

（2）同类企业通用。同类产品生产企业通用的包装是指某产品的包装在规格实现统一后，其包装可以在同类产品的各个生产企业中通用。在产品包装实现通用化和标准化以后，同类产品在各个生产企业产生的包装规格型号相同，简化了包装规格种类数，便可在同类产品企业间进行回收复用。

（3）旧包装异厂代用。旧包装异厂代用是指对一些零散、过时及某些生产企业已不再使用的无销路的产品包装，通过试装、套装，将甲企业包装改送乙企业产品包装使用，或用原来甲产品的包装来装乙产品。

（四）企业其他废旧物的回收利用

企业废纸资源较分散，回收难度较大。废纸、纸板的回收利用一个明显的特点是,必须建立一个稳定的废纸收集系统。只有足够的废纸、纸板的回收力度,才能批量供给再生加工。

废玻璃瓶作为可再生利用资源,其物流方式的特点是:需要一个回收复用的运输系统,依靠这个运输系统,可以将使用过的旧玻璃瓶再回运给生产企业。在实践中,回送、复用运输两者构成一个往返的物流系统。

玻璃生产企业的碎玻璃原厂复用,是将各生产工序产生的碎玻璃都回运到配料端。由于这种废玻璃的成分与本企业生产的玻璃成分相同,无须再进行成分的化验和组成计算,只需按一定配料比例与混合料一起投入炉内重新熔制,这是一种经济可行的再生资源物流方式,如图 12-5 所示。

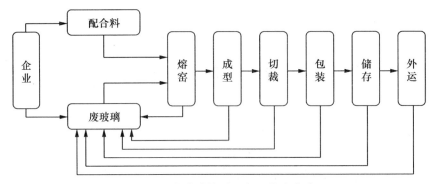

图 12-5　废玻璃的原厂复用物流方式

再生资源的回收利用可以增加资源,降低能源的消耗,从而降低经济成本,提高经济效益,经济意义重大;同时,在有效减少环境污染等方面,也有着重要的社会意义。废钢铁、废纸、废玻璃的价值和效果,可以通过表 12-1 中的几组数据充分说明。

表 12-1　废钢铁、废纸、废玻璃的价值和效果

品种	价值和效果			
	能源消耗	空气污染	水污染	采矿
废钢铁	降低 47%—74%	减少 85%	减少 96%	废物减少 90%
废纸	降低 23%—74%	减少 74%	减少 3.5%,用水量降低 58%	
废玻璃	降低 4%—32%	减少 20%	用水量减少 50%	废物减少 80%

第三节　企业废弃物物流

企业废弃物是指企业在生产过程中不断产生的基本上或完全失去使用价值,无法再重新利用的最终排放物。

企业废弃物这一概念不是绝对的,只是在现有技术和经济水平条件下,暂时无法利用的。目前,许多发达国家的最终废弃物为原垃圾的 50% 以下。我国也在加强这方面的研究,如我国许多地区对生活垃圾用于堆肥、制肥,尽可能地使之资源化。

一、企业废弃物的种类

（一）固体废弃物

固体废弃物也被称为垃圾,其形态是各种各样的固体物的混合杂体。这种废弃物物流一般采用专用垃圾处理设备处理。

（二）液体废弃物

液体废弃物也称为废液,其形态是各种成分液体混合物。这种废弃物物流常采用管道方式。

（三）气体废弃物

气体废弃物也称为废气,主要是工业企业,尤其是化工类型工业企业的排放物。多种情况下是通过管道系统直接向空气排放或利用。

（四）产业废弃物

产业废弃物也称为产业垃圾。产业废弃物通常是指那些被再生利用之后不能再使用的最终废弃物。产业废弃物来源于不同行业,如第一产业最终废弃物为农田杂屑,大多不再收集,而自行处理,很少有物流问题;第二产业最终废弃物则因行业不同而异,其物流方式也各不相同,多数采取向外界排放或堆积场堆放、填埋等;第三产业废弃物主要是生活垃圾和基本建设产生的垃圾,这类废弃物种类多、数量大、物流难度大,大多采用就近填埋的办法处理。

（五）生活废弃物

生活废弃物也称生活垃圾。生活废弃物排放点分散,所以需用专用的防止散漏的半密封的物流器具储存和运输。

（六）环境废弃物

企业环境废弃物一般有固定的产出来源,主要来自企业综合环境中。

环境废弃物产生的面积大，来源广泛，对环境危害大。其物流特点是收集掩埋，要完成收集并输送到处理掩埋场的物流。另外，环境废弃物的流通加工也是废弃物物流的特点。不过这种流通加工的目的不同于一般产品的流通加工，主要不是为了增加价值，而是为了减少危害。

二、废弃物的几种物流方式

（一）废弃物掩埋

大多数企业对企业产生的最终废弃物，是在政府规定的规划地区，利用原有的废弃坑塘或用人工挖掘出的深坑，将其运来、倒入，表面用好土掩埋。掩埋后的垃圾场，还可以作为农田进行农业种植，也可以用于绿化或做建筑、市政用地。这种物流方式适用于对地下水无毒害的固体垃圾。其优点是不形成堆场、不占地、不露天污染环境、可防止异味对空气污染；缺点是挖坑、填埋要有一定投资，在未填埋期间仍有污染。

（二）垃圾焚烧

垃圾焚烧是指在一定地区用高温焚毁垃圾。这种方式只适用于有机物含量高的垃圾或经过分类处理将有机物集中的垃圾。有机物在垃圾中容易发生生物化学作用，是造成空气、水及环境污染的主要原因，因其本身又有可燃性，因此，采取焚烧的办法是很有效的。

（三）垃圾堆放

在远离城市地区的沟、坑、塘、谷中，选择合适位置直接倒垃圾，也是一种物流方式。这种方式物流距离较远，但垃圾无须再处理，通过自然净化作用使垃圾逐渐沉降风化，是低成本的处置方式。

（四）净化处理加工

净化处理加工，是指对垃圾（废水、废物）进行净化处理，以减少对环境危害的物流方式。尤其是废水的净化处理是这种物流方式有代表性的流通加工方式。在废弃物流领域，这种流通加工是为了实现废弃物无害排放的流通加工，因而特点显著。

三、企业废弃物的物流合理化

企业废弃物的物流合理化必须从能源、资源及生态环境保护三个战略高度进行综合考虑，形成一个将废弃物的所有发生源包括在内的广泛的物流系统，如图12-6所示。

这一物流系统实际包括三个方面：一是尽可能减少废弃物的排放量；二

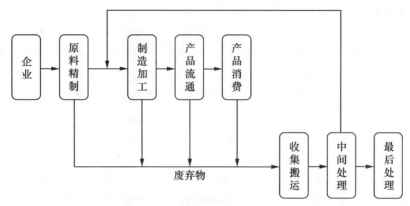

图 12-6　企业废弃物的产生、处理系统

是对废弃物排放前的预处理,以减少对环境的污染;三是废弃物的最终排放处理。

（一）生产过程中产生的废弃物的物流合理化

为了做到对企业废弃物的合理处理,实现废弃物物流合理化,企业通常可以采取以下做法:

（1）建立一个对废弃物收集、处理的管理体系,要求企业对产生的废弃物进行系统管理,把废弃物的最终排放量控制到最小的限度之内。

（2）在设计研制产品开发时,要考虑到废弃物的收集及无害化处理的问题。

（3）加强每个生产工序变废为宝的利用,并鼓励职工群策群力。

（4）尽可能将企业产生的废弃物在厂内合理化处理。暂时做不到厂内处理的要经过无害化处理后,再考虑向厂外排放。

（二）产品进入流通、消费领域产生的废弃物的物流合理化

为了建立一个良好的企业形象,加强对社会环境的保护意识,企业还应关注产品进入流通、消费领域产生的废弃物的物流合理化。

（1）遵守政府有关规章制度,鼓励商业企业和消费者支持产品废弃物的收集和处理工作,如可以采取以旧换新购物等。

（2）要求消费者对产品包装废弃物纳入到企业废弃物的回收系统,不再作为城市垃圾而废弃,增加环境压力。如购买产品对回收部分收取押金或送货上门时顺便带回废弃物。

（3）教育企业职工增强环保意识,改变价值观念,注意本企业产品在流通、消费中产生的废弃物的流向,积极参与物流合理化的活动。

（三）企业排放废弃物的物流合理化

为了使企业最终排放废弃物的物流合理化,需要做到以下几点:

(1) 建立一个能被居民和职工接受,并符合当地商品流通环境的收集系统。

(2) 通过有效地收集和搬运废弃物,努力做到节约运输量。

(3) 在焚烧废弃物的处理中,尽可能防止二次污染。

(4) 对于最终填埋的废弃物,要尽可能减少它的数量和体积,使之无害化,保护处理场地周围的环境。

(5) 在处理最终废弃物的过程中,尽可能采取变换处理,把不能回收的部分转换成其他用途。如用焚烧废弃物转化的热能来制取蒸气、供暖、供热水等。

本章思考题

一、名词解释

逆向物流;回收物流;废弃物物流;精神磨损;废弃物;绿色物流。

二、回答问题

1. 谈谈逆向物流形成的原因和你对逆向物流的理解。
2. 请分析说明逆向物流的特征。
3. 企业为什么要重视逆向物流?谈谈企业怎样运作逆向物流?
4. 请阐述逆向物流的优化策略。
5. 企业废旧物的产生主要有几个方面?
6. 如何看待废旧物资的使用价值?
7. 举例说明企业可再生资源的回收和利用。
8. 谈谈企业废弃物的种类。
9. 举例说明废弃物的几种物流方式。
10. 请分析说明企业废弃物物流的合理化途径。

21世纪经济与管理规划教材

物流管理系列

第十三章

企业物流信息系统

主要内容

- 企业物流信息系统综述
- 物流信息系统的构成
- 物流决策支持系统

企业物流信息系统在企业物流中起到神经中枢的作用。研究企业物流信息系统的特征、开发、规划、设计和物流决策支持系统,对企业物流未来的发展有着极其重要的作用。

第一节 企业物流信息系统综述

一、企业物流信息系统

物流信息系统是根据物流管理的需要,在管理信息系统(MIS)基础上形成的一个通过对物流系统内外与物流相关的信息的收集、存储以及加工处理来获得有用信息,从而实现对物流的有效控制和管理,并为物流管理人员及其他企业管理人员提供战略及运作决策支持的人机系统。物流信息系统是提高物流运作效率、降低物流总成本的重要基础设施,甚至可称做是现代物流的"中枢神经"。

(一)物流信息系统的特点

信息系统除了具有系统的一般特性之外,还具有自身的一些特点:

(1)信息系统与环境密切相关。企业或组织的内部环境、管理方式、计算机的软硬件环境、人员的素质将直接影响信息系统的开发与使用。信息系统的建设必将促进企业或组织内部的体制改革,创造良好的企业环境,为企业的生存和发展创造有利的条件。

(2)信息系统的开发建设必须由管理部门来领导,要有高层领导和最终用户的参与。

(3)信息系统建设的群体性、计划性。建设信息系统需要两类人员:一类是管理人员,另一类是负责系统开发的技术人员。信息系统的开发必须具有很强的计划性,即要对开发进程做出详细的计划。

(4)信息系统是一个面向管理的用户—机器系统。信息系统在支持企业或组织的各项管理活动中,计算机与用户不断地进行信息交换,管理人员要负责将数据及时地输入计算机,计算机在对这些数据进行加工处理后将所获得的信息输出出来,以满足管理所需,同时在加工处理过程中还需要人的适当干预。因此,信息系统又是一个人机交互的用户—机器系统。

(5)数据库系统的特征。使用数据库技术,将数据有效地组织在计算机中,以实现快速的信息处理及信息共享。

(6)分布式数据处理特征。企业或组织的管理活动往往分布在一定的地理范围内,这就要求信息系统应该是分布式的,现今网络技术的发展使分布得以实现。

(二) 物流信息系统的基本功能

尽管有着不同的类型,但是物流信息系统实现的功能是大致相同的,主要有以下四个方面:

1. 收集信息

信息的收集是信息流运行的起点,也是重要的一步。收集信息的质量(即真实性、可靠性、准确性、及时性)决定着信息时效价值的大小,是信息系统运行的基础。信息收集过程要求遵循一定的原则。首先,要有针对性。重点围绕物流活动进行,针对不同信息需求以及不同经营管理层次、不同目的的要求。其次,要有系统性和连续性。系统、连续的信息是对一定时期经济活动变化概况的客观描述,它对预测未来经济发展具有很高的使用和研究价值。最后,要求信息收集过程的管理工作具有计划性,使信息收集过程成为有组织、有目的的活动。

2. 信息处理

收集到的信息大都是零散、相互孤立、形式各异的信息,对于这些不规范的信息,要存储和检索,必须经过一定的整理加工程序。采用科学方法对收集到的信息进行筛选、分类、比较、计算、存储,使之条理化、有序化、系统化、规范化,才能成为能综合反映某一现象特征的真实、可靠、适用而有较高使用价值的信息。

3. 信息传递

信息传递是指从信息源出发,经过适当的媒介和信息通道输送给接收者的过程。信息传递最基本的要求是迅速、准确和经济。信息传递方式有许多种:① 从信息传递方向看,有单向信息传递方式和双向信息传递方式;② 从信息传递层次看,有直接传递方式和间接传递方式;③ 从信息传递时空来看,有时间传递方式和空间传递方式;④ 从信息传递媒介看,有人工传递和非人工的其他媒体传递方式。

4. 信息应用

信息应用是指对经过收集、加工处理后的信息进行使用,以实现信息使用价值和价值的过程。信息的使用价值是指信息这一商品所具有的知识性、增值性、效用性等特征决定了其能满足人类某种特定的需要,给人类带来一定的效益。信息的价值是指信息在收集、处理、传递、存储等过程中,需要一定的知识、特殊的工具和方式,要耗费一定的社会劳动,是人类一种创造性劳动的结晶,这种凝结在信息最终产品中的一般人类劳动即为信息的价值。

物流信息的应用过程,就是物流信息用于物流活动经营管理过程中,使信息间接创造经济效益和社会效益的过程。信息只有通过应用过程,才能实现信息的增值,产生信息的放大效益,实现信息的使用价值。

(三) 物流信息系统的层次结构

1. 业务层

业务层又称系统技术层,主要包括日常经营和管理活动所必需的信息,一般来自具体的业务部门,由基层管理者使用,供控制业务进度及作用计划调整时使用。业务层是整个信息系统的基础层,以保障整个物流系统的正常运作,并且随着新技术的发展而同步发展。该层次包括硬件的 AS/RS 接口、GPS/GIS 接口等。

2. 控制层

控制层又称综合作业层,主要包括系统内部管理人员进行经营管理控制过程所需要的信息,其目的是使物流业务符合活动目标的要求,并监督内部各分目标的实现。该层是物流作业的核心,体现了统一接单、综合调度、具体作业、考核反馈的物流管理思想。通过订单管理模块完成具体物流订单的接收、审核、调度工作;调度后的订单分配给具体的生产、仓储、运输作业部门;日常物流作业数据通过计费、成本管理模块核算后提供给财务部门,通过绩效管理模块反馈给项目部。该层次信息系统需兼顾灵活性、可追溯性。

3. 决策层

决策层又称决策支持层,是面向公司的高层决策部门,以历史数据为依据,以科学的预测模型为保证,为公司高层决策提供参考意见。决策层既有历史物流成本和绩效考核方面的内容,也有对未来市场需求预测方面的内容。主要包括制订物流活动的目标、方针、计划所需要的信息。

4. 系统交互层

信息系统和外界环境的交互,主要通过两种方式进行。与客户业务人员、外协运力、合作伙伴的信息交互,通过企业门户网站进行;与客户信息系统的交互,则通过开放式的标准 EDI 方式进行。通过 Internet/Intranet,信息流能够在系统四层体系内无阻碍流转,保证管理决策的准确性和有效性。

(四) 物流信息管理模式

物流管理信息系统由物流总部对所有物流项目进行统一管理,项目之间相对独立。

1. 物流总部

物流总部是物流系统营销和管理的最高部门,负责以下工作:物流系统的规划与建立,包括项目总部和项目分部的建立、更换、撤销和日常管理工作;物流信息系统的建设、管理与维护工作;物流系统的营销和宣传工作;物流项目合同的策划与签订;物流系统的资源管理与调度;物流系统操作管理制度的制定与督促执行;物流项目的费用结算与资金调拨。

2. 项目总部

项目总部是物流总部具体管理物流项目的部门,在物流合同签订后开始运作。为方便联系顾客,项目总部可以设在项目所在地。项目总部负责以下工作:根据顾客需要和合同内容,组织各项目分部共同制订服务计划;将顾客确认的运输计划及时转发各项目分部,安排作业;根据物流总部规定,负责管理物流操作信息的输入与输出;根据物流总部规定,负责与自身有关的操作费用的复核;根据物流总部规定,负责项目分部和操作分部的确定、更换、撤销和日常管理工作。

3. 项目分部

项目分部是物流总部或项目总部在与项目有关的地区设立的派驻机构,和项目总部保持利益一体,是成本中心。根据项目需要,一个项目可以在多个地点同时设立项目分部。项目分部负责以下工作:根据物流合同和顾客要求,合理利用系统资源,制订运输计划,反馈项目总部供顾客确认;根据顾客确认的运输计划安排物流操作;根据物流总部规定,负责输出相应的操作信息;根据物流总部规定,负责与自身有关的操作费用的复核;根据物流总部规定,负责操作分部的确定、更换、撤销和日常管理工作。在特殊情况下,可以不设项目分部。如在配送项目中,当货物起运地集中在项目所在地时,可以将项目总部设在项目所在地,将项目总部与分部视为一体。

4. 操作分部

操作分部是由项目总部或项目分部根据项目需要雇佣的负责运输、仓储、包装等作业的具体操作部门。在一个地点,可以根据需要设立多个操作部门。操作分部负责以下工作:根据项目分部指示,负责运输、仓储、包装或流通加工等业务操作,包括货物交接等手续;根据项目分部要求,负责向项目分部输出与物流操作相关的信息;根据项目分部要求,负责向项目分部申报相关操作费用。

项目总部和项目分部均为成本中心,将有利于物流总部加强物流系统管理,保证政令畅通。物流系统与操作分部之间根据市场原则决定取舍,将有利于物流系统充分利用社会资源,保持自身组织机构高效运转。

二、物流信息系统的设计

建立企业物流信息系统,不是单项数据处理的简单组合,必须要有系统的规划。因为它涉及传统管理思想的转变、管理基础工作的整顿提高,以及现代化物流管理方法的应用等许多方面,是一项范围广、协调性强、人机紧密结合的系统工程。系统规划实际上是信息系统工程的决策,它关系到企业的利益、工程的成败。

信息系统工程是在一定的时间、技术、资金等条件下开展的,正确的做法应当是从企业的实际出发,确定恰当的目标,采用先进、可靠的技术,解决企业的关键问题。

(一) 物流信息系统的开发过程

物流信息系统的开发会因系统的大小、复杂的程度、投入的方式和方法等因素的不同,各步骤的要求和内容也不同。但是开发的过程主要由以下几方面构成:

1. 系统开发准备

系统开发准备工作主要包括提出系统开发要求、成立系统开发小组、制订系统开发计划等工作。

2. 系统调查

新系统的系统分析与系统设计工作都要建立在对现行系统调查的基础上,即必须调查现行系统的运行情况、问题等,明确用户的需求,特别是合作开发和委托开发方式。

3. 系统分析

系统分析(又称逻辑设计)是管理信息系统开发的关键环节,要求在系统调查的基础上,对新系统的功能进行细致的分析,并建立一个新系统的逻辑模型(由系统数据流程图、概况表、数据字典、逻辑表达式及有关说明组成),完成系统分析报告(也称为系统逻辑设计说明书)。

4. 系统设计

系统设计又称系统物理设计。系统设计要根据系统分析报告中的系统逻辑模型综合考虑各种约束,利用一切可用的技术手段和方法进行各种具体设计,确定新系统的实施方案,解决"系统怎么做"的问题。为了保证管理信息系统的质量,设计人员必须遵守共同的设计原则,尽可能地提高系统的各项指标(如系统可变性、可靠性、工作质量、工作效率、经济性等)。

5. 系统实施与转换

系统实施阶段的主要工作包括：

(1) 硬件的购置和安装,包括计算机硬件、外设、网络、电源、机房、环境等有关设备的购买、验收、安装与调试工作等,这些工作主要由专业技术人员完成。

(2) 数据准备与录入工作,主要是指由手工操作转入计算机处理所需的各种数据的整理、录入及计算机系统中为新系统所用数据的转换工作。数据准备与录入工作要注意数据的准确性,在整理、录入、校验等各个环节把好关,为系统的顺利转换打好基础。

6. 系统维护和评价

管理信息系统是一个复杂的人机系统。系统外部环境与内部因素的变化,不断影响系统的运行,这时就需要不断地完善系统,以提高系统运行的效率与服务水平,这就需要从始至终地进行系统的维护工作。

系统评价主要是指系统建成后,经一段时间的运行后,要对系统目标与功能的实现情况进行检查,并与系统开发中设立的系统预期目标进行对比,及时写出系统评价报告。

系统维护与评价阶段是系统生命周期中的最后一个阶段,系统维护工作的好坏可以决定系统的生命周期的长短和使用效果。

(二) 物流信息系统设计的主要工作

系统设计的任务就是要依据系统分析报告等文档资料,采用正确的方法确定新系统在计算机内应该由哪些程序模块组成,它们之间用什么方式连接在一起以构成一个最好的系统机内结构。同时还要使用一定的工具将所设计的成果表达出来。

系统设计的主要工作内容包括：

(1) 总体设计：包括信息系统流程图设计、功能结构图设计和功能模块图设计等。

(2) 代码设计和设计规范的制定。

(3) 系统物理配置方案设计：包括设备配置、通信网络的选择和设计以及数据库管理系统的选择等。

(4) 数据存储设计：包括数据库设计、数据库的安全保密设计等。

(5) 计算机处理过程设计：包括输出设计、输入设计、处理流程图、设计及编写程序设计说明书等。

（三）物流信息编码

1. 信息编码设计原则

（1）唯一性。为了避免二义性，必须唯一地标识每一个对象。一个对象可能有不同的名称，可以按不同方式进行描述，但是在一个编码体系中，一个对象只能对应一个唯一的代码，一个代码只唯一表示一个编码对象。

（2）标准化。在代码设计时应该采用标准通用代码，如国际、国家、行业或部门及企业规定的标准代码。这些标准是代码设计的重要依据，必须严格遵循。在一个代码体系中，所有的代码结构、类型、编写格式必须保持一致，以便于信息交换和共享，并有利于系统的纠错、更新和维护工作。

（3）合理性。代码结构必须与编码对象的分类体系相对应。

（4）简单性。代码的长度影响其所占的存储空间、输入、输出及处理速度以及输入时的出错概率，因此，代码结构要简单，尽可能地短。

（5）适用性。代码要尽可能地反映对象的特点，有助于识别和记忆，便于填写。

（6）可扩充性。编码时要留有足够的备用容量，以满足今后扩充的需要。

2. 编码种类

目前常用的编码种类有如下五种：

（1）顺序码。顺序码是用连续数字或有序字母代表编码对象的代码，如业务流水号、各种票据的编号等。顺序码的优点是代码短、简单明了；缺点是不易于分类处理，增加数据时只能排在最后，删除则造成空码。

（2）区间码。区间码是把数据项分成若干组，每一个区间代表一个组，区间码中数字的值和位置都代表一定意义，如邮政编码、学号等。区间码的优点是分类基准明确，信息处理比较可靠，排序、分类、检索等操作易于进行；缺点是有时造成代码过长。

（3）助记码。将编码对象的名称、规格等用汉语拼音或英文缩写等形式形成编码，帮助记忆，故称为助记码，如用 TV-C-21 代表 21 英寸彩色电视机。助记码适应于数据较少的情况，否则容易引起联想错误。

（4）缩写码。此法是助记码的特例，从编码对象名称中找出几个关键字母作为代码。例如，"Amt"代表总额(Amount)、"Cont"代表合同(Contract)、"Inv. No"代表发票号(Invoice Number)等。

（5）校验码。校验码又称编码结构中的校验位。为了保证正确的输入，有意识地在编码设计结构中原代码的基础上，通过事先规定的数学方法计算出校验码,附加在原代码的后面使它成为代码的一个组成部分。使用时与原代码一起输入,此时计算机会用同样的数学运算方法按输入的代码数字计算出校验位,并将它与输入校验位进行比较,以便检验输入是否有错。

三、物流信息系统的开发方式

企业可以根据自身的技术力量和资金情况来选择企业网络系统开发的方式。开发方式主要有以下四种:

(一)购买商用系统

购买通用商用系统是进行系统开发的捷径。主要优点是见效快、费用相对低、系统质量较高、安全保密性较好、维护有保障。但这种开发方式也有其不足之处:首先,不能一步到位地满足企业管理的需求,企业购买后需针对自身的特点进行某些改变或增补开发;其次,学习的难度较大;最后,系统维护要依赖于开发商。这种开发方式适用于小型企业或事业单位以及业务比较规范而且特殊要求不多的大中型企业。

(二)自行开发

如果本企业有一定的技术能力,即可采用自行开发的方式。此方式的优点是针对性强,能最好地满足单位管理的需求;便于维护,不需要依赖于他人;设计的系统易于使用。但这种方式也有其不足之处。这种方式对本单位的技术力量要求较高,系统的应变能力较弱。所以,这种方式适用于有比较稳定开发维护队伍的单位。

(三)委托开发

大多数单位不具备自行开发系统的能力,可以委托外单位开发系统。此方式的优点是,能针对本单位的业务特点和管理需求建立系统;可以弥补本单位技术力量的不足;由于是专用软件,所以比较容易被使用者接受。但这种方式也有其不足,如开发费用较高、软件应变能力不强、维护费用高等。所以,这种方式适用于本单位开发力量不足而又希望使用专用系统的单位。

(四)合作开发

合作开发是指与外单位一起合作开发系统。这种方式同时具备上述第二种和第三种方式的优点。虽然它也存在开发费用高、软件应变能力较弱的缺点,但从成本和效益方面来综合考虑,这种方式在实际工作中运用得还是比较普遍的。

第二节　物流信息系统的构成

物流信息系统的功能随着具体系统的服务对象不同而存在一定的差异。但是,不同类型的物流信息系统的子系统构成也是有着很大的相似性的,典型的构成通常都包括订单管理、采购管理、仓储管理、运输管理、财务管理以及决策管理等功能模块。图 13-1 是一个典型的物流信息系统的系统构成。实际中运用的信息系统会根据业务需要而侧重点各有不同。

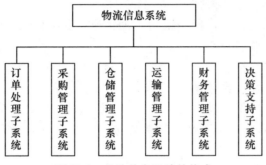

图 13-1　物流信息系统的构成

一、订单处理子系统(OMS)

订单处理子系统管理所有与订单有关的信息和资料的处理。订单管理是对商户下达的各种指令进行管理、查询、修改、打印等功能,同时将业务部门处理信息反馈至商户。主要包括如下:

(1)订单类型。将商户发来的指令生成各子系统相对应的订单。

(2)订单分配。对业务订单进行汇总分配和管理,同时下达任务单给相应的业务部门子系统。

(3)订单处理调度。将订单调度为具体业务的作业单据。

(4)订单确认。对已完成的订单做最终确认,确认内容包括订单数量、实收实发数量、业务部门完成确认、商户确认等,以便能更准确地对每笔业务进行费用结算。

(5)订单打印。根据客户需要设计不同打印单据进行打印。

(6)订单跟踪查询。可按日期、订单号、订单类型、业务部门、消费者信息、配送区域等条件对订单进行查询,并可对未确认的订单进行修改。订单跟踪可反馈订单所在作业环节。

二、采购管理子系统（PMS）

采购管理子系统管理所有与采购有关的信息和资料的处理。

（1）采购单管理。根据订单的物料清单查询库存量，做出采购计划并制作采购单，根据供应商或物料的类别分类管理采购单。

（2）供应商管理。记录各供应商的主要负责人、联系方式、地址、产品的性能、交往次数、交货情况，并分析各供应商的信誉度、处理问题的习惯等。

（3）采购单到期提醒。根据采购单到期的日期提前提醒，以保证物料能及时到货，可以根据提醒及时派人与供应商联系。

（4）周期管理报表。根据采购单的类别（紧急采购单及一般采购单），做采购单周期的资料查询。

（5）采购单周期报表。依据供应商、采购单类别及期间，提供各类别的采购单数量和产品项次数量。

（6）采购单数据处理。采购单所有的信息，包含供应商、订单号码、送货参考、采购单类别、采购单状态、物料及需求数量、加工需求资料的维护。

（7）取消数据处理。根据订单取消的来源，做取消采购单的管理。

三、仓储管理子系统（WMS）

仓储管理子系统管理所有与仓库资源有关的信息及资料的处理。可以实现对不同地域、不同属性的仓库资源的集中统一管理。利用条码、无线射频等技术对出入库货物实现联机登录、库存检索、库存量报警、储位分配、盘点报告等仓储信息管理。仓储管理子系统的功能模块主要有：

（1）基本信息管理。记录 WMS 所需的基本业务信息，如商户资料、商户供应商资料、商户商品资料、仓储位资料等。

（2）入库管理。处理信息中心发来的各种商户指令，并进行相应入库处理。主要包括入库类型、货物验收、收货单打印、库位分配、预入库信息、直接入库等功能。

（3）出库管理。对货物的出货进行管理，主要有出库类型、货物调配、检货单打印、检货配货处理、出库确认、单据打印等功能。

（4）库存管理。对库存货物进行内部操作处理，主要包括库位调整处理、盘点处理、退货处理、包装处理等。

四、运输管理子系统（TMS）

运输管理子系统是物流软件的重要子系统之一，该系统将为企业提供众多的功能：运输资源管理，包括车辆、驾驶员以及允许的运输范围和线路资源等；运输成本，包括单车营运成本的管理；运输计划管理，包括生成运输计划、运输执行命令系统等；装载优化，提供优化的配载计划，使车辆车型的使用和搭配达到最优；路径以及站点顺序优化，提供站点顺序合理性建议以及优化的路径指引。

运输管理子系统功能模块如图 13-2 所示。

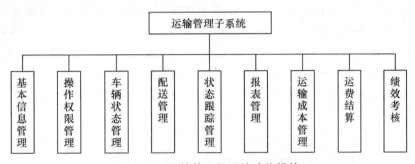

图 13-2 运输管理子系统功能模块

（1）基本信息管理。包括运输组织资料、相关人员资料、车辆种类、规格，若有自有车辆和外部车辆，还应有相应运力信息、配送区域划分、配送商品基本信息（此信息可由 WMS 商品基本信息导入）等。

（2）操作权限管理。可按组或按类控制用户访问系统的权限和内容。

（3）车辆状态管理。通过停车场的信息采集设备，记录车辆在场（空闲）和不在场（占用）信息，以及安排指定日期的配送车次计划。

（4）配送管理。该模块是 TMS 中的重要模块之一。主要包括配送单的生成或接收、确认、安排配车计划和配货计划（若商品由仓库出货，可由仓储出库单转入生成配货计划）、车辆调度、路线安排、中途换车、回单确认等。

（5）状态跟踪管理。车辆跟踪记录信息，包括单据信息、时间、方向、状态、所处地区、物流中心、位置、是否故障、故障级别、故障起始时间、故障排除时间等。若有 GPS 系统支持，可将 GPS 信息导入状态跟踪模块，实现对在途车辆的实时跟踪查询。

（6）报表管理。包括运输各环节的统计报表，如车辆运行报表、人员出勤报表、费用支出报表、燃油消耗报表等。

(7)运输成本管理。包括成本类型、成本模式、成本设定账期、车辆和人员设定、车辆动态和静态成本、成本指标的定义、输入和调整等。

(8)运费结算。对运输子系统中发生的相关业务进行物流费用的结算记录,并将和费用信息转至财务结算系统中的物流业务核算。

(9)绩效考核。该模块用于对运输人员和组织(包括自有和外部车辆)进行指标考核以提高客户满意度,包括车辆出车信息、客户投诉反馈信息、商品损坏赔偿率、人员出勤、配送准点率、客户满意度等。

五、财务管理子系统(FMS)

财务管理子系统管理所有与物流费用有关的信息和资料。对企业发生的所有物流费用,包括运输费用、库存费用、行政费用、办公费用等费用进行计算。根据规范的合同文本、货币标准、收费标准自动生成产生结算凭证,为企业以及物流企业的自动结算提供完整的结算方案。

财务管理子系统的功能模块如图13-3所示。

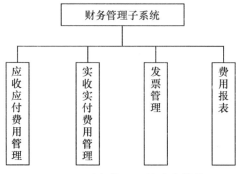

图13-3　财务管理系统功能模块

该子系统结合成熟的财务管理理论,针对物流企业财务管理的特点,根据财务活动的历史资料进行财务预测和财务决策,运用科学的物流成本核算、作业绩效评估手段,从财务分析的角度,对企业发展战略、客户满意度、员工激励机制、企业资源利用、企业经济效益等方面进行分析,并得出有关费用预算、费用控制和费用分析报告,为实现企业价值最大化提供决策依据。

六、决策支持子系统(DSS)

决策支持子系统管理与决策有关的信息及资料的处理。及时地掌握商流、物流、资金流和信息流所产生的信息并加以科学地利用,在数据仓库技术、运筹学模型的基础上,通过数据挖掘工具对历史资料进行多角度、立体的分析,实现对企业中的人力、物力、财力、客户、市场、信息等各种资源的综合管理,为企业管理、客户管理、市场管理、资金管理等提供科学决策的依据,从而提高管理层决策的准确性和合理性。

第三节 物流决策支持系统

一、物流决策支持系统概述

(一) 物流决策支持系统的概念

决策支持系统(DSS)的概念最先是由美国 MIT 的高瑞(Gorry)和莫顿(Morton)针对传统的 MIS 提出的,他们认为 DSS 是支持决策者对半结构问题进行决策的系统。后来莫顿等人提出了更具体的看法,强调 DSS 是支持而不是代替管理者进行决策,是改善决策工作的效益而不是效率。

决策支持系统,广义地说,是以管理科学、计算机科学、行为科学和控制论为基础,以计算机技术、人工智能技术、经济数学方法和信息技术为手段,主要针对半结构化的决策问题,支持中高级决策者的决策活动的一种人机交互系统。它能迅速而准确地为决策者提供决策需要的数据、信息和背景材料,帮助决策者明确目标,建立和修改模型,提供备选方案,评价和优选各种方案,通过人机对话进行分析、比较和判断,为正确决策提供有力支持。

由图 13-4 可见,决策者将自己的知识与 DSS 的响应输出结合起来,对管理的"真实系统"进行决策。对"真实系统"而言,提出的问题和操作的数据是输出信息流,而人们的决策则是输入信息流。图 13-4 的下部表示了与 DSS 有关的基础数据,包括来自真实系统并经过处理的内部信息、环境信息、与人的行为有关的信息等。图的右边是最基本的 DSS,由模型库系统、数据库系统和人机对话系统等组成。决策者运用自己的知识和经验,结合 DSS 响应的输出,对管理的"真实系统"进行决策。

决策者在决策过程中处于中心地位,因此在基本模式中同样地占据着核心位置。由于 DSS 使用者面临的决策的规则与步骤不完全确定,决策过程难以明晰表达,决策者的素质、解决问题的风格、所采用的方法都有较大差异,使得 DSS 的模式在专用与通用、自动化程度的高低这两对矛盾中进行折中。一般情况下,我们应倾向于采用在求解过程、用户环境、适应性等方

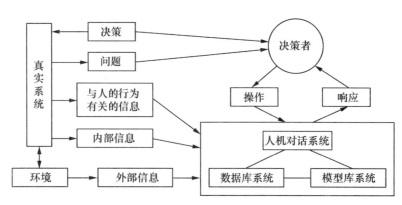

图 13-4　DSS 的基本模式

面具有较高柔性,更多地强调决策者主观能动性的通用模式。

　　根据 DSS 应具备的特征,专家和学者先后为 DSS 给出了多种定义,这些定义可综合为:"DSS 是一种以计算机为工具,应用决策科学及有关学科的理论与方法,以人机交互方式辅助决策者解决半结构化和非结构化决策问题的信息系统。"

　　(二)物流决策支持系统的功能

　　物流决策支持系统的基本功能是对物流活动中的各种信息进行处理,目标是为物流系统的计划和运作提供决策支持。

　　DSS 的功能可归纳为:

　　(1)管理并随时提供与决策问题有关的组织内部信息,如订单要求、库存状况、生产能力与财务报表等。

　　(2)收集、管理并提供与决策问题有关的组织外部信息,如政策法规、经济统计、市场行情、同行动态与科技进展等。

　　(3)收集、管理并提供各项决策方案执行情况的反馈信息,如订单或合同执行进程、物料供应计划落实情况、生产计划完成情况等。

　　(4)能以一定的方式存储和管理与决策问题有关的各种数学模型,如定价模型、库存控制模型与生产调度模型等。

　　(5)能够存储并提供常用的数学方法及算法,如回归分析方法、线性规划、最短路径算法等。

　　(6)上述数据、模型与方法能容易地修改和添加,如数据模式的变更、模型的连接或修改、各种方法的修改等。

　　(7)能灵活地运用模型与方法对数据进行加工、汇总、分析、预测,得出所需的综合信息与预测信息。

（8）具有方便的人机对话和图像输出功能，能满足随机的数据查询要求，回答"如果……则……"之类的问题。

（9）提供良好的数据通信功能，以保证及时收集所需数据并将加工结果传送给使用者。

（10）具有使用者能忍受的加工速度与响应时间，不影响使用者的情绪。

（三）计算机化的决策支持系统的优点

由于现代企业管理所面临的上述种种挑战，企业的管理者迫切需要一种计算机化的决策支持系统。计算机化的决策支持系统的优点如下：

1. 快速的计算

计算机允许决策制定者以很低的成本快速进行大量的计算（要知道高层管理者的人力成本非常之高）。及时的决策在许多情况下非常关键，如股票交易、市场营销策略等。

2. 克服人在处理和存储上的限制

人的智力受制于人处理和存储信息的能力。而且，人不可能在任何时候都能准确无误地回想起信息。

3. 弥补认知极限

当需要许多不同的知识和信息时，个人解决问题的能力将受限制。集中大家的智慧，形成团队并进行协调和沟通，将有力地弥补人的认知极限的问题。

4. 削减费用

聚集一组决策制定者，尤其是专家，将是代价高昂的。计算机化的支持系统可以优化团队的组织，并使在异地相互交流成为可能（节省旅行费用）。这样就提高了支持人员的生产率，从而意味着更低的成本，对于决策这些支持是必需的。

5. 信息支持

通过计算机技术，管理者可以获得正确、及时和最新的信息来进行决策。数据可能存储在企业的不同数据库中，还可能在企业之外。数据可能包括声音和图像，必须从很远的位置迅速传输过来。计算机能快速经济地查询、存储和传输需要的信息。

6. 质量支持

计算机能提高决策的质量。例如，在评价更多的备选方案时，利用计算机可以快速进行风险分析，以很低的代价迅速收集专家的意见，许多专业知识甚至可以直接由计算机系统导出。决策制定者可以执行复杂的模拟，检查各种可能的情况，快速经济地评定。这些都将导致更好的决策结果。

7. 有助于业务流程重组和员工授权

竞争的压力使得制定决策的工作更加困难。竞争不仅仅在于价格，还在于质量、及时性、产品的定制以及对客户的支持。当运行环境发生变化时，如何迅速地改变系统的运作模式、重组流程和结构并授权给员工，决策支持系统会给予明确的回答。决策支持技术，如专家系统，使得欠缺知识的人也能做出良好的判断。决策支持系统还可用于业务流程重组中，研究竞争者的活动、定制产品、优化生产流程等。

二、物流决策支持系统在企业中的作用

管理的核心是决策。随着全球经济一体化的进程以及信息技术的发展，企业比以往任何时候都面临着更为复杂的生存环境。竞争的压力对企业制定决策的质量、速度都有更高要求。物流决策支持系统作为一种新兴的信息技术，能够为企业提供各种决策信息以及许多商业问题的解决方案，从而减轻了管理者从事低层次信息处理和分析的负担，使得他们专注于最需要决策智慧和经验的工作，因此提高了决策的质量和效率。

（一）管理决策面临新的挑战

今天管理所面临的外部环境正在发生迅速变化。企业及其本身的环境也比以往更加复杂，而且这种复杂性日益增加。这些都对现代企业的管理决策带来了新的挑战：

1. 决策质量的要求更高

随着技术的迅速发展，客户获得产品和服务的渠道更为畅通，客户的选择余地更大。同时大规模生产使得产品出现了供过于求的状态。客户成为最稀缺的资源。这迫使企业必须采取"以客户为中心"的经营策略，努力提高产品和服务的质量。

2. 决策时要考虑的因素更复杂

随着经济全球化的趋势，尤其是中国加入 WTO 之后，无论是否愿意，企业都将面对全球的竞争者和全球范围的消费市场。企业管理者在进行决策时需要考虑更多、更复杂的制约因素。

3. 决策速度要求更快

随着通信方式的发展、交通的便利以及金融体系的完善，企业难以长久维持自己的竞争优势。企业必须不断地创新，从以规模取胜转变到以速度

取胜。这些都要求管理者能够迅速做出正确的决策。

4. 决策失败的代价更高

企业中采购、生产、销售和服务等方面的联系日益紧密,企业的整个运作系统,包括物流系统更加复杂和精密。某一环节的判断失误将产生连锁反应,造成企业的重大损失。

(二) 传统的企业信息管理系统的缺陷

面对管理趋势的变化,管理者需要新的工具和技术来帮助他们制定有效的决策。而传统的企业信息管理系统却不具备这样强大的分析功能。这体现在:

1. 分析工作量大

企业通常的物流系统只能提供面向交易的数据。因此,许多管理者要花费大量的时间进行数据的分析,真正用于决策的时间只有 20%。而且对于许多大型企业,还必须为之配备庞大的专业分析队伍。

2. 分析结果滞后

由于分析时间过长,经理们经常无法及时拿到所需的报表,因此贻误了许多商业机会。

3. 无法按照商业习惯进行分析

传统的报表只能进行简单的汇总。管理者有时为了分析一个关键的商业因素,不得不在一大堆打印的报表中前后翻阅,极不方便。

4. 无法进行复杂的分析

管理者经常希望能综合多种因素来分析问题。例如,物价指数的波动对企业各方面有哪些影响?若采取降价措施,本年度末公司的市场份额、销售额和利润是否会有所增长?哪些客户对我们企业最关键?他们有什么特征?如何增加他们对我们企业的忠诚度?等等。

5. 无法提供关键问题的解决方案

对于大型企业,为了实现最高效率,如何在一个区域内设立自己的配送系统?如何制订有效的预算计划和现金流计划?如何防止客户的流失?传统的信息技术都无法提供这些关键性问题的解决方案。

6. 缺乏量化的衡量指标

随着企业规模的扩大和机构的日益复杂,管理者不能只依赖经验和直觉来评价企业的整体表现,必须借助一些关键的、量化的指标。但通常的信息系统系统无法做到这一点。

不同的人对决策支持系统有着不同的理解。决策支持系统可以广义地作为一个包罗众多的术语,用来描述任何在组织中支持决策制定的计算机化系统。一个企业可能拥有一个为高层经理使用的经理信息系统,各种进行市场、财务、会计、物流决策的支持系统。

(三)决策支持系统为企业物流发展提供服务

1. 销售支持

决策支持系统可以每日按地区、部门、销售员和产品生成销售情况的汇总,给高级经理提供支持。报告标识了丢失的业务、挽回的业务和新的业务。根据需要还可以定制额外的周期报表,这些特殊的报表给经理提供了比较和趋势分析。决策支持系统应用,能够分析和评价以往产品的销售,以确定产品成功或失败的因素。借助决策支持系统,还可以利用全公司的数据来推测一个决策所隐含的利润和收入。

2. 客户分析和市场研究

决策支持系统应用可以利用统计工具来分析每天收集的交易数据,以确定各种类型客户的消费模式,然后采取相应的营销措施,从而实现最大的利润。对于重点客户要提供更好的服务和更优惠的价格策略。在争取潜在客户方面进行促销,对易流失的客户分析原因并制定对策。市场研究包括:利用预测模型分析,得出每种产品的增长模式,以便做出终止或者扩张某种产品的适当决定;企业品牌和形象的研究,以便提高企业和品牌的知名度和美誉度;分析客户满意度;市场规模和潜在规模的研究等。

3. 财务分析

财务分析包括:按年、月、日或其他自定义周期来进行实际费用和计划费用的比较;审查现金流的趋势,并预测未来的现金需求量;复杂项目的预算计划和成本分摊;整合各分支机构的财务数据,形成正确、一致的财务报表。

4. 运筹和战略计划

基于资源和时间的限制,来确定最优的项目时间表;制订工厂每日的生产计划。

中国企业在二十多年的改革开发过程中取得了飞速的发展,企业的规模不断扩大,产品更加丰富,产值和利润持续增长。与此同时,涌现出一大批具有现代企业制度和先进管理意识的企业。对于中国企业决策支持系统应用的实施,我们建议遵循总体规划、分步实施、迅速受益、不断完善的原则。首先要整合内部管理,总结出能保证企业持续取得成功的管理思想,然后在决策支持系统的总体规划中要贯彻这些思想。随着企业的业务发展和信息技术的发展，决策支持系统应用需要不断地调整和完善。

三、决策支持系统的系统结构及组成

（一）决策支持系统的系统结构

DSS 部件之间的关系构成了 DSS 的系统结构，系统的功能主要由系统结构决定，具有不同功能特色的 DSS，其系统结构也不同。系统结构是 DSS 最主要的研究内容之一。DSS 的系统结构大致有两大类：一类是以数据库、模型库、方法库、知识库及对话管理等子系统为基本部件构成的多库系统结构；另一类是以自然语言、问题处理、知识库等子系统为基本部件构成的系统结构。我们以多库系统的结构为例介绍决策支持系统的系统结构。

1. 三角式结构

三角式结构是由数据库、模型库等子系统与对话子系统成三角形分布的结构，也是 DSS 最基本的结构，如图 13-5 所示。

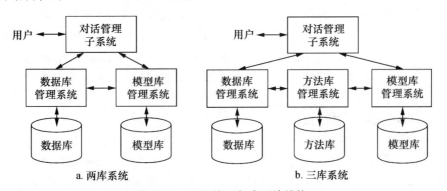

图 13-5　DSS 的三角式系统结构

对话管理子系统是 DSS 人机接口界面，决策者作为 DSS 的用户通过该子系统提出信息查询的请求或决策支持的请求。对话管理子系统对接受到的请求做检验，形成命令，为信息查询的请求进行数据库操作，提取信息，所得信息传送给用户；对决策支持的请求将识别问题与构建模型，从方法库中选择算法，从数据库读取数据，运行模型库中的模型，运行结果通过对话子系统传送给用户或暂存数据库待用。

应用 DSS 做决策的过程是一个人机交互的启发式过程，因此问题的解决过程往往要分解成若干阶段，一个阶段完成后用户获得阶段的结果及某些启示，然后进入下一阶段的人机对话，如此反复，直至用户形成决策意见，确定问题的解。三角式系统结构以人机对话子系统为中介，它与数据库、模

型库及方法库两两之间都有互相通信的接口与直接的联系。

2. 其他结构

除三角式结构外,还有以对话管理子系统牵头,将模型库与数据库以直线方式联结的串联结构、将数据库子系统与模型库子系统融为一体的融合式系统结构等。

串联结构的特点是对话子系统不直接与数据库子系统联系,而是通过模型库子系统转达操作请求。因此,模型库子系统必须设有用户操作数据库的转接功能。串联结构由于省去了对话子系统与数据库子系统之间的接口而使系统结构较简单。

融合式系统结构的特点是其数据库子系统与模型库子系统互不独立,既可以说是模型库子系统建立在数据库子系统的基础上,也可以说是数据库子系统被嵌入模型库子系统之中,模型库中的模型运行时直接调用数据库中的数据。该系统结构的缺点是更换数据库子系统时,模型库子系统需做较大的改动,即系统的移植性较差。为了克服这一不足,人们于融合式结构的基础上在数据库子系统与模型库子系统之间增设了统一的模型管理标准接口,提出了一种以数据库为中心的系统结构。这种结构间接调用数据库中的数据,避免了模型对数据库结构的依赖,使模型库子系统与数据库子系统相对独立。

(二) 人机对话子系统

人机对话子系统是 DSS 中用户和计算机的接口,在操作者、模型库、数据库和方法库之间起着传送(包括转换)、命令和数据的重要作用,其核心是人机界面。在实际工作中,由于系统经常是由那些从系统输出中得到益处,且又对系统内部了解甚少的人直接使用,所以用户接口设计的好坏对系统的成败有举足轻重的意义。如果系统需要使用的人懂得很多的计算机技术,那么这种系统实际上将无人使用,即使对 DSS 的维护人员来说,如果数据库模式的任何一点变动都要自己动手一点一点去做,工作也是十分繁重的。因此,对使用人员来说,需要有一个良好的对话接口,对维护人员需要有一个方便的软件工作环境。可以说,人机对话子系统是 DSS 的一个窗口,它的好坏标志着该系统的实用水平。

(三) 数据库子系统

数据或信息是减少决策问题不确定性的要素,是分析判断的依据。决策支持系统主要支持半结构化或非结构化的问题决策,其特点是数据面广且具概括性,除了组织内部数据外,更多的是组织外部数据,例如政策法规、经济统计数据、市场行情、同行动向及科技情报等。这些数据大都经过加工、浓缩或汇总,这也是与 MIS 数据的区别,而在对数据的共享性与唯一性要求方面与 MIS 是相同的。

数据库子系统是存储、管理、提供与维护用于决策支持的数据的 DSS 基本部件,是支撑模型库子系统及方法库子系统的基础。数据库子系统由数据库、数据析取模块、数据字典、数据库管理系统及数据查询模块等部件组成。

1. 数据库

DSS 数据库中存放的数据大部分来源于 MIS 等信息系统的数据库,这些数据库被称为源数据库。源数据库与 DSS 数据库的区别在于用途与层次的不同。

2. 数据析取模块

数据析取模块负责从源数据库提取能用于决策支持的数据,析取过程也是对源数据进行加工的过程,是选择、浓缩与转换数据的过程。由于源数据量大、渠道多、变化频繁,格式与口径也不一定统一,数据的析取既复杂又费时,为此一般应将其作为一项日常操作来处理。

3. 数据字典

用于描述与维护各数据项的属性、来龙去脉及相互关系。数据字典也可被看作是数据库的一部分。

4. 数据库管理系统

用于管理、提供与维护数据库中的数据,也是与其他子系统的接口。

5. 数据查询模块

用来解释来自人机对话及模型库等子系统的数据请求,通过查阅数据字典确定如何满足这些请求,并详细阐述向数据库管理系统的数据请求,最后将结果返回对话子系统或直接用于模型的构建与计算。

(四) 模型库子系统

模型是以某种形式反映客观事物本质属性,揭示其运动规律的描述。为了把握客观事物的发展变化,人们需要一种能普遍适用于表示和认识事物内在联系及与外部关系的手段,而模型就是能较好地满足这一需要的重要手段之一。决策或问题的求解首先要表达问题的内外特征与变化规律,DSS 设立模型库子系统是为了在不同的条件下通过模型来实现对问题的动态描述,以便探索或选择令人满意的问题解。

模型库子系统是构建和管理模型的计算机软件系统,它是 DSS 中最复杂与最难实现的部分。DSS 用户是依靠模型库中的模型进行决策的，因此我们认为 DSS 是由"模型驱动的"。应用模型获得的输出结果可以分别起以下三种作用：(1) 直接用于制定决策；(2) 对决策的制定提出建议；(3) 用来估计决策实施后可能产生的后果。

实际上，可直接用于制定决策的模型对应于那些结构性比较好的问题，其处理算法是明确规定了的，表现在模型上，其参数值是已知的。对于非结构化的决策问题，有些参数值并不知道，需要使用数理统计等方法估计这些参数的值。由于不确定因素的影响、参数值估计的非真实性以及变量之间的制约关系，用这些模型计算得出的输出一般只能辅助决策或对决策的制定提出建议。对于战略性决策，由于决策模型涉及的范围很广，其参数有高度的不确定性，所以模型的输出一般用于估计决策实施后可能产生的后果。

模型库子系统主要由模型库与模型库管理系统两大部分组成：

1. 模型库

模型库是模型库子系统的核心部件，用于存储决策模型。客观世界中的问题对象是千差万别、数不胜数的，我们不可能为每一个问题创建一个对应的模型，因此实际上模型库中主要存储的是能让各种决策问题共享或专门用于某特定决策问题的模型基本模块或单元模型，以及它们间的关系。使用 DSS 支持决策时，根据具体问题构造或生成决策支持模型，这些决策支持模型如有再用的可能性，则也可存储于模型库。

如果将模型库比作一个成品库的话，则该仓库中存放的是成品的零部件、成品组装说明、某些已组装好的半成品或成品。从理论上讲，利用模型库中的"元件"可以构造出任意形式且无穷多的模型，以解决任何所能表述的问题。用单元模型构造的模型或决策支持模型可分为模拟方法类、规划方法类、计量经济方法类、投入产出方法类等，其中每一类又可分为若干子类，如规划方法类又可分为线性规划或非线性规划、单目标规划或多目标规划等。

模型按照经济内容可分类为：

(1) 预测类模型，如产量预测模型、消费预测模型等。

(2) 综合平衡模型，如生产计划模型、投入产出模型等。

(3) 结构优化模型，如能源结构优化模型、工业结构优化模型等。

(4) 经济控制类模型，如财政税收、信贷、物价、工资、汇率等对国家经济的综合控制模型等。

2. 模型库管理系统

模型库管理系统的主要功能是模型的利用与维护。模型的利用包括决策问题的定义和概念模型化,从模型库中选择恰当的模型或单元模型构造具体问题的决策支持模型以及运行模型。模型的维护包括模型的联结、修改与增删等。模型库子系统是在与 DSS 其他部件的交互过程中发挥作用的。与数据库子系统的交互可获得各种模型所需的数据,实现模型输入、输出和中间结果存取自动化。与方法库子系统的交互可实行目标搜索、灵敏度分析和仿真运行自动化等。更主要的交互则是在与人机对话子系统之间,模型的使用与维护实质上是用户通过人机对话子系统予以控制与操作的。

(五)方法库子系统

方法库子系统是存储、管理、调用及维护 DSS 各部件要用到的通用算法、标准函数等方法的部件,方法库中的方法一般用程序方式存储。它通过对描述外部接口的程序向 DSS 提供合适的环境,使计算过程实行交互式的数据存取,从数据库选择数据,从方法库中选择算法,然后将数据和算法结合起来进行计算,并以直观、清晰的呈现方式输出结果,供决策者使用。

方法库子系统由方法库与方法库管理系统组成,方法库内存储的方法程序一般有:排序算法、分类算法、最小生成树算法、最短路径算法、计划评审技术、线性规划、整数规划、动态规划、各种统计算法、各种组合算法等。

本章思考题

一、名词解释

物流信息系统;仓储管理子系统;运输管理子系统;物流决策支持系统。

二、回答问题

1. 简述物流信息系统的层次结构。
2. 简述企业物流信息系统的开发过程和物流信息系统设计的主要工作。
3. 简述信息编码设计原则和常用的编码种类。
4. 谈谈物流信息系统的开发方式。
5. 请分析物流信息系统的构成。
6. 物流决策支持系统应具备哪些功能?
7. 计算机化的决策支持系统具有哪些优点?
8. 简述三角式结构的决策支持系统的系统结构和工作原理。

第十四章

企业物流外包

主要内容

- ■ 企业物流业务外包
- ■ 第三方物流与第三方物流的选择
- ■ 企业物流外包和物流服务承包的形式

人类进入 21 世纪,随着科技的进步和生产力的发展,顾客的消费水平不断提高,企业之间的竞争日趋激烈。企业要想在竞争中立于不败之地,必须根据自己的特点,培育企业的核心竞争力。根据供应链管理的理论,企业应将主要精力放在核心业务上,将非核心业务外包和出去。本章介绍企业业务外包的基本理论,并在此基础上,介绍第三方物流和第三方物流的选择,同时介绍企业物流业务外包物流业务承包的形式。

第一节 企业物流业务外包

一、企业核心竞争力

随着科学技术的发展,工业型社会正在向信息型社会转变,企业之间竞争的焦点主要集中在知识、信息和创造力上。技术的创新发展日新月异,信息瞬息万变,企业在赢得竞争优势上比以前的困难更大。

企业的资源包括内部资源和外部资源,对于企业来讲,外部资源的获得机会并不是均等的,因为不同企业在自身的能力上是有差异的。而企业外部资源决策的前提是企业内部资源的分析,因为外部资源本身不具有某一组织的特性,只有当外部资源和内部资源相互作用后,整合的资源才具有企业的特性。如何根据企业内部资源的特点,利用好外部资源,是企业核心竞争力的内在反映。

(一)企业核心竞争力的概念

企业核心竞争力是指企业独具的、支撑企业可持续性竞争优势的能力。企业核心竞争力可更详细表达为,是企业长时期形成的,蕴涵于企业内质中的,企业独具的,支撑企业过去、现在和未来竞争优势,并使企业长时间内在竞争环境中取得主动的能力。

关于核心竞争力的概念,最初的讨论都是定性的。经过学术界、众多的管理咨询公司和企业界的努力,有关核心竞争力的模型已经走向定量化,变成一种问题解决方法。分析企业核心竞争力,要运用以价值为焦点的思维,考虑什么是公司的目标,以及如何将之最大化。最大化企业的价值是一个动态而不是静态的概念。例如,许多人认为企业的目标是最大化利润,问题是最大化哪一年的利润呢?能否以下一年的利润为代价最大化今年的利润呢?显然这样做是不对的。因此,企业的目标应该最大化利润的净现值,这就是一个动态的概念。

企业的一般竞争力,如营销竞争力、产品竞争力等,只是企业某一方面的竞争力,而企业核心竞争力却是处在核心地位的、影响全局的竞争力,是一般竞争力的统领。例如,本田汽车公司的引擎设计和制造能力、联邦航空公司的追踪及控制全世界包裹运送的能力。根据企业核心竞争力的不同表现形式,可将其分为三类:核心产品、核心技术和核心能力。它们之间关系密切,产品来自技术,技术来自能力。

(二) 企业核心竞争力的特殊性质

企业核心竞争力与其他类型竞争力之所以不同,是因为它具备如下三个主要特性:

1. 价值性

核心竞争力富有战略价值,它能为顾客带来长期性的关键性利益,为企业创造长期性的竞争主动权,为企业创造超过同业平均利润水平的超值利润。核心竞争力必须能够实现用户价值,它给用户带来的价值是核心的。例如,如果用户认为速度最重要,那么核心竞争力就表现为快速反应能力;如果用户认为个性化的服务最重要,那么核心竞争力就表现为为用户提供差异化服务的能力。

2. 独特性

企业核心竞争力为企业独自拥有。它是在企业发展过程中长期培育和积淀而成的,蕴育于企业文化,深深融合于企业内质之中,为该企业员工所共同拥有,难以被其他企业模仿和替代。一项专长要成为企业核心竞争力,必须具有特异化的能力,即这项能力在本行业中还没有普及或被竞争对手普遍掌握。即使有的能力已经较为普遍,但是还存在改进的潜力,或者在某些地区还存在空白的发展地带。企业通过学习引进其他企业的技能和能力,再根据自己的实际情况进行改进,也可以形成某种独特的企业核心竞争力。

3. 延展性

企业核心竞争力可有力支持企业向更有生命力的新事业领域延伸。企业核心竞争力是一种基础性的能力,是一个坚实的"平台",是企业其他各种能力的统领。企业核心竞争力的延展性保证了企业多元化发展战略的成功。企业核心竞争力也是企业通向未来的保证,必须能够为企业向未来新领域拓展做好准备,具备延伸新产品或新服务的能力。

(三) 企业核心竞争力的本质

在竞争的环境中,为什么有的企业能长盛不衰,有的只能成功一时,有的企业却连一点成功的机会都没有？人们无法简单地从企业所处的行业、企业所有制结构、企业的组织形式、企业的规模或企业管理层和员工的努力程度等方面解开这一问题的谜底。

企业之间竞争的实质，就是企业为其生存和发展进行的对环境中企业所需资源的争夺战，企业竞争力是企业争夺环境中资源的能力。传统企业竞争力理论未能对企业长期性的盛衰原因做出令人满意的回答。核心竞争力理论从对企业的短期性资源优化配置能力的研究，延伸到对企业的长期性资源优化配置能力的研究。为确保企业可持续性生存和发展，就必须要有比其竞争对手更强的长期性优化配置资源能力，也就是必须要有很强的核心竞争力。所以，我们将企业核心竞争力的本质简单地概括成是企业的资源。

企业通过培养核心专长，就可以获得核心竞争力，形成促使企业发展的增长极。增长极具有极化作用，它可以把企业的内部及外部资源有效地整合起来，积聚到企业的核心产品或服务的形成上来；同时，增长极又具有扩散作用，它能够把企业的核心能力在企业内部以及外部进行有效扩散，带动其他专长或其他企业发展。

核心竞争力基本要义是"组织中的积累性学识，特别是关于如何协调不同生产技能和有机结合多种技术的学识"。核心能力的这一含义的要点是"学识"、"协调"和"有机结合"。

值得指出的是，核心竞争力尽管重要，却不能单独发挥作用。要使核心能力的作用充分发挥出来，必须以核心竞争力为基础构建完善的能力体系。只有基于一定的核心能力的能力体系，才可以充分发挥核心能力的作用，实现资源的有效配置，产生对已有资源进行配置的"附加或放大"效应，促使物流企业的资源实现高效或最佳配置。

（四）企业核心竞争力的基本特征

企业核心竞争力的基本特征是不可交易性、相互关联性、历史依存性、学习的积累性和投资不可还原性。

1. 不可交易性

不可交易性是指核心能力对组织结构及其结构水平具有严重的依赖性，这种依赖性不仅使核心能力的价值难以测评和把握，而且使核心能力在离开一定的组织时会严重贬值，从而使核心能力不具有可交易性。

2. 相互关联性

相互关联性是指核心能力是许多不同单元或个人通过相互作用而产生

的,这些相互作用又与许许多多因素密切相关,从而使核心能力具有显著的关联性。核心能力的关联性表明其生成因素的不可分割性。

3. 历史依存性

历史依存性是指核心能力是企业特殊历史的产物,是企业的"管理遗产",具有显著的历史依存性,与相关载体不可分割。

4. 学习的积累性

学习的积累性是指核心能力是通过学习获得的,是学习的积累。

5. 投资不可还原性

投资不可还原性是指形成核心能力的投资总体来说是不可还原的,这种不可还原性的投资,既导致对核心能力的保持可取得一致行动的力量,又使企业的路径依赖性被进一步强化。

核心竞争力的以上特性,从根本上决定了核心能力可以帮助企业在创造价值和降低成本方面比竞争对手做得更好。因此,只要把核心竞争力置于功能发挥状态,企业就能够取得富有成效地运营资源,从而赢得竞争优势。核心竞争力的不可交易性及与载体不可分割性、难以仿制和难以被替代,既保证了核心能力发挥作用的持久性,又使企业在核心能力基础上获取的竞争优势具有持久性。但是,核心能力同时也使企业的战略选择空间趋于减小,并使企业倾向于更多的路径依赖性,因此,除了要确保竞争优势是在核心竞争力限定的战略空间谋取之外(即识别核心能力),还要努力开拓用以谋求竞争优势的战略活动空间(即培育和开发核心能力)。

(五) 培养核心竞争力,扩大企业竞争优势

企业要想长久发展,关键是企业要找到自己的核心竞争力,并且利用它向外发展。这里值得注意的是,企业的核心竞争力并不是一成不变的或是永远存在的,即企业核心竞争力的培养是一个动态的过程,企业要想永远维护自己的核心竞争力,就必须在知识上不断创新,不断提高企业的创造力。

二、"合作竞争"赢得未来

20世纪80年代中期,基于物流的联盟已成为最可观的合作,发展物流联盟和合作关系的思想已成为物流实践的基础。90年代后,企业后勤开始向专业化方向发展,出现了第三方物流以至第四方物流等。

在经济全球化和信息化的今天,企业的竞争正进入利益共享的合作竞争的时代。物流合作主要有以下几种类型:

1. 供应链型合作竞争

供应链是指"生产及流通过程中，涉及将产品或服务提供给最终用户活动的上游与下游企业，所形成的网络结构"。供应链管理是指"利用计算机网络技术全面规划供应链中的商流、物流、信息流、资金流等，并进行计划、组织、协调与控制"。

供应链理论所要求的这种企业内外的广泛合作，需要一种与传统组织观念不一样的创新的组织定位，从而形成一套科学的、相对独立的体系——物流、商流、信息流的统一体系。在产品的生产和流通过程中所涉及的原材料供应商、生产企业、批发商、零售商和最终用户间，通过业务伙伴之间的密切合作，以实现以最小的成本为用户提供最优质的服务并实现最大的时间和空间价值。供应链型合作竞争主要表现为制造企业与供应商和分销商的连通合作。

2. 战略网络型合作竞争

战略联盟，是指拥有不同关键资源的几家企业，为了彼此的利益而结成的联系，以创造竞争优势。很少有企业能够具备竞争未来商机的全部能力，因此，未来的竞争需要各家企业的联盟。未来的竞争，不仅将发生在企业之间，更多地将发生在联盟之间。企业经营业绩不仅是企业内部管理好坏和行业平均利润的函数，而且主要是企业所在联盟管理好坏的函数。合作不再局限于供应商和顾客之间，而且扩展到竞争者之间以及所有企业之间；竞争也不仅仅被看作是产品与产品、公司与公司之间的竞争，而主要是联盟内部或者整个企业系统中为取得中心地位而进行的竞争。联盟各方在战略联盟中的影响力、权力和利润分成，取决于该公司自身核心专长的独特性和相对重要程度。一方面，能够同顾客和供应商共同合作，确立实现最大价值的最佳模式；另一方面，还要让自己的方法成为市场标准并占据主要市场区隔，强化同主导客户、重要供应商和主渠道的关系，增强自己讨价还价的能力。

3. 协作联营型合作竞争

这主要表现为企业通过有选择地与竞争对手以及与供应商或其他经营组织分享和交换控制权、成本、资本、进入市场的机会、信息和技术等，产生特定的协作关系，形成一种联营组织，从而在市场竞争中，为顾客和股东创造最高的价值。

4. 虚拟组织型合作竞争

虚拟企业是为完成某一项目，若干法律上独立的公司或自由职业者之间进行的有时间限制的合作,当虚拟企业的商业目的达到后,该虚拟企业即行解体。目前,虚拟企业主要出现在高科技领域及服务领域,如远程通讯和旅游服务等。在这种以网络为基础的"暂时性企业"中,信息和物流是它的两大支持技术。

虚拟组织型合作竞争的主要内容是虚拟经营,实质是通过整合外部资源,为我所用,从而拓展自己的发展空间,利用外部的能力和优势来弥补自身的不足和劣势。虚拟经营的企业,能够在组织上突破有形的界限,仅保留最关键的功能,而将其他的功能虚拟化,最终在竞争中最有效地发挥有限资源的作用。虚拟组织型合作竞争的精髓是将有限的资源集中在附加值高的功能上,而将附加价值低的功能虚拟化。虚拟组织型合作竞争往往注重短期利益,一旦目标实现,随即解散虚拟组织,为了新的目标,又重新组合虚拟组织。因此,虚拟经营具有高弹性特点。对于那些"大而全"、"小而全"的物流企业,可以运用虚拟经营的功能模块化思想,保留并引入具有竞争能力的功能模块,剥离那些非核心的功能模块,实现企业的精简高效,从而提供物流企业的竞争能力和生存能力。

虚拟企业是信息化时代的产物,信息技术支撑作用最关键的表现是用互联网把各独立企业联在一起,实现信息共享、实时传输。这就对物流企业的信息接口技术和数据库管理技术提出了较高要求。物流企业应不断提高自身的信息处理能力,使硬件装备达到现代化水平,因为这是融入虚拟企业的必要条件。

虚拟企业的组织结构优势就在于以最小组织来实现最大的权能。虚拟企业在组织上突破有形的边界,虽有设计、生产、营销等方面的功能,但企业本身却没有完整的执行这些功能的部门,也就是各企业根据自身情况,仅保留最有优势的功能,将其他功能分化出去,由虚拟组织统一整合、协调一致。

虚拟物流是为实现企业间物流资源共享和优化配置,基于计算机信息及网络技术所进行的物流运作与管理。一般来说,物流作为非物流企业价值链的辅助性活动,在企业规模不太大的情况下不会构成企业的核心优势,而专门的物流企业,其主营就是物流服务,与非物流企业相比,具有较高的物流能力。根据虚拟企业是核心能力集合体的特征,应保证较小的规模和较高的柔性,因此,虚拟企业的物流服务主要采取外包方式。

三、企业业务外包

业务外包是指"企业为了获得比单纯利用内部资源更多的竞争优势,将其非核心业务交由合作企业完成"的运作方式。在供应链管理环境下,企业的主要精力放在其关键业务上,即充分发挥企业的核心竞争力,同时与全球范围内的合适企业建立合作伙伴关系,将企业中的非核心业务交给合作伙伴来完成。

业务外包所推崇的理念是,如果我们在企业价值链的某一环节上不是世界上最好的,如果这又不是我们的核心竞争优势,如果这种活动不至于把我们同客户分开,那么我们应当把它外包给世界上最好的专业公司去做。也就是说,首先要确定企业的核心竞争优势,并把企业内部的智能和资源集中在那些具有核心竞争优势的活动上;然后将剩余的其他企业活动外包给最好的专业公司。Nike是最大的运动鞋制造商,却没有生产过一双鞋;Gallo是最大的葡萄酒生产公司,却没有结过一粒葡萄;Boeing是顶尖的飞机制造公司,却只生产座舱和翼尖。这就是公司为保持其在国际市场上的核心竞争优势而采取业务外包手段的结果。

四、企业物流业务外包

自从20世纪80年代以来,外包已成为商业领域中的一大趋势。企业越来越重视集中自己的主要资源与主业,而把辅助性功能外包给其他企业。因为物流一般被工商企业视为支持与辅助功能,所以它是一个外部化业务的候选功能。

多年来,欧美发达国家的物流已不再作为工商企业直接管理的活动,而常常从外部物流专业公司中采购物流服务。有些公司虽然还保留着物流作业功能,但开始越来越多地选择外部合同服务来补充自己的不足。这些服务采购的方式对公司物流系统的质量和效率有很大的影响。

在供应链管理环境下,企业如何优化资源配置是至关重要的。如果企业能以更低的成本获得比自制更高价值的资源,那么企业就应选择业务外包。

(一)企业实施物流业务外包的原因

1. 集中精力发展核心业务

在企业资源有限的情况下,为取得竞争中的优势地位,企业应只掌握核心功能,即把企业知识和技术依赖性强的高增值部分掌握在自己手里,而把其他低增值部门虚拟化。通过借助外部力量进行组合,其目的就是在竞争中最大效率地利用企业资源。如耐克、可口可乐等企业就是这样经营的,它们没有自己的工厂,而是通过把一些劳动密集型的部门虚拟化,并把它们转移到许多劳动成本低的国家进行生产,企业只保留核心的技术和品牌。

2. 分担风险

企业可以通过资源外向配置分散由政府、经济、市场、财务等因素产生的风险。因为企业本身的资源是有限的,通过资源外向配置,与外部合作伙伴分担风险,企业可以变得更有柔性,更能适应外部变化的环境。

3. 加速企业重组

企业重组需要花费很长的时间,而且获得效益也需要很长的时间,通过业务外包可以加速企业重组的进程。

4. 辅助业务运行效率不高,难以管理或失控

当企业内出现一些运行效率不高、难以管理或失控的辅助业务时,需要进行业务外包。值得注意的是,这种方法并不能彻底解决企业的问题,相反,这些业务职能在企业外部可能更加难以控制。在这种时候,企业必须花时间找出问题的症结所在。

5. 使用企业不拥有的资源

如果企业没有有效完成业务所需的资源,而且不能赢利时,企业也会将业务外包。这是企业业务临时外包的原因之一,但是企业必须同时进行成本/利润分析,确认在长期情况下这种外包是否有利,由此决定是否应该采取外包策略。

6. 实现规模效益

外部资源配置服务提供者都拥有能比本企业更有效、更便宜的完成业务的技术和知识,因而他们可以实现规模效益,并且愿意通过这种方式获利。企业可以通过资源外向配置,避免在设备、技术、研究开发上的大额投资。

(二) 企业物流业务外包容易出现的问题

成功的物流业务外包可以提高企业的劳动生产率,可以使企业集中精力做好自己的核心业务。

但是业务外包一般会减少企业对业务的监控,并同时使企业责任外移。这样,企业在选择合作伙伴时,要对其进行全面的评价,确保建立稳定长期的合作关系。选择好合作伙伴后,必须不断监控其行为。

我国的很多企业,物流服务效率低,创造的经济效益也很低。如企业的运输车队,空载率大,服务质量差。但是企业为了考虑本企业职工的就业,也没有将物流业务外包出去。

随着更多业务的外包,职工会担心失去工作。如果职工知道自己的工

作被外包只是时间的问题,就可能对未来失去信心,使职业道德和业绩下降。

第二节 第三方物流与第三方物流的选择

一、第三方物流

（一）第三方物流的概念

中华人民共和国国家标准(GB/T 18354-2001)物流术语中给出第三方物流的概念是"由供方与需方以外的物流企业提供物流服务的业务模式"。新修订的国家标准为"接受客户委托为其提供专项或全面的物流系统设计以及系统运营的物流服务模式"。第三方就是指提供物流交易双方的部分或全部物流功能的外部服务提供者。第三方物流是第三方物流提供者在特定的时间段内按照特定的价格向使用者提供的个性化的系列物流服务。

第三方物流是随着物流业发展而发展的物流专业化的重要形式。物流业发展到一定阶段必然会出现第三方物流的发展,而且第三方物流的占有率与物流产业的水平之间有着非常规律的相关关系。西方国家的物流业实证分析证明,独立的第三方物流要占社会的50%,物流产业才能形成。所以,第三方物流的发展程度反映和体现着一个国家物流业发展的整体水平。

广义的第三方物流是相对于自营物流而言的,凡是由社会化的专业物流企业按照货主的要求所从事的物流活动,都可以包含在第三方物流范围之内。至于第三物流从事的是哪一个阶段的物流,物流服务的深度和服务的水平,这要看货主的要求。

狭义的第三方物流主要是指能够提供现代的、系统的物流服务的第三方的物流活动。其具体标志是：

（1）有提供现代化的、系统的物流服务的企业素质；

（2）可以向货主提供包括供应链物流在内的全程物流服务和特定的、定制化服务的物流活动；

（3）不是货主向物流服务商偶然的、一次性的物流服务购销活动,而是采取委托—承包形式的业务外包的长期物流活动；

（4）不是向货主提供的一般性物流服务,而是提供增值物流服务的现代化物流活动。

美国安德森咨询公司提出了"第四方物流"的概念,认为"第四方物流是

指集成商们利用分包商来控制与管理客户的点到点式供应链运作"。"第四方物流不仅控制和管理物流服务,而且对整个物流过程提出策划方案,并通过电子商务将这个过程集成起来。"

第四方物流的作用是集合及管理包括第三方物流在内的物流资源、物流技术设施,依托现代信息技术和管理技术来提供完整的供应链解决方案。第四方物流还有一些独特的优势,那就是可以在更大范围内整合资源,充分发挥外包物流和自有物流的优势,构建更大规模的、覆盖面更广的物流信息平台。

(二)第三方物流的功能

第三方物流的功能与物流的功能相同,第三方物流根据合同条款规定的要求提供多功能,甚至全方位的物流服务。一般来说,第三方物流公司能提供仓库管理、运输管理、订单处理、产品回收、搬运装卸、物流信息系统、产品安装装配、运送、报关、货代、谈判等近三十种物流服务。

从欧洲制造企业对第三方物流采用情况的调查可知,最常采用的第三方物流服务和采用比例如表 14-1 所示。

表 14-1 欧洲第三方物流的业务种类

业务种类	百分比(%)
联运	60
仓库管理	52
车队管理	52
产品回收	44
搬运选择	43
再包装/贴标签	39
物流信息系统	30
订单履行	24
产品装配/安装	23
估价谈判	19
库存补充	15
订单处理	13
客户备用零件	12
其他	9

根据对美国 51 家领先的第三方物流服务者的调查,最常见的第三方物流服务内容如表 14-2 所示。

表 14-2　美国第三方物流的业务种类

业务种类	百分比(%)
开发物流系统	97.3
电子数据交换能力	91.9
管理表现汇报	89.2
货物集运	86.5
选择承运人、货物代理、海关代理	86.5
信息管理	81.1
仓储	81.1
咨询	78.4

从以上数据可以看出,无论是第三方物流服务的需求方还是供应方,服务的主要内容比较集中于传统意义上的运输服务和仓储服务。物流公司对单项服务的内容都有一定的经验,如何将这种单项服务的内容有机地组合起来,提供物流服务的整体方案,是第三方物流发展的关键。

作为国际物流领域上新兴的产业,第三方物流业指向货主提供物流代理服务的各种行业。过去很少能由一个企业代理货主的全部环节的物流服务,往往局限于仓库存货代理、运输代理、托运代办、通关代理等局部业务,而完善的第三方物流则是全部物流活动系统的全程代理。

(三) 第三方物流的特点

1. 信息网络化

信息流服务于物流,信息技术是第三方物流发展的基础。在物流服务过程中,信息技术发展实现了信息实时共享,促进了物流管理的科学化,提高了物流服务的效率。

第三方物流是建立在现代电子信息技术基础上的。信息技术的发展是第三方物流出现的必要条件,信息技术实现了数据的快速、准确传递,提高了仓库管理、装卸运输、采购、订货、配送发运、订单处理的自动化水平,使订货、保管、运输、流通加工实现一体化;企业可以更方便地使用信息技术与物流企业进行交流和协作,企业间的协调和合作有可能在短时间内迅速完成;同时,电脑软件的飞速发展,使混杂在其他业务中的物流活动的成本能被精确计算出来,还能有效管理物流渠道中的商流,这就使企业有可能把原来在内部完成的作业交由物流公司运作。常用于支撑第三方物流的信息技术有:实现信息快速交换的 EDI 技术、实现资金快速支付的 EFT 技术、实现信息快速输入的条形码技术、RFID 射频识别技术和实现网上交易的电子商务

技术等。

2. 关系合同化

首先,第三方物流是通过合同的形式来规范物流经营者和物流消费者之间的关系的。物流经营者根据合同的要求,提供多功能直至全方位一体化的物流服务,并以合同来管理所有提供的物流服务活动及其过程。其次,第三方发展物流联盟也是通过合同形式来明确各物流联盟参与者之间的关系。

3. 功能专业化

第三方物流公司所提供的服务是专业化的服务,对于专门从事物流服务的企业,它的物流设计、物流操作过程、物流管理都应该是专业化的,物流设备和设施都应该是标准化的。

4. 服务个性化

不同的物流消费者要求提供不同的物流服务,第三方物流企业根据消费者的要求,提供针对性强的个性化服务和增值服务

第三方物流服务的对象一般都较少,只有一家或数家,服务时间却较长,这是因为需求方的业务流程各不同,而物流、信息流是随价值流流动的,因而第三方物流服务应按照客户的业务流程来确定。

(四) 第三方物流公司所具有的优势

1. 具有专业水平和相应物流网络

通过专业化的发展,第三方物流公司已经开发了信息网络并且积累了针对不同物流市场的专业知识,包括运输、仓储和其他增值服务。许多关键信息,如卡车运量、国际通关文件、空运报价和其他信息等,通常是由第三方物流公司收集和处理。对于第三方物流公司来说,获得这些信息更为经济,因为它们的投资可以分摊到很多的客户头上。对于非物流专业公司来讲,获得这些专长的费用就会非常昂贵。

2. 拥有规模经济效益

由于拥有较强大的购买力和货物配载能力,一家第三方物流公司可以从运输公司或者其他物流服务商那里得到比它的客户更为低廉的运输报价,可以从运输商那里大批量购买运输能力,然后集中配载很多客户的货物,大幅度地降低单位运输成本。

3. 有助于减少资本投入

通过物流外包,制造企业可以降低因拥有运输设备、仓库和其他物流过程中所必需的投资,从而改善公司的经营状况,把更多的资金投在公司的核

心业务上。许多第三方物流公司在国内外都有良好的运输和分销网络。希望拓展国际市场或其他地区市场以寻求发展的公司，可以借助这些网络进入新的市场。

4. 资源优化配置

第三方物流企业还能使企业实现资源优化配置，将有限的人力、财力集中于核心业务，进行重点研究，发展基本技术，努力开发出新产品参与世界竞争；节省费用，减少资本积压，减少库存，提升企业形象。第三方物流提供者与顾客不是竞争对手，而是战略伙伴，它们为顾客着想，通过全球性的信息网络使顾客的供应链管理完全透明化，顾客随时可通过互联网了解供应链的情况。第三方物流提供者是物流专家，它们利用完备的设施和训练有素的员工对整个供应链实现完全的控制，减少物流的复杂性；它们通过遍布全球的运送网络和服务提供者（分承包方）大大缩短了交货期，帮助顾客改进服务，树立自己的品牌形象。第三方物流提供者通过"量体裁衣"式的设计，制订出以顾客为导向、低成本高效率的物流方案，为企业在竞争中取胜创造有利条件。

5. 信息技术优势

许多第三方物流公司与独立的软件供应商结盟，合作开发了内部的信息系统，这使得它们能够最大限度地利用运输和分销网络，有效地进行货物追踪，进行电子交易，生成提高供应链管理效率所必需的报表和进行其他相关的增值服务。因为许多第三方物流已在信息技术方面进行了大量的投入，可以帮助其客户搞清楚哪种技术最有用处，如何实施，如何跟得上日新月异的物流管理技术发展。与合适的第三方物流公司合作，可以使企业以最低的投入充分享用更好的信息技术。

二、第三方物流与电子商务

（一）电子商务

电子商务虽然正在以难以置信的速度渗透到人们的日常生活中，但是至今也没有一个统一的定义。各国政府、学者、企业界人士都根据自己所处的地位和对电子商务的参与程度，给出了许多不同的表述。

国际商会于1997年11月，在巴黎举行了世界电子商务会议（The World Business Agenda for Electronic Commerce）。会上专家和代表对电子商务的概念进行了最有权威的阐述：电子商务（Electronic Commerce），是指实现整个贸易过程中各阶段的贸易活动的电子化。从涵盖范围方面可以定义为：交易各方以电子交易方式而不是通过当面交换或直接面谈方式进行的任何形式的商业交易;从技术方面可以定义为:电子商务是一种多技术的集合体,包括交换数据(如电子数据交换、电子邮件)、获得数据(共享数据库、电子公告牌)以及自动捕获数据(条形码)等。电子商务涵盖的业务包括:信息交换、售前售后服务(提供产品和服务的细节、产品使用技术指南、回答顾客意见)、销售、电子支付(使用电子资金转账、信用卡、电子支票、电子现金)、运输(包括商品的发送管理和运输跟踪,以及可以电子化传送的产品的实际发送)、组建虚拟企业(组建一个物理上不存在的企业,集中一批独立的中小公司的权限,提供比任何单独公司多得多的产品和服务)、公司和贸易伙伴可以共同拥有和运营共享的商业方法等。

美国学者瑞维·卡拉克塔和安德鲁·B. 惠斯顿在《电子商务的前沿》一书中提出:"广义地讲,电子商务是一种现代商业方法。这种方法通过改善产品和服务质量、提高服务传递速度,满足政府组织、厂商和消费者降低成本的需求。这一概念也用于通过计算机网络寻找信息以支持决策。一般地讲,今天的电子商务通过计算机网络将买方和卖方的信息、产品和服务联系起来,而未来的电子商务则通过构成信息高速公路的无数计算机网络中的一条线将买方和卖方联系起来。"

IBM公司认为,电子商务是指采用数字化电子方式进行商务数据交换和开展商务业务的活动,是在互联网的广阔联系与传统信息技术系统的丰富资源相互结合的背景下应运而生的一种相互关联的动态商务活动。

总之,无论站在哪个角度,一般都认为电子商务是利用现有的计算机硬件设备、软件和网络基础设施,通过按一定的协议连接起来的电子网络环境进行各种各样商务活动的方式。因此,对于电子商务概念的科学理解应包括以下几个基本方面:

(1) 电子商务是整个贸易活动的自动化和电子化。

(2) 电子商务是利用各种电子工具和电子技术从事各种商务活动的过程。其中,电子工具是指计算机硬件和网络基础设施(包括 Internet、Intranet、各种局域网等);电子技术是指处理、传递、交换和获得数据的多技术集合。

(3) 电子商务渗透到贸易活动的各个阶段,因而内容广泛,包括信息交换、售前售后服务、销售、电子支付、运输、组建虚拟企业、共享资源等。

(4) 电子商务的参与者包括生产企业、中间商、消费者、银行或金融机构以及政府等各种社会服务机构。

(5) 电子商务的目的就是要实现企业乃至全社会的高效率、低成本的贸易活动。

电子商务是信息化、网络化的产物。随着互联网技术的发展,电子商务的应用也越来越广泛,电子商务与传统商务的本质区别,就是它以数字化网络为基础进行商品、货币和服务交易,目的在于减少信息社会的商业中间环节,缩短周期,降低成本,提高经营效率,提高服务质量,使企业有效地参与竞争。

(二) 电子商务与第三方物流的关系

首先,电子商务的发展离不开现代物流,而第三方物流是现代物流发展的必然结果。

电子商务的任何一笔交易过程和传统商务过程一样,都包含着几种基本的"流",即信息流、商流、资金流和物流。物流作为四流中最为特殊的一种,是指物质实体的流动过程。物流虽然只是电子商务中的一个环节,但它的作用是很重要的,主要体现在是商品最终价值的实现过程。在整个电子商务交易活动中,物流是以商流的后续者和服务者的姿态出现的,没有物流,商流活动将是一纸空文。合理的、现代化的物流通过减低费用,可以降低成本,优化库存结构,减少资金占用,缩短生产周期,保证生产的顺利进行。

其次,电子商务的发展推动了第三方物流的发展。

电子商务的出现推动了产业的重组。社会上的产业主要由两类行业组成:一类是实业,包括制造业和物流业;一类是信息产业。在实业中,物流业的功能会逐渐强化。这是因为,在电子商务环境下,消费者在网上的虚拟商店购物,现实的商店和银行的功能将逐渐被弱化,而物流公司的任务会越来越重。用户通过网上的虚拟商店购物,并在网上支付,信息流和资金流的运作过程很快就能完成,剩下的工作就只有实物的物流处理了。

电子商务的出现使供应链的环节减少了,物流是由区域合理分布的配送中心和物流中心的运作来实现的。物流中心成了所有企业和供应商对用户的唯一供应者,物流中心的作用越来越突出。

最后,电子商务对物流提出了新要求。

电子商务对物流的要求与传统经营方式下对物流的要求有显著的不同,主要表现在以下几个方面:

(1) 实行供应链管理

在传统的经营模式下,供应商、企业、批发商、零售商及最终用户之间是相互独立的,企业内部各职能部门之间也是各自按照本部门的利益开展生产经营活动。供应链管理的目的是通过优化提高所有相关过程的速度和确定性,使所有相关过程的净增价值最大化,以求提高组织的运作效率和效益。实行供应链管理可以使供应链中的各成员企业之间的业务关系得到强化,变过去企业与外部组织之间的相互独立关系为紧密合作关系,形成新的命运共同体。供应链管理可以显著提高物流的效率,降低物流成本,大大提高企业的劳动生产率。

(2) 追求零库存生产

电子商务的运作一般要求企业通过网络接收订单,随后按照订单要求组织生产,即以需定产。这与传统的"先生产、后推销"的做法完全不同。在传统的经营方式下,无论生产企业、销售企业都必须保证一定的库存,同时还必须承担商品销不出去的风险。电子商务要求企业的物流运作必须符合零库存生产的需要。

零库存生产即"即时制生产",是指供应者将原材料、零部件以用户所需要的数量、在所需要的时间送到特定的生产线。零库存生产是电子商务条件下对生产阶段物流的新的要求。它的目的是要使生产过程中的原材料、零部件、半成品以及制成品能高效率地在生产的各个环节中流动,缩短物质实体在生产过程中的停留时间,并杜绝产生物品库存积压、短缺和浪费现象。

零库存生产要求企业的每一个生产环节都必须从下一环节的需求时间、数量、结构出发来组织好均衡生产、供应和流通,并且无论是生产者、供应商还是物流企业或零售商,都应对各自的下游客户做精确的需求预测。电子商务既为零库存生产创造了条件,也要求企业通过零库存生产来产生效益。

(3) 信息化和高技术化

物流的信息化是电子商务物流的基本要求。没有物流的信息化,要做到物流的高效运作是不可能的。企业信息化是开展电子商务的基础,物流信息化是企业信息化的重要组成部分。物流信息化表现为物流信息的商品化、物流信息收集的数据化和代码化、物流信息处理的电子化和计算机化、物流信息传递的标准化和实时化、物流信息储存的数字化等。物流信息化能更好地协调生产与销售、运输、储存等各环节的联系,对优化供货程序、缩短物流时间及降低库存都具有十分重要的意义。物流信息化必须有物流的高技术化做保证。物流的高技术化是指在物流系统应用现代技术,实现物流处理的自动化与智能化。

(4) 物流服务的多功能化与社会化

电子商务的物流要求物流提供企业提供全方位的服务，既包括仓储、运输服务，还包括配货、分发和各种客户需要的配套服务，使物流成为连接生产企业与最终用户的重要环节。电子商务的物流要求把物流的各个环节作为一个完整的系统进行统筹协调、合理规划，使物流服务的功能多样化，更好地满足客户的要求。

随着电子商务的发展，物流服务的社会化趋势也越来越明显。在传统的经营方式下，无论是实力雄厚的大企业，还是三五十人的小企业，一般都由企业自身承担物流职能，导致物流的高成本、低效率的结果。而在电子商务条件下，特别是对小企业来说，在网上订购、网上支付实现后，最关键的问题就是物流配送，如果完全依靠自己的能力来承担肯定是力不从心的，特别是面对跨地区，甚至跨国界的用户时，将显得束手无策。因此，物流的社会化将是适应电子商务发展的一个十分重要的趋势。

三、第三方物流的评价与选择

对第三方物流的评价与选择，要遵循以下几个步骤：

(一) 分析企业的物流系统

首先看企业是否有自营物流的能力。如果没有，就将物流外包；如果有，就要考虑企业物流系统的战略地位、物流总成本和服务水平。

1. 企业物流系统的战略地位

企业的自营物流能力是指企业自己经营物流的能力，即企业具备的物流设施和技术。

企业物流系统的战略地位一般可从以下几方面进行判断：

- 它们是否高度影响企业业务流程？
- 它们是否需要相对先进的技术？采用此种技术能否使公司在行业中领先？
- 它们在短期内是否不能为其他企业所模仿？

如能得到肯定的回答，那么就可以断定物流子系统在战略上处于重要地位。由于物流系统是多功能的集合，各功能的重要性和相对能力水平在系统中是不平衡的，因此，还要对各功能进行分析。

某项功能是否具有战略意义，关键就是看它的替代性。如其替代性很弱，很少有物流公司或物流公司很难完成，几乎只有本企业才具备这项能力，企业就应保护好、发展好该项功能，使其保持长久的竞争力。

2. 企业物流系统的总成本

物流总成本可用数学公式表示如下：
$$D = T + S + L + F_w + V_w + P + C$$

式中，D 为物流系统总成本；T 为该系统的总运输成本；S 为库存维持费用，包括库存管理费用、包装费用以及返工费；L 为批量成本，包括物料加工费和采购费；F_w 为该系统的总固定仓储费用；V_w 为该系统的总变动仓储费用；P 为订单处理和信息费用，指订单处理和物流活动中广泛交流等问题所发生的费用；C 为顾客服务费用，包括缺货损失费用、降价损失费用和丧失潜在顾客的机会成本。在上述成本之间存在着二律背反的现象。例如，在考虑减少仓库数量时，虽然是为了降低保管费用，但是在减少仓库数量的同时，就会带来运输距离变长、运输次数增加等后果，从而导致运输费用增大；如果运输费用的增加部分超过了保管费用的减少部分，总的物流成本反而增大了，这样减少仓库数量的措施就没有了意义。在选择和设计物流系统时，要对系统的总成本加以检验，最后选择成本最小的物流系统。

3. 物流服务水平

物流服务水平是物流能力的综合体现，它指消费者对物流服务的满意度。工商企业重视物流不仅仅是为了节约成本，而是越来越认识到物流对提高顾客服务水平的重要性。这种物流服务的衡量包括三个部分，即事前要素、事中要素和事后要素。

(1) 顾客服务的事前要素

顾客服务的事前要素是指公司的有关政策和计划。具体表现在：

- 可联系性：是否易于联系？是否有固定的联系方式？
- 组织结构：是否有顾客服务的管理机构？其对服务过程的控制水平如何？
- 系统的灵活性：是否可以调整服务运送系统以满足特殊顾客的需要？

(2) 顾客服务的事中要素

顾客服务的事中要素是指在提供物流服务的过程中，是否满足用户的需求。具体表现在：

- 订货周期：从订货到运送需要多长时间？可靠性如何？
- 库存情况：每种物品可直接由库存提取的比例有多大？
- 订单完成率：在指定期间内完成订单的比例有多大？
- 运送的可靠性：运送途中货物的破损率为多少？货物是否在指定的时间和地点送给顾客？

（3）顾客服务的事后要素

顾客服务的事后要素是指产品在使用中的维护情况。包含的具体内容如下：

- 备用零件的库存水平：备用零件的库存水平有多大？是否能够满足顾客在指定维修期内的数量？
- 维修服务：顾客需要维修时，等待时间有多长？维修率可以达到多少？
- 产品跟踪和质量保证：是否知道单个产品的售出地点？产品质量如何？
- 顾客抱怨和投诉：是否能够迅速处理顾客的抱怨和投诉？处理情况如何？

（二）对第三方物流企业进行评价

当企业不具备自营物流的能力时，就要将物流业务外包出去。企业可以将物流业务外包给一家第三方物流企业，也可以外包给多家第三方物流企业。要想选择好第三方物流企业，就必须对第三方物流企业进行合理的评价。

1. 第三方物流供应商的核心竞争力

在挑选第三方物流供应商时，应首先考虑第三方物流供应商的核心竞争力是什么。例如，美国联邦快递和联合包裹服务公司最擅长的服务是包裹的限时速递，中国储运总公司的核心竞争力在于其有大型的仓库。

2. 第三方物流供应商是自拥资产还是非自拥资产

使用自拥资产或非自拥资产的第三方物流供应商都各有优缺点。自拥资产的公司具备较大的规模、丰富的人力资源、雄厚的客户基础、先进的系统，但是它们的工作倾向于自己决定，需要较长的决策周期。非自拥资产的公司在运作上更加灵活，对于企业所提出的服务内容可以自由组合，调配第三方物流供应商。但是因为其资源有限，物流服务价格会偏高。

3. 第三方物流供应商服务的地理范围

第三方物流供应商按照其所服务的地理范围可分为：全球性、国际性、地区性和地方性。选择第三方物流供应商时要与本企业的业务范围相一致。

4. 第三方物流的服务成本

在计算第三方物流的服务成本时，首先要弄清自营物流的成本，然后将两者进行比较。对于物流服务的成本计算，与分析企业的物流系统的成本计算相同。

5. 第三方物流的服务水平

在评价第三方物流的服务水平时,评价方法与分析企业的物流系统中的评价方法相同。对于第三方物流的评价的主要指标是物流服务水平和物流成本。这在前面均有阐述。值得提出的是,国内的物流供求状况调查表明:在采用第三方物流的需求企业中,有67%的生产企业和54%的商业企业对第三方的物流服务感到满意,有23%的生产企业和7%的商业企业对第三方的物流服务不满意。不满意的原因中,首先是因为作业速度慢和物流信息不及时准确,其次是作业差错率高、运作成本高。从中可看出,对于第三方物流服务,生产企业和商业企业首先关心的是运作质量和包含物流信息在内的运作能力问题,其次才是成本。

(三) 第三方物流的实施

企业选定了第三方物流供应商后,通过合同的形式达成协议。企业与第三方物流供应商要想成功地合作,应该注意以下问题:

1. 处理好双方的关系

(1) 企业与第三方物流供应商合作后,刚开始时,要投入足够的时间,无论对于哪一方来说,在最初的六个月至一年的时间内有效地开展合作是最困难的,也是最关键的。企业必须明确,成功的关键需要什么,并能够向第三方物流供应商提供所需的信息和需求。第三方物流供应商必须彻底、认真地考虑和讨论这些需求,并制定出具体的解决方案。双方都必须投入足够的时间和精力确保合作成功。

(2) 企业与第三方物流供应商之间的关系应该是合作伙伴关系,双方应该牢记,这是一个互惠互利、风险共担的合作联盟。企业应该考虑如何将第三方物流供应商融入自己的物流战略规划。

2. 有效的沟通

有效的沟通对于任何一个外包项目的成功都是非常必要的。首先,对于企业来说,各个部门的管理者之间、管理者与员工之间必须相互沟通,明确为什么进行物流业务外包,从外包中期望得到什么。这样,所有的相关部门才能与第三方物流供应商密切配合,员工也不会产生抵触的心理。其次,企业与第三方物流供应商也要进行有效的沟通,确保合作的顺利进行。

3. 其他

(1) 第三方物流供应商必须为企业所提供的数据保密;

(2) 对绩效衡量的方式必须一致;

（3）讨论附属合同的特定标准；

（4）在达成合同前要考虑争议仲裁问题；

（5）协商合同中的免责条款；

（6）确保通过物流供应商的定期报告来实现绩效目标。

（四）第三方物流的运作模式

第三方物流企业想要取得成功,最重要的因素在于整合物流过程,以实现其对客户的增值服务。物流服务中的运输服务、仓储服务和其他功能的综合程度决定着产品的增值程度。因此,第三方物流企业要想实现优质、高效的物流服务并取得丰厚的利润,必须具备物流目标系统化、物流组织网络化、物流信息电子化、物流作业规范化、物流业务市场化等基本条件。

第三方物流在我国的主要运作模式如下：

1. 与制造业相结合的物流服务运作模式

以往我国大多数企业都是自己解决产品的运输问题,包括原材料和产成品的运输,而这一部分恰好是第三方物流企业最大的潜在客户。同制造业相结合的第三方物流服务的最大用户群通常是那些在零售店销售的日常洗涤用品、纸制品、化妆品和食品等产品的制造商。首先,这些组织力图通过物流的力量获得并保持竞争优势；其次,优秀的公司寻求其产品或服务增加价值,并通过一个有效的物流体系来达到此目标；最后,公司通过与服务供应者结成战略联盟来改善它们的资产,这些联盟使公司与其重要客户的关系更为密切。第三方物流企业可以依托生产企业,成为它们,特别是中小企业的物流代理商。

2. 与商业零售业相结合的物流服务运作模式

随着我国商业零售业市场的对外开放、卖方市场向买方市场的转变,国内传统的国有大中型商业零售企业受到外资大型超市和小摊贩的双重挤压,经营日益困难。全球电子商务迅猛发展,货物流（送货到户）和资金流（交易结算）却成为限制其发展的巨大瓶颈。现代物流具有巨大的市场潜力,与零售业相结合的第三方物流末端配送服务为第三方物流企业的发展提供了良好的机遇。

3. 一体化运作模式

20世纪80年代,发达国家如美国、法国和德国等提出了物流一体化的现代理论,应用和指导其物流发展并取得了明显的效果,使生产商、供应商和销售商均获得了显著的经济效益。物流一体化是物流运作的更高级阶段,它强调供应链企业之间的合作。第三方物流从面向企业内部发展到面向企业之间的集成物流服务。该模式超越了组织结构的界限,将供应商、制造商、销售商和用户同时纳入物流管理的范围,力图从原材料到用户的每个过程来实现物流的管理,利用第三方自身的优势建立和发展与供应链其他企业的合作关系,形成一种联合力量以赢得竞争优势。该模式突破了传统的供应商与制造或制造商与分销商的合作关系,也不同于供应商或制造商、分销商与第三方物流的单个联盟关系,而是将供应链上所有环节的活动联系起来,实现物流功能的集成化,提高用户服务水平,从而赢得竞争优势。

第三节 企业物流外包和物流服务承包的形式

一、从物流服务的供需双方看物流外包

对于物流业务外包问题,无论从企业自身的角度还是从物流服务承包商的角度看,都有一定的原因。物流服务的外部化趋势是与物流服务供需双方面临的压力有关的。虽然各国情况有所不同,但基本的方面是一致的。

(一)物流服务的需求方

1. 物流外包可以节约成本和提高服务水平和灵活性

国外文献中,管理学者强调物流外包在成本上的潜在节省,而采购与营销专家则认为成本与服务的重要性相等。许多物流专家则认为对高水平服务的需求是物流外包的主要动力。近年来,成本节约、服务改进和灵活性被认为对物流外包决策同等重要。

2. 物流外包可以避免物流设施的投资

在 20 世纪 80 年代这是物流外包的主要因素所在。尤其是英国对公司税收系统的调整,使拥有资产的愿望变成关注资产对利润的贡献上,这导致企业把资本集中在企业的核心业务上。有近 60% 的企业认为物流不是它们的主业,使用外部物流合同承包商不仅减少物流设施的新投资,而且解放了在仓库与车队上占用的资金,它们可以用在更有效率的地方。

3. 信息技术的发展,方便了企业对合同物流作业的监控

对已建立并自己进行物流作业的企业,一般情况下,不愿轻易放弃对物流功能的控制,担心物流承包商运作的质量。近年来,这种担心越来越少,这是由于对合同物流作业已建立了信心,信息技术的发展方便了企业对合同物流作业的监控。

4. 快速反应和零库存的压力

1997年，主要的英国零售商已控制了94%的配送（从配送中心到商店），将近47%的配送是外包出去的。零售供应链的"快速反应"压力，导致了运送频率的提高和订单规模的减少。信息技术的发展已使对合同物流作业的监控与自己管理物流非常相近。这也迫使供应商必须加大利用外部物流供应商的力度，以分享服务的形式减少成本。在某些行业，如汽车和电子行业，原材料"零库存"供应已广泛使用。

在国际物流方面也有类似的物流服务外部化趋势。荷兰国际配送协会的调查表明，三分之二的美国、日本、韩国等的欧洲配送中心是由第三方物流公司管理的。

（二）物流服务的供给方

自20世纪90年代以来，许多国家，特别是欧美国家的第三方物流企业提供服务的标准和作业效率大大提高。物流服务公司的营销也更强有力与熟练，为客户需求定制的各类新型服务得到了发展，第三方物流服务得到了很大的改进。在欧美大多数国家，公路运输行业成为越来越具竞争性的行业，资金回报率下滑，利润率降低，许多运输与仓储公司演变成了广泛物流服务的供应商，通过改造成综合物流公司，形成进入门槛较高的细分市场，以保证与客户的长期合同。同时，大型物流公司提供运输、车辆维护、存储、托盘化、分装、集运、贴标签、订单分拣、质量控制、产品试验、存货控制、客户化、分拣包装、售后服务、货物跟踪、咨询服务等增值物流服务。

二、企业物流外包和物流服务承包的形式

（一）企业物流外包的形式

1. 物流业务完全外包

物流业务完全外包是最彻底的外包形式。如果企业不具有自营物流的能力，就会采取这种物流业务外包的形式。如果企业具有自营物流的能力，企业进行物流系统的评价，评价的结果倾向于外包，就关闭自己的物流系统，将所有的物流业务外包给第三方物流供应商。对于物流业务完全外包的优点及缺点在第二节中已经详细阐述，这里不再进行说明。

2. 物流业务部分外包

企业将物流业务分成两大部分：一类是可以自营的业务，一类是非自营业务。企业可将非自营业务或者低效的自营业务外包给第三方物流供应商。例如，美国的阳光微软系统公司自己开展物流业务时，顾客们等待交货的时间长达几个星期。最终,该公司关闭了在全世界的18个配送中心,将业务交给联邦快递公司,使配送的效率大大提高。

3. 物流系统接管

物流系统接管是企业将物流系统全部卖给或承包给第三方物流供应商,也叫物流社会化。第三方物流供应商接管企业的物流系统并采用原企业的员工。

4. 战略联盟

企业与第三方物流供应商或其他企业合资,保留物流设施的部分产权,并在物流作业中保持参与。同时,物流合同商提供了部分资本和专业服务,企业也为合资者提供特色服务,达到资源共享的目的。

5. 物流系统剥离

物流系统剥离是指企业将物流部门分离出去,使其成为一个独立的子公司,允许其承担其他企业的物流业务。

6. 物流业务管理外包

物流业务管理外包是指企业拥有物流设施的产权,将管理职能外包出去。

(二) 物流服务承包者的类型

由于物流服务种类的多样性和企业物流外包的多样性,物流服务提供者的类型是多种多样的。对于物流服务承包者的类型有多种划分方法,如按照所提供的物流服务种类划分和按照所属的物流市场的类型划分。

1. 按照所提供物流服务的种类划分

(1) 以资产为基础的物流服务提供者。以资产为基础的物流服务提供者自己拥有资产,如运输车队、仓库和各种物流设备,并通过自己的资产提供专业的物流服务。

(2) 以管理为基础的物流服务提供者。以管理为基础的物流服务提供者通过系统数据库和咨询服务为企业提供物流管理或者提供一定的人力资源。这种物流服务提供者不具备运输和仓储设施,只是提供以管理为基础的物流服务。

(3) 综合物流服务提供者。综合物流服务提供者自己拥有资产,并能提供相应的物流管理服务,同时,它可以利用其他物流服务提供者的资产,提供一些相关的服务。

2. 按照所属的物流市场的类型划分

(1) 操作性的物流公司。操作性的物流公司以某一项物流作业为主,一般擅长于某一项或几项物流操作。在自己擅长的业务上,具有成本优势,往往是通过较低的成本在竞争中取胜。

(2) 行业倾向性的物流公司。行业倾向性公司又称为行业性公司,它们通常为满足某一特定行业的需求而设计自己的作业能力和作业范围。

(3) 多元化的物流公司。多元化的物流公司提供一些相关性的物流服务,这种物流服务是综合性的。

(4) 顾客化的物流公司。顾客化的物流公司面向的对象是专业需求用户,物流服务公司之间竞争的焦点不是费用而是物流服务。

本章思考题

一、名词解释

企业核心竞争力;不可交易性;相互关联性;历史依存性;学习的积累性;投资不可还原性;业务外包;第三方物流;第四方物流。

二、回答问题

1. 什么是企业核心竞争力?企业核心竞争力具备哪些特殊性质?
2. 谈谈核心竞争力的基本特征。
3. 请阐述物流合作主要有哪几种类型?
4. 分析企业实施物流业务外包的原因。
5. 物流业务外包是否适应一切企业物流?为什么?
6. 如何理解狭义的第三方物流?
7. 简述第三方物流的特点。
8. 请阐述第三方物流企业所具有的优势。
9. 对于电子商务概念的科学理解应包括哪几个基本方面?
10. 电子商务对物流的发展提出了哪些新要求?
11. 企业在选择第三方物流时要从哪些方面进行分析、评价?
12. 谈谈第三方物流的运作模式。
13. 企业物流外包和物流服务承包的形式有哪些?

第十五章

企业物流绩效管理

主要内容

- 企业物流绩效评价
- 企业物流绩效评价指标
- 企业物流绩效管理

美国国家绩效评估中的绩效衡量小组把绩效管理定义为"利用绩效信息协助设定统一的目标计划,进行资源配置与优先顺序的安排,以告知管理者维持或改变既定目标计划,并报告成功符合目标的管理过程"。企业物流的业务目标是提高企业的物流服务水平,降低物流成本,实现物流系统的经济效益和效率的最佳化。要达到这一目标,企业物流经理就必须采取相应的方法来提升本部门的业务绩效水平,并且对物流活动的成本和费用支出进行严格的管理。物流业务目标需要使用一定的标准和方式来进行评价,也就是进行物流业务绩效评估,以便了解工作的现状,发现并解决存在的问题,求得物流工作的不断进步。

第一节 企业物流绩效评价

一、企业物流绩效的含义

企业物流绩效是指现代企业依据顾客的物流需求,在组织物流运作过程中的劳动消耗和劳动占用与所创造的物流价值的对比关系,或者是物流运作过程中现代企业投入的物流资源与创造的物流价值的对比。结合现代物流管理,物流绩效的含义应该包括结果和行为两个方面。具体地说,就是指现代物流行为与行为过程及其所创造的物流价值和经营效益。企业物流绩效既是企业物流行为及其行为过程的表现,同时也是企业实现物流价值和经营效益的反映。

物流绩效评价是对物流价值的一种事前计划与控制以及事后的分析与评估,是衡量现代物流运作系统和活动过程的投入与产出状况的分析技术与方法。依托现代信息技术和分析工具,物流绩效评价成为一个不断分析、控制和修正的动态过程。

二、企业物流绩效评价的原则

在一定时期内,人们对物流实施后的结果与原计划的物流目标进行对照、分析,这便是物流的绩效评价。通过对物流活动的全面剖析,人们可以确定物流计划的科学性、合理性如何,确认物流实施阶段的成果与不足,从而为今后制订新的计划、组织新的物流活动提供宝贵的经验和资料。

（一）企业物流绩效评价的平衡原则

（1）物流绩效评价指标的平衡。主要包括外部评价指标(品牌形象、顾客态度、股东收益等)和内部评价指标(内部组织效率、物流运营、技术、创新与成长等)之间的平衡;成果评价指标(市场占有率、利润、物统费用、物流设备利用率等)与行为评价指标(物流功能组合、物流控制、物流设备状况、员工、物流流程、物流服务等)之间的平衡;客观评价指标(响应速度、准时率、准确率、配送频率、差错率等)与主观评价指标(顾客满意度、员工忠诚度等)之间的平衡;直接评价指标(直接衡量物流活动成本与收益的指标)与间接评价直接(物流活动提升竞争力和品牌影响力的指标)之间的平衡。此外,还应包括长期评价指标与短期评价指标的平衡、有形资产评价指标与无形资产评价指标的平衡。

(2)物流绩效评价指标体系、评价组织体系、评价方法体系三者之间的平衡。当今社会是一个多元思维的社会,人们认识的深度和广度取决于认识对象的范围。对物流绩效的评价,不仅需要科学合理的评价指标体系,而且还需要建立与之相协调的、能正确理解和应用指标体系的评价组织体系(包括评价人员组织、评价过程组织、评价结果的决策组织)。同时,也需要建立与之相适应的评价方法体系。

(3)物流绩效评价是对整个供应链体系中多个群体利益的协调、平衡和兼顾。为了建立起企业内部物流运作体系、各环节各部门和各个员工的激励机制,并建立起企业与供应商和顾客等外部利益群体的利益分享机制,需要对物流绩效进行多角度评价的平衡和有机协调。

(二)现代物流绩效评价的战略原则

(1)传统的评价系统是由成本和财务模式驱动的,是围绕财务评价和财务目标建立起来的。物流绩效评价,虽然需要采用传统的财务与成本评价,但必须从企业发展战略的高度建立物流绩效的评价系统,必须坚持评价的战略原则。

(2)物流绩效评价系统必须紧紧围绕企业发展的战略需要,通过战略、任务和决策转化为具体的、系统的、可操作的指标,从而形成集评价和激励、传播和沟通、团结和学习于一体的多功能的战略管理系统。

(3)物流绩效评价必须根据影响企业发展的重要战略要素的变化,及时调整和吸纳进入评价指标体系之中。

(4)通过物流绩效的评价,进一步分析和评估企业资源素质与能力,才能科学确定企业发展的物流战略。

(5)物流绩效评价就是一项具有战略意义的工作,要注重评价指标体系、评价组织体系和评价方法体系的战略发展,明确战略重点,实施战略管理,确保物流绩效评价产生战略价值。

(三)现代物流绩效评价的目标原则

从企业物流运作管理需要出发,物流绩效评价的目标就是对整个物流运作管理过程的监督、控制和指挥。物流绩效的目标首先表现为追踪现行物流系统绩效并不断与以往物流系统进行比较分析,主要就服务水平和物流成本的要素分析向管理者提供绩效评估报告。其次,依据物流系统的标准化体系进行实时控制,追踪现行物流系统运作绩效,改进物流动作程序,及时调整运作方式。最后,通过物流绩效评估来评价物流组织和物流人员的工作绩效,实现更优化的物流运作效率。

三、企业物流绩效评价的要求

任何一个体系的设计都同组织结构有着密不可分的关系。完善企业物流的组织结构,有助于实施和控制。企业物流绩效评价应满足以下要求:

(一)准确

要想使评价结果具有准确性,与绩效相关的信息必须准确。在评价过程中,计量什么、如何计量,都必须十分清楚,才能做到量化值的准确。

(二)及时

只有及时获取有价值的信息,才能及时评价、及时分析,迟到的信息会使评价失真或无效。因此,何时计量以及以什么样的速度将计量结果予以报告,是物流企业绩效评价体系的关键。

(三)可接受

企业物流绩效评价体系,只有利用才能发挥其作用。反之,如果绩效评价体系不被人们接受,或者不甚情愿地接受下来,就称不上是有价值的体系。勉强被接受,信息可能是不准确、不及时、不客观的。所以在体系设计时必须满足使用者的需要。

(四)可理解

能够被用户理解的信息才是有价值的信息。难以理解的信息会导致各种各样的错误,所以确保信息的清晰度是设计物流企业绩效评价体系的一个重要方面。

(五)反映企业的特性

一个有效的企业物流绩效评价系统,必须能够反映企业独有的特性。企业的性质、规模、产品类型、物流业务等都会有很大差异,在设计企业物流绩效考核指标时必须有所针对性。

（六）目标一致性

有效的物流企业绩效评价体系,其评价指标与发展战略目标应该是一致的。

（七）可控性与激励性

对管理者的评价必须限制在其可控范围之内,非可控指标尽量避免。即使某项指标与企业战略目标非常相关,只要评价对象无法实施控制,也难以对该项指标的完成情况进行评价。应当说明,评价指标水平应具有一定的先进性、挑战性,这样才能激发工作潜能。

（八）应变性

良好的绩效评价体系应对企业物流战略调整及内外部的变化非常敏感,并且体系自身能够做出较快的相应调整,以适应变化要求。

在设计企业物流绩效评价体系时,除要满足上述要求外,还应注意下列问题:

（1）指标不可过高或过低。指标过高,企业无法接受;指标过低,会失去评价的意义。

（2）注意可比性。在利用评价结果与同行业进行比较性分析和在体系设计时,应注意可比性。

（3）评价体系要兼顾近期财富最大化和长远财富最大化,企业物流要适应企业的可持续发展,并获取长期利益。

（4）不可过分注重财务性评价,非财务性的绩效评价不能忽视。因为反映企业物流所创造的财务报酬有时难以计量,例如顾客满意程度、交货效率、订、发货周期等。

四、企业物流绩效评价体系的基本要素

企业物流绩效评价体系属于企业管理控制系统的一部分。有效的物流绩效评价体系主要由以下几个基本要素构成:

（一）评价对象

评价对象的确定是非常重要的。企业物流绩效评价体系的评价对象,一是企业物流本身,二是企业物流管理者。对企业物流的评价关系到企业是扩张还是收缩,是维持还是重组,是自营还是外包。对管理者的评价关系到对其是奖励还是惩罚,是提升还是降职等。

（二）评价目标

企业物流绩效评价体系的目标是整个企业物流运行的指南和目的。它

服从和服务于企业的总目标。

（三）评价指标

评价指标指企业物流业绩评价对象与企业目标的相关方面,即所谓的关键成功因素。这些因素具体表现在指标上。关键成功因素有财务方面的,如投资报酬率、销售利润率;也有非财务方面的,如售后服务水平、产品质量、创新速度和能力等。

（四）评价标准

企业物流的绩效评价标准取决于评价的目的。一般企业的绩效评价系统中常用的三种标准分别为年度预算标准、资本预算标准及竞争对手标准。评价标准是判断评价对象绩效优劣的基准。

（五）评价方法

评价方法即企业物流绩效评价的具体手段。有了评价指标和评价标准,还需采用一定的方法对评价指标和评价标准进行实际运用,以取得公正的评价结果。没有科学、合理的评价方法,其他要素就失去本身存在的意义。

（六）分析报告

企业物流通过评价得出的结论性文件即分析报告。通过将评价对象的评价指数的数值状况与预先确定的评价标准进行比较,通过差异分析,找出产生差异的原因、责任及影响,得出评价企业绩效优劣的结论,形成结论评价报告。

上述六个基本要素共同组成一个完整的企业物流绩效评价体系,它们之间相互联系、相互影响。不同的目标决定了不同的对象、指标、标准和方法的选择,其报告的形式也不相同。可以说,目标是绩效评价的中枢,没有明确的目标,整个绩效评价体系将处于混乱状态。

第二节 企业物流绩效评价指标

一、物流绩效评价指标

（一）指标的定义

指标是指能够被予以证实的衡量,由定量的或定性的术语表述,它要考虑相关评估点进行定义。理想的指标能表明其如何将价值传递给其顾客,具有深远意义。

这一定义确定了几个关键要素。首先,指标是能被证实的。它应基于对一组数据的良好理解,并通过良好的过程,将这些数据转化为指标。其次,指标是可衡量的。它们以数字或其他形式来进行表示。为了解释一个指标的意义,指标必须与相关衡量点比较。相关衡量点作为比较的基础,可以是一个绝对标准或内部/外部的发展标准。标准也可以是基于以往指标评估结果或基于比较过程的指标价值(如标杆)。比如,零缺陷是一个绝对标准,即100%的利用率。

（二）指标的功能

指标将数据进行提炼。由于输入信息的大量增加、控制范围的日益广泛、运营复杂性的提高,数据管理变得越来越困难。当信息量越来越大时,指标提供了将大量数据进行提炼的方法。企业需要这些功能以提高物流运作的效率。

指标提供了以下三种基本功能:

(1) 控制。指标使管理人员与工作人员对其所负责的资源绩效进行评价与控制。

(2) 沟通。指标沟通绩效不仅与内部员工与管理人员进行交流,也与外部的股东进行交流。设计良好的可交流的指标使使用者知道要做什么;设计不好的指标会导致失败、冲突与混乱。

(3) 改进。指标能够鉴别绩效与期望的差距,理想地提出干预以及改进的方法。差距的大小以及方向(积极的或是消极的)提供了信息,并且这些反馈信息可以用于确定生产过程的调整或其他行为。

（三）指标的层次

术语"指标"通常涉及以下三种不同结构中的一种:单个指标、小组指标以及全面绩效衡量体系。这些术语通常交换使用,因此也常常导致混乱。认清不同层次的指标及其互动对研究与设计指标是非常重要的。

在最高层,是指标的全面绩效衡量体系。它对不同功能领域的协调指标负责,也将从战略层至战术层中的不同指标进行联合。对每一活动,生产、功能或关系,可以开发与执行多指标。问题在于如何设计指标结构(如将其分组),以及如何从中获取对绩效的全面评价。

多数研究集中于全面绩效衡量体系与单个指标。但是在这两个层次之外,还存在着另一种指标结构——小组指标。小组指标是根据特定活动、过程、领域或功能将指标归类分组。指标组是很关键的,因为它通常涉及单元分析,并且指标组的范围与复杂性都可以认为是单个指标的扩展。

这三个指标层次是相互联系的。最基层的是单个指标，是构建系统的基石。单个指标聚集形成各种指标组，每一组指导、管理、控制着个体活动，支持着战略目标。

（四）企业在指标选择与体系建设时应遵循的原则

1. 适用性原则

从企业的实际出发，选择具有实际应用意义的指标来构建绩效衡量体系是指标选择与体系建设的基本原则。绩效衡量指标不宜过多，以简明为宜。评价指标设计应定义明确，易于理解。企业使用的指标必须由有意义的术语表示出来，并且指标的选择要突出重点，要对关键绩效指标进行重点分析。

2. 综合性原则

中小企业的衡量体系应该是综合的，评价指标应该是多方面的，应从企业物流运行的多方面进行评价以获取全面的物流运营信息。单纯用财务指标衡量企业的绩效是远远不够的。由产品质量、消费者满意程度、市场份额、创新能力以及财务数据等组成的综合指标体系，能够全面反映企业的经营现状与发展前景。

3. 整合性原则

指标体系建设应实现垂直和水平整合，以及在供应链下的跨组织之间的整合。绩效衡量体系垂直整合应体现在企业的各个层次。绩效衡量体系水平整合应体现在与物流密切合作过程的诸部门，而不仅是对单一功能或某一部门的衡量。

4. 动态性原则

绩效衡量体系应是动态的并能适应环境的变化。企业应尽可能地采用实时分析和评价的方法，把绩效衡量的范围扩大到能反映企业现行物流运营的信息上去。

5. 因果导向原则

企业指标的选取应具有目的性，应强调因果关系，获取绩效产生的原因与结果。它应主要面向绩效产生的原因，从而为解决问题提供相应的途径。

（五）企业指标选择的要求

1. 客观公正要求

坚持定量与定性相结合，建立科学、适用、规范的评价指标体系及标准，避免主观臆断。以客观的立场评价优劣，以公平的态度评价得失，以合理的方法评价业绩，以严密的计算评价效益。

2. 多层次、多渠道、全方位要求

多方收集信息,实行多层次、多渠道、全方位评价。在实际工作中,综合运用上级考核、同级评价、下级评价、职员评价等多种形式。

3. 责、权、利相结合要求

评价的目的主要是提高绩效,不能为评价而评价,为奖惩而评价,为晋升而评价。但是,物流企业绩效评价产生出结果后,应分析责任的归属,在确定责任时,要明确是否在当事人责权范围内并且是否为当事人可控事项,只有这样奖惩才能公平合理。

4. 经常化、制度化要求

企业必须制定科学、合理的物流绩效评价制度,并且明确评价的原则、程序、方法、内容及标准,将正式评价与非正式评价相结合,形成评价经常化、制度化。

5. 目标与激励要求

精神鼓励和物质奖励是激励员工努力工作的重要手段,以报酬作为激励是现代化企业不可缺少的有效管理机制。但是,激励机制必须与企业物流要实现的目标紧密结合。从总体上看,一个有效的物流管理机制是企业实现预定目标及战略目标的重要保证。

6. 时效与比较要求

为了随时了解企业物流运营的效益与业绩,评价必须及时进行。评价绩效数据是最佳的衡量工具,但是如果没有比较的基准,再及时的评价也是徒劳的。有比较才能有鉴别,将企业物流的预算目标、同行业水准、国际水平等进行比较,才能鉴别企业物流的优劣。用一定的基准数据同评价企业的经营结果进行比较及分析,物流企业绩效评价才具有实际意义。

二、物流系统的一般评价指标

物流系统的一般评价指标包括以下六个方面:

(一) 稳定性指标

物流系统的稳定性是系统充分发挥其职能、完成服务项目的有效保证。对稳定性的评价可以用物流系统参与主体的稳定性和物流运营人员流动率两个指标来反映,两个指标分别反映了物流运营主体及其参与人员的稳定性。

(二) 技术性指标

这是指物流系统的技术及主要性能指标,例如物流设施设备的性能、可靠性和安全性；物流系统的服务能力等。

（三）经济性指标

物流系统的经济性主要是指系统的服务质量水平和物流成本之间的关系，包括物流运营成本、流动资金占用等。对于物流企业来说，其经济性指标还包括物流系统的利润、营业利润率、投资利税率等。

（四）速度性指标

速度对于物流系统来说是非常重要的。它的评价指标可以是资金周转率、配送及时率、服务响应时间、平均收发货时间等。

（五）社会性指标

社会性指标包括社会福利、社会节约、综合发展、生态环保等指标。环保是现代产业的一项基本要求，它的评价主要包括原材料废品回收率、产成品回收率、废弃包装物的回收率以及单位公里耗油量等。

（六）安全性指标

物流中的货物必须保证安全性，保证安全运输和安全储存。主要评价指标包括运输货损货差率、仓储货损货差率、安全防护措施等。

三、企业物流系统评价指标体系

企业物流系统包括供应物流、生产物流、销售物流、回收物流和废弃物流五个方面。将企业物流系统按水平结构加以划分，对于每个物流子系统都选取典型的物流生产率和物流质量指标，形成具有递阶层次结构的评价指标体系，如图15-1所示。需要指出的是，建立物流系统的综合评价指标体系是一个复杂的问题，不同企业也应该根据自身的具体情况选取评价指标，这里提出的只是一般意义上的体系结构。

整个物流活动由若干个基本的、能够创造物流价值并独立进行评价的业务构成。企业将整个物流划分为若干个基本业务环节，是物流基本业务绩效评价的前提条件。对于一个完整的物流过程而言，某一环节或承担的某一项业务，都可以看成是基本业务；基本业务要根据现代企业资源条件、管理能力以及物流和技术等要素确定，不同的企业会有不同的基本业务划分。

企业物流基本业务绩效评价指标有：

1. 业务完成额

业务完成额是指在一定的时期内，现代物流运作已经财务核算的实际完成的各项业务额的总和。反映了现代物流运作过程在一定的时期中满足

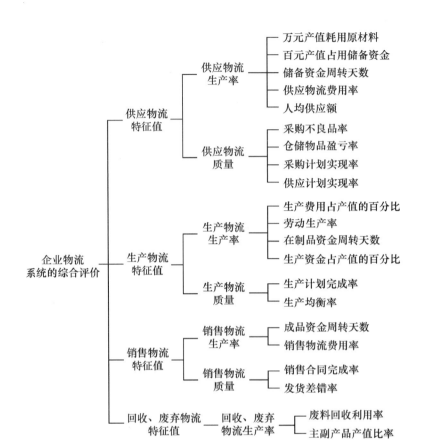

图 15-1　企业物流系统评价指标体系

物流市场需求的程度。在保证物流服务质量的前提条件下，业务实际完成额越多，表明现代物流绩效越好。这是衡量现代物流绩效的基本指标。

2. 差错事故率

差错事故率指标是指一定的时期中，企业在物流运作过程中发生的差错事故项数与已执行业务总额项数的百分比。虽然造成事故的原因是多方面的，但也是对现代物流服务质量和物流运作绩效的反映。

3. 费用率

费用率指标是指在一定时期内，企业全部物流业务运作过程支出的各项费用总额占物流业务收入总额的百分比。这是衡量现代物流绩效的一项综合性指标。

4. 全员劳动效率

全员劳动效率是指在一定时期内,企业实际完成的物流业务总额与平均人数的对比。这是现代企业活劳动在物流运作过程中的绩效反映。

5. 定额流动资金周转天数

定额流动资金周转天数,是企业在一定时期内物流运作过程中定额流动资金周转一次所需的时间。通常以天为单位,反映现代物流运作中资金的利用效果。

6. 利润总额

利润总额指标是指企业在一定时期内组织物流过程中收支相抵后的余额。这是衡量现代物流经营管理水平和物流绩效的综合性指标。

7. 资金利润率

资金利润率指标是指在一定时期内,实现的物流利润总额占固定资金平均占用额和定额流动资金占用额的百分比。这是评价现代物流绩效的一项综合性指标。

四、企业储存绩效考核指标体系

(一) 反映仓库生产成果数量的指标

反映仓库生产成果数量的指标主要是吞吐量、库存量、存货周转率等。

1. 吞吐量

吞吐量是指计划期内仓库中转供应物品的总量,计量单位通常为"吨",计算公式为:

$$吞吐量 = 入库量 + 出库量 + 直拨量$$

入库量是指经仓库验收入库的数量,不包括到货未验收、不具备验收条件、验收发现问题的数量。

出库量是指按出库手续已经点交给用户或承运单位的数量,不包括备货待发运的数量。

直拨量是指在车站、码头、机场、供货单位等提货点办理完提货手续后,直接将物品从提货点分拨转运给用户的数量。

2. 库存量

库存量通常指计划期内的日平均库存量。该指标同时也反映仓库平均库存水平和库容利用状况。其计量单位为"吨",计算公式为:

$$月平均库存 = \frac{月初库存量 + 月末库存量}{2}$$

$$年平均库存 = \frac{各月平均库存量之和}{12}$$

库存量指仓库内所有纳入仓库经济技术管理范围的全部本单位和代存单位的物品数量,不包括待处理、待验收的物品数量。月初库存量等于上月末库存量,月末库存量等于月初库存量加上本月入库量再减去本月出库量。

3. 存货周转率

库存量指标反映的是一组相对静止的库存状态,而存货周转率更能体现仓库空间利用程度和资金的周转速度。

存货周转率的计算公式：

$$存货周转率 = \frac{存货销售成本}{存货平均余额} \times 100\%$$

(二) 反映仓库生产作业质量的指标

仓库生产质量是指物品经过仓库储存阶段,其使用价值满足社会生产的程度和仓储服务工作满足货主和用户需要的程度。由于库存物品的性质差别较大,货主所要求的物流服务内容也不尽相同,所以,各仓库反映生产作业质量的指标体系的繁简程度会有所不同。通常情况下,反映质量的指标主要是：收发差错率(收发正确率)、业务赔偿费率、物品损耗率、账实相符率、缺货率等。

1. 收发差错率(收发正确率)

收发差错率是以收发货所发生差错的累计笔数占收发货总笔数的百分比来计算,此项指标反映仓库收、发货的准确程度。计算公式为：

$$收发差错率 = \frac{收发差错累计笔数}{收发物品总笔数} \times 100\%$$

$$收发正确率 = 1 - 收发差错率$$

收发差错包括因验收不严、责任心不强而造成的错收、错发,不包括丢失、被盗等因素造成的差错,这是仓库管理的重要质量指标。通常情况下,收发货差错率应控制在0.005%的范围内。而对于一些单位价值高的物品或具有特别意义的物品,客户将会要求仓库的收发正确率保证是100%,否则将根据合同予以赔偿。

2. 业务赔偿费率

业务赔偿费率是以仓库在计划期内发生的业务赔罚款占同期业务总收入的百分比来计算,此项指标反映仓库履行仓储合同的质量。计算公式为：

$$业务赔偿费率 = \frac{业务赔罚款总额}{业务总收入} \times 100\%$$

业务赔偿款是指在入库、保管、出库阶段，由于管理不严、措施不当而造成库存物损坏或丢失所支付的赔款和罚款，以及为延误时间等所支付的罚款，意外灾害造成的损失不计。业务总收入指计划期内仓储部门在入库、储存、出库阶段提供服务所收取的费用之和。

3. 物品损耗率

物品损耗率是指保管期中，某种物品自然减量的数量占该种物品入库数量的百分比，此项指标反映仓库物品保管和维护的质量和水平。计算公式为：

$$物品损耗率 = \frac{某种物品损耗量}{某种物品入库总量} \times 100\%$$

物品损耗率指标主要用于易挥发、易流失、易破碎的物品。仓库与货主根据物品的性质在仓储合同中规定一个相应的损耗上限。当实际损耗率高于合同中规定的损耗率时，说明仓库管理不善，超限损失部分，仓库要给予赔付；反之，说明仓库管理更有成效。

4. 账实相符率

账实相符率是指在进行物品盘点时，仓库保管的物品账面上的结存数与库存实有数量的相互符合程度。在对库存物品进行盘点时，要求根据账目逐笔与实物进行核对。计算公式为：

$$账实相符率 = \frac{账实相符笔数}{储存物品总笔数} \times 100\%$$

通过这项指标的考核，可以衡量仓库账面物品的真实程度，反映保管工作的完成质量和管理水平，是避免物品损失的重要手段。

5. 缺货率

缺货率反映仓库保证供应、满足客户需求的程度。计算公式为：

$$缺货率 = \frac{缺货次数}{用户要求次数} \times 100\%$$

通过这项指标的考核，可以衡量仓库进行库存分析能力和组织及时补货的能力。

（三）反映仓库生产物化劳动和活劳动消耗的指标

反映仓库生产物化劳动和活劳动消耗的指标包括：材料、燃料和动力等库用物资消耗指标；平均验收时间、整车（零担）发运天数、作业量系数等工作时间的劳动消耗指标；进出库成本、仓储成本等综合反映人力、物力、财力消耗水平的成本指标等。

1. 库用物资消耗指标

仓库生产作业的物资消耗指标即库用材料（如防锈油等）、燃料（如汽油和机油等）、动力（如耗电量）的消耗定额。

2. 平均验收时间

平均验收时间即每批物品的平均验收时间，计算公式为：

$$平均验收时间 = \frac{各批验收天数之和}{验收总批数}（天/批）$$

每批物品验收天数是指从物品具备验收条件的第二天起，至验收完毕单据返回财务部门为止的累计天数，当日验收完毕并退单的按半天计算。入库验收批数以一份入库单为一批计算。

3. 发运天数

仓库发运的形式主要分为整车、集装箱整箱发运和零担发运，所以发运天数的计算公式就不同，计算公式分别为：

$$整车（箱）平均发运天数 = \frac{各车（箱）发运天数之和}{发运车（箱）总数}（天/车）$$

整车（箱）发运天数是从出库调单到库第二日起，到向承运单位点交完毕为止的累计天数，在库内专用线发运的物品，是从调单到库第二日起至车皮挂走为止的累计天数。

$$零担平均发运天数 = \frac{各批零担发运天数之和}{零担发运总批数}（天/批）$$

发运天数指标不仅可以反映出仓库在组织出库作业时的管理水平，而且可以反映出当期的交通运输状况。

4. 作业量系数

作业量系数反映仓库实际发生作业与任务之间的关系，计算公式为：

$$作业量系数 = \frac{装卸作业总量}{进出库物品数量}$$

作业量系数为1是最理想的，表明仓库装卸作业组织合理。

5. 单位进出库成本和单位仓储成本

单位进出库成本和仓储成本综合反映仓库物化劳动和活劳动的消耗。

$$单位进出库成本 = \frac{进出库总费用}{进出库物品数量}（元/吨）$$

$$单位仓储成本 = \frac{仓储总费用}{各月平均库存量之和}（元/吨）$$

（四）反映仓库生产作业物化劳动占用的指标

反映仓库生产作业物化劳动占用的指标主要有仓库面积利用率、仓容利用率、设备利用率等。

1. 仓库面积利用率

仓库面积利用率的计算公式为：

$$仓库面积利用率 = \frac{库房货棚货场占地面积之和}{仓库总占地面积} \times 100\%$$

2. 仓容利用率

仓容利用率的计算公式为：

$$仓容利用率 = \frac{仓库平均库存量}{最大库容量} \times 100\%$$

3. 设备利用率

设备利用率的计算公式为：

$$设备利用率 = \frac{设备作业总台时}{设备应作业总台时} \times 100\%$$

设备作业总台时指各台设备每次作业时数的总和。设备应作业总台时指各台设备应作业时数的总和。计算设备利用率的设备必须是在用的完好设备。

（五）反映仓库生产劳动效率的指标

反映仓库生产劳动效率的指标主要是全员劳动生产率。全员劳动生产率可以用平均每人每天完成的出入库物品量来表示。计算公式为：

$$全员劳动生产率 = \frac{全年物品出入库总量}{全员年工日总数} (吨/工日数)$$

（六）反映仓储生产经济效益的指标

反映仓储生产经济效益的指标主要有人均利税率等。

仓库生产绩效考核指标的运用会由于各个仓库服务对象的不同而使管理的重点产生较大的差异。

第三节 企业物流绩效管理

企业物流绩效管理，是指在满足物流服务要求的条件下，对物流绩效的一切管理工作的总称，即在企业物流运作全过程中对物流绩效的产生、形成所进行的计划、组织、指挥、监督和调节。

一、企业绩效评价指标

企业绩效评价指标由反映企业财务效益状况、资产营运状况、偿债能力状况和发展能力状况四方面内容的基本指标、修正指标和评议指标三个层次的28项指标构成。

（一）基本指标

基本指标是评价企业绩效的核心指标，由反映四部分评价内容的8项计量指标构成，用以形成企业绩效评价的初步结论。

1. 财务效益状况

（1）净资产收益率 = 净利润/平均净资产 ×100%

（2）总资产报酬率 = 息税前利润总额/平均资产总额 ×100%

2. 资产营运状况

（1）总资产周转率（次） = 主营业务收入净额/平均资产总额

（2）流动资产周转率（次） = 主营业务收入净额/平均流动资产总额

3. 偿债能力状况

（1）资产负债率 = 负债总额/资产总额 ×100%

（2）已获利息倍数 = 息税前利润总额/利息支出

4. 发展能力状况

（1）销售（营业）增长率 = 本年主营业务收入增长额/上年主营业务收入总额 ×100%

（2）资本积累率 = 本年所有者权益增长额/年初所有者权益 ×100%

（二）修正指标

修正指标用以对基本指标形成的财务效益状况、资产营运状况、偿债能力状况、发展能力状况的初步评价结果进行修正，以产生较为全面、准确的企业绩效基本评价结果，具体由12项计量指标构成。

1. 财务效益状况

（1）资本保值增值率 = 扣除客观因素后的年末所有者权益/年初所有者权益 ×100%

（2）主营业务利润率 = 主营业务利润/主营业务收入净额 ×100%

（3）盈余现金保障倍数 = 经营现金净流量/净利润

（4）成本费用利润率 = 利润总额/成本费用总额 ×100%

2. 资产营运状况

（1）存货周转率（次） = 主营业务成本/存货平均余额

(2) 应收账款周转率(次) = 主营业务收入净额/应收账款平均余额

(3) 不良资产比率 = 年末不良资产总额/年末资产总额 × 100%

3. 偿债能力状况

(1) 现金流动负债比率 = 经营现金净流量/流动负债 × 100%

(2) 速动比率 = 速动资产/流动负债 × 100%

4. 发展能力状况

(1) 三年资本平均增长率 = [(年末所有者权益总额/三年前年末所有者权益总额) - 1] × 100%

(2) 三年销售平均增长率 = [(当年主营业务收入总额/三年前主营业务收入总额) - 1] × 100%

(3) 技术投入比率 = 当年技术转让费支出与研发投入/主营业务收入净额 × 100%

· (三) 评议指标

评议指标是用于对基本指标和修正指标评价形成的评价结果进行定性分析验证,以进一步修正定量评价结果,使企业绩效评价结论更加全面、准确。评议指标主要由以下 8 项非计量指标构成。

(1) 经营者基本素质;

(2) 产品市场占有能力(服务满意度);

(3) 基础管理水平;

(4) 发展创新能力;

(5) 经营发展战略;

(6) 在岗员工素质;

(7) 技术装备更新水平(服务硬环境);

(8) 综合社会贡献。

二、企业绩效评价指标权数的确定

企业绩效评价实行百分制,指标权数采取专家意见法——特尔菲法确定。其中,计量指标权重为 80%,非计量指标(评议指标)权重为 20%。在实际操作过程中,为了计算方便,三层次指标权数均先分别按百分制设定,然后按权重还原。

(一) 基本指标权数 100

具体分类指标权数如下:

1. 财务效益状况 38

(1) 净资产收益率 25；

(2) 总资产报酬率 13。

2. 资产营运状况 18

(1) 总资产周转率 9；

(2) 流动资产周转率 9。

3. 偿债能力状况 20

(1) 资产负债率 12；

(2) 已获利息倍数 8。

4. 发展能力状况 24

(1) 销售(营业)增长率 12；

(2) 资本积累率 12。

(二) 修正指标权数 100

具体分类指标权数如下：

1. 财务效益状况 38

(1) 资本保值增值率 12；

(2) 主营业务利润率 8；

(3) 盈余现金保障倍数 8；

(4) 成本费用利润率 10。

2. 资产营运状况 18

(1) 存货周转率 5；

(2) 应收账款周转率 5；

(3) 不良资产比率 8。

3. 偿债能力状况 20

(1) 现金流动负债比率 10；

(2) 速动比率 10。

4. 发展能力状况 24

(1) 三年资本平均增长率 9；

(2) 三年销售平均增长率 8；

(3) 技术投入比率 7。

(三) 评议指标权数 100

具体分类指标权数如下：

(1) 经营者基本素质 18；

（2）产品市场占有能力（服务满意度）16；
（3）基础管理水平 12；
（4）发展创新能力 14；
（5）经营发展战略 12；
（6）在岗员工素质 10；
（7）技术装备更新水平(服务硬环境)10；
（8）综合社会贡献 8。

三、企业绩效评价工作步骤

企业绩效评价工作依据规定的指标体系、工作方法、工作标准和工作程序，按以下工作步骤和要求进行组织实施。

（一）确定评价工作实施机构

根据评价工作需要，成立评价实施机构。

（1）评价组织机构直接组织实施评价的，由评价组织机构负责确定评价工作人员；成立评价工作组，并根据评价工作需要选聘有关专家，成立专家咨询组。专家咨询组的工作任务和工作要求由评价组织机构明确。

（2）如果委托社会中介机构实施评价，首先要选定中介机构，并签订评价委托书，然后由中介机构确定评价工作人员，组织成立评价工作组（项目小组），并根据需要成立专家咨询组。

（3）评价工作组人员应具备以下基本条件：

① 具有较丰富的经济管理、企业财务会计、资产管理及法律等方面的专业知识。

② 熟悉企业绩效评价业务，有较强的综合分析判断能力。

③ 坚持原则、清正廉洁、秉公办事。

④ 评价项目主持人应有多年相关领域工作经验。

（4）咨询专家可以从有关政府主管部门、研究机构、院校、行业协会、银行等多方面邀请。参加评议的咨询专家应具备以下基本条件：

① 谙熟企业管理、财务会计、法律、技术等方面的专业知识。

② 具有较丰富的工作经验和相应领域多年的工作经历。

③ 熟悉评价对象所在行业。

④ 拥有相应领域的中高级技术职称或相关专业的执业(技术)资格。

（二）制定评价工作方案

由评价实施机构制定评价工作方案，确定具体评价对象。已组织专家咨询组的,评价工作组或中介机构应将《评价工作方案》送达每位咨询专家,并向专家咨询组介绍评价工作程序。

（三）下达《评价通知书》

在评价实施前,由评价组织机构向评价对象下达《评价通知书》。《评价通知书》中应当明确:评价的目的、用途、对象、评价经营年度、被评价对象应准备的有关基础资料及其对所提供评价基础资料应负的责任,以及其他需在《评价通知书》中明确的事项。

（四）收集与核实评价基础资料

根据评价工作方案收集整理评价基础数据和基础资料,并根据评价计分的需要和评价组织机构的要求,做好有关评价基础数据的核实与确认工作。

1. 依据评价年度收集企业评价基础数据和评议指标基础资料

评议指标基础资料可以采取访谈、问卷调查、召开座谈会、查阅有关统计资料和文字档案等形式进行收集。评价人员要对评价基础数据和基础资料进行认真检查、整理,确保评价基础资料的系统性和完整性。

2. 核实评价基础数据资料的真实性与客观性

要对重要的和存在疑问的基础数据资料进行核实确认,以确保评价数据的真实性和口径一致。

（五）进行评价计分

在评价基础数据核实无误后,运用规定的计分方法计算评价指标的分数。

（1）定量指标评价计分。首先,根据已核实确认后的评价基础数据计算计量指标的实际值,并选择合适的评价标准值。然后计算出各项基本指标的得分,生成《企业绩效基本指标计分表》。利用修正指标对基本指标分数进行修正,得出修正后的实际分数,生成《绩效修正指标计分表》。如果需要进一步深入分析企业经营绩效,可以通过评议指标评议,对企业经营效绩进行定性评判,并实施计分步骤。

（2）评议指标计分。通过阅读评价基础资料、深入现场调查、听取企业情况介绍等方式深入了解企业的经营管理情况,然后由评议人员对照企业绩效评价评议指标标准,对每项评议指标独立打分,生成《企业绩效评议指标计分汇总表》。每位评议人员要在评议结果上签名,并保留工作底稿。

（3）如果实施了评议指标计分,可以按照规定的方法和权重,拟合定量评价结果和定性评议结果,得出综合评价分数,生成《企业绩效评价得分总表》。

（4）对评价分数和计分过程进行复核，必要时进行手工计算校验，以确保计分准确无误。

（六）撰写评价报告

评价计分完成后，评价工作组应按照规定的格式，撰写企业绩效评价报告。报告评价结果，并根据评价组织机构的需要，撰写《企业经营绩效分析报告》。

（七）反馈企业征求意见

评价报告提出后，要反馈企业征求意见。如果企业对评价结果提出异议，可提请评价组织机构进行裁决。

（八）提交评价报告

评价工作组修改完成评价报告后，经评价项目负责人签字，报送评价组织机构或规定的部门审核确认。

（九）进行评价工作总结

评价项目完成后，评价工作组要进行评价工作总结，将工作背景、实施过程、存在的问题和建设等形成书面材料，报送评价组织机构。同时建立好评价工作档案。

实施多户企业评价排序，可直接利用定量指标评价结果，根据每户企业评价得分，降幂排序，形成《多户企业绩效评价计分排序表》。其基本评价步骤是：确定被评价企业、收集与合适基础数据、选定评价标准值、撰写和报送评价分析报告。评价排序分析结束后，采取适当形式公布排序结果。

四、企业物流绩效评价管理

（一）现代企业物流绩效管理的原则

1. 追求物流绩效与满足顾客需求的统一

现代物流绩效是在满足顾客需求的前提下产生的。顾客需求是现代企业从事物流服务的基础，直接决定和影响着现代企业的物流绩效。通过专业化、现代化的物流服务可以达到降低成本、提高经营管理水平，并实现利益的"双赢"目的。

2. 近期物流绩效与远期物流绩效的统一

现代企业不仅要重视近期的物流绩效，更要重视长远的物流绩效。物流技术设备的采用需要一次投入相当的资源，而作用是渐进的和长期的。另外，现代企业与客户之间建立的是一种长期的、专业化的物流服务伙伴关系，需要现代企业将近期物流绩效与远期物流绩效进行统一。

3. 物流绩效与社会效益的统一

现代企业的物流活动，不仅要考虑经济因素，更要考虑政治因素和社会因素。现代企业在物流活动中，要充分考虑物流对环境的影响，减少对环境的破坏与污染，实现物流绩效与国家法规、产业政策的统一，实现物流绩效与社会效益的统一。

（二）现代企业物流绩效管理合理化

现代企业对物流系统进行设计、调整、改进与优化，以尽可能低的物流成本，获得尽可能高的服务水平，通过物流成本与物流服务之间的平衡，获取最优化的物流绩效，并有力地促进现代物流的发展。

目前现代物流绩效管理合理化模式主要包括：

1. 提升物流服务能力，创造更多的物流价值

现代企业在物流发展进程中，物流绩效的合理化需要通过物流服务创新提高物流服务水平，来扩大市场业务量，改变现代企业原有物流服务构成，以更优质的服务创造更多的物流价值，创造更多的物流增值价值。

2. 创新物流管理方式，有效降低物流成本

现代物流运作系统是由多个环节组成的，在维持和改进物流服务的状况下，通过创新物流管理的制度、方式和方法，科学地解析物流成本构成情况，有针对性地采取管理手段，有效地降低物流成本，实现现代物流绩效管理的合理化。

（三）现代物流绩效评价管理作用

（1）提出和追踪物流运作目标以及完成状况，并进行不同层次和角度的分析和评价，实现对物流活动的事先控制。

（2）通过物流绩效评价管理，判断物流目标的可行性和完成程度，调整物流目标。

（3）进行物流绩效评价管理，按新的管理与控制目标进一步改善工作，提升物流绩效。

（4）物流绩效评价管理是现代企业内部监控的有效工具和方法。

（5）通过物流绩效评价管理，分析和评估现代企业资源素质与能力，确定企业物流发展战略。

（四）现代物流绩效评价标准的确定

1. 计划标准

计划标准是评价物流绩效的基本标准。以计划标准为尺度，可以将物

流绩效实际达到的水平同计划指标进行对比。它反映了物流绩效计划的完成情况,并在一定程度上表明了企业的经营管理水平。

2. 历史标准

以历史标准为尺度,可以将物流绩效指标实际达到的水平同历史同期水平或历史最高水平进行对比,观察这种指标是否达到了最佳状态。这种纵向的对比,能够反映出物流绩效指标的发展动态及其方向,为进一步提升物流绩效提供决策依据。

3. 行业标准

用国际或国家同行业达到的先进水平作为评价物流绩效的尺度。这种横向的对比,便于观察和表明现代企业本身所处的位置,便于发现差距,作为现代企业制定物流发展战略的基础。

4. 顾客标准

用顾客对现代物流运作服务的评价和满意程度来衡量现代企业的物流绩效。顾客的满意程度是评价现代物流运作服务水平的关键要素,是现代企业改进和提高物流服务水平的依据。

(五)企业物流绩效评价方法的选择

物流绩效评价方法就是进行物流绩效评价指标要素的分析,并确定各要素对物流绩效的影响,并通过物流绩效评价指标要素的比较和优化,依据企业物流服务的实际需要,形成一个完善的由多个评价方法构成的体系。

1. 企业物流总体绩效评价

企业的物流绩效评价,其实质是现代物流服务能力、竞争能力、发展能力的评价。企业应当从提高物流服务水平的角度对物流运作活动的总体绩效做出评价。物流活动总体绩效评价可以分成内部评价和外部评价。

(1)内部评价。内部评价是对现代企业本身物流资源与能力的一种基础性评价。根据内部评价可以确认物流的服务水平、服务能力和满足服务客户要求的最大限度。内部评价建立在物流基本业务分析的基础之上,将整个物流系统进行投入产出分析,从而可以确认物流系统总体的能力、水平和有效性。

(2)外部评价。外部评价是对现代物流运作外部环境、物流服务形象与能力的系统评价。主要有两种评价方法:一是顾客满意度评价,一般采用调查问卷、专家系统、顾客座谈会等方式进行评价;二是"标杆"评价法,即通过选定先进标准作为参照系确定为"标杆",进行比照分析和评价。

2. 几种重要的物流绩效评价方法

（1）全方位绩效看板评价方法：将绩效评价确定为一套完整的管理过程，把企业的策略目的变成有条理的绩效评价方式。主要有五个步骤：预备、访问记录、研讨会、完成、改进。

（2）以顾客定位、员工驱动、数据为基础的绩效评价方法：确定服务目标、进行人力资源整合、物流各环节设计、物流质量和工作改进、控制等。

（3）综合平衡记分卡方法（BSC）：平衡记分法是由哈佛大学商学院著名的教授罗伯特·卡普兰创立。平衡记分法的优点是强调了绩效管理与企业战略之间的紧密关系，提出了一套具体的指标框架体系。综合平衡记分卡方法包括：学习与成长性、内部管理性、客户价值、财务。学习与成长解决企业长期生命力的问题，是提高企业内部战略管理的素质与能力的基础；企业通过管理能力的提高为客户提供更大的价值；客户的满意导致企业良好的财务效益。该方法认为财务性指标是结果性指标，而非财务性指标是决定结果性指标的驱动指标；强调指标的确定必须包含财务性和非财务性，强调对非财务性指标的管理。

（4）关键业绩指标评价法（KPI）：关键业绩指标评价法的精髓，是指出企业物流业绩指标的设置必须与企业的战略挂钩，其"关键"两字的含义是指在某一阶段一个企业战略上要解决的最主要的问题，绩效评价管理体系则相应地针对这些问题的解决设计管理指标。企业物流关键业绩指标包括物流客户服务、物流成本、物流效率和物流质量等。

物流绩效评价管理在我国企业中还不够深入，还没有形成一套完善的物流绩效评价指标体系、评价方法和评价模型。大部分企业是以物流运作效率和物流服务方面作为考核指标，而对物流成本、物流经济效益以及物流的发展潜力方面涉及得较少。对物流绩效评价管理的侧重点不同，导致在建立物流绩效评价指标时所确定的评价指标选取原则也不相同。因此，只有建立科学的物流绩效评价标准，才能正确确定评价对象的物流绩效水平，并且对其物流绩效进行正确定位。所以，在物流绩效评价管理的研究中，最好能结合具体的企业进行实证研究，对其评价思路、评价建模过程及评价分析过程进行具体分析，以提高对企业物流绩效评价的实践水平和认识水平。

本章思考题

一、名词解释

企业物流绩效；绩效评价指标；业务完成额；差错事故率；费用率；全员

劳动效率;定额流动资金周转天数;利润总额;资金利润率。

二、回答问题

1. 谈谈企业物流绩效评价的原则。
2. 请分析企业物流绩效评价的要求。
3. 请举例说明企业物流绩效评价体系的基本要素。
4. 谈谈指标应提供哪些基本功能？
5. 企业在指标选择与体系建设时应遵循哪些原则？
6. 请分析、说明企业物流系统评价指标体系的构成。
7. 企业物流基本业务绩效评价指标都包括哪些？
8. 请说明企业储存绩效考核指标体系的构成和内容。
9. 请说明企业绩效评价指标的基本指标、修正指标和评议指标的主要内容。
10. 谈谈企业绩效评价工作步骤。
11. 如何选择企业物流绩效评价方法？

参 考 文 献

中文文献

1. 吴清一:《物流系统工程》,中国物资出版社 2006 年版。
2. 吴清一:《物流管理》,中国物资出版社 2005 年版。
3. 崔介何:《物流学》,北京大学出版社 2003 年版。
4. 〔美〕罗纳德·H. 巴罗著:《企业物流管理——供应链的规划、组织和控制》,王晓东等译,机械工业出版社 2002 年版。
5. 崔介何:《企业物流》,中国物资出版社 2002 年版。
6. 崔介何:《电子商务与物流》,中国物资出版社 2002 年版。
7. 翁心刚:《物流管理基础》,中国物资出版社 2002 年版。
8. 丁俊发:《中国物流》,中国物资出版社 2002 年版。
9. 何明珂:《物流系统论》,中国审计出版社 2001 年版。
10. 〔英〕马丁·克里斯托弗著:《物流竞争——后勤与供应链管理》,马越译,北京出版社 2001 年版。
11. 梭伦:《库存管理胜经》,中国纺织出版社 2001 年版。
12. 齐二石:《物流工程》,天津大学出版社 2001 年版。
13. 〔美〕唐纳德·J. 鲍丁索克斯、戴维·J. 克劳斯:《物流管理:供应链一体化过程》,机械工业出版社 2001 年版。
14. 朱道立、龚国:《物流和供应链管理》,复旦大学出版社 2001 年版。
15. 马士华:《供应链管理》,机械工业出版社 2000 年版。
16. 宋华、胡佐浩:《现代物流与供应链管理》,经济管理出版社 2000 年版。
17. 董千里:《高级物流学》,人民交通出版社 1999 年版。
18. 张声书:《中国现代物流研究》,中国物资出版社 1998 年版。
19. 崔介何:《物流学概论》,中国计划出版社 1997 年版。
20. 包健民:《物流现代化》,上海交通大学出版社 1997 年版。
21. 陶维国、董难萍:《企业物流管理》,湖北科技出版社 1997 年版。
22. 哈罗德·孔茨:《管理学》,经济科学出版社 1993 年版。
23. 本杰明·斯·布兰恰德:《后勤工程与管理》,中国展望出版社 1987 年版。

英文文献

24. Guide J. V., Jayaraman V., Srivastava R., et al., Supply-chain Management for Recov-

erable Manufacturing Systems, Interface, 2000.

25. Ballou, Ronald H., *Basic Business Logistics: Transportation, Materials Management and Physical Distribution*, Prentice Hall, 1987.
26. Bowersox, Donald J. and David Closs, *Logistical Management: The Integrated Supply Chain Process*, New York: McGraw-Hill, 1996.
27. James L. Heskett, Controlling Customer Logistics Service, *International Journal of Physical Distribution & Logistics Management*, 1994, Vol. 14.
28. J. Allen, M. Browne and A. Hunter, Logistics Management and Costs of Biomass Fuel Supply, *International Journal of Physical Distribution & Logistics Management*, 1998, Vol. 28.
29. Lou Kratz, Achieving Logistics Excellence through Performance-Based Logistics, *Logistics Spectrum*, 2001, Vol. 35.

日文文献

30. 山野边义方：《物流管理的基础》，东京白桃书房神田1991年版。
31. 市来清也：《国际物流要论》，东洋经济新报社1989年版。
32. 齐藤实、矢野裕儿、林克彦：《现代企业物流》，中央经济社2003年版。

教师反馈及教辅申请表

北京大学出版社本着"教材优先、学术为本"的出版宗旨,竭诚为广大高等院校师生服务。为更有针对性地提供服务,请您认真填写以下表格并经系主任签字盖章后寄回,我们将按照您填写的联系方式免费向您提供相应教辅资料,以及在本书内容更新后及时与您联系邮寄样书等事宜。

书名		书号	978-7-301-	作者	
您的姓名				职称职务	
校/院/系					
您所讲授的课程名称					
每学期学生人数	____人____年级			学时	
您准备何时用此书授课					
您的联系地址					
邮政编码		联系电话(必填)			
E-mail(必填)		QQ			
您对本书的建议:				系主任签字 盖章	

我们的联系方式:

北京大学出版社经济与管理图书事业部

北京市海淀区成府路 205 号,100871

联系人:徐冰

电话: 010-62767312 / 62757146

传真: 010-62556201

电子邮件: em_pup@126.com   em@pup.cn

Q Q: 5520 63295

新浪微博:@北京大学出版社经管图书

网址: http://www.pup.cn